cafe24™ 쇼핑몰 구축부터 성공 창업의 마케팅까지!!

쇼핑몰 창업
CEO과정
공식 교재

101 효과적인 쇼핑몰 창업과 운영

**한 권으로 끝내는
창업과 온라인마케팅 전략!!**

- 초보자가 꼭 알아야 할 창업 준비
- 카페24 쇼핑몰 솔루션 완전 분석
- 포토샵과 상품사진 촬영기법
- 잘 팔리는 쇼핑몰 디자인 선별
- 온라인 마케팅 광고 전략
- SNS 콜라보레이션 전략

전진수·이정수 공저

28년간 7,000회가 넘는 창업 강의와 컨설팅 노하우를 담은

- 좋은 책 · 알찬 내용 -
가메출판사

머리글

여러분 반갑습니다.
그동안 강의를 하며 질문을 받았던 부분을 기반으로 온라인 창업에 대한 전반적인 내용을 101가지 테마로 정리했습니다.

쇼핑몰 창업을 준비하는 여러분에게 도움이 되고 싶습니다.

창업해서 성공하기까지는 정보력, 기술력, 자기 통제력, 단기적인 계획과 장기적인 계획 등 통합적인 부분에 대한 고민과 실행력이 겸비되어야 가능합니다. 한 번에 만들어지지는 않지만, 꾸준히 연구하고 실행하며 여러분 곁에 있는 멘토와 꾸준히 이야기하고 부족한 부분을 채워간다면 이루고 싶은 꿈을 꼭 이루실 수 있습니다.

쇼핑몰 창업 알아보기 단계
알아보기 단계에서는 "나는 쇼핑몰 창업을 할 수 있는 사람인가?"라는 질문으로 시작하여 쇼핑몰 창업을 위해서는 어떤 공부를 해야 하고 기간에 따른 계획표를 만들어 보게 됩니다. 그리고 가장 기본적이면서도 중요한 쇼핑몰 이름 짓는 부분과 나에게 맞는 솔루션 선택 방법을 알아보기 단계에서 살펴보고 있습니다.

쇼핑몰 창업 준비 단계
쇼핑몰 창업 준비 단계에서는 쇼핑몰 창업의 10단계와 실제로 사업을 진행하려면 준비해야 하는 서류들에 대해 꼼꼼히 알아보고 실제로 서류를 만드는 방법을 진행해 보고 있습니다. 그리고 나에게 맞는 아이템을 선정하는 기준과 온라인 시장분석 방법을 통해 현재의 트랜드를 분석하고 온라인 도매 사이트를 통해 가격이 어떻게 형성되어 있는지, 마진율은 어느 정도 되는지를 알아보게 됩니다.

cafe24 쇼핑몰 관리자 모드 이해 단계
쇼핑몰을 운영하려면 쇼핑몰 개설 방법과 관리자 모드에 대해 잘 알고 있어야 합니다. 쇼핑몰 개설 방법은 어떻게 되는지와 관리자 접속 방법을 연습하는 것부터 시작하여 관리자 모드에서 변경한 내용을 쇼핑몰에서 어떻게 확인하는지를 관리자 모드 이해의 첫 단계에서 공부하게 됩니다. 관리자에는 상당히 많은 기능이 있습니다. 그중에서도 쇼핑몰을 운영하는

데 있어서 처음에 알아야 하는 내용부터 창업 후에 운영할 때 알아야 하는 내용 순으로 한 단계씩 정리되어 있습니다.

쇼핑몰 운영 노하우 단계
쇼핑몰에 성공하기 위해서는 어떤 부분이 갖추어져야 하는지와 구체적인 실행 방안에 관하여 이야기하고 있습니다. 전화 응대, 반품 줄이는 요령, 게시판 악성댓글에 대한 대응 등 실제 사례를 통해 쇼핑몰을 아직 운영해 보지 않은 분들이 이해할 수 있도록 내용을 정리했습니다.

사진 촬영 & 편집 단계
쇼핑몰 상품 사진을 찍는 데 필요한 카메라와 조명에 대해 알아보고 아웃 포커싱으로 사진을 찍는 방법과 이렇게 촬영한 사진을 단시간에 빠르게 편집하는 방법을 살펴보게 됩니다.

이미지 및 디자인 스킨 단계
쇼핑몰을 시작하려는 예비 창업자들이 많이 고민하는 부분 중에 하나인 디자인에 대한 내용을 하나 하나 알아보겠습니다.

온라인 마케팅 단계
쇼핑몰 운영자를 위한 온라인 마케팅은 SNS 콜라보레이션 기준으로 설명합니다. 네이버 검색광고에 사이트 등록과 유료와 무료의 온라인 마케팅 광고기법을 공부하게 되고, 페이스북과 인스타그램 등에서의 동영상 마케팅의 전략을 공부하게 됩니다. 또한, 쇼핑몰 창업자를 위한 네이버 블로그 마케팅과 SNS 채널의 콜라보레이션 솔루션을 이용하여 매출향상을 위한 온라인 마케팅의 광고전략을 배우게 됩니다.

쇼핑몰 창업CEO 과정을 개설해주신 카페24교육센터와 좋은 책을 만들기 위해 아낌없이 시간과 마음을 열어주신 가메출판사 관계자들 그리고 든든한 힘이 되어 주신 가족들에게 진심으로 감사드립니다.

속도보다는 방향이 중요합니다. 카페24 쇼핑몰을 통해 전자상거래 창업을 준비하는 예비창업자에게 정석과 같은 책이 되었으면 합니다. 저자 특강은 jsn24.co.kr에서 확인할 수 있습니다. 소중한 꿈 쇼핑몰을 통해 큰 성공으로 함께 이루기 간절히 기원합니다.

저자 일동

Part I 쇼핑몰 창업 알아보기

- 01 쇼핑몰 창업을 할 수 있는 사람이 따로 있나요? … 12
- 02 쇼핑몰 창업을 위해서 어떤 공부를 해야 하나요? … 14
- 03 쇼핑몰 창업 준비 기간은 어떻게 정해야 할까요? … 17
- 04 독립몰과 임대몰의 차이가 무엇인가요? … 18
- 05 쇼핑몰의 이름 짓는 요령이 있나요? … 20
- 06 쇼핑몰과 오픈마켓 중에 어떤 것을 먼저 하는 것이 좋을까요? … 23

Part II 쇼핑몰 창업 준비

- 07 창업의 단계는 구체적으로 어떻게 되나요? … 26
- 08 사업자등록 및 통신판매업 신고는 어디에서 하나요? … 27
- 09 에스크로가 무엇인가요? … 35
- 10 아이템 선정기준이 있나요? … 36
- 11 온라인에서 잘 판매되는 상품을 알아보는 방법이 있나요? … 38
- 12 검색 사이트를 통해 관심 분야를 정리하는 방법이 있나요? … 40
- 13 온라인 도매가 가능하다고 하는데 어떤 곳이 있나요? … 44
- 14 사입 용어가 따로 있나요? … 46
- 15 쇼핑몰의 이름을 정할 때 주의해야 할 점이 있나요? … 48
- 16 물류관리 자동화의 장점은 무엇인가요? … 49
- 17 나만의 스타일로 쇼핑몰을 만들고 싶은데 어떨까요? … 51

Part III cafe24 쇼핑몰 관리자 모드

- ⑱ 쇼핑몰 개설 방법은 어떻게 되나요? 54
- ⑲ 관리자(어드민) 접속 방법을 알려주세요? 58
- ⑳ 관리자 모드에서 변경한 내용을 쇼핑몰에서 어떻게 확인하나요? 60
- ㉑ 쇼핑몰 기본 정보는 어디에서 입력하나요? 62
- ㉒ 쇼핑몰 도메인 설정은 어떻게 하나요? 66
- ㉓ 관리자 메뉴별로 운영자를 따로 둘 수 있나요? 76
- ㉔ 적립금 설정하는 방법을 알려주세요? 83
- ㉕ 쇼핑몰 결제방식을 설정하는 방법을 알려주세요? 88
- ㉖ 쇼핑몰의 무통장입금 계좌는 몇 개가 좋으며 설정하는 방법을 알려주세요? 91
- ㉗ 자동입금 확인 서비스가 무엇인가요? 93
- ㉘ 카드/계좌이체 결제 서비스 신청방법을 알려주세요? 97
- ㉙ 에스크로 설정 방법을 알려주세요? 100
- ㉚ 현금영수증 발행 설정은 어떻게 하나요? 102
- ㉛ 배송업체는 어떻게 등록하나요? 105
- ㉜ 반품 주소 설정은 어디에서 하나요? 110
- ㉝ 쇼핑몰 디자인과 상품 등록 중에 어떤 것을 먼저 해야 할까요? 112
- ㉞ 쇼핑몰에 상품을 등록하는 방법을 알려주세요? 118
- ㉟ 쇼핑몰 카테고리 등록 방법을 알려주세요? 124
- ㊱ 상품을 등록할 때 옵션 설정 방법을 알려주세요? 130
- ㊲ 쇼핑몰 상품에 옵션을 적용하는 방법을 알려주세요? 137
- ㊳ 상품 품절을 자동으로 표시하는 방법을 알려주세요? 141
- ㊴ 메인 화면으로 상품 진열하는 방법이 궁금합니다. 143
- ㊵ 상품 상세 정보 기본 표시 설정 항목은 어떻게 수정하나요? 147
- ㊶ 등록된 상품의 일괄 할인율을 설정하는 방법이 궁금합니다. 151
- ㊷ 주문조회 방법을 알려주세요. 153
- ㊸ 입금확인 방법을 알려주세요. 157
- ㊹ 배송처리 하는 방법을 알려주세요. 162

(45) 쿠폰 기본 설정하는 방법을 알려주세요. 168
(46) 자동 발급되는 생일 쿠폰 만드는 방법을 알려주세요. 172
(47) 카페처럼 회원 등급 관리가 가능한가요? 177
(48) 배송 추적은 어디에서 하나요? 181
(49) 교환 신청이 들어오는 경우 관리자에서 어떻게 처리해야 하나요? 183
(50) 쇼핑몰 도메인으로 이메일 계정을 만들려면 어떻게 해야 하나요? 188
(51) 아웃룩 및 자주 사용하는 메일에서 쇼핑몰 메일을 확인할 수 있도록 설정하는 방법을 알려주세요. 190
(52) 이벤트/기획전을 하는 방법을 알려주세요? 193
(53) 쇼핑몰 관리자 페이지에서 전자세금 계산서 발행 설정은 어떻게 해야 하나요? 200
(54) 검색태그와 파비콘이 무엇인가요? 203
(55) 접속통계 보는 방법을 알려주세요. 205
(56) 키워드 광고가 무엇인가요? 221
(57) 쇼핑몰 게시판을 없애도 되나요? 228
(58) 문자 메시지 설정은 어디에서 하나요? 230
(59) 반품 및 교환처리에 대해 알고 싶어요? 232
(60) QR 코드가 무엇이며 어떻게 만드나요? 235

Part Ⅳ 쇼핑몰 운영 노하우

(61) 쇼핑몰에 성공하려면 전화 응대를 잘해야 한다는데 요령이 있나요? 240
(62) 반품이 많은데 줄이는 방법이 있나요? 242
(63) 게시판의 악성 댓글은 어떻게 해야 할까요? 243
(64) 검색엔진 등록 후에 광고 전화 어떻게 대처해야 할까요? 243
(65) 부가가치세 신고에 대해 알려주세요? 244
(66) 종합소득세 신고에 대해 알려주세요? 248

Part V 사진 촬영 & 편집

- 67 상품 촬영이 이루어지는 순서와 카메라 선정 기준을 알려주세요? — 254
- 68 조명이 매우 어렵다고 들었습니다. 촬영별 조명 구성은 어떻게 해야 하나요? — 255
- 69 상품사진의 아웃 포커싱은 어떻게 촬영하나요? — 258
- 70 쇼핑몰 상품 편집을 위한 포토샵 기본 사용법을 알려주세요. — 261
- 71 상품 편집을 위한 선택 툴에 대해 알려주세요. — 271
- 72 상품 편집에 필요한 이미지 리터칭 도구에 대해 알려주세요. — 286
- 73 상품에 글씨 쓰는 방법을 알려주세요. — 294
- 74 쇼핑몰 로고 만드는 방법이 궁금합니다. — 297

Part VI 이미지 및 디자인스킨

- 75 디자인뱅크가 무엇인가요? — 304
- 76 디자인 소스 사용 조건 및 다운로드받는 방법을 알려주세요. — 308
- 77 쇼핑몰 디자인 구매 방법을 알려주세요? — 314
- 78 쇼핑몰에 디자인 추가하는 방법을 알려주세요? — 316
- 79 대표 디자인을 설정하는 방법을 알려주세요. — 321
- 80 디자인 백업과 복구하는 방법을 알려주세요. — 324
- 81 쇼핑몰 디자인에 로고를 적용하는 방법을 알려주세요. — 327
- 82 메인 화면의 롤링 배너 이미지는 어떻게 변경하나요? — 332
- 83 쇼핑몰 디자인을 위해 알아야 하는 HTML의 기본 내용이 궁금합니다. — 339

Part VII 온라인 마케팅

- 84 쇼핑몰에 검색 엔진 최적화 설정 방법을 알려주세요? — 354
- 85 초기 창업자가 알아야 할 광고 전략을 알려주세요! — 357
- 86 네이버에 쇼핑몰 사이트를 어떻게 등록하나요? — 361
- 87 네이버 광고 등록은 어디서 하나요? — 371

88	네이버 검색광고의 구조를 알려주세요.	375
89	네이버 광고 소재는 어떻게 등록하나요?	377
90	네이버 키워드 등록은 어떻게 하나요?	379
91	네이버 검색 알고리즘은 무엇이 있나요?	381
92	쇼핑몰 운영자가 알아야 할 블로그 마케팅 전략을 알려주세요.	383
93	SNS 무엇부터 어떻게 해야 하나요?	388
94	유튜브에 동영상을 올리는 방법을 알려주세요?	392
95	어떤 동영상 프로그램을 사용해야 하나요?	396
96	네이버 모두 홈페이지를 개설하고 싶습니다.	398
97	네이버 모두 홈페이지를 사이트에 노출하는 방법을 알려주세요.	400
98	네이버 모두 홈페이지에 SNS는 어떻게 공유하나요?	403
99	네이버 트렌드에 대해 알려주세요.	406
100	단축URL 서비스와 활용법을 알려주세요?	408
101	마지막으로 전자상거래 예비창업자 CEO에게 한마디 해주신다면?	411

101 효과적인 쇼핑몰 창업과 운영

Part I

쇼핑몰 창업 알아보기

쇼핑몰 창업을 할 수 있는 사람이 따로 있나요?

쇼핑몰 창업은 누구나 가능하기에 많은 사람이 치열한 경쟁을 하는 곳입니다. 성공하기 위해서는 특별한 마케팅 기법과 무엇을 팔고 싶은가에 집중하지 말고 지금 무엇이 팔릴까라는 의문을 가지며 계속 시장을 분석하고 공부해야 합니다.

그렇지만 창업이 쉽다고 해서 누구나 성공할 수 있는 것은 아닙니다. 결과적으로 쇼핑몰도 경영이기 때문에 경영 마인드(business mind)와 트렌드(trend)를 읽는 시각 그리고 철저한 준비와 구체적인 계획만이 창업에서 성공하는 길입니다.

통계청에서 발표한 2016년 10월 온라인 쇼핑 동향을 보면 거래액은 5조 6,373억 원으로 전년 동월 대비 17.3% 증가하였으며, 온라인 쇼핑 거래액 중 모바일 쇼핑 거래액은 3조 1,647억 원으로 37.4% 증가했습니다. 온라인 시장은 꾸준히 증가하고 있으면 앞으로도 소비자들이 많이 찾는 소비 채널이 될 것입니다.

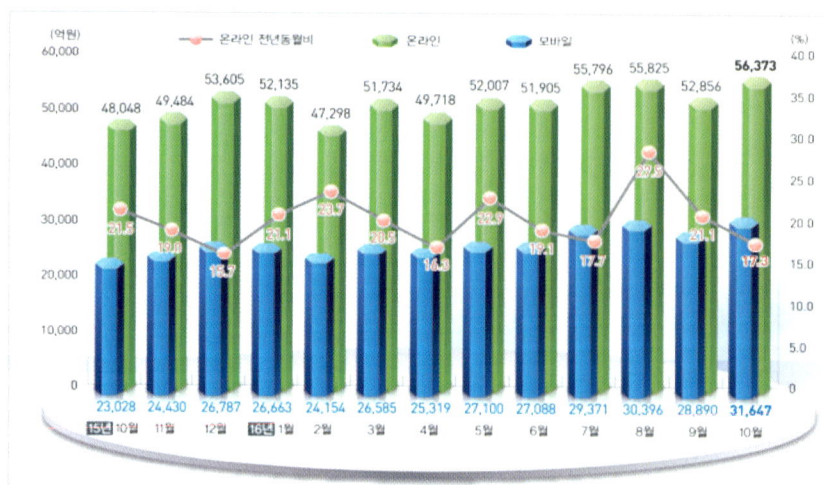

〈통계청 - 2016년 10월 온라인 쇼핑 동향〉

"쇼핑몰 운영이 어떨 것이다."라는 상상만으로 준비하는 것보다 실제로 동대문 새벽 시장도 가보고, 옥션 강의도 듣고 그리고 마음에 드는 상품의 사진도 찍어 보는 등 쇼핑몰 진행 전체를 먼저 해보기를 권하고 싶습니다. 그 과정에서 내가 할 수 있는지를 충분히 검증하고 창업을 해도 늦지 않습니다.

쇼핑몰 창업은 다음과 같은 단계로 진행합니다.

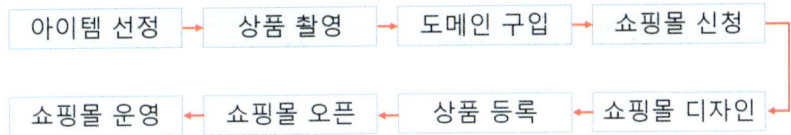

위의 창업 과정 중에 여러분은 어떤 부분이 제일 어렵다고 느끼나요?

쇼핑몰 관련 세미나를 하거나 설문 조사를 해보면 많은 분이 "쇼핑몰 디자인이 가장 어렵다."라고 이야기합니다. 그리고 쇼핑몰을 신청하고 쇼핑몰 디자인을 하는 데 시간을 많이 쓰는 것을 알 수 있었습니다.

기본적인 디자인 기술은 알아야 하지만 소비자의 소비 패턴과 그때그때 유행하는 디자인이 계속 바뀌는데 그럴 때마다 매번 쇼핑몰을 디자인하려고 한다면 상당한 시간을 컴퓨터 앞에 앉아 있어야 합니다. 그러면 아이템 연구, 마케팅, 경영에 대한 생각은 언제 할 수 있을까요?

쇼핑몰을 운영하는 데 디자인도 물론 중요하지만, 더욱 중요한 것은 아이템 연구, 마케팅 등 쇼핑몰 경영에 관심을 두는 것입니다.

디자인을 전공했거나 디자인 프로그램을 잘 다룬다면 직접 쇼핑몰을 디자인하여 운영해도 좋지만, 다음과 같이 무료로 제공해 주는 디자인 소스를 활용하거나 원하는 형태의 쇼핑몰 스킨을 구매하여 운영하는 것도 나쁘지 않은 방법이므로 다양하게 알아보기를 권합니다.

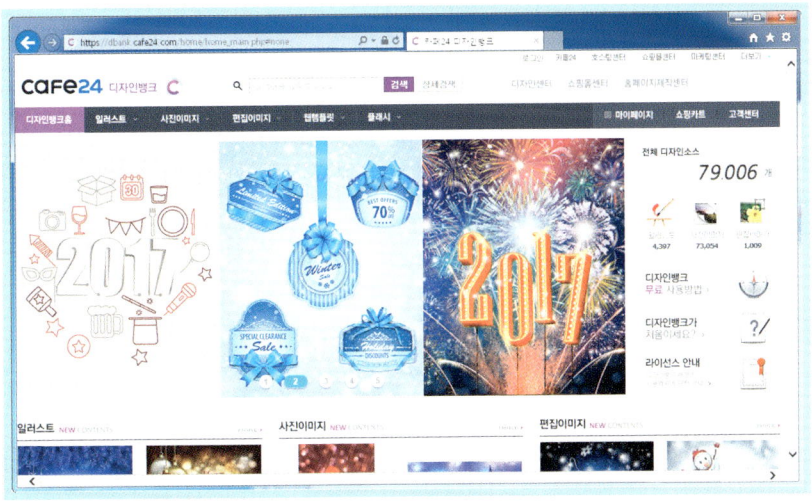

[디자인 소스를 무료로 주는 디자인뱅크 : http://dbank.cafe24.com]

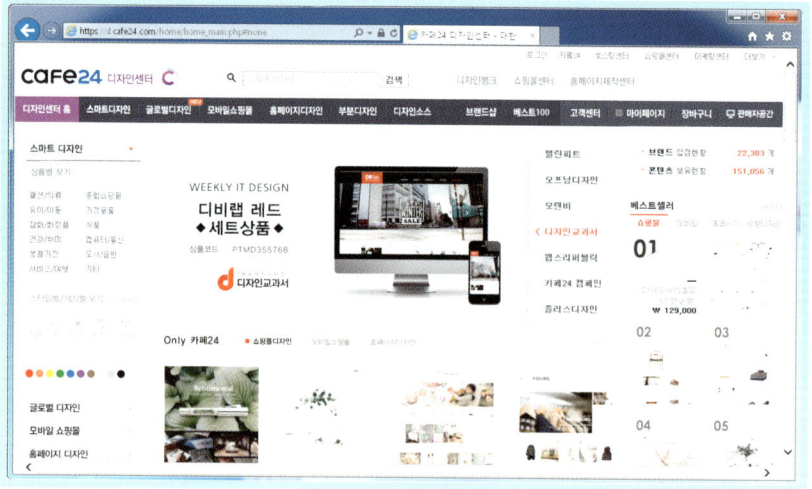

[쇼핑몰 스킨을 구매할 수 있는 디자인센터 : http://d.cafe24.com]

 ## 쇼핑몰 창업을 위해서   어떤 공부를 해야 하나요?

창업을 위한 공부는 경영적인 부분과 기술적인 부분으로 나누어지게 됩니다.

쇼핑몰 창업을 위해서는 쇼핑몰 기획, 제작, 마케팅에 관한 모든 부분을 전반적으로 알고 있어야 하며 이 중에 나의 강점은 어떤 것인지를 생각해 봅니다.

다음의 4가지 쇼핑몰 성공 유형 중 해당하는 부분이 어디인지 강점을 찾아서 극대화하는 작업부터 시작하여 약점을 보완할 수 있도록 자신을 먼저 세분화하고 고민하는 시간을 가져야 합니다.

쇼핑몰 창업자 대부분은 경영적인 부분에 해당하는 쇼핑몰 운영은 그냥 되는 것으로 알고 기술적인 부분에 많은 시간을 사용하게 됩니다. 특히 포토샵을 너무 오래 공부하는 경우가 많이 있습니다.

모두 알고 있으면 정말 좋겠지만, 쇼핑몰 창업은 결과적으로 시장을 세분화 할 수 있는 능력과 팔릴 수 있는 제품이 무엇인가를 찾아낼 수 있는 감각, 기획과 마케팅에 해당하는 경영적인 측면이 성공과 실패를 좌우합니다.

다음의 체크 리스트를 한 번 점검해 보세요.

체크 리스트의 모든 내용은 쇼핑몰 운영자가 할 수 있어야 하는 항목들입니다. 자신 있는 항목과 자신 없는 항목을 분리해 보세요.

1. 나는 경영적인 측면이 강하다.
2. 나는 기술적인 측면이 강하다.
3. 나는 쇼핑몰 기획서를 작성할 수 있다.
4. 나는 아이템을 연구하고 개발하는 것을 좋아한다.
5. 나는 상품 촬영을 잘한다.
6. 나는 쇼핑몰 솔루션을 잘 다룬다.
7. 나는 포토샵을 잘한다.
8. 나는 상품 포장을 잘한다.
9. 나는 디자인 감각이 있다.
10. 나는 내 고객이 누가 될지 명확히 알고 있다.
11. 나는 세무/회계를 잘한다.
12. 나는 고객 응대를 잘한다.

우선 어떤 부분을 잘할 수 있는지를 점검해 보고 가장 안 되는 것을 어떻게 해결할 것인가에 대해 생각해 봅니다.

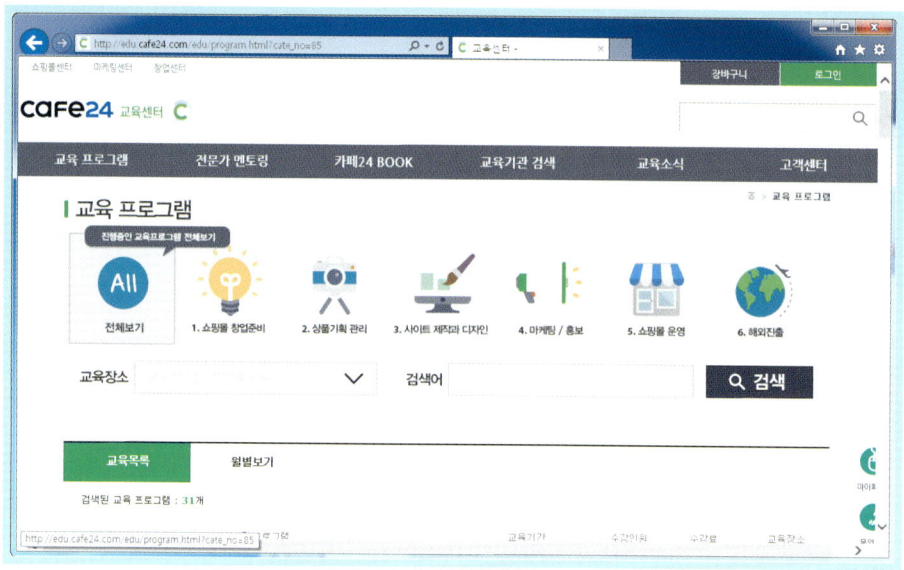

[카페24 쇼핑몰 교육센터 : http://edu.cafe24.com]

부족한 부분은 카페24의 쇼핑몰센터(http://echosting.cafe24.com)를 통해 지원을 받을 수 있으며 쇼핑몰센터와의 컨설팅을 통해 어떻게 하면 성공적인 쇼핑몰을 만들고 운영할 수 있는지를 안내받을 수 있습니다.

> **note**
>
> **창업지원 정책 및 창업 교육 지원을 받을 수 있는 기관**
>
> | 기관 이름 | 기관의 홈페이지 주소 |
> |---|---|
> | 카페24 교육센터 | http://edu.cafe24.com |
> | K-스타트업 | https://www.k-startup.go.kr |
> | 창업진흥원 | http://www.kised.or.kr |
> | 한국여성창업교육협회 | http://www.iea.or.kr |
> | 소상공인 통합 교육센터 | http://edu.sbiz.or.kr |
> | 서울시 창업 스쿨 | http://www.school.seoul.kr/ |

쇼핑몰 창업 준비 기간은 어떻게 정해야 할까요?

준비 기간은 대략 6개월 정도 생각하면 됩니다.

구체적인 시간 계획과 투자 비용 모든 부분에 대해 철저하게 준비를 해야 합니다. 너무 철저히 준비하라고 하니 많은 분이 질문하는 내용 중의 하나는 "진행하다 보면 되지 않을까요?"라고 질문하는 때도 있는데, 시간과 자본금이 충분하다면 그렇게 하셔도 됩니다.

무조건 저질러서 손해 보고, 손해 본 것을 경험이라 생각할 수 있는 사람은 정말 행복한 사람입니다. 지금 먹고살 수 있는 쌀값이 있다는 뜻일 수도 있으니까요.

그런데 만약 이번에 손해를 보고 실패한다면, 쌀값이 없어서 밥을 먹지 못하는 분이라면 철저히 알아보고 준비해야 할 것이며, 전업이 아니라면 부업으로 조금씩 해보는 것도 나쁘지 않은 방법입니다.

구체적인 계획은 월별로 오픈 일정부터 예상 투자금과 수입금까지 전반적으로 생각해 봅니다.

	1월	2월	3월	4월	5월	6월
아이템	아이템 선정	아이템 선정				
쇼핑몰 구축			쇼핑몰 구축	쇼핑몰 구축		
쇼핑몰 오픈					쇼핑몰 운영	쇼핑몰 운영
시간투자	8시간 이상	8시간 이상	8시간 이상	8시간 이상	10시간 이상	10시간 이상
투자금	200만 원 이상		200만 원 이상		300만 원 이상	
수입금	0원		0		100만 원 이내	

1~2개월째는 아이템을 선정하여 아이템 사입을 진행하며, 상품을 촬영하고 상품 페이지를 만드는 과정으로 투자만 있고 수입은 전혀 없는 시기입니다. 시간은 최소 8시간 이상 투자해야 합니다.

3~4개월째는 쇼핑몰을 구축하는 단계로 쇼핑몰 디자인 및 상품 등록, 상품 상세 페이지 등록 등 쇼핑몰에 관한 전체적인 부분을 마무리하는 단계입니다. 시간은 최소 8시간 이상 투자하고 수입은 없는 시기입니다.

5~6개월째는 쇼핑몰 오픈하고 운영하는 단계입니다. 쇼핑몰 운영단계에서는 마케팅 비용이 들어가게 됩니다. 시간은 준비 기간보다도 더 많이 투자되어 예민하게 고민하는 단계입니다. 처음 1개월째는 예민하게 고민하기보다는 희망적인 고민이 많으면서 몸이 피곤할 뿐이지만 5개월째는 몸의 피로도는 적어지지만, 정신적인 스트레스가 많이 생기게 됩니다. 잘 이겨내야 합니다.

독립몰과 임대몰의 차이가 무엇인가요?

독립몰의 경우는 사용자가 직접 서버를 구입하고 쇼핑몰을 운영하는 방법이므로 쇼핑몰 프로그램 및 디자인에 대한 전문적인 지식이 있어야 합니다.

[독립몰의 예 : http://www.samsung.com/sec/shop]

임대몰의 경우는 전문적인 지식 없이도 호스팅 사업자의 솔루션을 임대하여 상품등록 및 기본적인 작업으로 쇼핑몰을 운영할 수 있습니다.

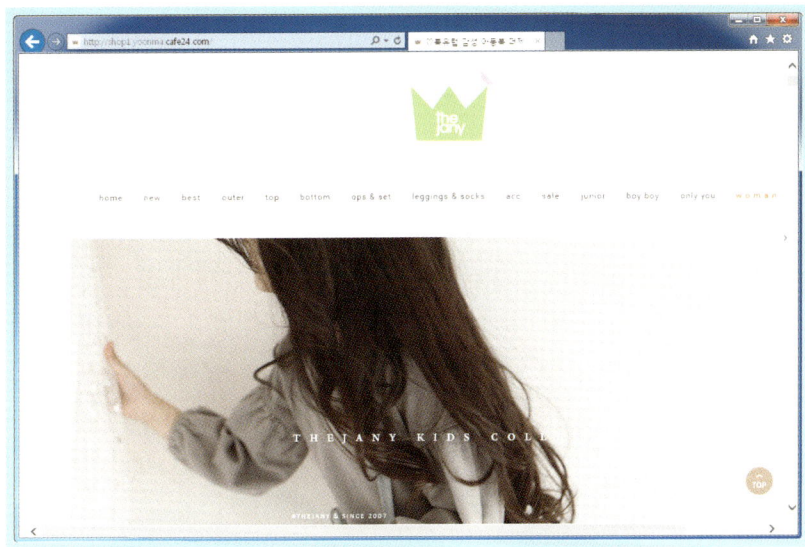

[임대몰의 예 : http://shop1.yoonma.cafe24.com]

	임대형 솔루션	독립형 솔루션
구축 비용	무료~최소 비용	수백 ~ 수천만 원
유지/보수	비교적 쉬움	전문인력 필요
디자인/기능	디자인 변경 가능 기능 변경 불가능	원하는 디자인 구현 용이 원하는 기능 구현 용이
월 유지 비용	무료~ 5만 원 이내	호스팅 비용 1만 원~10만 원 정도
마케팅 지원	제휴 마케팅 지원	자체 마케팅 진행
카드 결제 시스템	연 관리비 면제	카드사 연 관리비 지불
추천 사용자	소호(SOHO) 쇼핑몰	중형/대형 쇼핑몰

쇼핑몰의 시작은 오픈마켓으로 도전해 보고, 임대몰로 나만의 쇼핑몰을 창업해 보는 순서를 권하고 싶습니다.

쇼핑몰 창업은 어마어마한 비즈니스입니다. 30만 원만 벌어보고 싶어서 진행하는 사람도 있지만, 많은 기회가 있는 사업입니다. 천천히 기획하고 냉정하게 시작할 것을 권합니다.

 ## 쇼핑몰의 이름 짓는 요령이 있나요?

쇼핑몰을 시작하려면 사업자등록증과 통신판매업 신고를 해야 합니다. 그 과정에서 사업자등록증에는 회사 이름(쇼핑몰 이름)이 들어가야 하고 통신판매업 과정에서는 인터넷 주소(도메인)이 들어가야 합니다. 회사 이름을 뜻하는 브랜드를 잘 정해야 하는 것은 당연한 일인데 일반적으로 그냥 떠오르는 이름으로 하거나 본인이 좋아하는 이름으로 하는 경우가 많이 있습니다.

회사 이름 = 도메인 = 상표권등록

회사 이름과 도메인을 정하는 과정에서 다른 사람이 상표 등록을 했는지 찾아보며 정해야 합니다. 사업자등록을 하고 사업을 하다가 같은 상표를 쓰고 있다고 경쟁사에서 내용증명을 보내거나 법적인 문제로 고민하는 경우를 종종 보게 됩니다.

상표 등록 여부를 쉽게 알아보는 방법은 특허 정보넷 키프리스(http://www.kipris.or.kr) 홈페이지에 접속하여 상표 항목에서 확인할 수 있습니다.

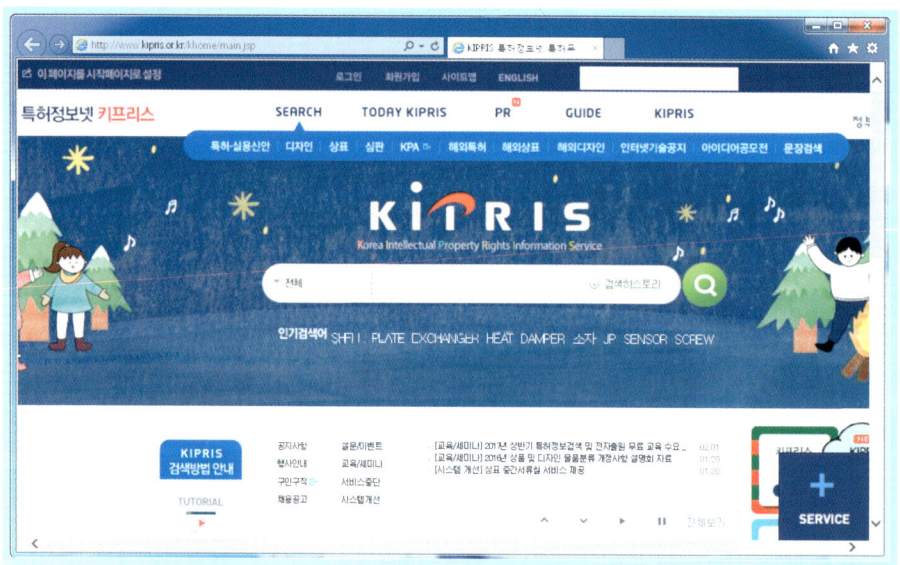

[특허 정보넷 키프리스 : http://www.kipris.or.kr]

위와 같이 확인한 결과 같은 상표를 쓰고 있는 사람이 없다면 도메인 등록을 시작합니다. 도메인은 쇼핑몰의 성격 및 아이템의 특징을 잘 표현해 줄 수 있는 이름이면 좋습니다. 그리고 방문자들이 쉽게 기억할 수 있는 이름이면 더욱 좋습니다.

도메인은 인터넷 사용자들이 다른 컴퓨터와 통신을 하기 위해 사용하는 영문자로 표현된 주소 체계입니다. 최근에는 한글로 표현된 도메인 주소도 가능합니다.

도메인은 일반적으로 홈페이지 주소, URL(Uniform Resource Locater)이라고 하는 것으로, http://www.naver.com 등의 주소를 말합니다.

도메인 선정 방법

1. 기억하기 쉽고 부르기 좋기 위해서는 우선 짧아야 합니다. 쉬우면 쉬울수록 좋습니다.
   - 예 http://daum.net

2. 쇼핑몰 명과 도메인은 일치시키는 것이 좋습니다.
   - 예 "스타일난다" : http://stylenanda.com

3. 도메인 선정할 때 주의사항
   - 문자(a~z), 숫자(0~9), 하이픈(-)의 조합으로만 만들 수 있습니다.
   - 영문자의 대소문자 구분은 없습니다.
   - 길이는 최소 2자에서 최대 63자까지 가능합니다.

[카페24 : https://www.cafe24.com]

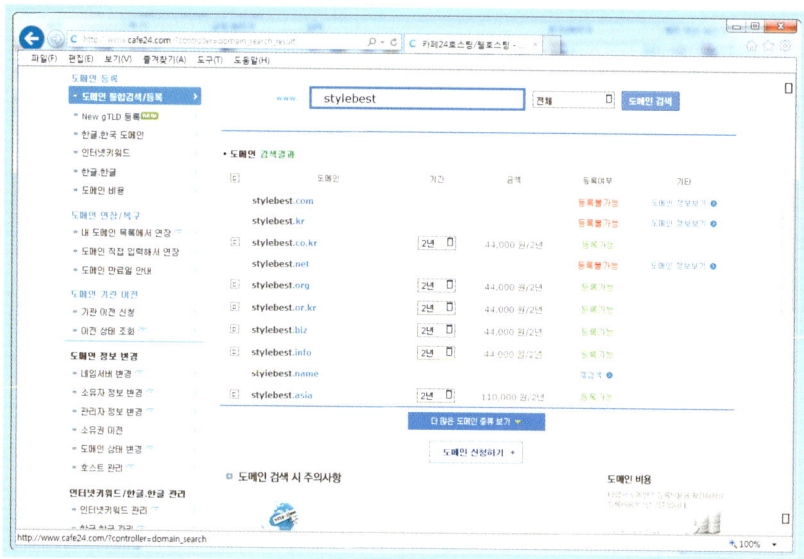

> **note**
> 도메인 등록 기관
>
> | 기관 이름 | 기관의 홈페이지 주소 |
> |---|---|
> | 카페24 | http://cafe24.com |
> | 가비아 | http://gabia.com |
> | 후이즈 | http://domain.whois.co.kr |
> | 아이네임즈 | http://www.inames.co.kr |
> | 도메인 클럽 | http://www.domainclub.kr |

쇼핑몰과 오픈마켓 중에 어떤 것을 먼저 하는 것이 좋을까요?

기업형이 아니고 개인이 시작하는 쇼핑몰이라면 오픈마켓을 먼저 하는 것을 권장합니다. 오픈마켓 등에서 박리다매로 물건을 판매하는 사람을 개인으로는 이길 수 없지만, 오픈마켓을 운영하며 온라인 판매에 대한 기본 트레이닝을 실전으로 받기를 권장합니다.

고객이 무엇을 원하는지 꼼꼼히 파악하고 분석하는 습관이 필요합니다.

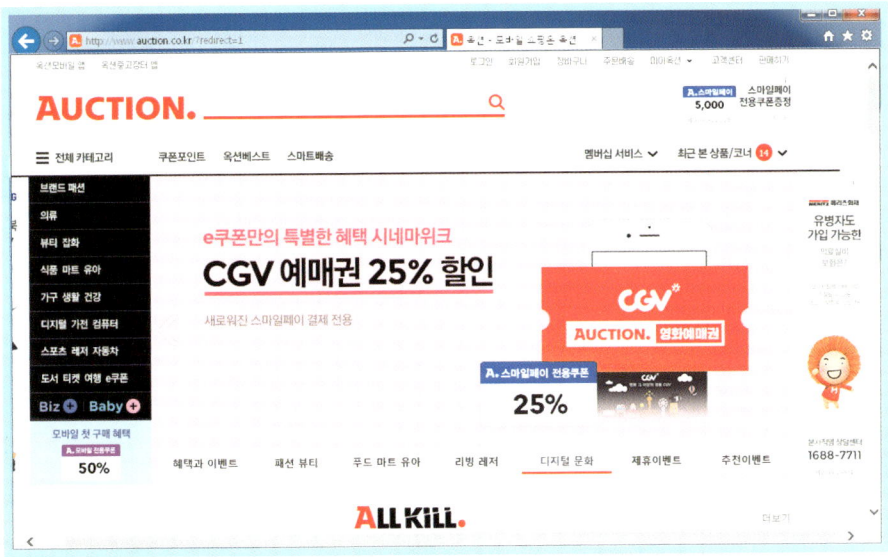

[옥션 : http://auction.co.kr]

101 효과적인 쇼핑몰 창업과 운영

Part II

쇼핑몰 창업 준비

창업의 단계는 구체적으로 어떻게 되나요?

일반적으로 쇼핑몰 창업 예정자들은 온라인 창업이 오프라인 창업에 비해 쉽고 간단할 것으로 생각하는 경우가 많이 있습니다. 온라인 창업은 비용이 저렴하고 진입 장벽이 낮은 것이 사실이지만, 손쉬운 창업이 성공을 보장하지는 않습니다.

다음 창업 절차에 따른 단계별 프로세스에 대해 충분히 고민해 봐야만 창업 준비 및 실제 창업 과정에서 일어날 수 있는 문제점을 피할 수 있습니다.

1단계 아이템 선정(고객 타켓팅 등), 시장조사, 사업 계획, 자금 계획

2단계 도메인 등록, 사업자등록, 통신판매업 신고(창업 제반 신고)

3단계 상품 촬영, 상품 페이지 제작, 상품 등록

4단계 쇼핑몰 디자인 구매 또는 직접 제작

5단계 결제 시스템 신청(카드, 에스크로)

6단계 포장 배송 시스템 완비

7단계 쇼핑몰 마케팅, 키워드, SNS 등

8단계 주문관리 시스템, 쿠폰, 적립금, 회원 등급제

9단계 세무/회계

10단계 쇼핑몰 유지 보수 및 오픈마켓 입점, 사업영역 확장

사업자등록 및 통신판매업 신고는 어디에서 하나요?

쇼핑몰을 운영하기 위해서는 반드시 사업자등록을 신청해야 합니다. 사업자등록증은 사업을 시작한 날로부터 20일 이내에 구비 서류를 갖추어 사업장 소재지를 담당하는 세무서의 납세 서비스 센터에 신청하거나 온라인으로 홈택스(HomeTax)에서 신청할 수 있습니다.

1. 사업자등록증 온라인 신청

사업자등록증 온라인 신청은 "http://www.hometax.go.kr"에서 가능합니다. 온라인으로 신청할 때는 공인인증서를 이용하여 홈택스에 로그인한 후에 신청을 진행할 수 있습니다.

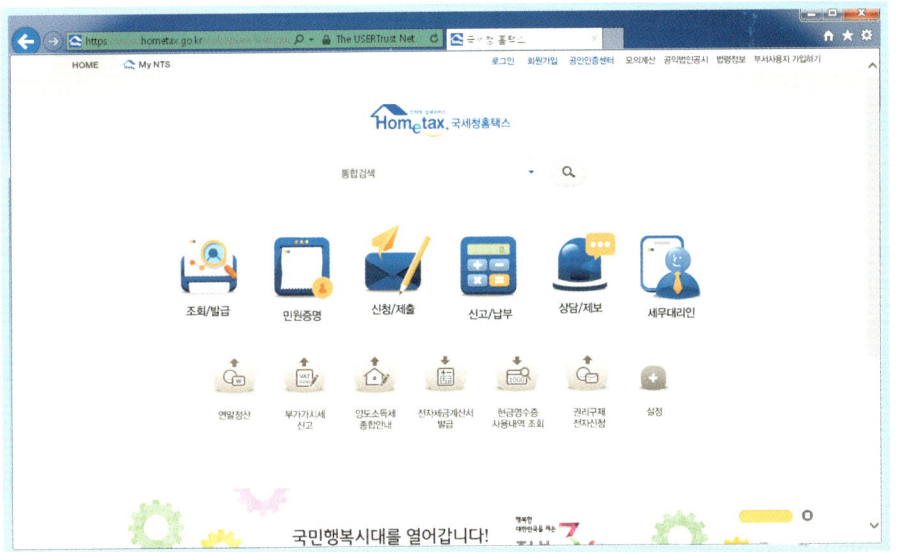

[홈택스 : http:www.hometax.go.kr]

공인인증서를 이용해서 홈택스 사이트에 로그인한 뒤, [신청/제출] 이미지 버튼을 클릭하여 국세청에서 주관하는 민원사무를 인터넷으로 신청 또는 제출할 수 있도록 기능을 제공하는 '신청/제출' 페이지로 이동합니다.

> **TIP**
>
> **사업자등록**
>
> 쇼핑몰을 운영하기 위해서는 반드시 사업자등록증을 신청해야 합니다. 사업을 시작한 날로부터 20일 이내에 구비 서류를 갖추어 사업장 소재지 담당 세무서의 민원봉사실(국세청 상담 센터 : 국번없이 126)에 신청하면 신청일로부터 3일 이내에 사업자등록증을 받을 수 있습니다.

사업개시 전에도 사업자등록증을 신청할 수 있습니다. 인터넷 쇼핑몰의 업태는 소매, 종목은 인터넷 쇼핑몰(또는 전자상거래)로 신청하면 됩니다.

개업 전에 비품 등을 구매할 때도 반드시 세금계산서를 받아야 합니다. 이 경우 사업자등록을 하지 않아 사업자등록번호가 기재된 세금계산서를 받을 수 없으므로 사업자등록번호 대신 사업자의 주민등록번호를 기재하여 세금계산서를 받으면 매입 세액을 공제받을 수 있습니다.

순서에 따라서 서식을 작성하고 첨부 서류는 미리 스캐너를 이용하여 이미지 파일 형태로 준비해 두면 됩니다.

업종 선택

주업종 입력　　　　　　　　　　　　　　　　　　　　　　　　　　　　　　　　초기화

- 주업종코드　　　　　　　[검색]　　　　　주업태명
- 주종목명　　　　　　　　　　　　　　　　부업종　　　　　○있음　●없음

사업장입력 추가 입력

- 선택한 업종이 영위하고자 하는 사업 내용을 정확하게 반영하지 못하는 경우에는, 실제 영위하고자 하는 사업에 대한 설명을 추가 입력하시기 바랍니다.

- 사업설명

사업장 정보입력

기본정보

- *개업일자　　　　　[📅]　　　　　종업원수　　　　　　　　명
- 사업장구분　　　●본인소유　○타인소유(법인포함)
- 자가면적　　　　　　　　㎡　---평　 ※㎡은 자동으로 평으로 변환됨
- 타가면적　　　　　　0 ㎡　0 평　※㎡은 자동으로 평으로 변환됨
- 자기자금　　　　　　　　원　　　　　타인자금　　　　　　　원
- 공동사업자선정　○있음　●없음　 ※주의 : 10인 이상인 경우 신청불가
- 출자금　　　　　　　　원　　　　　성립일자　　　　　　[📅]

사업자유형 선택

기본선택

- *사업자유형　　○일반　○간이　○면세　○법인아닌 종교단체　○종교단체이외의 비사업자

선택사항　　　　　　　　　　　　　　　　　　　　　　※아래 내용은 기재할 수 있는 부분만 기재하셔도 됩니다.

- 인허가사업여부　　○여　●부
- 의제주류면허신청　●없음　○의제판매업(일반소매)　○의제판매업(유흥음식점)
- 개별소비세해당여부　　[검색]

선택사항

유흥업소내역(선택사항)

- 허가관청　　　　　　　　　　　　　허가구분　　●해당없음　○유흥　○단란
- 허가번호　　　　　　　　　　　　　허가면적　　　　　㎡　---평
　　　　　　　　　　　　　　　　　　　　　　　※㎡은 자동으로 평으로 변환됨

사이버몰(선택사항)

- 사이버몰 명칭　　　　　　　　　　사이버몰 도메인

　　　　　　　　　　　[초기화] [등록하기]

　　　　　　　　　　　　　　　　　　　　　　　　　　　　　　선택내용 삭제

선택	일련번호	사이버몰 명칭	사이버몰 도메인

중기/화물운송 사업자(선택사항)

- 차량번호　　　　　　　　　　　　　차대번호

　　　　　　　　　　　[초기화] [등록하기]

　　　　　　　　　　　　　　　　　　　　　　　　　　　　　　선택내용 삭제

선택	일련번호	차량번호	차대번호

서류 송달장소(사업장소와 다를 경우 입력)

- 우편번호　　　[주소검색]
- 도로명주소
- 송달장소　　지번주소
- 건물명　　　　　동　　　층　　　호
- 기타주소

　　　　　　　　　　　　　[다음]

(1) 구비 서류(개인 사업자의 경우)
- 사업자등록 신청서(개인 사업자용)
- 사업허가증 사본, 사업등록증 또는 신고필증 사본(해당자에 한함) 법령에 의하여 허가를 받거나 등록 또는 신고를 해야 하는 사업의 경우는 사업허가증 사본 · 사업등록증 사본 또는 신고필증 사본 등 필요한 구비 서류를 준비해야 합니다.
- 임대차 계약서 사본(사업장을 임차한 경우에 한하며 확정일자 신청 시 원본 제시)

집을 사업장으로 사용하려는 경우, 본인 명의로 되어 있는 집이라면 등기부 등본만 첨부하면 됩니다.

- 사업장 도면
  상가 건물 임대차 보호법 제2조 제1항의 규정에 의한 상가 건물의 일부분을 임차하는 경우에만 해당합니다.
- 2인 이상 공동 사업 시 증명 서류 첨부(동업 계약서 등)
- 신분증

(2) 사업자등록 신청서 작성 방법
- 사업장 소재지 : [주소 검색] 기능을 이용하여 도로명 주소 또는 지번 주소를 검색하여 입력합니다. 아파트 · 공동 건물일 경우에는 반드시 동 · 호수까지 기재하여야 합니다.
- 전화번호 : 지역 번호를 함께 기재합니다.
- 업종 선택 : 영위할 사업의 업종을 '주업태 · 주종목'란에 기재하며 겸업(예 : 도 · 소매, 제조 · 서비스 등)일 경우에는 주업종 외에 겸하는 업종을 '부업태 · 부종목' 란에 기재하되 '주(부)업종 코드' 란은 기재하지 않습니다. 쇼핑몰은 '주업태'란에 '소매', '주종목'란에 '인터넷 쇼핑몰(또는 전자상거래)'로 기재합니다.
- 개업일자 : 제조업은 제조장별로 재화의 제조를 개시하는 날, 광업은 사업장별로 광물의 채취 · 채광을 개시하는 날, 기타의 사업에 있어서는 재화 또는 용역의 거래를 개시하는 날을 기재합니다.
- 종업원수 : 고용 계약에 의하여 근로를 제공하고 보수를 받는 자로서 상시 근무하는 인원을 기재합니다.
- 사업장구분 및 사업장을 빌려준 사람 : 해당 란에 "ㅇ" 표시하고 임대인의 성명 · 주민등록번호를 기재하되, 임대인이 법인인 경우에는 법인명 · 법인 사업자등록번호를 반드시 기재하여야 하며 자가인 경우에는 기재하지 않습니다.
- 사업장 사용료 : 전세금 · 임대 보증금과 월세를 구분하여 기재합니다.
- 사업 자금 내역 : 전세금 또는 임대 보증금을 포함하여 사업과 관련한 자금을 기재하되 은행 대출금 · 사채 등은 타인 자금 란에 기재합니다.
- 사업장 면적 : 사업을 영위하는 장소의 면적을 m^2 단위로 기재합니다.("평" 단위는 자동 계산됩니다.)

(3) 사업자등록 전 확인사항
- 사업장 결정 : 임차계약 시 임대차 계약서 구비
- 과세 vs 면세 : 업종이 과세대상인지 면세대상인지 확인(겸업일 경우 과세사업으로 등록)
- 일반과세자 vs 간이과세자 : 간이과세자 등록 할 경우 간이 과세 배제규정 확인

신규사업자는 간이과세자로 등록하는 것이 좋습니다.

- 허가사업 : 허가를 요하는 사업이라면 사업허가증 구비
- 동업계약 : 2인 이상의 사업자가 공동으로 사업하는 경우 동업계약서 작성

(4) 미등록시 불이익
- 매입세액 불공제 : 세금계산서를 교부받을 수 없습니다. 따라서 매입세액을 공제받지 못합니다.
- 증빙 미수취 : 매출에 대응하는 비용처리를 할 수 없습니다.
- 가산세 : 미등록 가산세, 무신고 가산세, 납부불성실 가산세 적용됩니다.

2. 통신판매업신고서 작성

인터넷 쇼핑몰을 운영하는 업체는 의무적으로 관할시, 군, 구청 지역 경제과에서 통신판매업(영업 허가증)을 신고해야 합니다. 통신판매업 신고는 인터넷 전자민원 G4C를 이용해서 등록할 수 있습니다. http://www.minwon.go.kr 사이트의 검색창에서 "통신판매업신고"를 검색하세요. 온라인 신청이면 공인 인증서가 필요합니다.

(1) 신고서 제출처
주된 사무소의 소재지가 국내인 경 : 시, 군, 구청 지역 경제과
주된 사무소의 소재지가 외국인 경우 : 공정거래위원회

(2) 신고서 기재 사항
- 상호(법인의 경우는 대표자의 성명 및 주민등록번호포함)
- 주소, 전화번호, 전자우편 주소(이메일 주소)
- 인터넷 도메인 이름(쇼핑몰의 URL)
- 호스트 서버의 소재지(예 : 서울 양천구 목동 924 번지 KT IDC센터 18층 심플렉스인터넷(주))
- 사업자의 성명 및 주민등록번호(개인인 경우에 한함)

(3) 면허세
45,000원(신고할 때 납부하며, 다음 해부터 매년 초(1월1일)에 계속 부과됨)

(4) 방문 신청의 경우 구비서류
　민원 제출 구비서류 없음
- 담당공무원 확인사항, 민원인 제출 생략
- 사업자등록 증명
- 법인등기부등본(법인사업자에 한함)

(5) 신고서 작성 설명

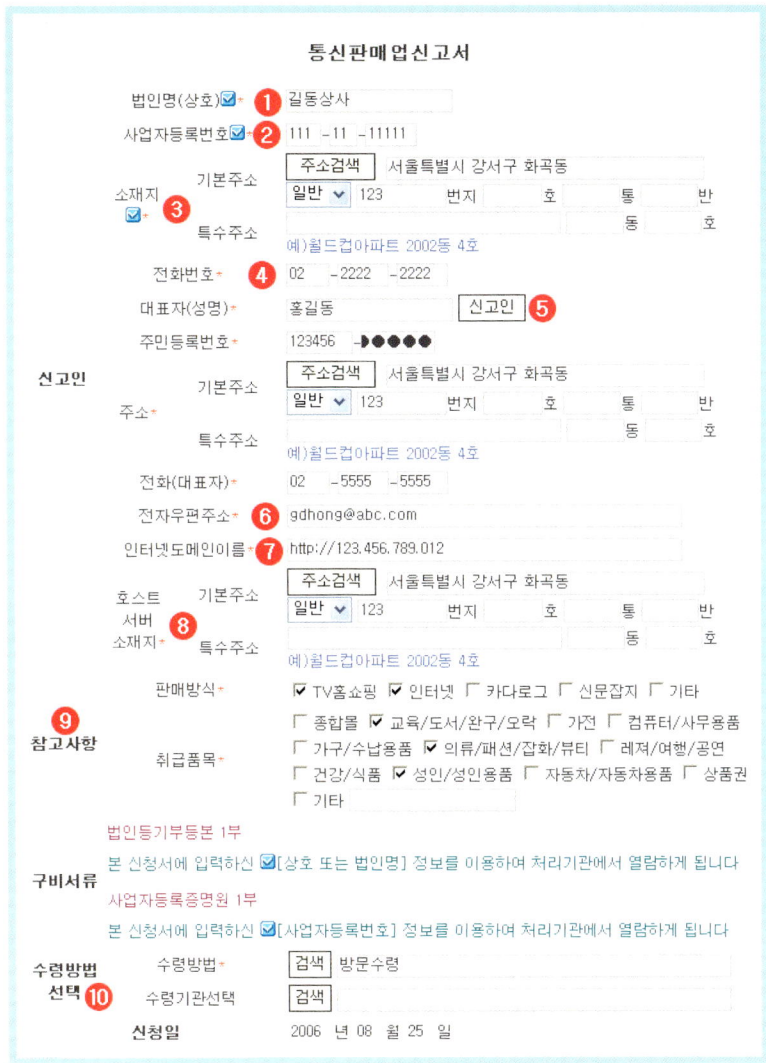

❶ 법인명(상호) 직접입력
❷ 사업자등록번호 직접입력
❸ [주소검색] 버튼을 클릭하여 검색창에서 소재지 주소 선택. 특수주소는 아파트나 빌딩의 경우 아파트명, 동, 호수를 직접입력
❹ 전화번호 직접입력
❺ [신고인] 버튼을 클릭하여 아래 사항 자동입력
　- 신고인 대표자(성명) 자동입력
　- 신고인 주민등록번호 자동입력
　- 신고인의 주소 자동입력
　- 신청인 전화(대표자) 자동입력

❻ 전자우편 주소 직접입력
❼ 인터넷 도메인 이름 직접입력
❽ [주소검색] 버튼을 클릭하여 검색창에서 호스트 서버 소재지 주소 선택. 특수 주소는 아파트나 빌딩의 경우에 아파트명, 동, 호수를 직접입력
- 예 서울 양천구 목동 924번지 KT IDC센터 18층 심플렉스인터넷(주)

❾ 참고사항 항목 선택
- 판매방식 선택
- 취급품목 선택

❿ [검색] 버튼을 클릭하여 수령방법, 수령기관 선택

 에스크로가 무엇인가요?

에스크로 제도는 공정거래 위원회가 전자상거래 소비자 보호를 위해 시행하는 제도입니다.

온라인에서 전자상거래 시에 구매자가 지불한 상품 대금을 제삼자(은행, 카드 결제 PG사 등)가 보관하고, 상품이 정상적으로 배송 완료되었을 때 판매자의 계좌로 지급하는 제도입니다.

모든 쇼핑몰은 에스크로 가입이 의무화되어 있으므로 상품 판매를 개시하기 전에 에스크로 결제에 가입해야 합니다.

아이템 선정기준이 있나요?

특별한 아이템 선정 기준은 없습니다. 다음의 내용에 따라 장점이 있는 아이템을 선정하면 됩니다.

상품군별 온라인 쇼핑 거래액 구성비

상품군별 거래액 구성비

- 2016년 10월 상품군별 온라인 쇼핑 거래액 구성비는 전년 동월 대비 화장품(1.5%p), 의복(1.2%p), 음·식료품(0.5%p), 농축수산물(0.4%p), 가방(0.3%p) 등은 확대, 여행 및 예약서비스(-1.3%p), 아동·유아용품(-0.8%p), 가전·전자·전자통신기기(-0.8%p), 컴퓨터 및 주변기기(-0.4%p) 등은 축소
- 전월대비 의복(3.0%p), 가전·전자·전자통신기기(1.0%p), 스포츠·레저용품(0.3%p), 신발(0.2%p) 등은 확대, 음·식료품(-2.1%p), 농축수산물(-1.2%p), 여행 및 예약서비스(-0.9%p), 화장품(-0.4%p) 등은 축소

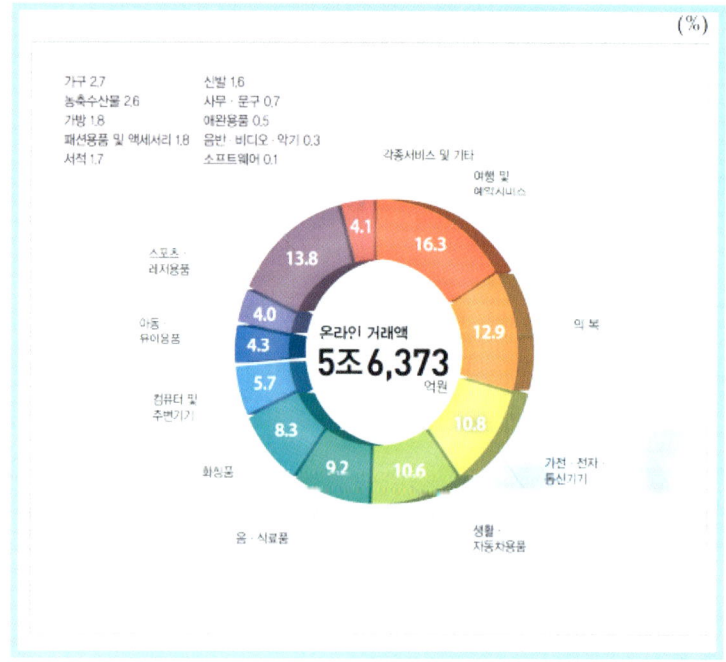

상품군별 모바일 쇼핑 거래액 구성비

상품군별 모바일 쇼핑 거래액 비중

o 2016년 10월 상품군별 온라인 쇼핑 거래액 중 모바일 쇼핑 거래액 비중은 아동·유아용품 (70.9%), 신발(68.4%), 의복(67.1%), 가방(66.1%) 등에서 높음

o 전년 동월 대비 가방(12.2%p), 신발(11.0%p), 화장품(10.7%p), 소프트웨어(10.5%p), 생활·자동차용품(10.3%p), 패션 용품 및 액세서리(10.2%p), 애완 용품(9.6%p), 농축수산물(9.5%p), 음·식료품(9.2%p) 등에서 크게 확대

o 전월대비 가전·전자·통신기기(-1.6%p), 컴퓨터 및 주변기기(-1.0%p) 등에서 축소, 농축수산물(15.8%p), 음식료품(2.8%p), 소프트웨어(2.5%p) 등에서 확대

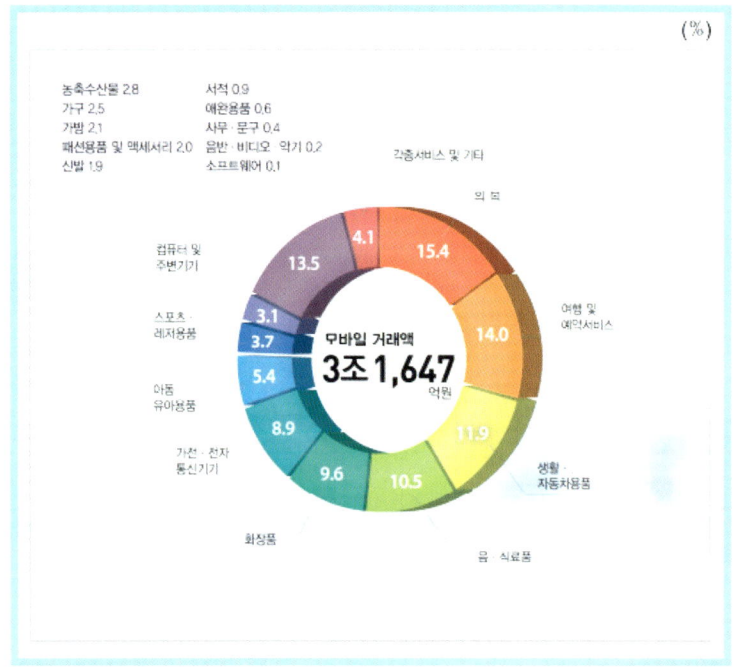

온라인에서 잘 판매되는 상품을 알아보는 방법이 있나요?

오픈마켓에는 베스트 상품 메뉴가 있습니다.

대부분은 트렌드에 맞는 상품이거나 가격이 저렴하거나 마케팅을 진행하는 상품일 확률이 높습니다. 모니터링하다 보면 베스트 상품에는 어울리지 않는 상품이 상위권에 있는 경우를 종종 발견하고는 합니다. 그러면 왜 그 상품이 베스트 상품이 되었을까를 파악해 보게 되고, 그러는 과정에 새로운 아이디어도 얻게 되며, 베스트에 올라온 여러 가지 이유를 발견하게 됩니다. 마켓을 꾸준히 모니터링 해야 하는 이유가 바로 여기에 있습니다.

옥션(http://auction.co.kr)에 접속하여 [옥션베스트] 메뉴를 클릭합니다.

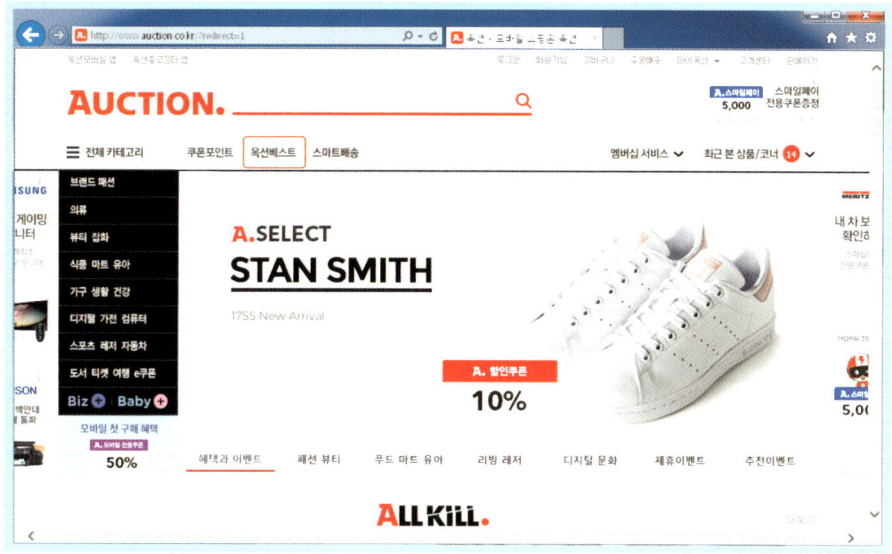

1위부터 100위까지의 상품을 볼 수 있습니다.

대부분의 쇼핑몰 운영자는 이미 마음속으로 잘 팔릴 것으로 생각하는 상품과 안 될 것으로 생각하는 품목을 정하고 있습니다. 하지만, 이렇게 베스트 상품을 모니터링하다 보면 그 선입견이 깨지게 됩니다. 거의 모든 상품이 판매 가능하다는 열린 마음을 가져야 합니다.

베스트 상품을 모니터링할 때는 아이템을 확인하는 것은 물론 하나하나 클릭하여 상품 상세 페이지도 꼼꼼히 살펴봅니다. 관심 분야의 상품만 보는 것이 아니라 1위부터 전체 상품을 클릭하며 상품의 정보 대부분을 읽어 봅니다.

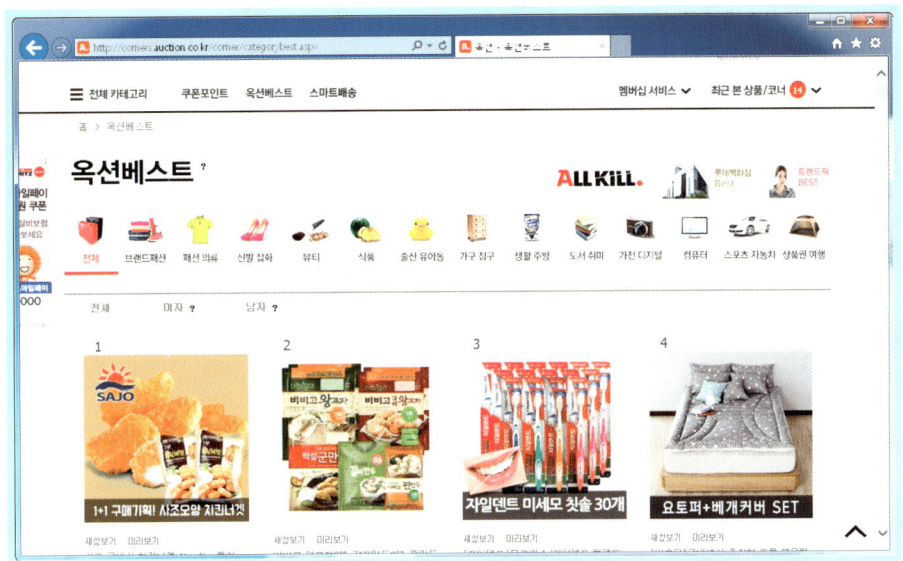

Gmarket(http://gmarket.co.kr)의 [베스트]도 같은 방법으로 매일 모니터링합니다.

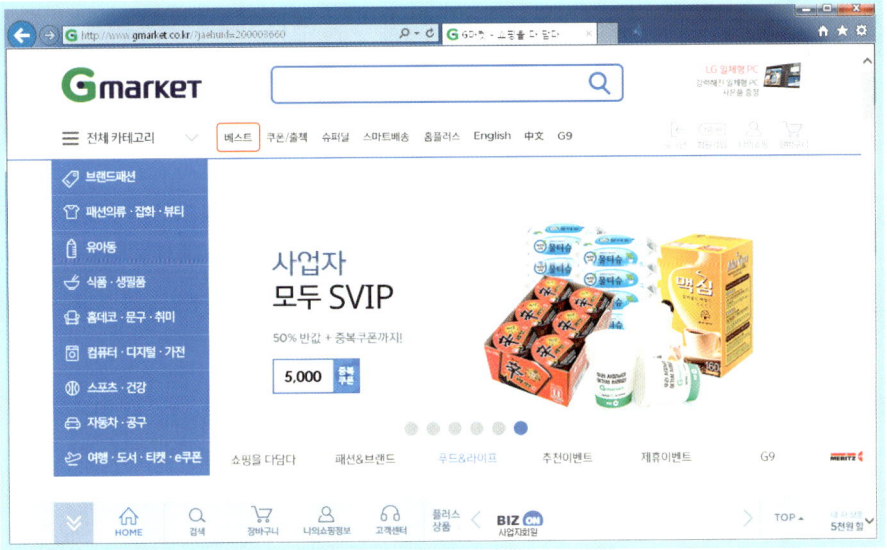

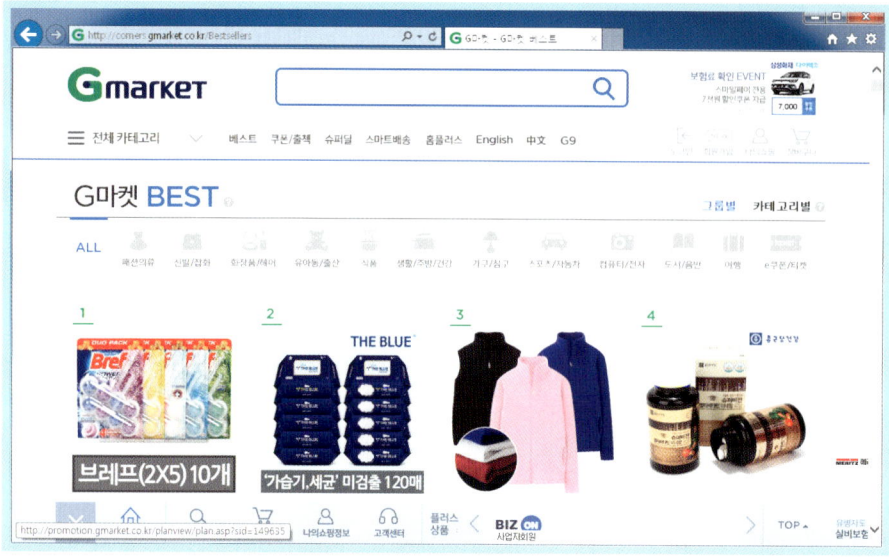

 ## 검색 사이트를 통해 관심 분야를 정리하는 방법이 있나요?

검색 사이트를 통해 관심 분야를 검색하면 많은 정보를 얻을 수 있습니다. 검색 사이트의 키워드 검색과 관련하여 중요한 항목은 자동 완성 검색어와 추천 검색어입니다.

1. 자동 완성 키워드

예를 들어 '샴푸'를 검색해보면 검색 창에 '샴푸'에 관하여 자동 완성되어 제시되는 키워드가 있습니다. 이것이 자동 완성 키워드인데 그 속에서 생각하지 못했던 아이디어를 얻을 수 있습니다.

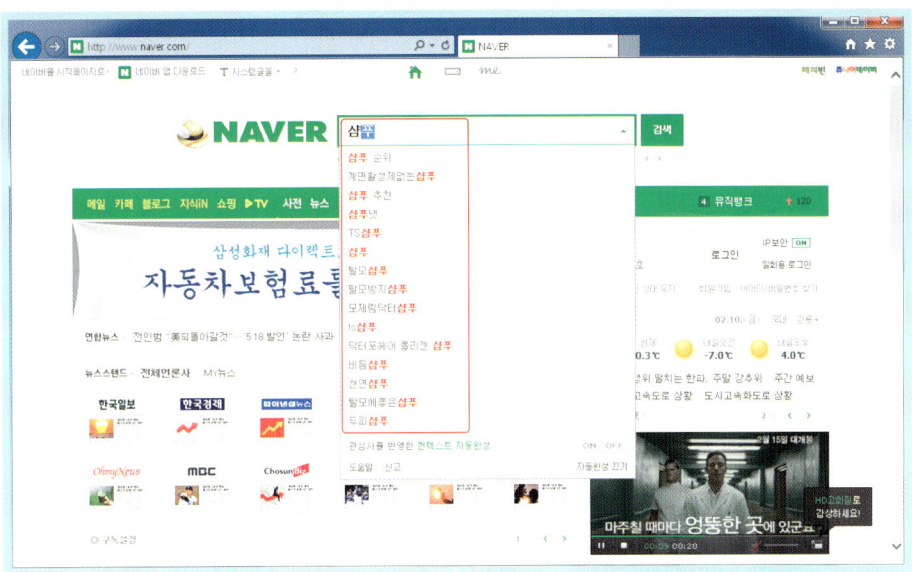

[네이버 자동 완성 기능]

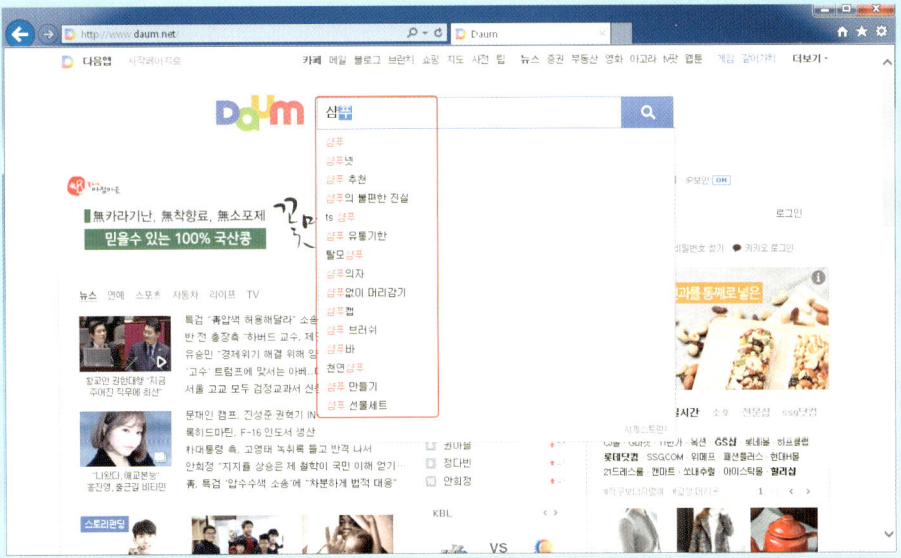

[다음 자동 완성 기능]

자동 완성 키워드를 확인하고 정리합니다.

　　샴푸에 관한 자동완성 예
　　　계면활성제없는샴푸, TS샴푸, 샴푸 순위, 샴푸추천, 탈모방지샴푸, 모제림닥터샴푸
　　　샴푸의 유통기한, 천연샴푸, 샴푸 선물세트

2. 순위 사이트 분석하기

순위 사이트인 랭키닷컴 (http://www.rankey.com)에서 관심 분야에 해당하는 쇼핑몰의 개수도 알아볼 수 있고 순위도 분석해볼 수 있습니다. 관심 분야의 5위 안에 드는 쇼핑몰을 방문하여 분석합니다. 사이트를 분석할 때는 전체적인 레이아웃과 사용자가 구매 단계까지 갈 때의 편리성 그리고 찾으려고 하는 상품을 얼마나 빨리 찾을 수 있는지를 보는 직관성, 주력 아이템군 외에 어떤 아이템을 함께 판매하고 있는지 등을 살펴보며 자신의 콘셉트를 조금 더 구체화 합니다.

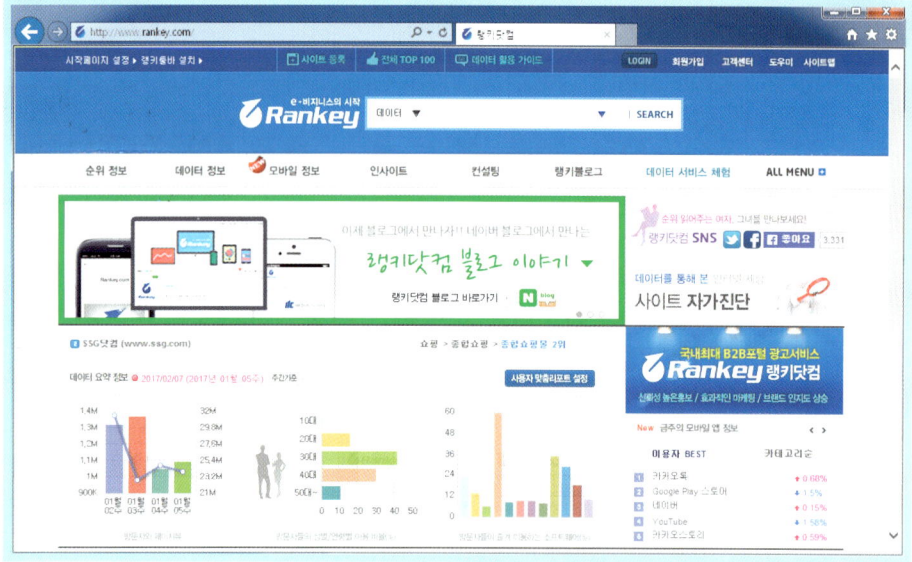

[랭키닷컴 : http://rankey.com]

다음은 랭키닷컴에서 [순위 정보] 메뉴를 선택하여 분류 검색기에서 "종합가구쇼핑몰"을 선택 했을 때 해당 분야의 사이트 순위를 살펴 본 것입니다.

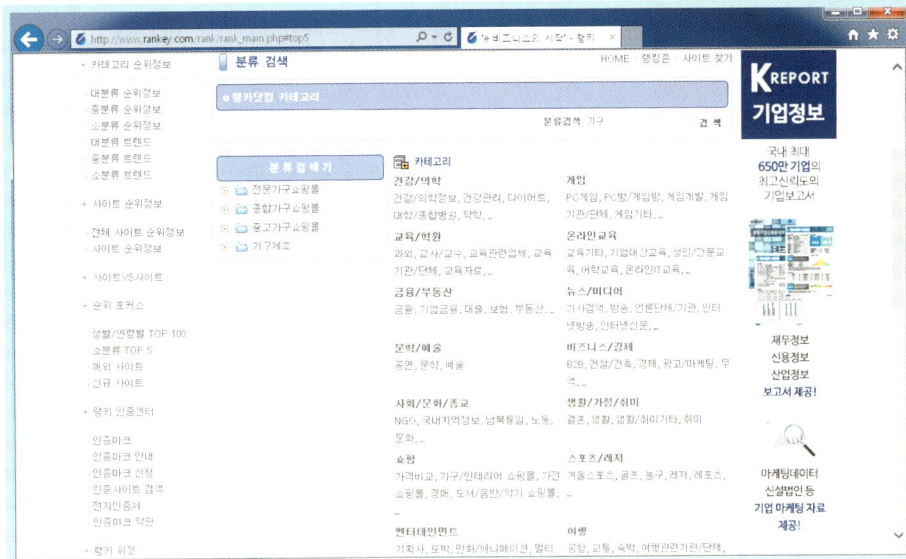

[랭키닷컴의 분류 검색]

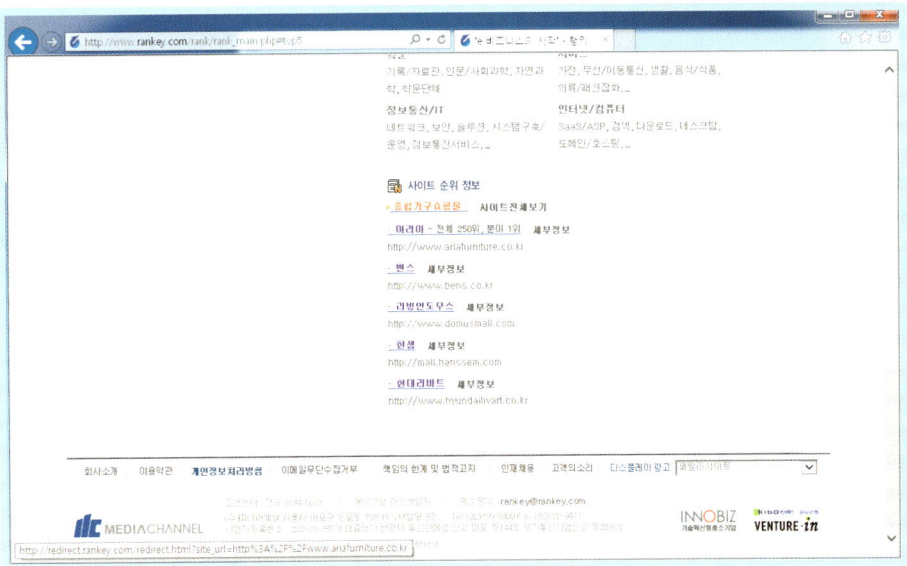

[랭키닷컴의 사이트 순위 정보 예시]

온라인 도매가 가능하다고 하는데 어떤 곳이 있나요?

요즘은 온라인 도매상가가 많이 활성화되어 있습니다. 초창기에는 온라인 도매는 비싸다는 인식이 있었지만, 지금은 많은 도매 업체가 합리적인 가격으로 거래하고 있습니다.

먼저 네이버(http://www.naver.com) 등의 포털 사이트를 통해 도매몰을 검색합니다.

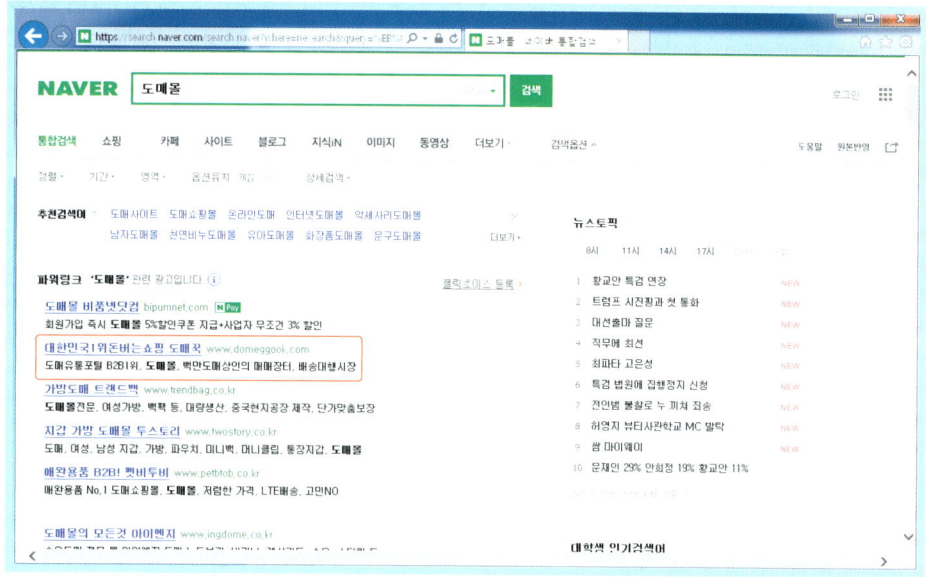

[네이버에서 도매몰 검색 결과]

연관 검색어 : 도매몰, 인터넷도매몰, 악세사리도매몰, 남자도매몰
추천 검색어 : 도매사이트, 도매쇼핑몰, 온라인도매, 인터넷도매몰, 악세사리도매몰, 유아도매몰, 화장품도매몰, 문구도매몰

검색 결과 중에 나까마의 새 이름 도매꾹(http://domeggook.com)에 방문해 보겠습니다. 도매꾹을 통해 도매몰의 아이템에서 마진률을 알아보는 방법을 살펴보겠습니다.

도매꾹에서 알아보고 싶은 상품을 검색합니다.

상품의 판매 단가와 샘플 가격을 볼 수 있습니다. 상품의 판매 단가는 도매꾹에 방문하는 모든 사용자에게 노출되는 기본 가격입니다. 도매꾹과 정식으로 거래하려면 가입한 후에 사업자등록증을 보내면 도매가격으로 상품을 구입할 수 있습니다. 구매하는 수량이 많을수록 가격을 더 낮아집니다.

도매몰에서 검색해본 상품을 오픈마켓에서 검색하여 마진율 및 판매 정도를 분석합니다.

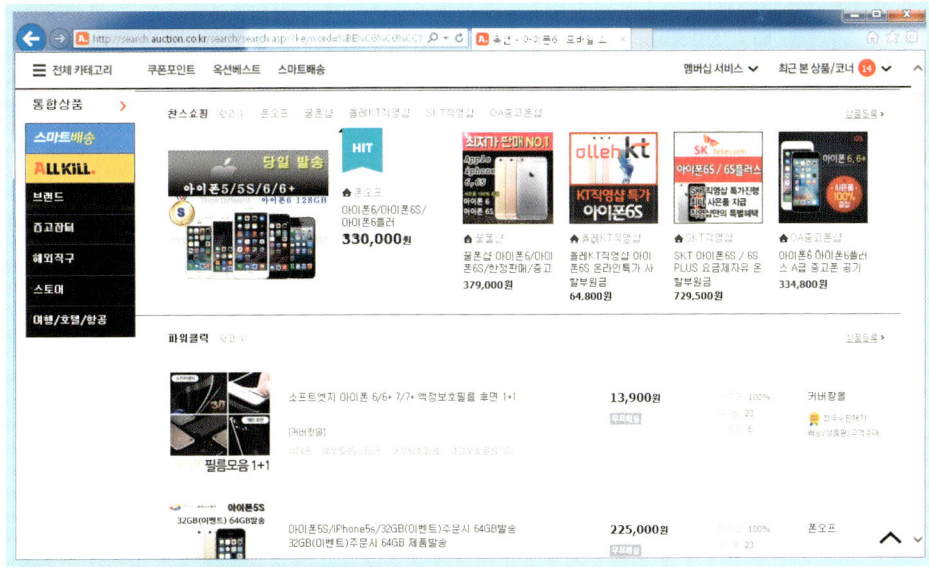

도매상에서 알아본 상품과 최대한 같은 상품을 검색하여 정보를 분석합니다. 특히 가격 정보 등을 꼼꼼히 알아봐야 합니다.

 **사입 용어가 따로 있나요?**

사입 용어는 따로 있습니다. 다른 고객에게 여러 가지 정보가 노출되지 않기 위함입니다. 그러나 용어만 익혀서 어색하게 쓰는 것은 도움이 안 될 수도 있으니 주의해야 합니다.

깔	상품의 색상을 말한다.	큐큐/나나인찌	와이셔츠 단추구멍, 청바지 단추구멍을 만드는 작업으로 이해하면 된다.
탕	원단의 염색(색상)에서 사용되는 말이다.	오바록/인타록	면티셔츠, 청바지 옆구리 안쪽에 보면 절개한 부분의 원단이 풀리지 않도록 하기 위해 봉제 실이 엮어서 박음질하는 것을 의미한다.
다이마루	면제품을 말한다. 면티셔츠 등을 다이마루라고 부른다.	와끼	제품의 옆 부분을 의미한다.
단가라	가로로 스트라이프가 들어간 무늬를 말한다.	직기 (또는 우븐)	보통 정장, 청바지 원단을 의미한다.
후레아	가장자리 주름 장식을 말한다.	간지	일본어로 멋있다를 의미한다.
사입	상품을 구입하는 일괄의 활동을 말한다.	민수	국내 판매용으로 만들어진 제품을 말한다.
사입자	시장에서 상품의 물류와 구입을 담당하는 사람을 말한다.	신상	신상품의 줄임말이다.
사입삼촌	도매처에 사입을 한 상품들을 수거해서 배송해주는 사람을 말한다.	샤넬라인	스커트의 길이는 무릎 밑까지 오고 허리 라인은 허리 밑으로 내려간 스타일을 말한다.
완사입	구매에서 반품까지 모두 책임을 지면서 사입하는 것을 말한다.	나오시	상품의 불량을 지칭하는 말이다.
매장	흔히 옷 가게를 말하며 시장에서는 일정 규모 이상의 옷 가게를 매장으로 분류한다.	이미	이미테이션을 줄인 말(짝퉁, 짜가, 가리지날)이다.

낱장	매장의 반대되는 개념으로 소량을 사입하며 주 거래처가 아닌 거래처를 말한다.	시재	매장에서 가지고 있는 잔돈을 말한다.
장차	전세버스를 말한다.	대봉	비닐 봉지 사이즈 중 가장 큰 것을 말한다(대중소 분류).
파스	상품을 만드는 기간이나 재료의 소진 기간을 말한다.	장끼	세금계산서가 아닌 그날 사입한 영수증을 말한다.
고미	사이즈당 묶음을 말하는 것이다. 보통 아동복에서만 고미라는 말을 사용한다.	매입장끼	반품을 해서 그 매장에 묶이게 되는 돈의 액수를 기재한 영수증을 말한다.
땡땡이	점이 새겨져 있는 것을 말한다.	땡	땡처리로 일명 세일의 의미이다. 하지만 반품/교환은 절대 안 된다.
물먹었다	잘 안팔린다를 말한다.	진상	대하기 싫은 손님을 말하는데 최근에는 손님들이 알고 있어 상진이라고 말한다.
도매	시장에서의 도매의 역할은 단순히 상품을 유통시키는 곳뿐만 아니라 디자인 및 생산을 관리하는 생산자의 영업장을 말한다.	미송	상품이 일시 품절되어 당장 구매할 수 없을 때 상품 값을 먼저 지불하고 상품은 나중에 받는 것으로 '구매 우선권'을 말한다.
시야게	제품의 봉제가 끝나면 완제품으로 출고하기 전에 실밥 따기, 아이롱(다림질), 검품(제품의 이상 여부 확인) 등을 하는 출고 전에 제품을 다듬는 것을 말한다. 전문적으로 하는 공장을 '시야게집', '시야게공장'이라고 한다.		

자료제공: blackhead

쇼핑몰의 이름을 정할 때 주의해야 할 점이 있나요?

쇼핑몰을 시작하며 쇼핑몰의 이름을 정할 때는 다음의 개념을 동시에 찾아보고 고민해야 합니다.

쇼핑몰 이름 = 도메인 = 상표 = 상표권

만약 "꿈친구"라는 쇼핑몰 이름이라면 도메인도 "꿈친구"라는 도메인을 선택하고 특허청에 "꿈친구"가 등록되어 있는지도 검색하여 등록되어 있지 않으면 원하는 이름을 정식으로 등록하여 사용할 수 있습니다.

실습으로 상표가 등록되어 있는지 알아보겠습니다.

상표 등록을 확인하기 위해 특허 정보넷 키프리스(http://www.kipris.or.kr)에 접속합니다.

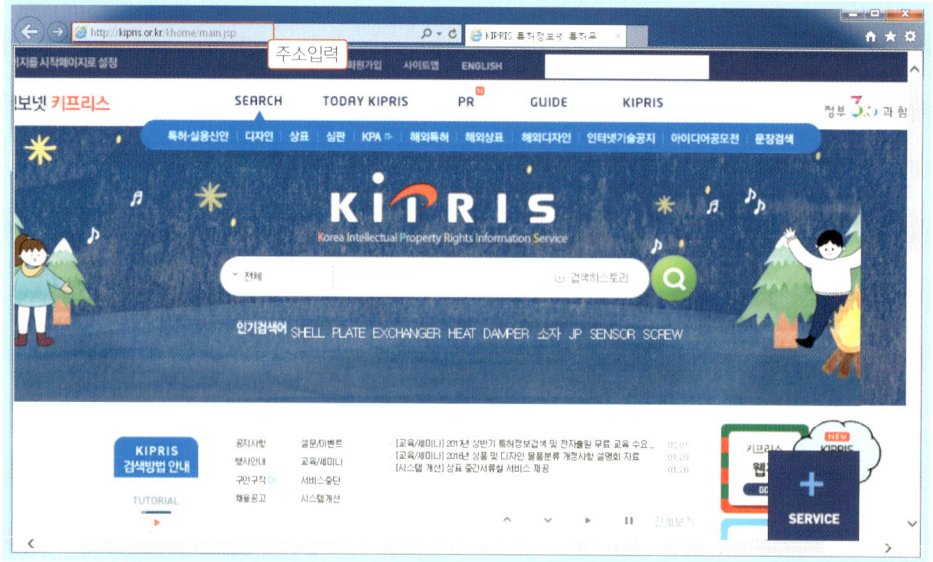

2. 검색 항목에서 상표를 클릭하고 상표 명에 '드림프랜드'를 입력한 후 [검색] 버튼을 클릭합니다. 검색 결과가 없다고 나오면 해당 검색어로 상표 등록이 되어 있지 않은 것이므로 해당 상표를 사용할 수 있습니다.

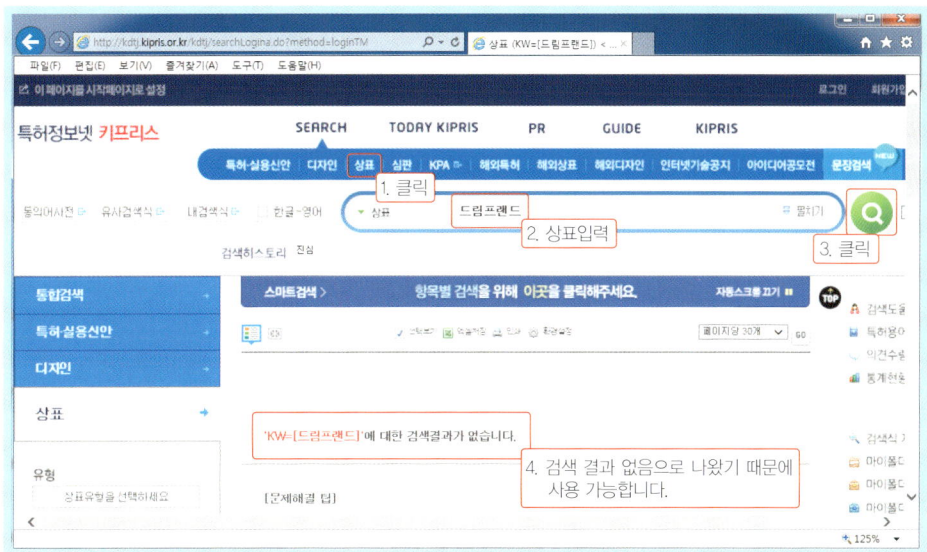

 ## 물류관리 자동화의 장점은 무엇인가요?

하루 100~300개 이상의 박스를 배송하는 쇼핑몰에서 가장 중요한 것이 물류관리입니다. 카페24의 소개로 매출이 큰 업체를 직접 방문하여 확인해 보면 여러 가지 합리적인 물류관리를 통해 최소의 인원으로 관리하는 것을 확인할 수 있습니다.

물류관리 자동화의 장점

1. 재고관리가 가능하여 재고상품에 묶여 있는 자금을 회수하였습니다. (예로 해당 업체는 3억 원의 재고상품을 정리하였다고 함)

2. 송장을 가지고 일일이 상품을 찾을 필요 없이 배송 가능 주문만 송장을 출력할 수 있었습니다. (물류

관리 자동화 도입 전에는 주문 500건에 송장은 1,500장 출력)

3. 묶음 배송 처리, 부분 선배송 처리가 가능하며, 빠른 CS 전화로 고객 만족도를 높였습니다. (상품이 재고가 없어도 품절처리를 하지 않고 주문을 받지만, 입고가 늦어지면 바로 전화하여 처리하므로 고객만족도 상승)

4. 오배송을 방지하고 불량고객(여러 상품 주문 후에 한두 개 상품 없음)의 클레임에 대응할 수 있어서 CS 직원의 스트레스가 대폭 감소하였습니다. (불량고객의 클레임은 돈이 문제가 아니라 직원과 운영자 모두에게 큰 스트레스였다고 합니다.)

5. 매출 규모가 비슷한 타 쇼핑몰과 비교하여 1/2의 직원 수로 운영이 가능하였습니다.

물류관리 자동화 시스템 도입은 내부 물류팀에서 반대가 가장 심한 경우가 많다고 합니다. 하지만, 무한 경쟁 시대에 효율적인 물류관리는 더욱 중요해지고 있습니다.

쇼핑몰 운영자분들에게 마지막 당부로 일정 규모 이상이 되면 카페24와 상의해서 물류자동화를 꼭 구축하기 바랍니다.

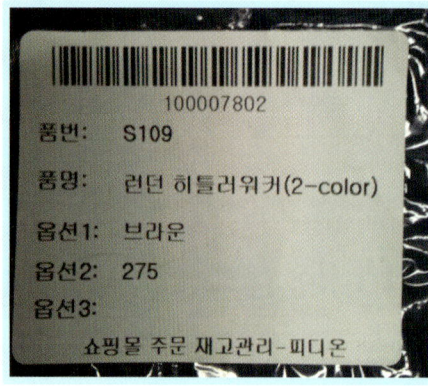
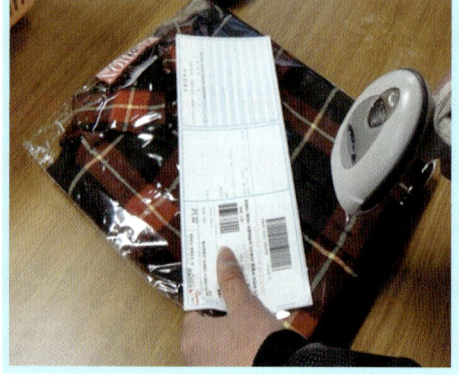

나만의 스타일로 쇼핑몰을 만들고 싶은데 어떨까요?

쇼핑몰 운영자가 가장 많이 빠지는 함정은 내 시각, 내 스타일이 최고야~ 라고 생각하고 진행하는 경우가 많이 있습니다. 물론 시장 분석을 통해 현재의 트렌드, 미래의 트렌드를 분석한 결과 진행하는 것이라면 성공할 확률이 높습니다. 그렇지만 단지 자신의 생각으로 무조건 진행한다는 것은 치열한 쇼핑몰 경쟁에서 이기기는 쉽지 않습니다.

쇼핑몰을 기획할 때는 분석한 타깃층의 입장에서, 쇼핑몰을 디자인할 때 분석한 타깃층의 입장에서, 상품을 등록할 때도 분석한 타깃의 입장에서 레이아웃, 마케팅 모든 부분에 해당하는 이야기입니다.

그 과정에서 나의 장점 및 추구하고자 하는 방향으로 유도할 수는 있습니다. 나만의 스타일을 더욱 강조하는 방법은 나의 아이템에 대한 확신입니다.

가장 자신 있는 아이템인가?

자신의 성격과 경력을 고려하여 전문성을 살릴 수 있는 아이템을 선정합니다. 자신이 잘 아는 일이나 좋아하는 일을 아이템으로 선정하면 고객에게 다양하고 구체적인 정보를 제공할 수 있습니다. 오프라인 상점이나 유통망을 확보하고 있다면 시장 동향과 유행 소식을 파악하는데 훨씬 유리하며 고객에게 신속하고 정확한 소식을 알릴 수 있어 쇼핑몰의 신뢰를 높일 수 있습니다.

차별화, 전문화된 아이템인가?

독특함을 내세워 다른 쇼핑몰과는 차별화할 수 있는 아이템을 선정합니다. 온라인상에는 이미 모든 업종이 진출해 있어서 새로운 아이템을 찾기가 어렵습니다. 그 때문에 기존 제품이라고 해도, 고급스러움을 강조하거나, 마니아층이 선호하는 독특함을 내세워 다른 쇼핑몰과는 차별화할 수 있는 아이템을 선정해야 합니다. 흔히 볼 수 없는 개성 있는 제품을 발굴하거나 하나뿐인 제품을 선정하는 것도 좋은 방법입니다.

마진이 커서 수익성이 높은 아이템인가?

구매력이 있는 아이템에 가격 경쟁력까지 갖추었다면 금상첨화. 오프라인과 마찬가지로 온라인판매할 때에도 마케팅비용, 재고비용, 배송비용 등 고정비용이 발생합니다. 특히 쇼핑몰은 배송업무를 기본으로 하므로, 배송비용이 크다면 물건을 판매 후 이익은 작아지게 됩니다. 이러한 비용부담을 고려하여 박리다매 형태의 판매량보다는 수익을 충분히 갖출 수 있도록 마진폭이 큰 아이템을 선정하는 것이 좋습니다.

온라인 판매에 적합한 아이템인가?

온라인으로 고객의 욕구를 충족시켜줄 수 있는 아이템을 선정합니다. 온라인은 실물을 보거나 직접 만져보고 살 수 없어서 물건을 받고 난 후 반품을 하는 경우가 종종 있습니다. 온라인상으로 고객의 욕구를 잘 충족시켜줄 수 있는 아이템 선정이 중요하며 이러한 아이템을 지속적으로 받을 수 있는 공급사 확보도 아이템 선정의 필수요소임을 잊지 말아야 합니다.

101 효과적인 쇼핑몰 창업과 운영

Part III

cafe24 쇼핑몰 관리자 모드

쇼핑몰 개설 방법은 어떻게 되나요?

쇼핑몰을 개설하기 위해 쇼핑몰 솔루션 제공 업체에 가입하는 단계부터 진행해야 합니다. 카페24의 경우 가입할 때 아이디와 비밀번호가 쇼핑몰을 운영하는 동안 사용하게 되는 관리자 아이디와 비밀번호가 됩니다. 지금부터 소개하는 카페24 쇼핑몰 호스팅은 무료 서비스라는 큰 장점 이외에도 상품 등록수 무제한, 상품 설명용 이미지를 위한 FTP 용량과 쇼핑몰 트래픽이 무제한으로 제공됩니다.

> **용어 트래픽**
>
> 트래픽(traffic, network traffic)은 인터넷을 통해 전송되는 데이터의 양을 말합니다. 예를 들어 홈페이지에 게시된 1MB 크기의 동영상 파일을 100명이 보는 경우 트래픽은 1MB×100 = 100MB로 계산됩니다. 트래픽 무제한이라는 것은 본인의 홈페이지에 접속하는 사람들에 의해 발생하는 트래픽 양을 제한하지 않는다는 뜻입니다.

인터넷 주소에 "http://echosting.cafe24.com"을 입력하고 이동합니다. 카페24 쇼핑몰 센터 화면에서 [무료 쇼핑몰 만들기] 이미지 버튼을 클릭합니다.

2 현재 가입하려고 하는 사업자의 유형에 따라 선택하여 가입할 수 있습니다. 여기에서는 [일반 회원] 버튼을 클릭합니다.

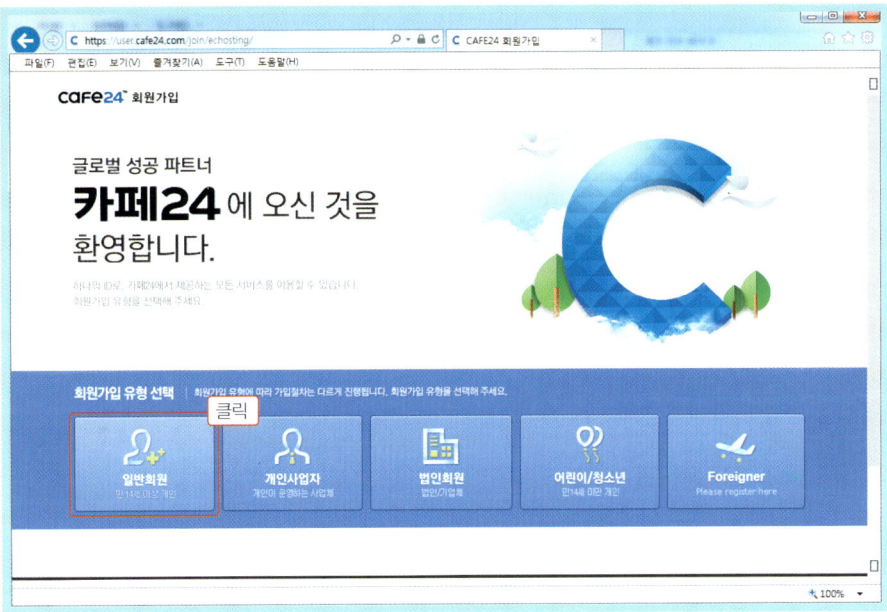

3 카페24 회원 약관, 개인정보 수집 및 이용 그리고 카페24 EC호스팅 이용약관 항목의 '동의함'에 체크하고 휴대폰 인증과 아이핀 인증 중에 원하는 인증 수단을 선택합니다. 여기에서는 [휴대폰 인증]을 선택합니다.

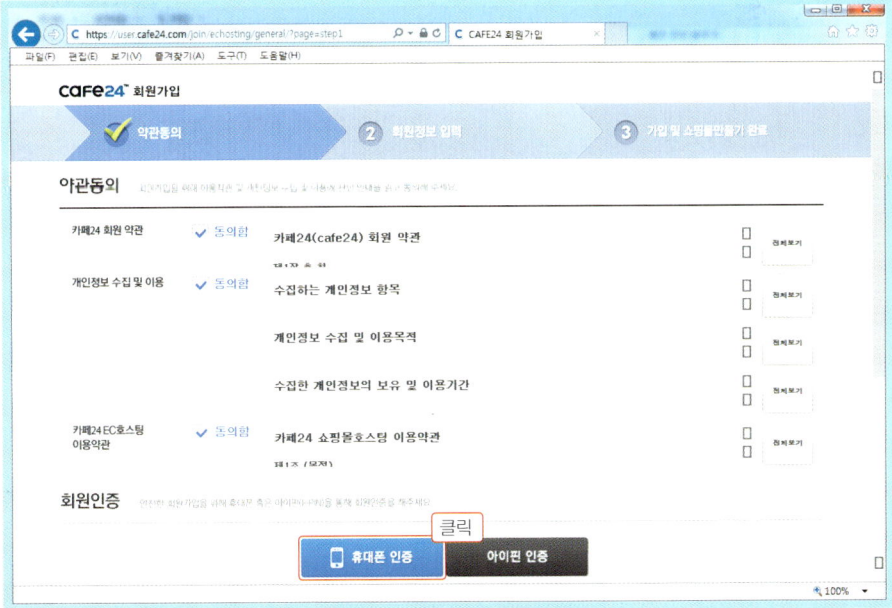

> **TIP**
> 이미 아이디가 있는 경우는 로그인한 후에 새로운 아이디로 쇼핑몰을 만들 수 있습니다. 이 경우는 특별히 인증단계를 거치지 않고 원하는 아이디와 비밀번호를 입력하면 새로운 쇼핑몰을 바로 만들 수 있습니다.

4 휴대폰 인증을 받기 위해 약관에 동의하고 휴대폰 본인확인 서비스에 필요한 개인 정보를 입력한 뒤에 [다음] 버튼을 클릭합니다. 잠시후 휴대폰에 문자로 전달된 인증번호를 입력하고 [확인] 버튼을 클릭합니다.

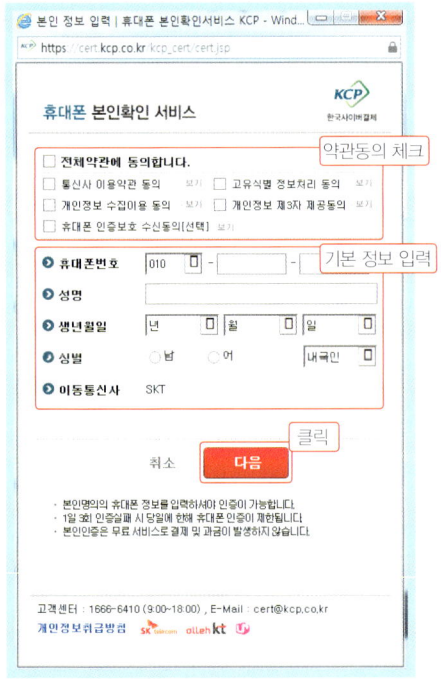 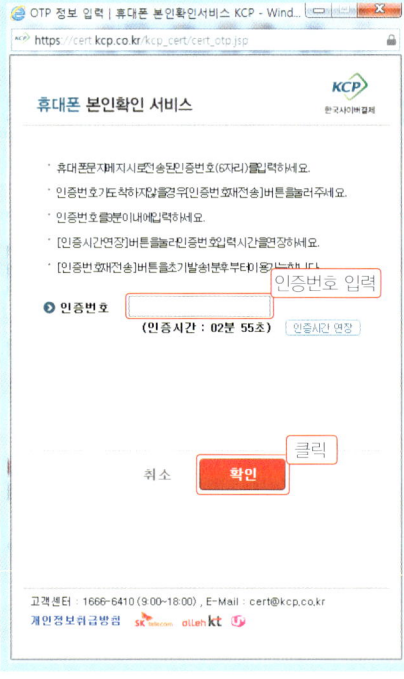

5 기본 정보 입력 페이지로 이동합니다. 기본 정보를 입력하고 '아이디'와 '비밀번호'를 입력한 후 약관동의 영역에서 카페24 EC호스팅 이용약관과 개인정보 수집 및 이용 항목의 동의함에 체크하고 [다음 단계로] 버튼을 클릭합니다.

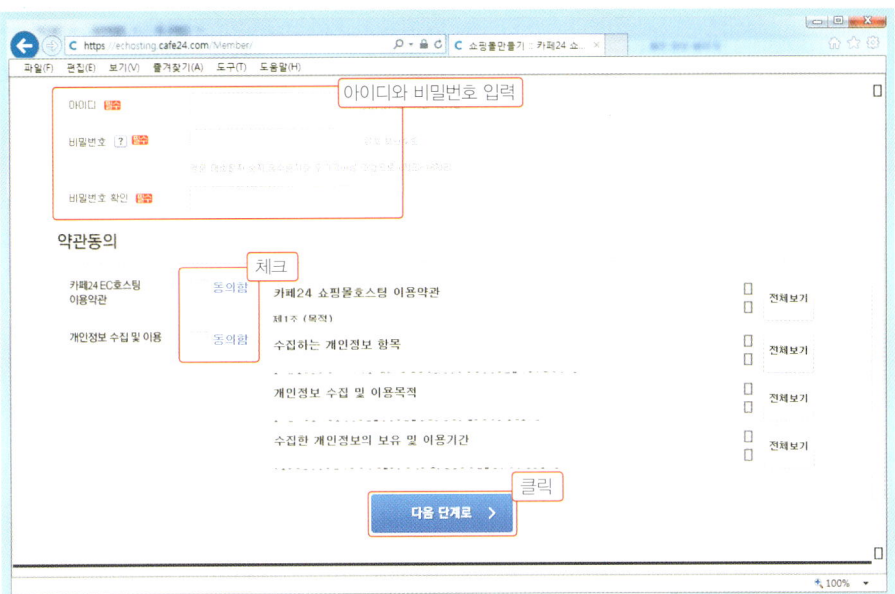

6 쇼핑몰이 생성된 것을 확인할 수 있습니다. 5번에서 입력한 아이디가 자동으로 쇼핑몰의 주소가 됩니다. 생성된 쇼핑몰의 주소는 http://dreamfriend.cafe24.com입니다.

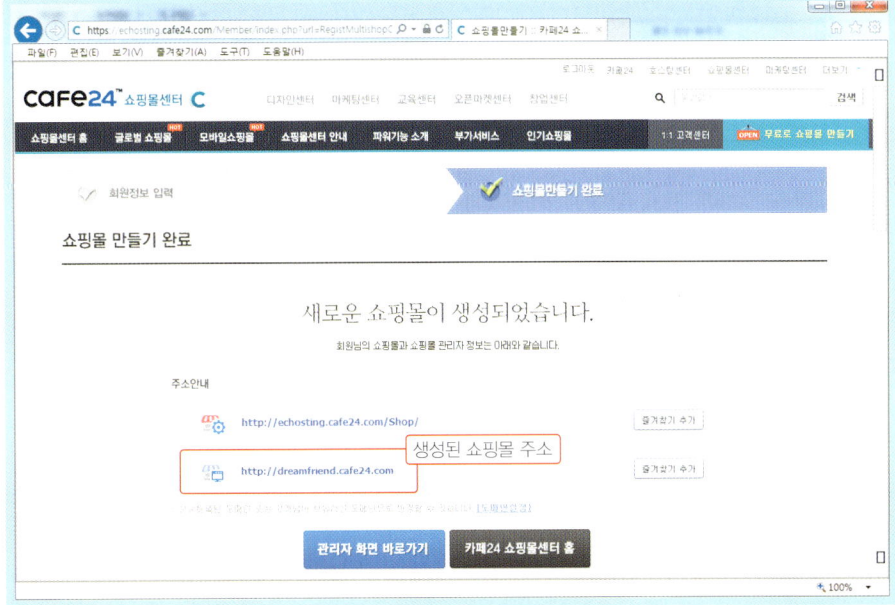

관리자(어드민) 접속 방법을 알려주세요?

관리자에 접속하기 위한 주소는 'http://echosting.cafe24.com/Shop'입니다. 인터넷 주소 표시줄에 관리자 주소를 입력하고 쇼핑몰 아이디와 비밀번호를 입력하면 관리자로 쇼핑몰에 접속 가능합니다.

관리자는 일반 회원 로그인과는 다르며 쇼핑몰에 대한 전반적인 관리, 상품등록, 배송, 서비스 관리 등을 할 수 있는 권한을 가진 로그인, 쉽게 말하면 내 쇼핑몰에 관리자로서 어드민(admin)에 로그인하는 것을 말합니다.

인터넷 주소에 'http://echosting.cafe24.com/Shop'를 입력하고 사이트에 연결하여 [대표운영자] 탭이 선택된 것을 확인한 뒤에 아이디와 비밀번호를 입력하고 [로그인] 버튼을 클릭합니다. 관리자만 사용하는 컴퓨터라면 관리자 아이디와 비밀번호를 저장해 놓고 사용하면 편리합니다. 아이디와 비밀번호를 저장해 두기를 원하면 상점 아이디를 입력하는 란 오른쪽의 '저장'에 체크해 두면 관리자 서비스를 이용할 때마다 매번 로그인 정보를 입력하지 않아도 됩니다.

2. 쇼핑몰 전체적인 관리를 할 수 있는 관리자 페이지에 접속된 것을 볼 수 있습니다. 화면의 상단에 있는 [내상점] 버튼을 클릭하면 샘플 쇼핑몰을 볼 수 있습니다.

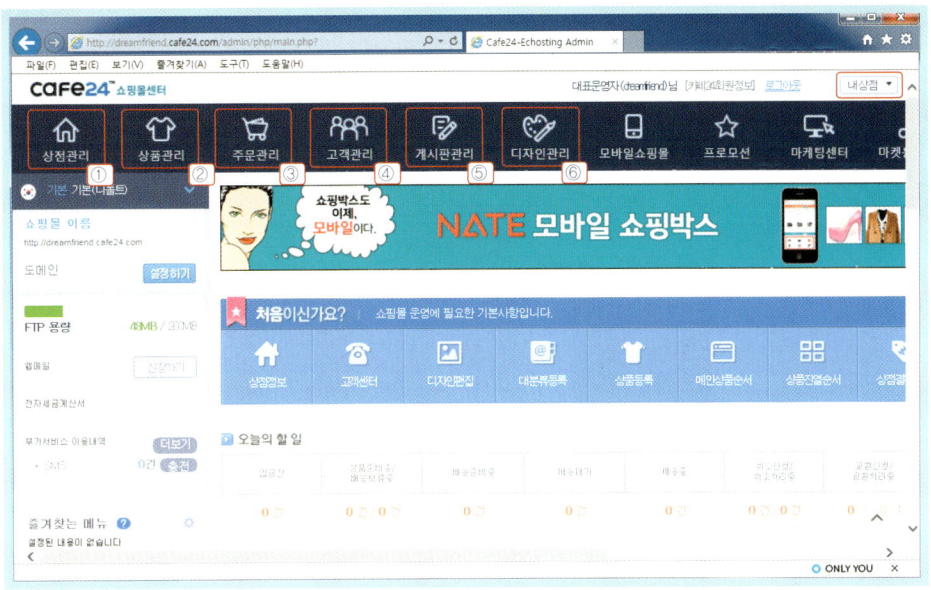

관리자 페이지의 주메뉴

① **상점관리** : 상점 기본 정보, 상점 운영 관련 설정, 결제 서비스 신청관리, 배송/반품 설정 등

② **상품관리** : 분류 설정, 상품 등록 및 진열, 등록 상품 일괄 관리

③ **주문관리** : 주문 조회, 배송 관리 및 반품/환불 관리, 세금계산서/현금 영수증 관리

④ **고객관리** : 회원 운영/활동 관리, 등급별 회원 관리, 대량 메일 발송, SMS 발송 관리

⑤ **게시판 관리** : 게시판 관리, 게시물 관리, 운영일지 관리, 온라인 설문 관리

⑥ **디자인 관리** : 메인 및 하위 페이지에 대한 디자인, HTML 디자인, 디자인 백업/복구

3 가입하면 자동으로 설정되는 샘플 쇼핑몰이 나오는 것을 확인합니다.

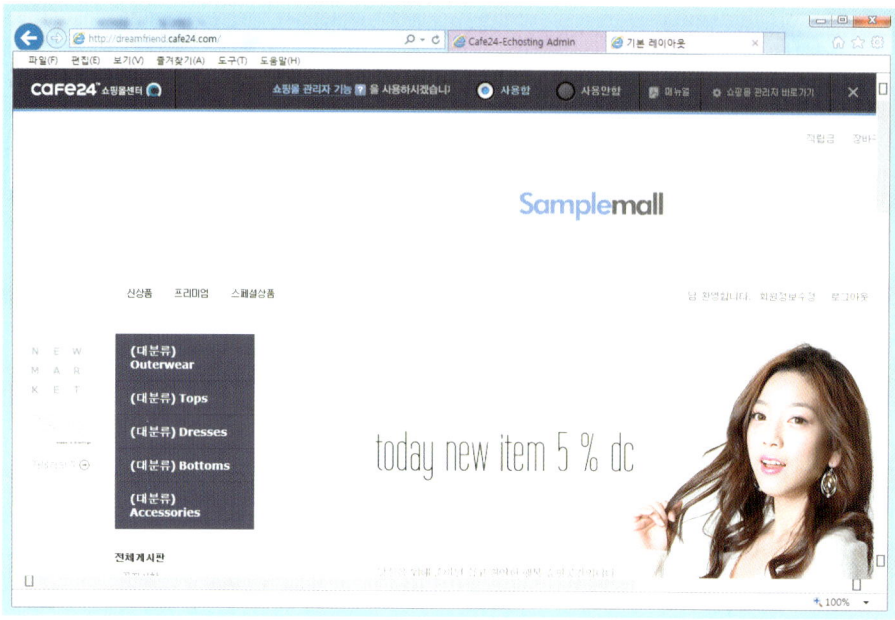

카페24 쇼핑몰센터에서는 100개 이상의 쇼핑몰 무료 스킨 디자인을 제공하고 있습니다. 사용자가 포토샵과 HTML을 조금만 할 수 있으면 직접 원하는 형태의 쇼핑몰로 변경하여 운영할 수 있습니다.

 ## 관리자 모드에서 변경한 내용을 쇼핑몰에서 어떻게 확인하나요?

관리자 페이지에서 내용을 입력하고 관리자 페이지 상단에 있는 [내상점] 버튼을 클릭하여 수정한 내용을 확인할 수 있습니다.

실제로 기본 정보를 입력해 보고 확인해 보겠습니다. 쇼핑몰 기본 정보는 쇼핑몰에 필수적으로 입력해 놓아야 하는 정보이며, 고객이 궁금해 하는 반품주소 및 연락처 등을 정확하게 입력해야 합니다. 그리고 휴대폰 및 이메일 인증을 받아야 계좌번호 설정 및 보안에 관련된 내용을 진행할 수 있습니다. 관리자의 메일 주소는 쇼핑몰을 운영하는 과정에서 보안에 관련된 내용을 수정할 수 수시로 인증을 받는 절차를 거치게 되므로 자주 이용하는 메일 주소를 사용할 것을 권장합니다.

관리자 페이지에서 내용을 입력한 후에 상단에 있는 [내상점] 버튼을 클릭합니다.

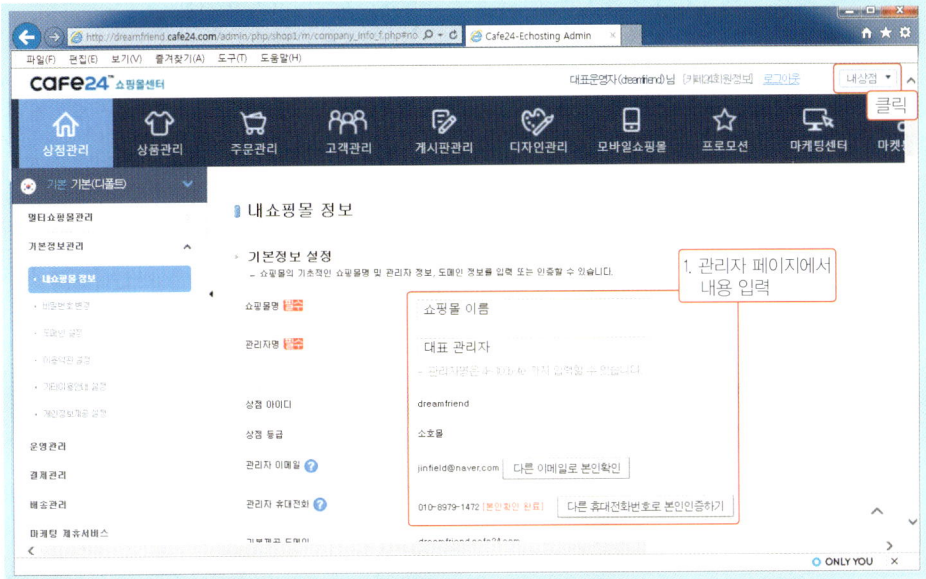

관리자 페이지에서 입력한 내용이 쇼핑몰에 출력된 것을 확인합니다.

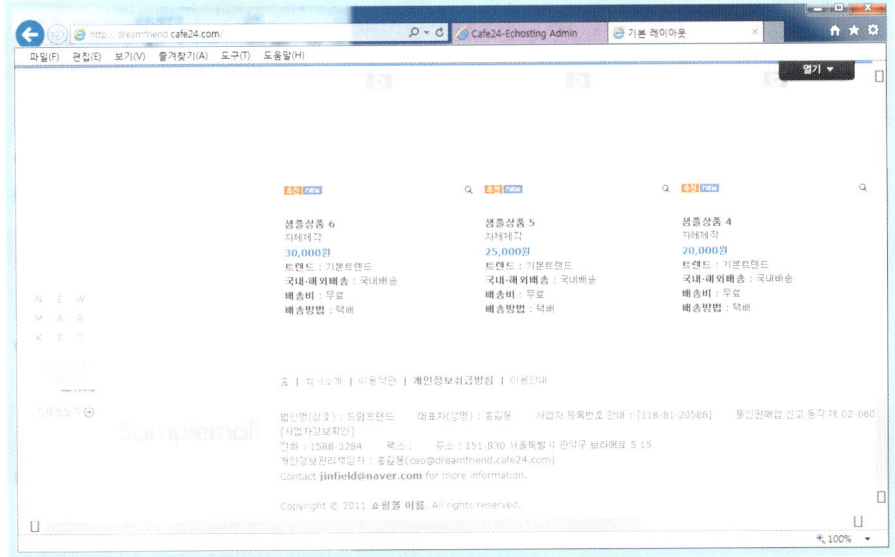

쇼핑몰 하단의 법적 기재 사항

1. 상호 및 대표자 성명
2. 영업소 소재지 주소
3. 전화번호 및 이메일 주소
4. 사업자등록번호
5. 쇼핑몰 이용 약관 : 메인 페이지에서 연결 페이지로 볼 수 있도록 해야 합니다.
6. 통신판매업 신고 번호 및 교부 기관
7. 개인정보관리책임자 : 쇼핑몰의 개인정보관리책임자의 실명과 연락처, 이메일

쇼핑몰 기본 정보는 어디에서 입력하나요?

쇼핑몰의 기본 정보는 상점관리 메뉴의 기본 정보관리 항목에서 입력합니다. 단계적으로 확인해 보겠습니다.

쇼핑몰 관리자 페이지에 접속한 후에 기본 정보를 입력하기 위해 [상점관리]-[기본정보관리]-[내쇼핑몰 정보]를 클릭하고 이동합니다. 이동한 페이지에서 '쇼핑몰명'과 '관리자명'을 입력합니다.

- 쇼핑몰명 : 운영하려고 하는 쇼핑몰의 이름
- 관리자명 : 쇼핑몰 관리자의 이름

2 관리자 이메일 인증 절차를 진행하기 위해 [다른 이메일로 본인확인] 버튼을 클릭합니다.

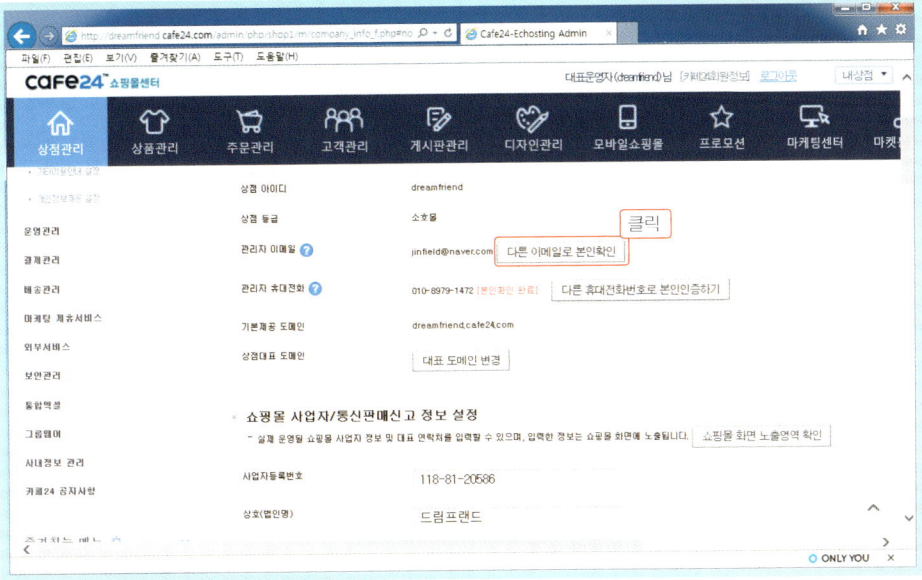

3 "이메일 본인확인" 팝업창에서 이메일 주소를 입력한 후에 [인증받기] 버튼을 클릭합니다. 바로 이어서 휴대폰 인증을 받는 팝업창이 나타나며, 이메일과 휴대폰 인증을 동시에 받아야 관리자 이메일 인증 절차가 완료됩니다.

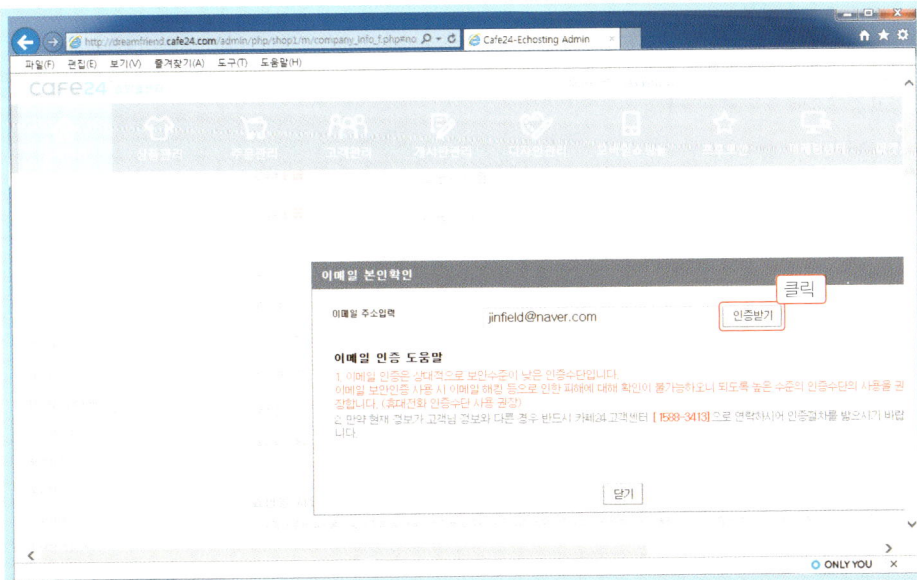

4 인증이 정상적으로 이루어지면 관리자 휴대전화 항목에 "본인확인 완료"라는 메시지가 표시됩니다.

5 사업자등록번호, 상호(법인명), 대표자 성명 및 업태, 종목, 사업장 주소 등 쇼핑몰 사업자/통신판매신고 정보 설정 항목에서는 실제 정보를 입력해야 하며, 입력된 정보는 쇼핑몰 화면에 출력되는 항목입니다.

6 책임자 연락처, 책임자 이메일 등 나머지 기본 정보를 모두 입력한 후에 하단에 있는 [저장] 버튼을 클릭합니다.

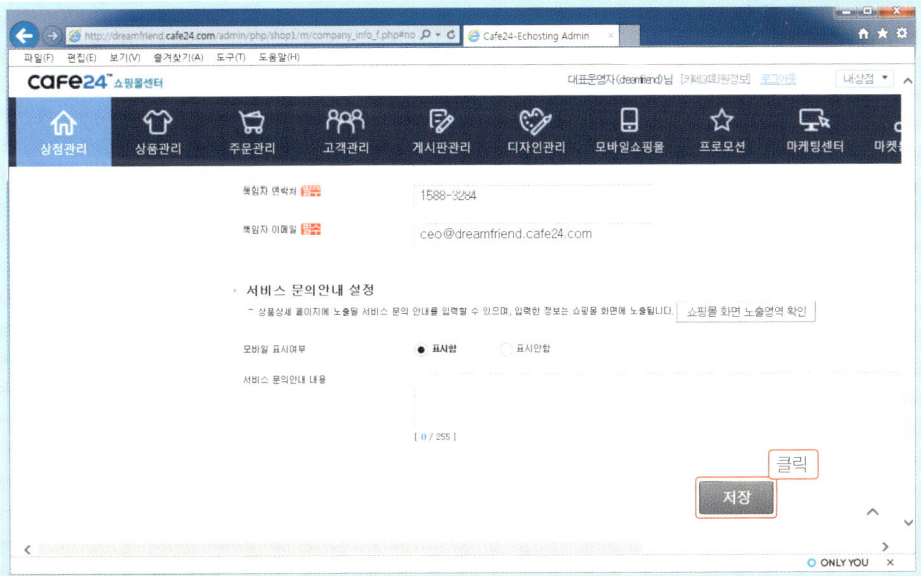

7 쇼핑몰에 적용된 것을 확인하기 위해 관리자 페이지의 상단에 있는 [내상점] 버튼을 클릭하여 쇼핑몰에 접속한 후에 쇼핑몰의 하단에 기본 정보가 입력된 것을 확인합니다.

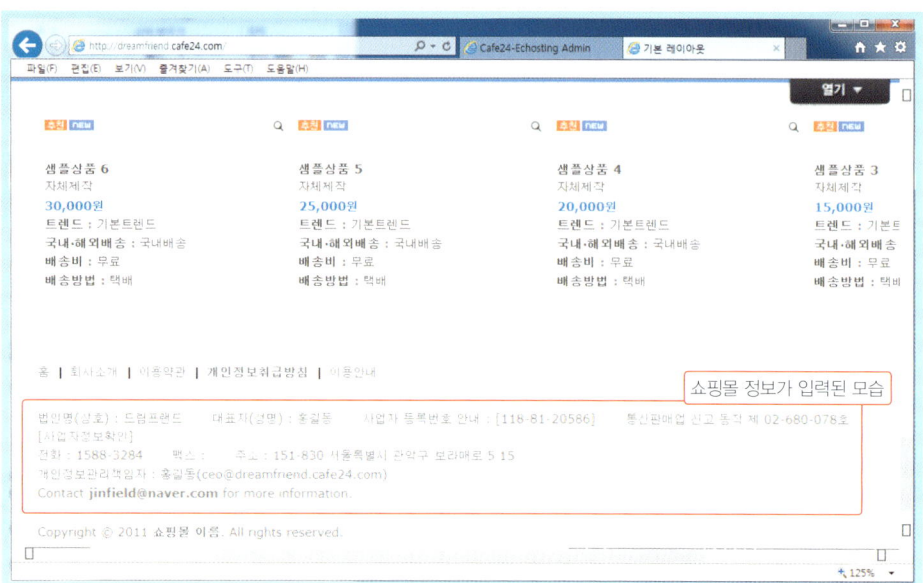

 **쇼핑몰 도메인 설정은 어떻게 하나요?**

처음 쇼핑몰 호스팅에 가입하면 카페24에서 제공하는 무료 도메인을 받게 됩니다. 무료 도메인은 cafe24.com에서 생성되는 2차 도메인에 해당하며 가입한 ID로 자동 생성됩니다. 무료 도메인이라 비용은 들지 않지만, 사용자가 기억하기 어려우며 또한 쇼핑몰에 대한 신뢰를 주기 어렵다는 단점이 있습니다. 오픈하려는 쇼핑몰에 맞는 이름을 찾아서 도메인을 등록하고 등록한 도메인을 쇼핑몰에 연결하여 사용하는 것을 권장합니다.

도메인을 등록하고 쇼핑몰에 연결하는 방법을 실습으로 알아보겠습니다.

1 [상점관리]-[기본정보관리]-[도메인 설정] 메뉴를 클릭하여 이동하면 도메인 설정 화면이 나옵니다. 도메인 설정 화면의 대표 도메인 목록에 기본으로 설정되어 있는 도메인은 카페24에서 무료로 제공하는 도메인입니다.

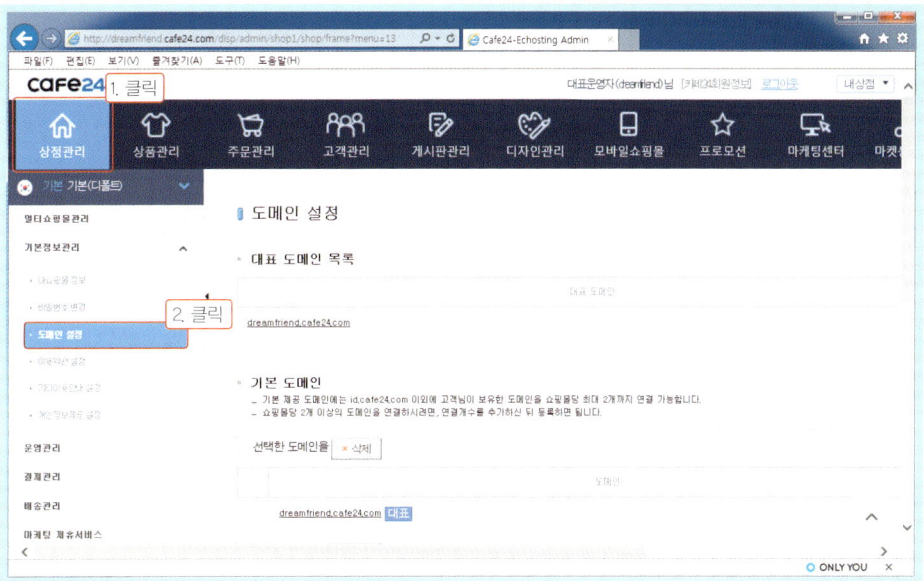

2 화면을 하단으로 이동하면 도메인 등록 페이지로 이동하는 배너가 있습니다. "도메인이 없으세요? 신규 도메인 등록 바로가기" 배너를 클릭하여 도메인 등록 화면으로 이동합니다.

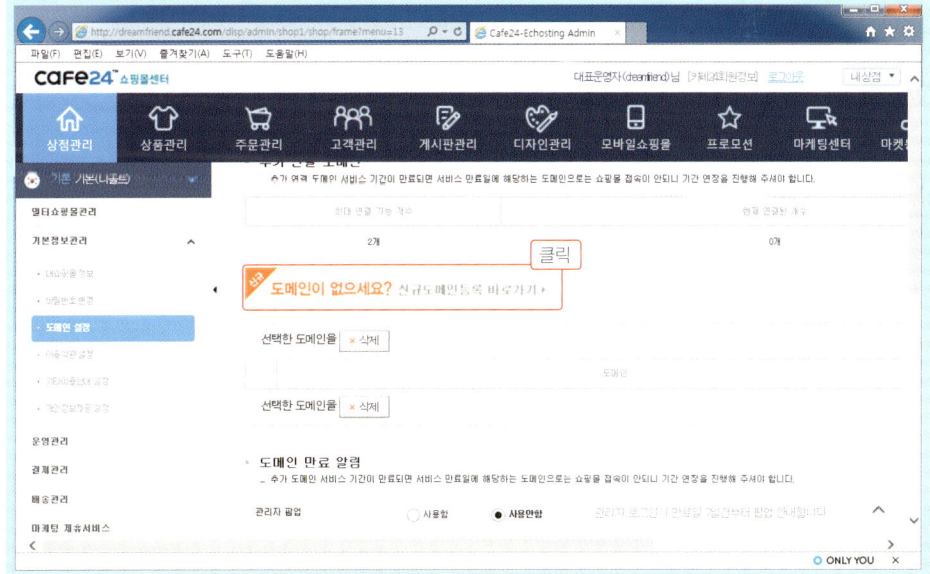

3 도메인 검색 페이지로 이동됩니다. 도메인 검색 페이지에서 원하는 도메인을 입력하고 [도메인 검색] 버튼을 클릭합니다.

도메인을 정할 때는 고객들이 기억하기 쉽고 부르기 좋은 주소와 창업하려고 하는 아이템을 부각할 수 있는 이름으로 정하는 것이 중요합니다.

- 쉽게 인식할 수 있도록 짧으면 좋습니다.
- 쇼핑몰 이름과 도메인은 일치시키는 것이 좋습니다.
- 문자(A~Z), 숫자(0~9), 하이픈(-)의 조합으로만 만들 수 있습니다.
- 길이는 최소 2자에서 최대 63자까지 가능합니다.

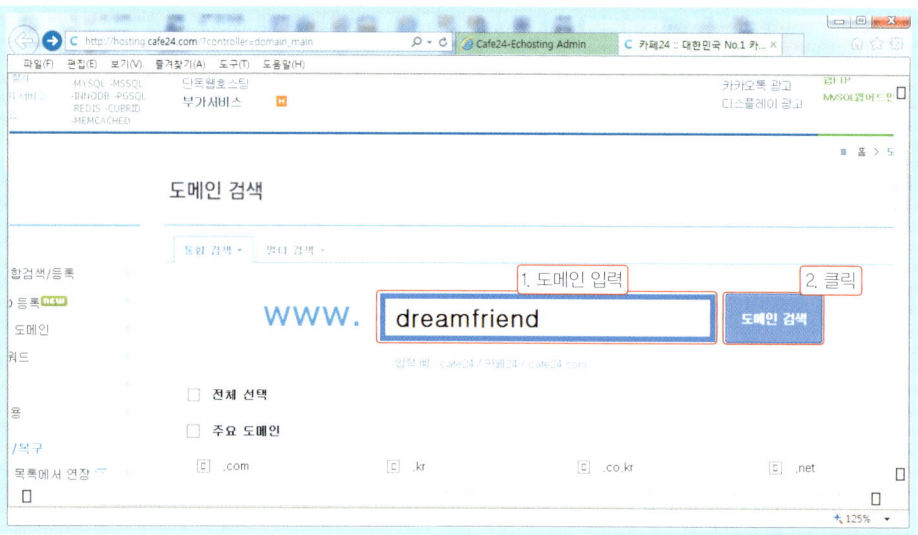

4 도메인 검색 결과가 나오는 것을 볼 수 있습니다. 검색 결과에서 '등록불가능'으로 표시된 것은 이미 다른 사람이 등록한 도메인으로 등록이 불가능한 상태를 말합니다. '등록가능'에 해당하는 도메인은 등록할 수 있습니다.

하지만, 도메인 등록이 가능하더라도 무조건 등록하기보다는 다른 사람이 상표로 등록한 이름이 같은지, 같은 이름의 이미 등록된 도메인은 어떤 페이지가 나타나는지 등을 알아본 후에 등록하는 것을 권장합니다.

5 구입하려는 도메인을 선택하고 [도메인 신청하기] 버튼을 클릭합니다. 도메인을 구입하려 할 때 가장 추천하고 싶은 것은 .com, .co.kr, .kr, .net을 동시에 등록하는 것을 추천합니다. 서로 같은 이름으로 등록한 후 분쟁이 있는 경우를 종종 보게 됩니다. 미연에 방지하는 방법은 관련성 있는 도메인을 동시에 등록하는 방법입니다.

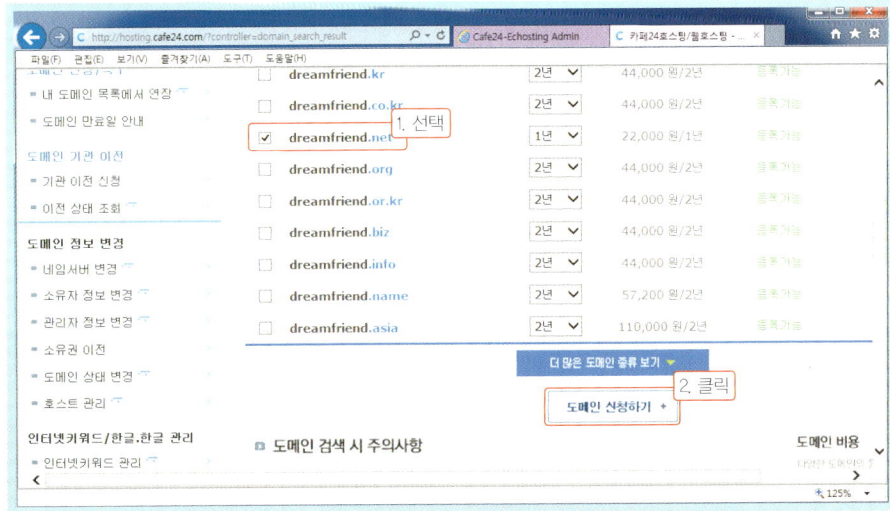

6 선택한 도메인이 맞는지를 확인한 후에 약관을 확인하고 약관 동의에 체크합니다.

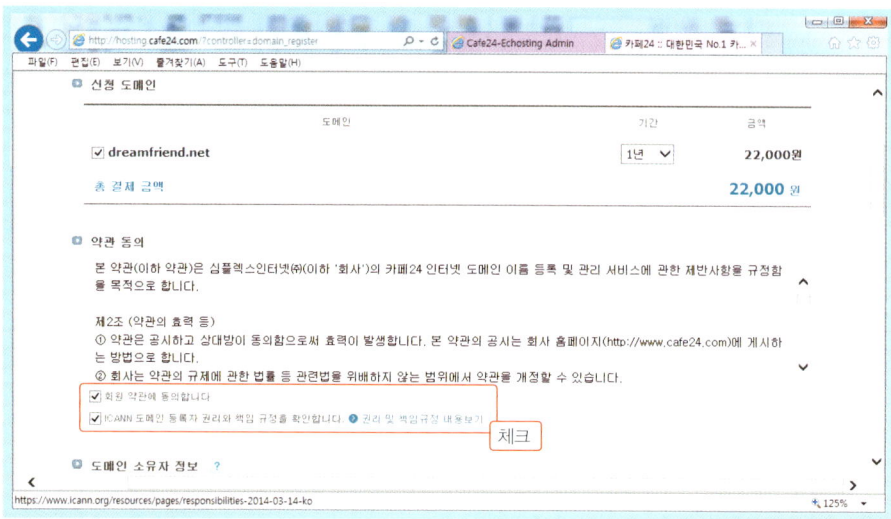

7 마지막으로 [결제하기] 버튼을 클릭하면 1년 동안 도메인에 대한 소유권을 가지고 도메인을 사용할 수 있습니다.

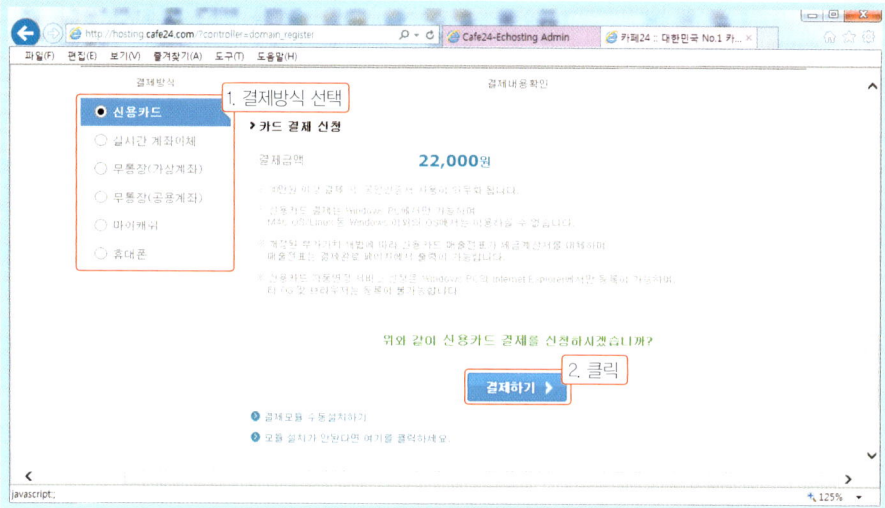

8 이렇게 등록한 도메인을 쇼핑몰 관리자에서 도메인 연결하기 기능을 통해 추가로 도메인을 연결하면 사용자의 도메인으로 쇼핑몰을 운영할 수 있습니다. 무료로 등록한 도메인과 등록한 도메인이 2개가 존재하게 되며 등록한 도메인을 대표 도메인으로 설정하면 쇼핑몰 방문하는 사용자에게는 카페24의 무료 도메인이 노출되지는 않습니다. 그렇지만 관리자가 접속할 때 사용하는 대표 아이디는 처음 가입할 때 아이디로 로그인하게 됩니다. 가입할 때 아이디, 도메인, 상표 등을 미리 점검하고 시작하는 것을 다시 한 번 강조합니다.

도메인을 연결하기 위해 [상점관리]-[기본정보관리]-[도메인 설정] 메뉴를 클릭한 후 열리는 페이지에서 [도메인 연결] 버튼을 클릭합니다.

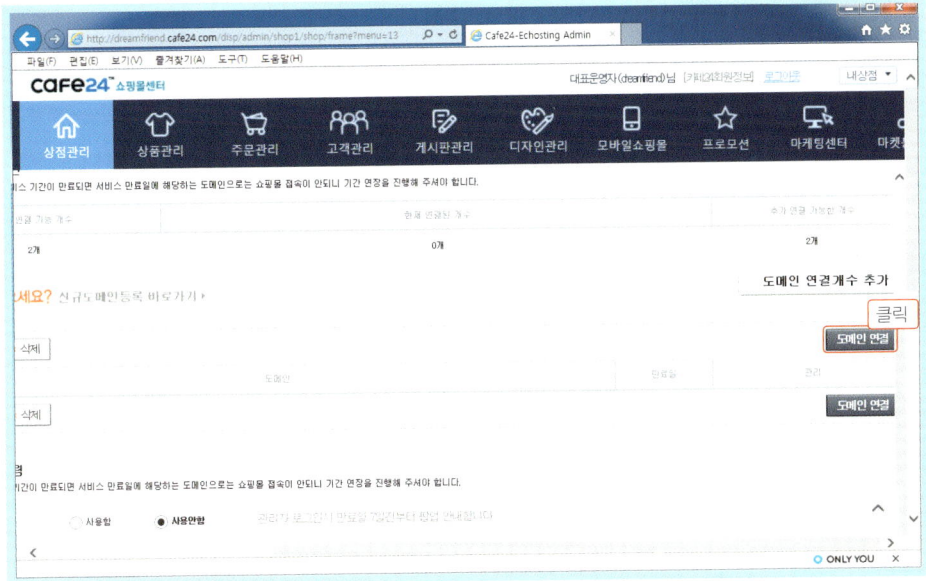

9 새롭게 열린 도메인 연결 페이지에서 '보유 도메인 직접 입력'을 선택하고 연결 도메인 입력란에 구입한 도메인 주소를 입력합니다. 도메인을 입력한 후에 [연결하기] 버튼을 클릭합니다.

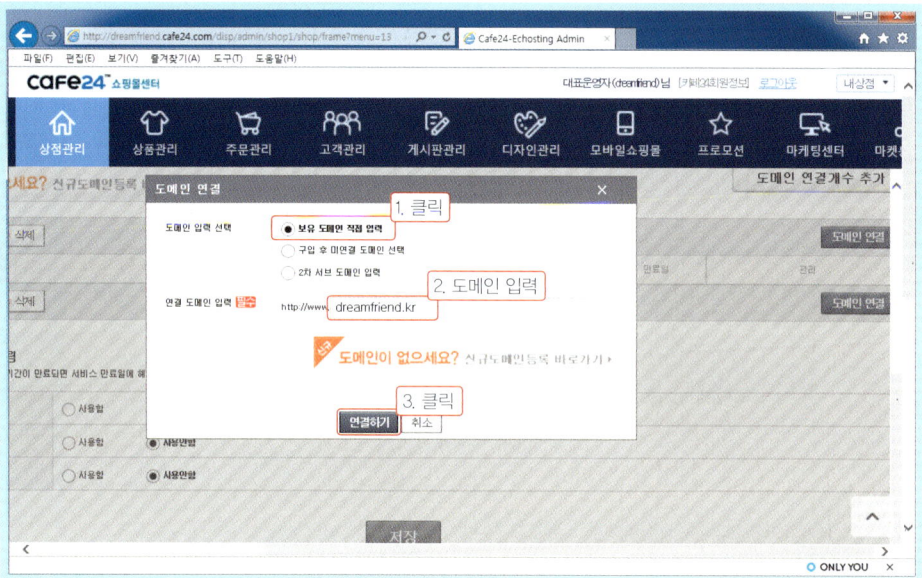

10 쇼핑몰과 도메인의 연결이 완료된 것을 확인할 수 있습니다. 쇼핑몰과 도메인이 연결된 후에 지금 등록한 도메인을 대표 도메인으로 설정해야 합니다. 대표 도메인을 설정하지 않으면 사용자가 사용하는 상황에 따라, 예를 들어 게시판의 글을 클릭하거나 상품을 클릭할 때 주소 표시줄에 무료 도메인으로 연결된 링크 표시가 나오게 됩니다.

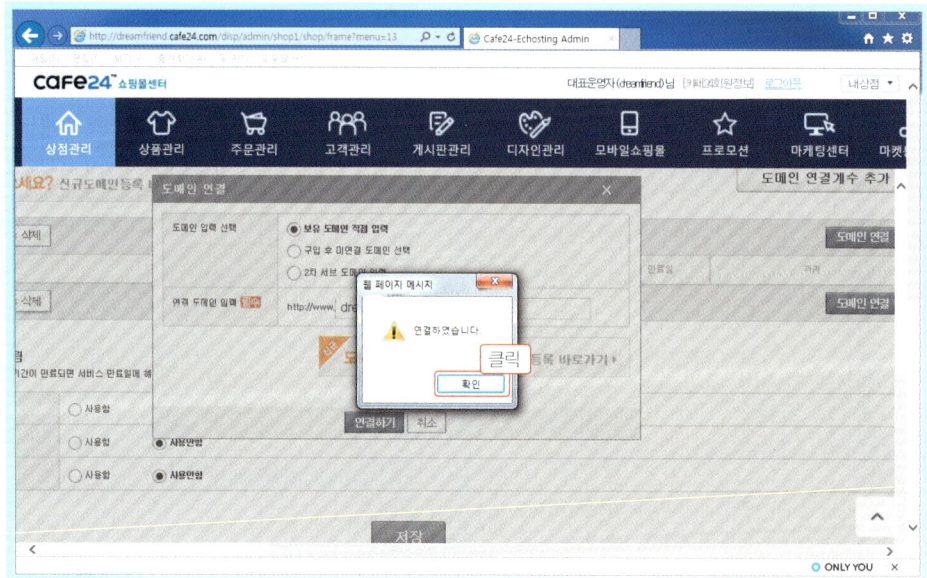

11 도메인이 등록된 것을 볼 수 있습니다.

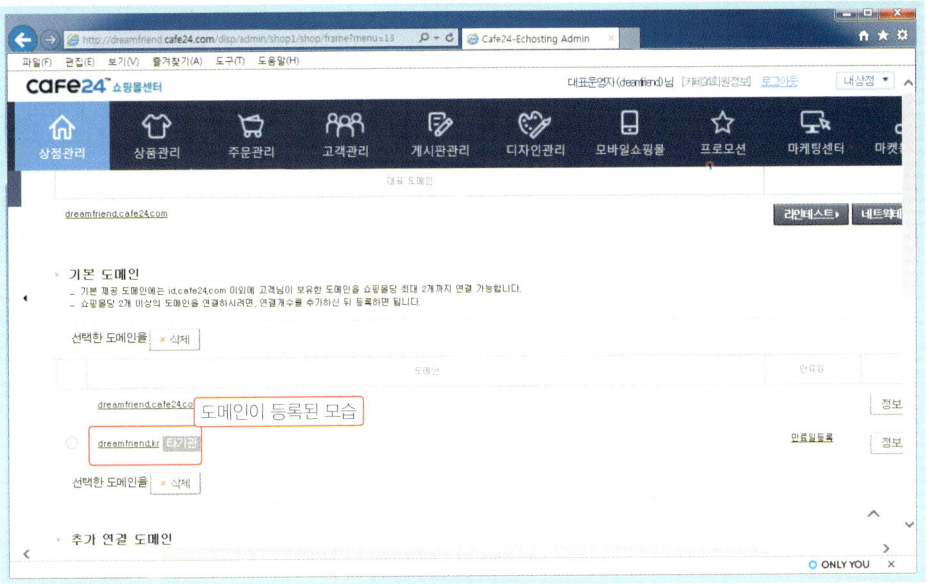

12 대표 도메인 목록에 있는 주소의 오른쪽 끝에 [대표도메인 변경] 버튼이 있습니다. [대표도메인 변경] 버튼을 클릭합니다.

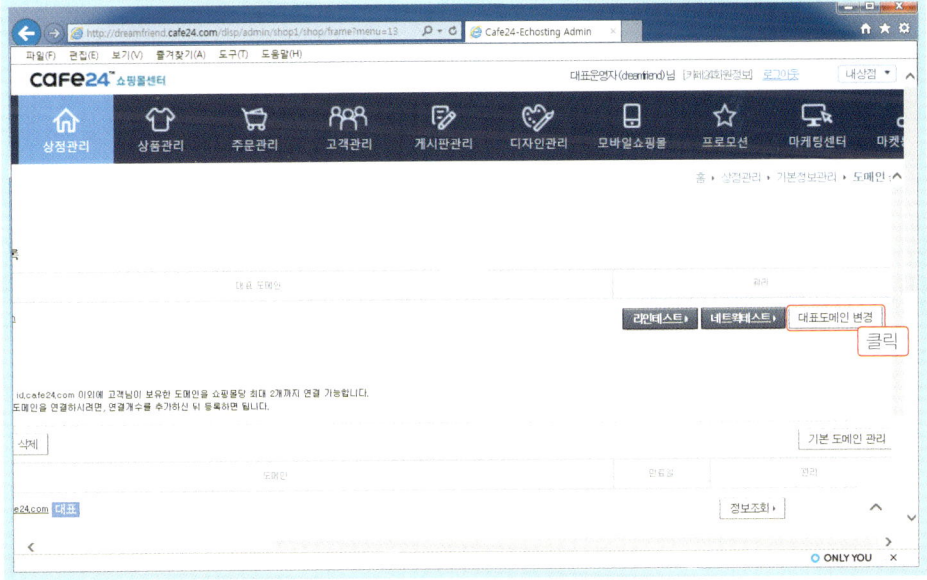

13 방금 등록한 도메인을 선택하고 [저장] 버튼을 클릭합니다.

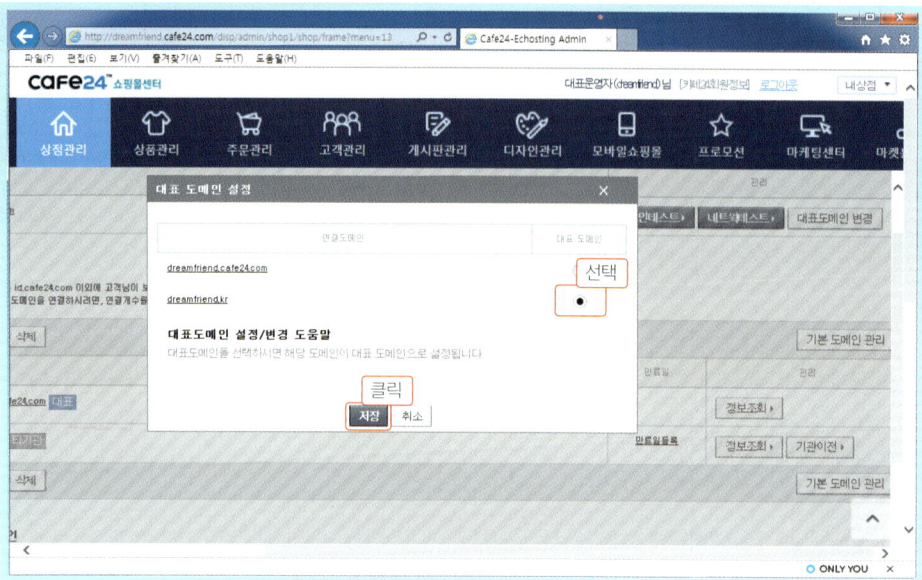

14 대표 도메인이 변경되었다는 메시지 창이 나타납니다. 메시지 창에서 [확인] 버튼을 클릭하면 변경 작업이 완료됩니다.

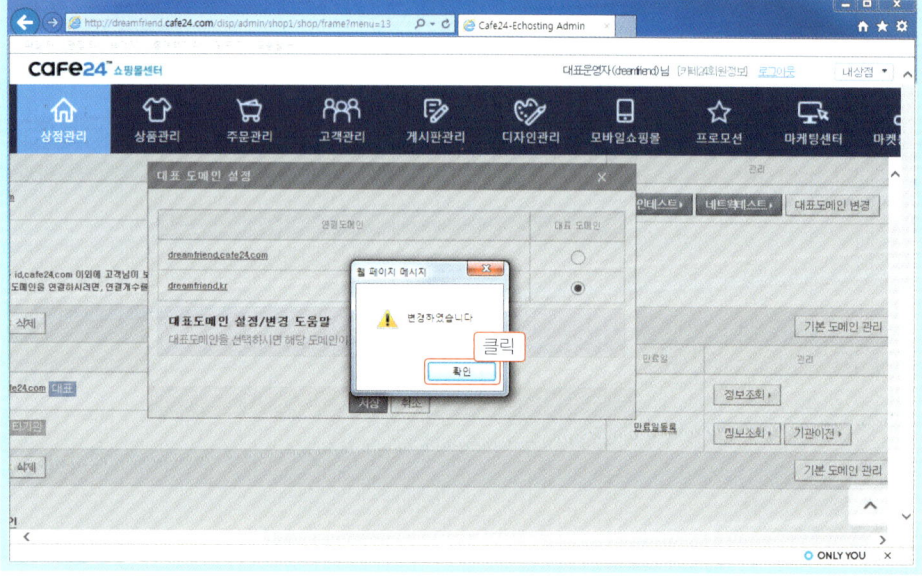

15 대표 도메인이 변경된 것을 볼 수 있습니다. 도메인 분야는 여기까지 설정하면 완벽하게 준비되었다고 봐도 됩니다. 꼭 좋은 도메인, 좋은 이름을 만들기 바랍니다.

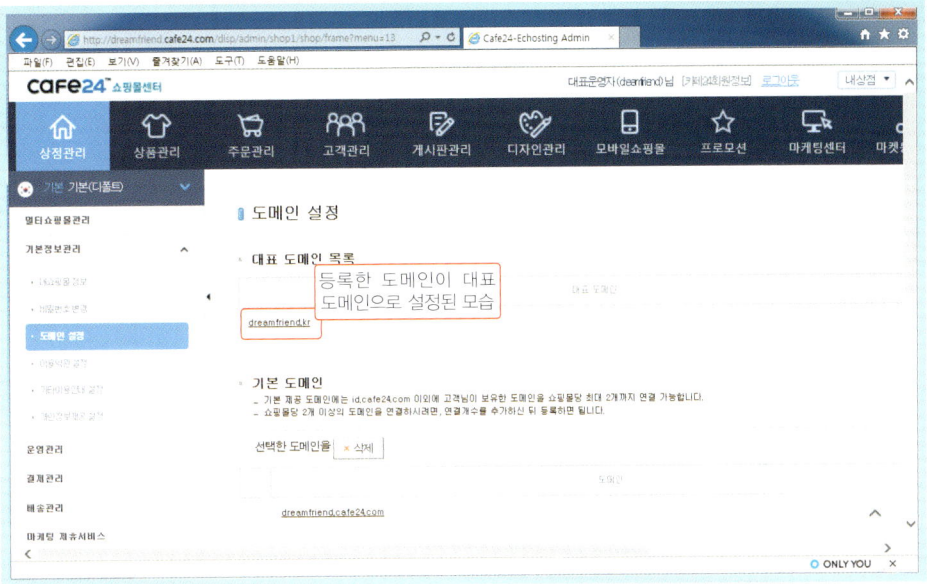

관리자 메뉴별로 운영자를 따로 둘 수 있나요?

가능합니다. 디자인, C/S, 재무, 배송, 마케팅 부문별로 따로 운영자 로그인할 수 있으며 그렇게 접속한 운영자는 관련 메뉴 외에는 접근이 금지되는 기능입니다.

관리자 추가 기능 실습해 보기

[상점관리]-[운영관리]-[운영자 관리]-[운영자 설정] 메뉴를 클릭합니다. 이동된 운영자 설정 페이지에서 처음 보이는 [검색] 버튼은 이미 등록된 운영자를 검색할 때 사용하는 기능입니다. 현재 등록된 운영자가 없으므로 검색해도 아무 데이터도 나오지 않습니다. 페이지의 아래로 이동합니다.

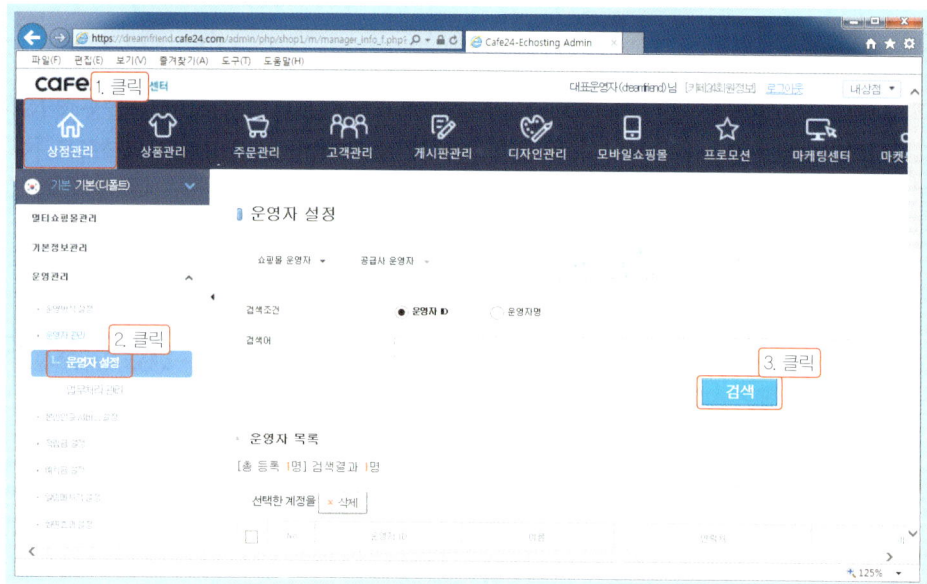

2 [검색] 버튼 아래로 이동하면 [등록] 버튼이 보입니다. 이 [등록] 버튼이 메뉴별 또는 업무별로 운영자를 설정할 수 있는 버튼입니다.

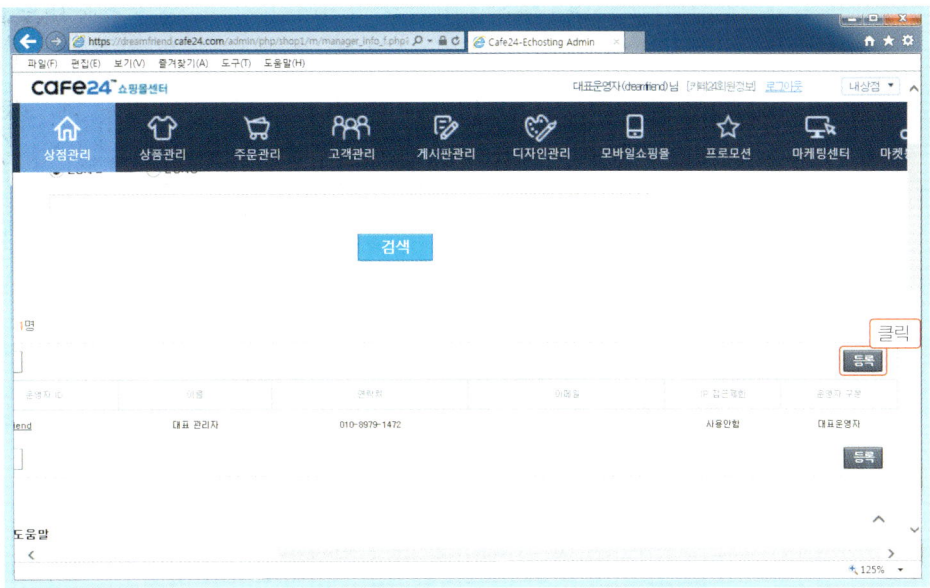

3 운영자 등록 페이지에서 권한을 부여할 운영자 ID를 입력하고 [중복검사] 버튼을 클릭합니다.

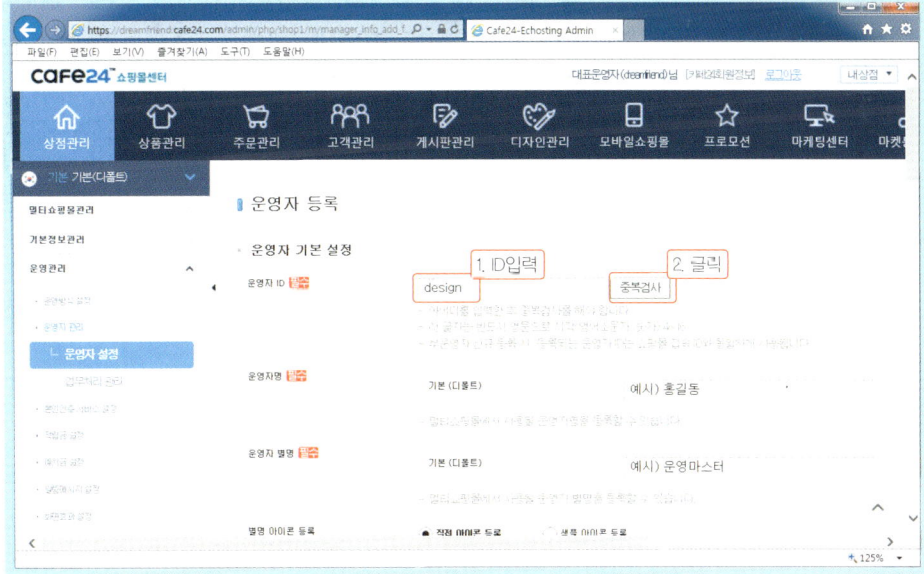

4 다음 그림과 같은 메시지 창이 나타난다면 입력한 아이디를 사용할 수 있으므로 메시지 창에서 [확인] 버튼을 클릭한 후에 다음 설정을 진행합니다.

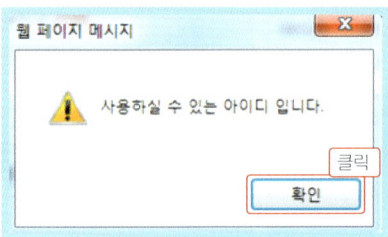

5 운영자명과 운영자 별명을 입력합니다. 이는 부여받은 아이디로 로그인했을 때 노출되는 운영자의 이름과 별명입니다.

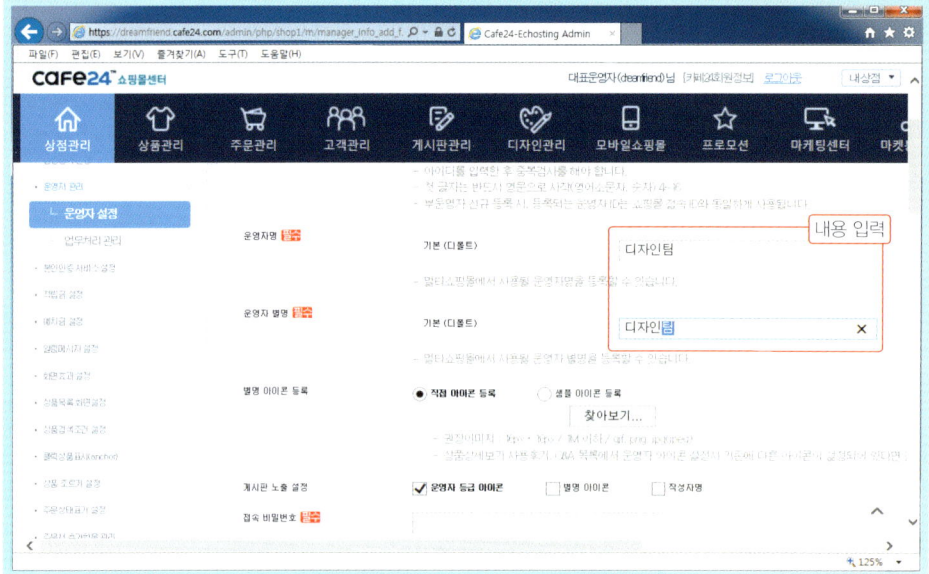

6 등록하려는 디자인 운영자의 별명 아이콘 등록에서 직접 아이콘 등록 항목을 선택하고 접속 비밀번호를 입력합니다. (직접 아이콘 등록과 샘플 아이콘 등록 구분 필요. 직접 아이콘 등록인 경우 찾아보기 하는 과정 추가됨)

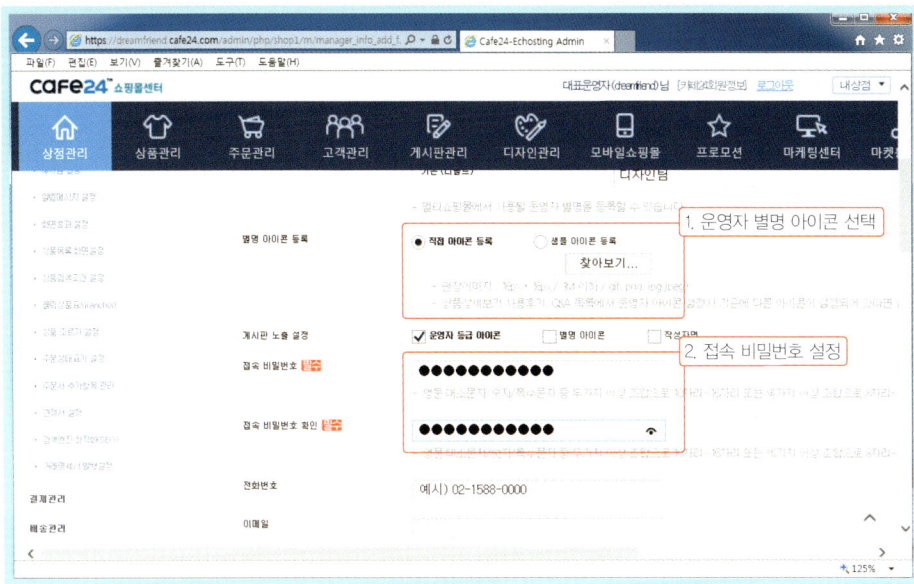

7 제일 중요한 운영자 권한 설정 메뉴입니다. 운영자 권한 중에 디자인 관리만 체크하고 나머지 항목은 모두 체크를 해제합니다.

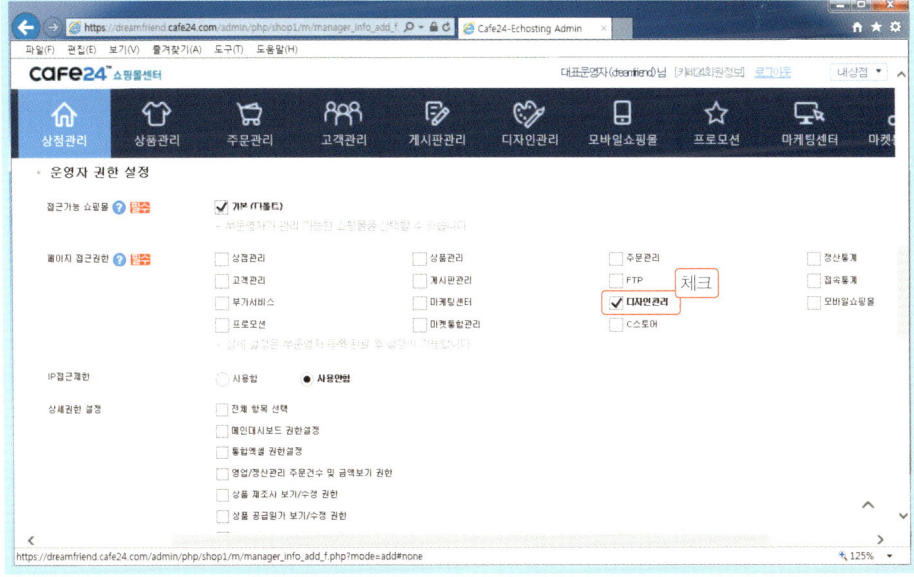

8 다른 부분은 모두 추가적인 설정 부분입니다. 운영자 설정에서 가장 중요한 부분은 분야에 맞는 운영자의 아이디와 어떤 권한을 부여할 것인가의 항목입니다. 모두 설정했으면 [저장] 버튼을 클릭하여 운영자 등록을 완료합니다.

9 운영자 계정이 저장되었다는 메시지를 표시하는 창이 나타납니다. [확인] 버튼을 클릭하여 설정을 완료합니다.

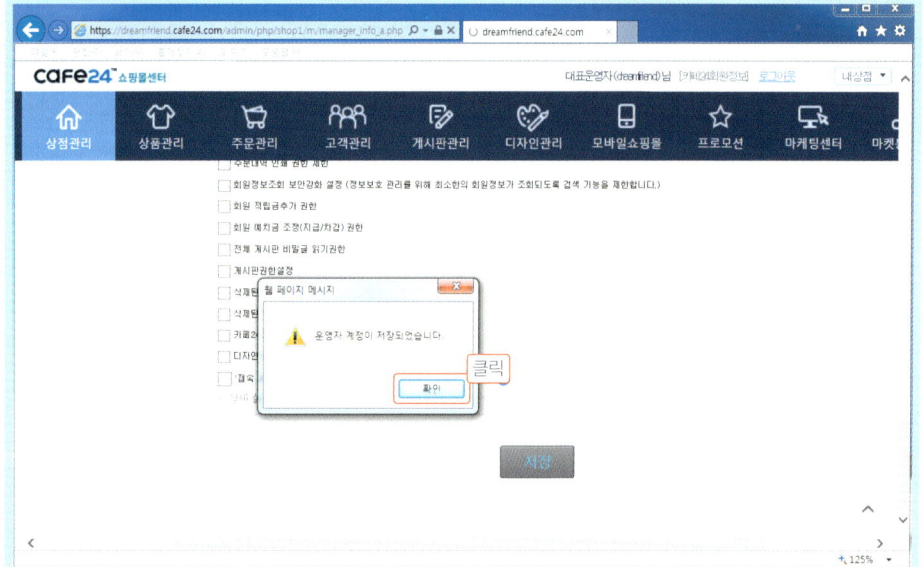

10 처음에는 대표 아이디만 있었는데 디자인팀 아이디가 추가된 것을 볼 수 있습니다. 현재 접속된 페이지에서 로그아웃한 후에 디자인팀 아이디로 접속해 보는 과정을 진행해 보겠습니다.

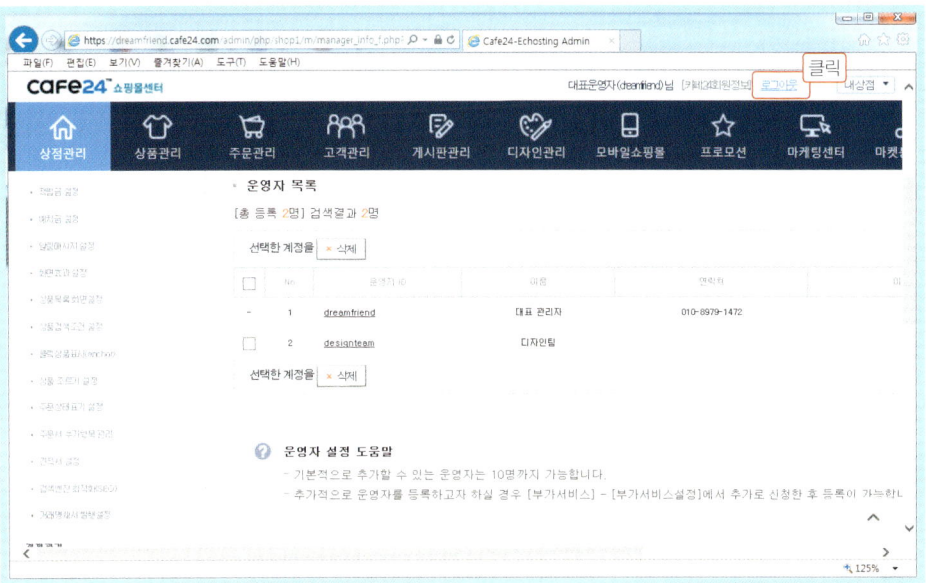

11 로그아웃된 후에 관리자 접속 페이지인 'http://eclogin.cafe24.com/Shop'에 연결합니다. 대표 운영자의 접속이 아닌 조금 전에 등록한 부운영자로 접속해보기 위한 과정이므로 [부운영자] 탭을 클릭하고 맨 위에는 대표 아이디, 그리고 부운영자의 아이디를 입력한 후에 부운영자의 비밀번호를 입력합니다. 그리고 [로그인] 버튼을 클릭합니다.

12 디자인 관리 메뉴 외에 다른 메뉴를 클릭하면 "권한이 없어 이용하실 수 없습니다."라는 내용이 나오면서 해당 페이지를 볼 수 없게 됩니다. 관련 부서에 맞는 권한을 부여하여 보안을 유지하며 쇼핑몰을 운영하는 기능입니다.

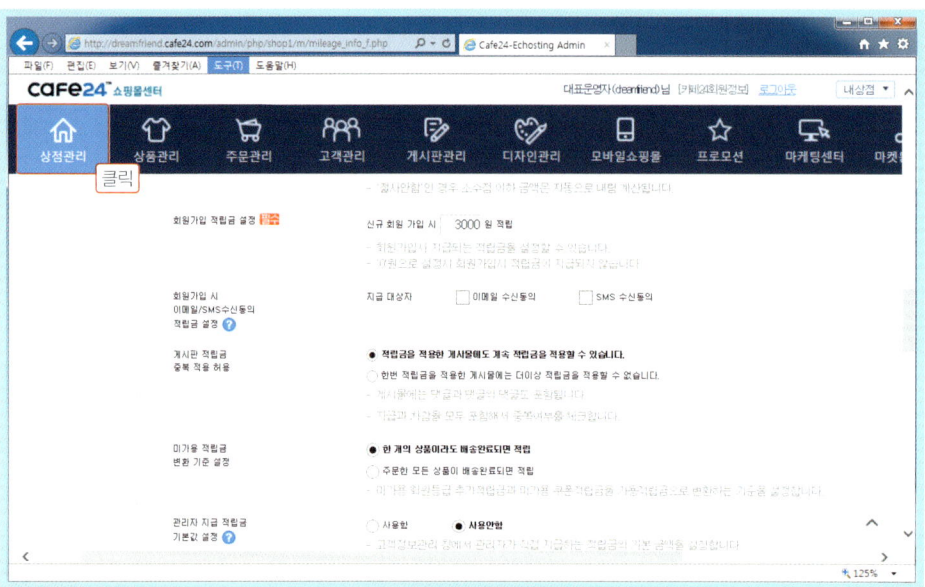

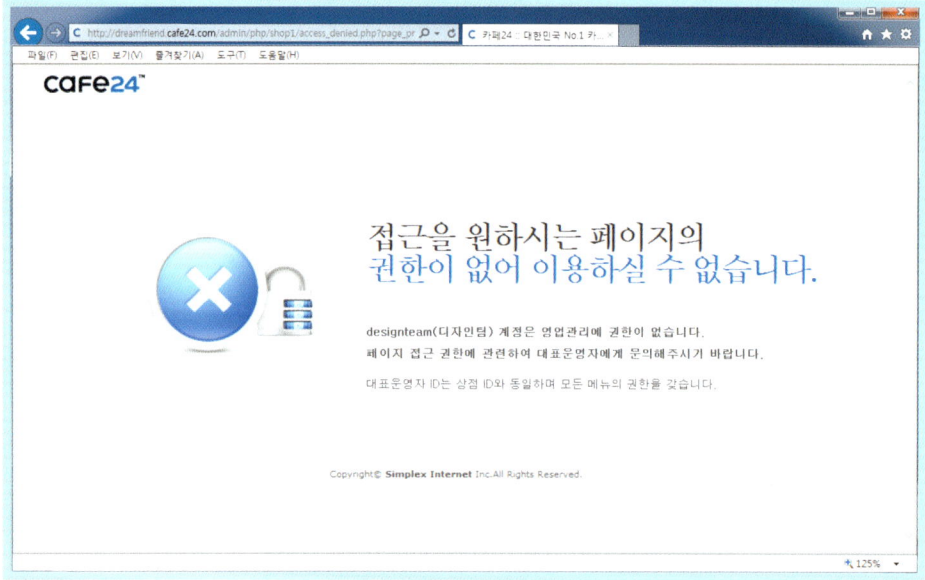

 ## 적립금 설정하는 방법을 알려주세요?

적립금은 어쩌면 구매자가 가장 관심을 두는 항목일지도 모릅니다. 쇼핑몰 운영자를 많이 만나면서 성공사례 이야기를 나눌 때마다 빠지지 않는 항목 중의 하나입니다. 시즌별, 상황별 적립금을 어떻게 주느냐에 따라 매출이 달라졌다는 이야기는 거의 매일 듣는 이야기 중의 하나입니다.

적립금 설정하는 여러 메뉴를 직접 설정해 보겠습니다.

[상점관리]-[운영관리]-[적립금 설정] 메뉴를 클릭하고 적립금을 설정하는 페이지로 이동합니다.

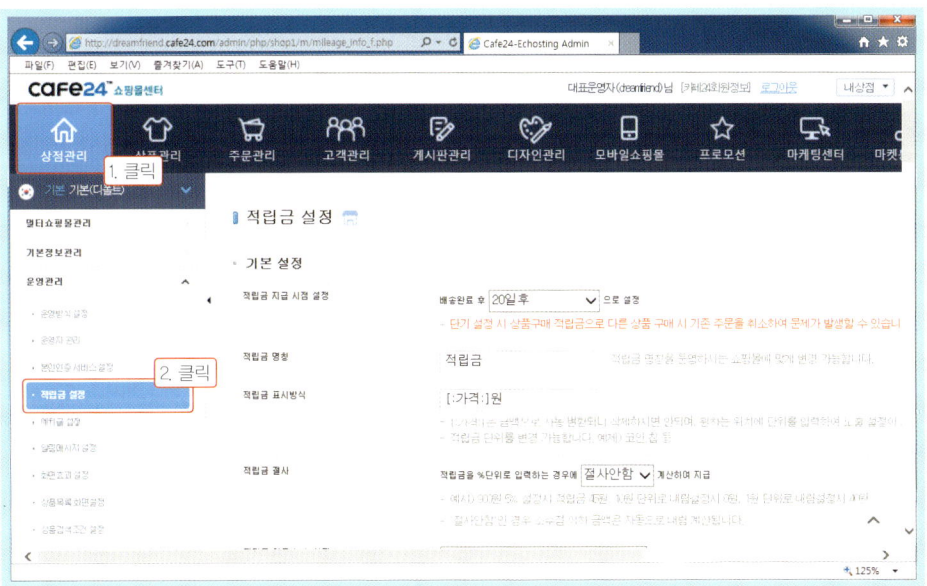

2 적립금 지급 시점을 설정합니다. 익일, 3일 후, 7일 후, 14일 후 20일 후 중에 선택할 수 있으며 고객이 상품을 구입한 뒤에 적립금을 지급받고 반품하는 경우 등 여러 상황이 있을 수 있어서 적립금은 익일 보다 3일~ 7일 사이에 지급하는 편입니다.

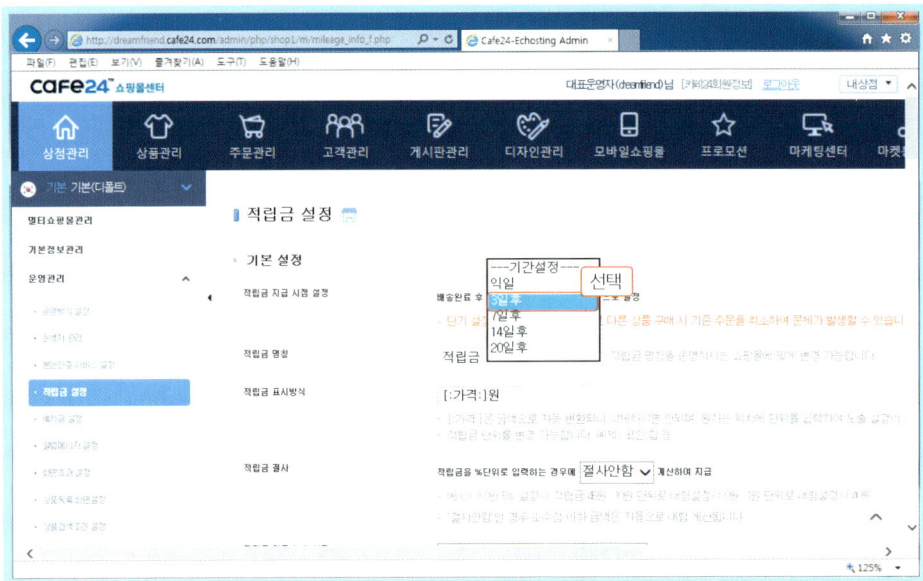

3 적립금 명칭과 적립금 표시방식을 선택합니다. 적립금 명칭은 쇼핑몰에서 다음 예시처럼 쇼핑몰 상품 가격 밑에 노출되는 문구입니다. 일반적으로는 적립금이라고 쓰며 쇼핑몰 운영자가 나름대로 재미있게 표현하는 경우도 있습니다.

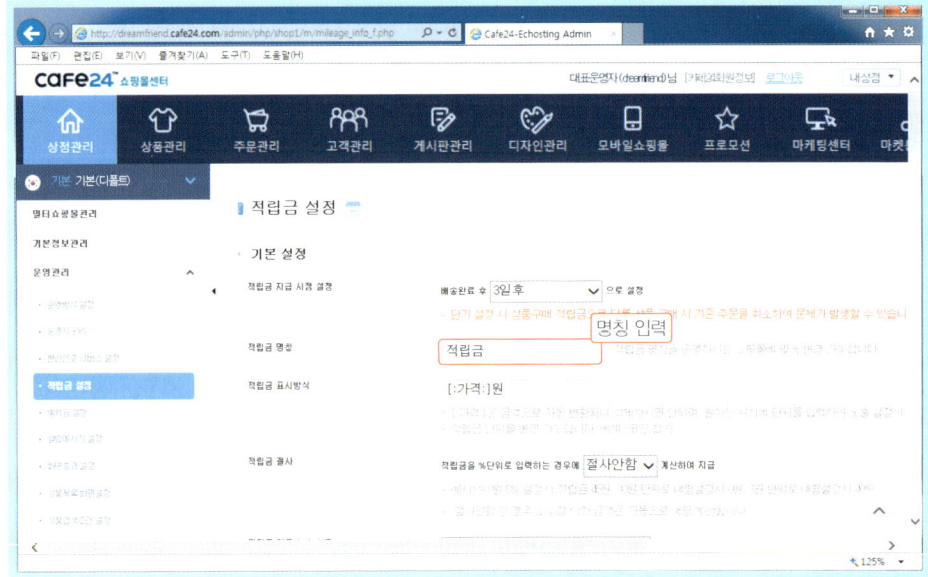

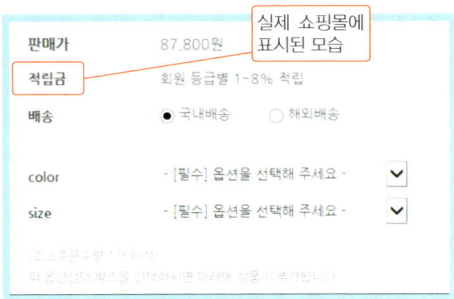

4 적립금 항목에서 가장 중요한 부분이라고 할 수 있는 항목입니다. 적립금의 기준이 되는 상품구매금액으로 판매가, 판매가±품목추가금액, 할인판매가의 3가지 중에 선택하여 적용할 수 있습니다. 원하는 적립 기준을 선택합니다.

5 상품구매시 적립금 지급 비율 설정 항목입니다. 크게 2가지로 나누어지게 됩니다. 첫 번째는 결제방식과 상관없이 일괄적으로 같은 금액의 적립금을 지급하는 방식이 있습니다. 두 번째로는 결제방식에 따른 적립금 지급 비율을 설정하는 방식이 있습니다. 예를 들면, 첫 번째 방식인 일괄적으로 같은 금액의 적립금 지급 방식을 선택하고 적립금 지급 비율을 3%로 설정하면, 10,000원짜리 물건을 구매하는 경우 300원의 적립금이 구매자에게 적립됩니다.

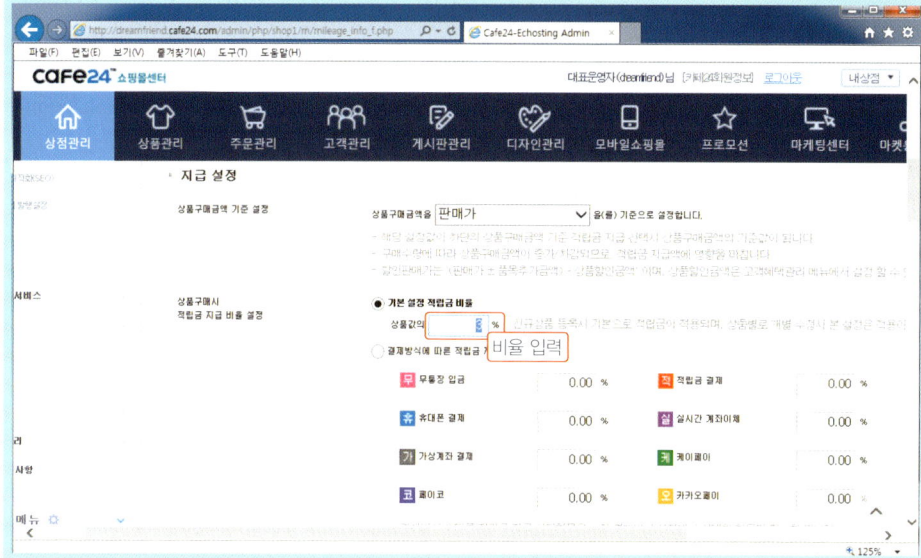

6 '회원가입 적립금 설정' 항목이 있습니다. 이는 회원가입할 때 지급되는 적립금으로 일반적으로 3,000원 정도를 지급하고 있습니다.

7 상품 구매 합계액 제한설정은 상품 구매액이 일정 금액 이상인 경우에만 적립금을 사용할 수 있도록 설정하는 기능입니다. 회원 최소 적립금 제한 기능은 회원에게 누적된 적립금이 일정 금액이 되었을 때 사용할 수 있도록 하는 기능입니다.

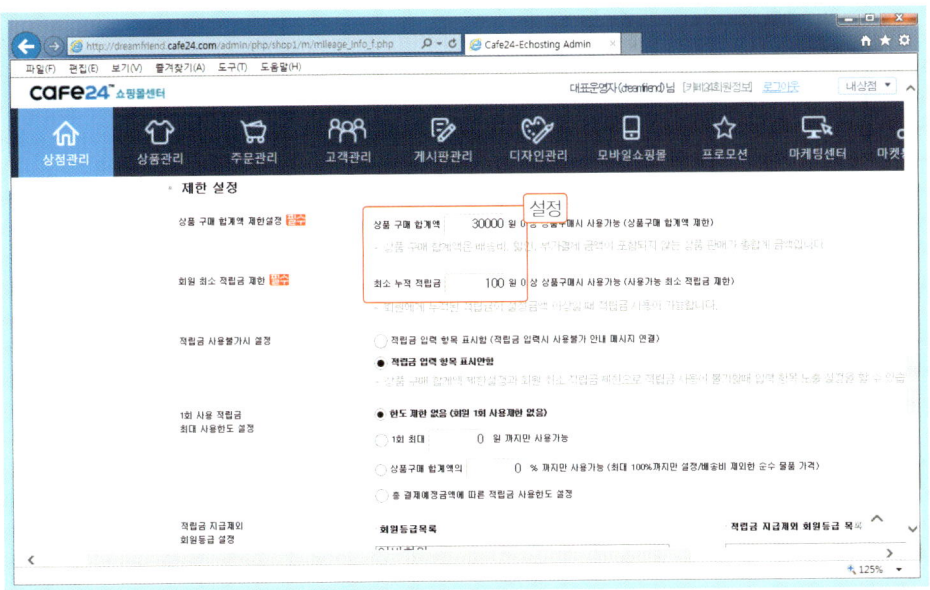

8 적립금 사용가능 결제수단을 선택하는 항목입니다. 만약 카드 결제일 경우 적립금을 사용하지 못하게 하는 경우 결제수단에서 신용카드 항목의 체크를 해제하면 됩니다.

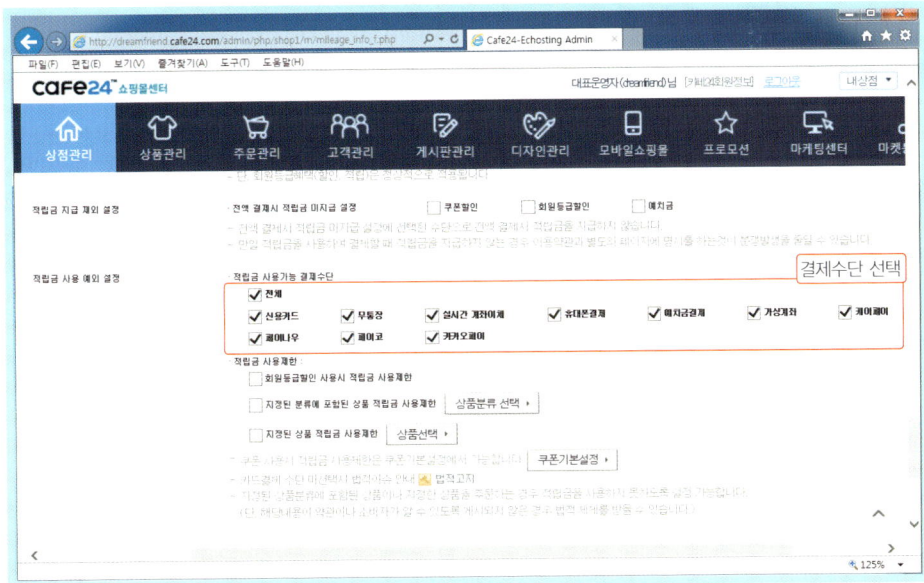

9 설정을 완료하였으면 [저장] 버튼을 클릭합니다.

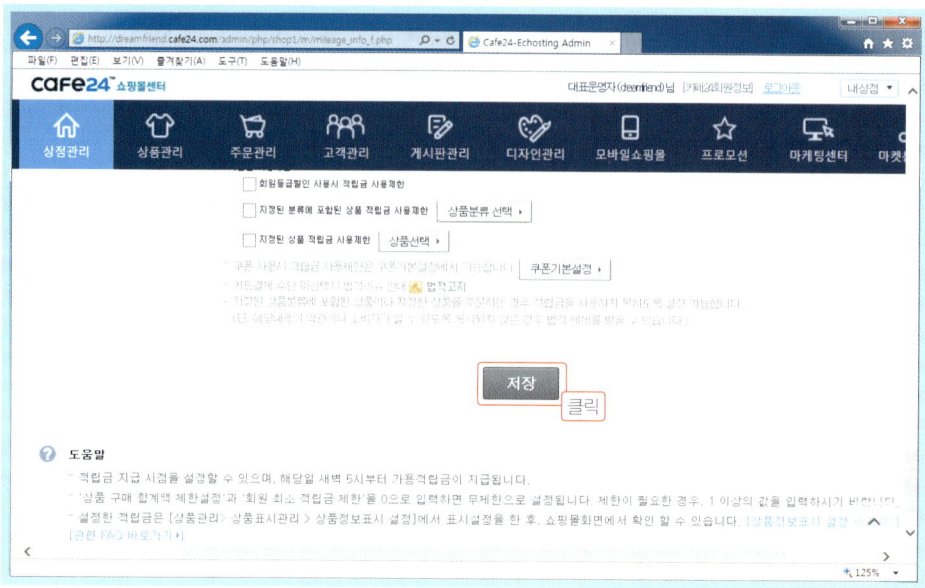

 ## 쇼핑몰 결제방식을 설정하는 방법을 알려주세요?

현재 쇼핑몰에서 결제하는 방식에는 무통장입금, 카드 결제, 적립금 결제, 실시간 계좌이체, 휴대폰 결제 방법 등이 있습니다. 이 중에서 원하는 결제방식만 도입하여 사용할 수 있으며 현재 가장 많이 사용되고 있는 결제방식은 카드 결제입니다.

카드 결제, 실시간 계좌이체, 휴대폰 결제는 별도의 신청을 통해서 사용할 수 있습니다. 결제 시스템 신청 절차는 따로 안내하겠습니다.

쇼핑몰 결제방식을 설정하는 방법을 실습으로 알아보겠습니다.

1 [상점관리]-[결제관리]-[결제방식 설정] 메뉴를 클릭합니다.

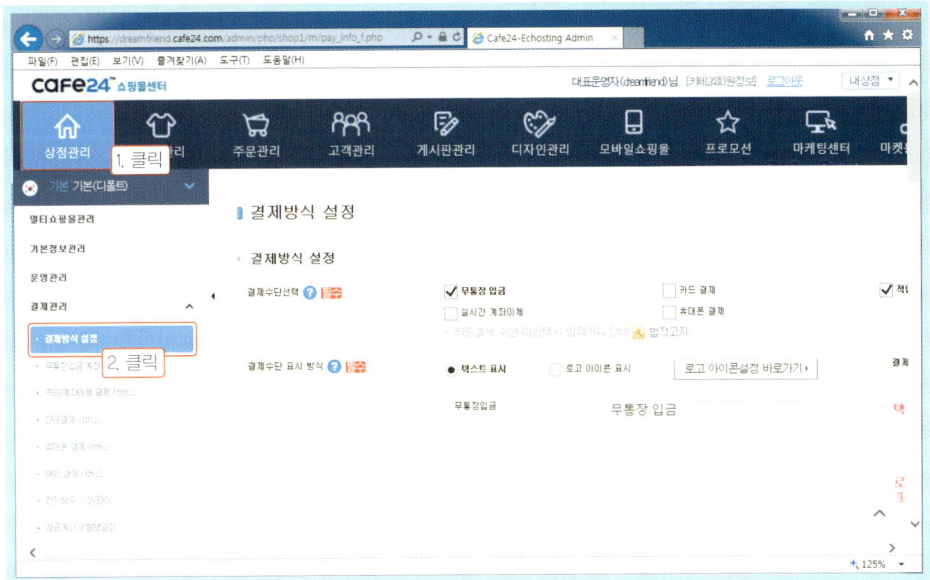

2 사용할 결제방식에 체크 표시를 합니다.

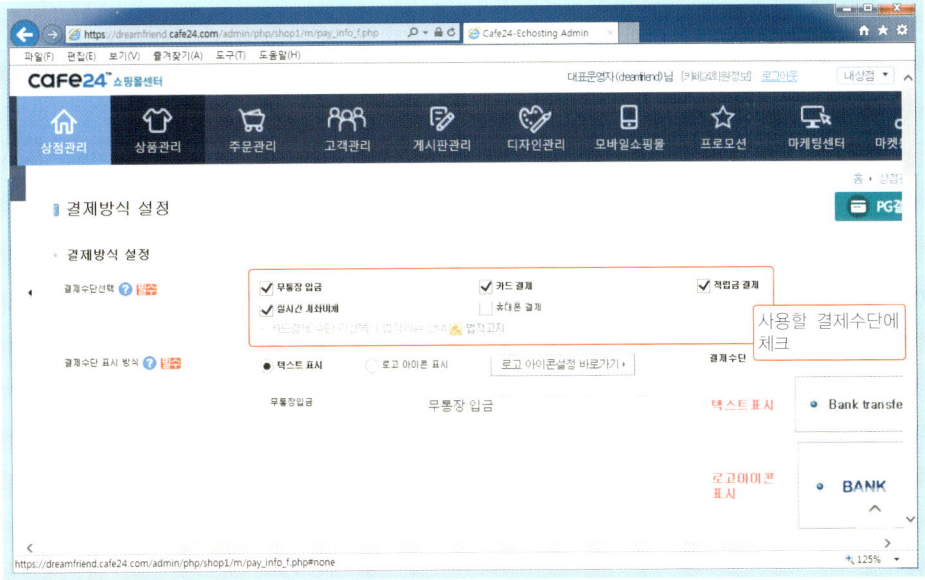

3 고객이 결제하는 화면에서 결제수단이 표시되는 순서를 변경할 수 있습니다. 고객의 입장에서 편리하게 사용할 수 있는 순서로 진열합니다.

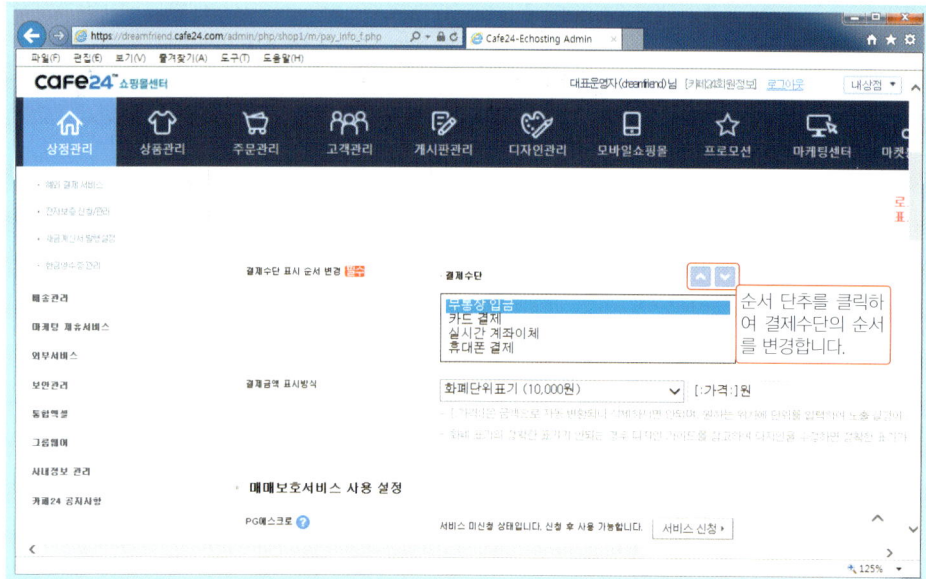

4 결제방식에 대한 기본 설정을 완료하기 위해 [저장] 버튼을 클릭합니다.

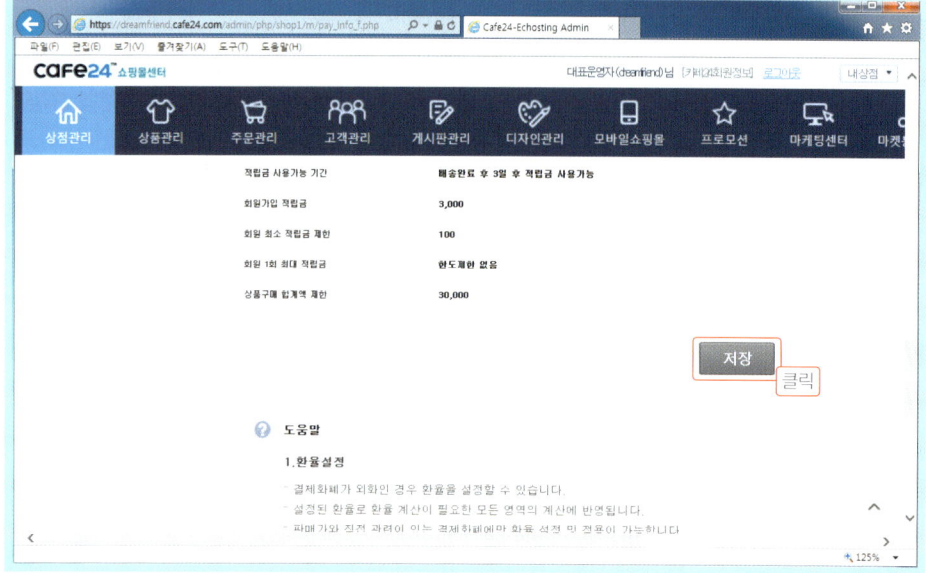

쇼핑몰의 무통장입금 계좌는 몇 개가 좋으며 설정하는 방법을 알려주세요?

쇼핑몰에서 사용하는 무통장입금 계좌는 많을수록 좋습니다. 아무래도 소비자 입장에서 사용하는 주거래 계좌가 있는 경우 편리하게 이용할 수 있기 때문입니다.

무통장입금 계좌를 설정하는 방법에 대해 알아보겠습니다.

[상점관리]-[결제관리]-[무통장입금 계좌설정] 메뉴를 클릭합니다.

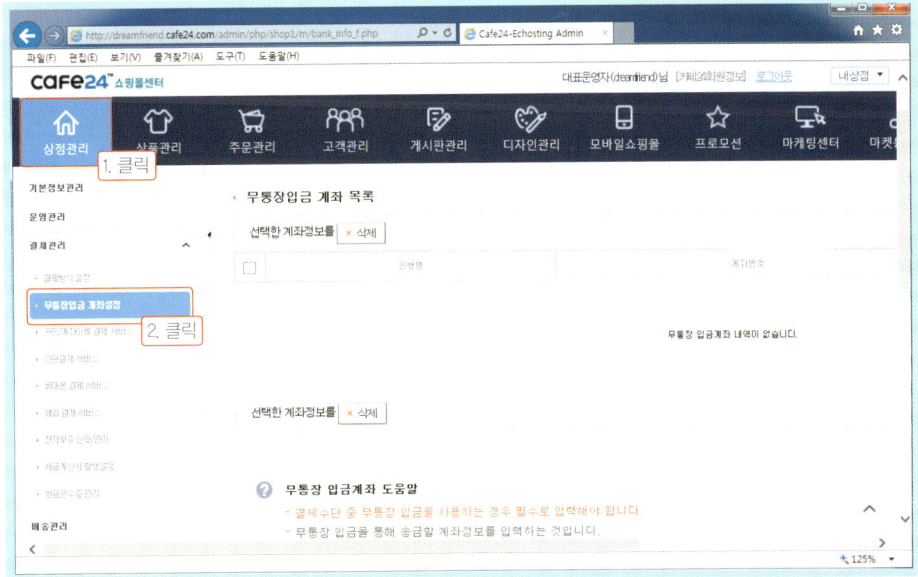

2 계좌 등록 페이지에서 화면의 오른쪽으로 이동하면 [등록] 버튼이 있습니다. [등록] 버튼을 클릭합니다.

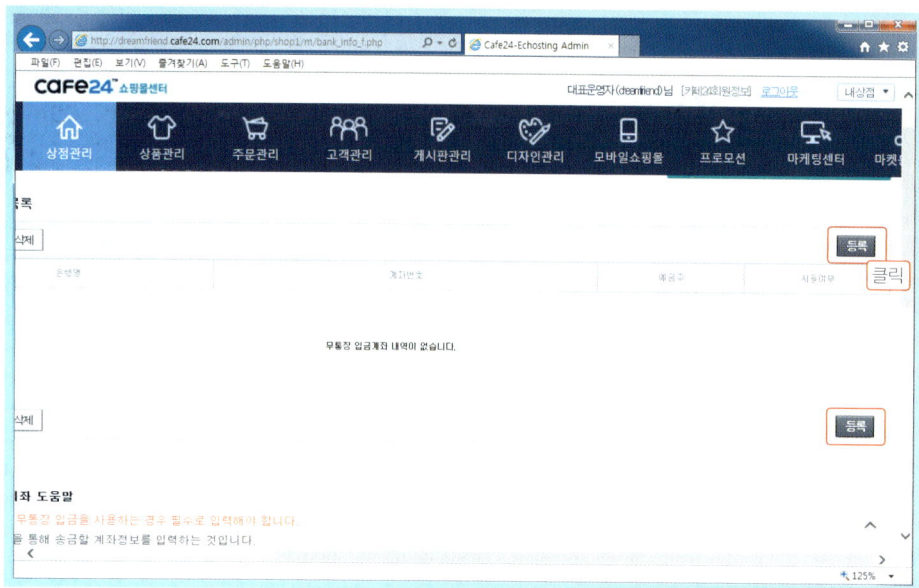

3 입금계좌 등록 화면에서 은행명과 계좌번호, 예금주를 입력하고 [저장] 버튼을 클릭합니다.

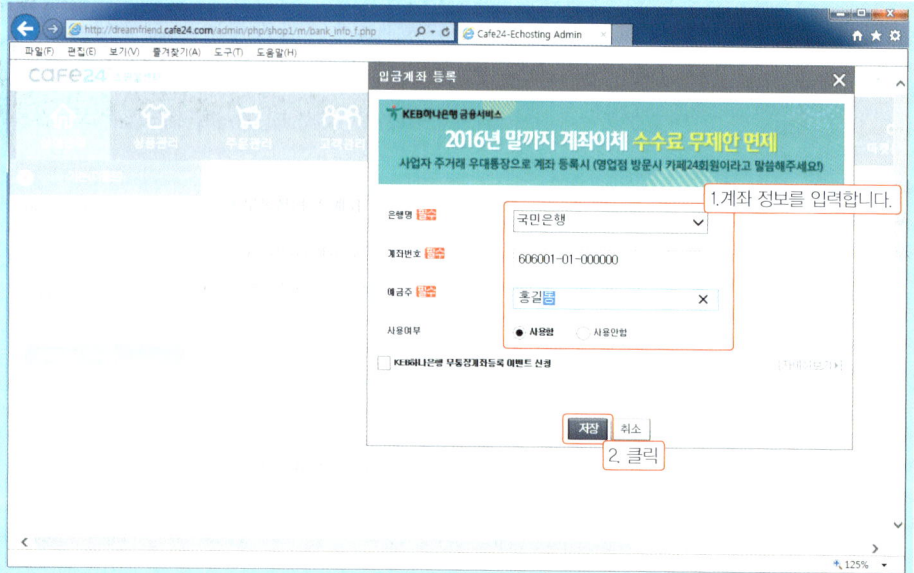

4 무통장입금 계좌가 등록된 것을 확인할 수 있습니다. 같은 방법으로 필요한 수만큼의 무통장 입금 계좌 번호를 등록합니다.

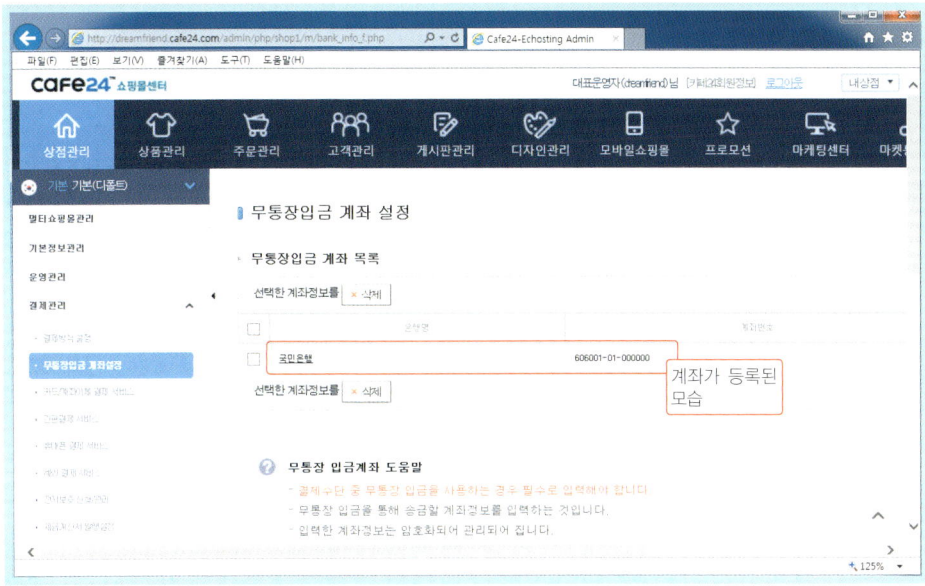

 **자동입금 확인 서비스가 무엇인가요?**

자동입금 확인 서비스는 고객의 불안 요소를 없애주는 기능입니다. 쇼핑몰을 운영하며 가장 우선시해야 하는 항목 중 하나는 고객의 불안 요소를 최소한으로 줄이는 것입니다.

고객의 입장에서 물건을 구입한 뒤에 물건 구입 비용을 입금했지만, 입금 확인이 늦어지면 불안할 수 있습니다. 자동입금 확인 서비스를 신청하면 구입한 사람과 구입금이 일치하면 자동 입금 확인이 표시되는 기능입니다.

○ 자동입금확인 서비스 신청 절차 안내

서비스 신청 후에 반드시 [자동입금확인설정] 메뉴에서 계좌를 등록하셔야 하며, 입금정보 수집은 등록한 계좌의
빠른 계좌 조회 서비스의 입금정보를 수집해옴으로 인터넷 뱅킹 사이트의 [빠른 계좌 조회 서비스]가 신청되어있어야 합니다.
(*빠른계좌조회 사용 관련 문의는 각 계좌의 은행으로 문의하여 주시기 바랍니다.)

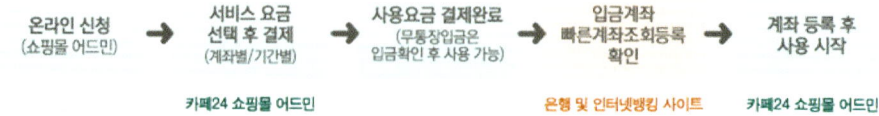

○ 자동입금확인 서비스 처리 절차 안내

자동입금확인 서비스는 각 은행의 빠른 계좌조회 서비스의 입금정보를 수집하여 쇼핑몰 관리자 어드민의 주문정보와
입금자명, 은행, 입금 금액을 주문자명, 금액, 주문결제금액이 일치하는 항목을 찾아서 자동으로 입금확인 처리 시켜주는 서비스로,
입금자명이 틀리거나, 입금금액이 틀린경우, 또는 동명이인의 동일 주문이 존재할 경우 자동처리누락됩니다.

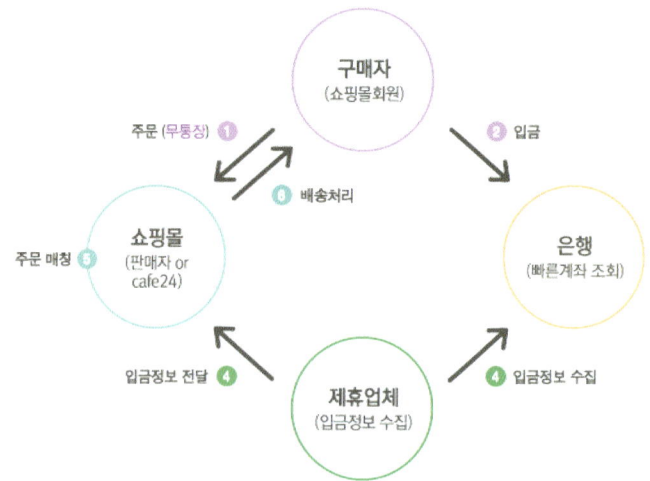

※ **자동입금확인 서비스 관련 꼭! 확인해주세요!**

- **자동처리 예정** - 입금정보가 수집이 되어 매칭되기 전 상태를 말합니다.
- **자동처리 완료** - 입금정보와 주문정보가 정확히 매칭되어 자동 입금확인된 상태입니다.
- **자동처리 누락** - 입금정보와 주문정보가 맞지 않아 자동처리되지 않은 누락건입니다.
  (이때는 운영자분이 수동으로 입금확인 후 수동입금확인처리 해주셔야합니다.)
- **수동확인 완료** - 자동처리 누락건에 대해서 운영자가 수동으로 입금을 확인한 리스트입니다.
- **정상처리 완료** - 정상적으로 자동입금된 리스트를 보여드립니다.

※ 입금정보 수집은 사용자의 네트워크 환경, 인터넷 회선, 각 은행의 장애 및 업데이트에 따라 지연될 수 있습니다.

1 무통장입금 계좌 설정 화면의 하단에 있는 [자동입금확인 서비스 바로가기] 링크를 클릭합니다.

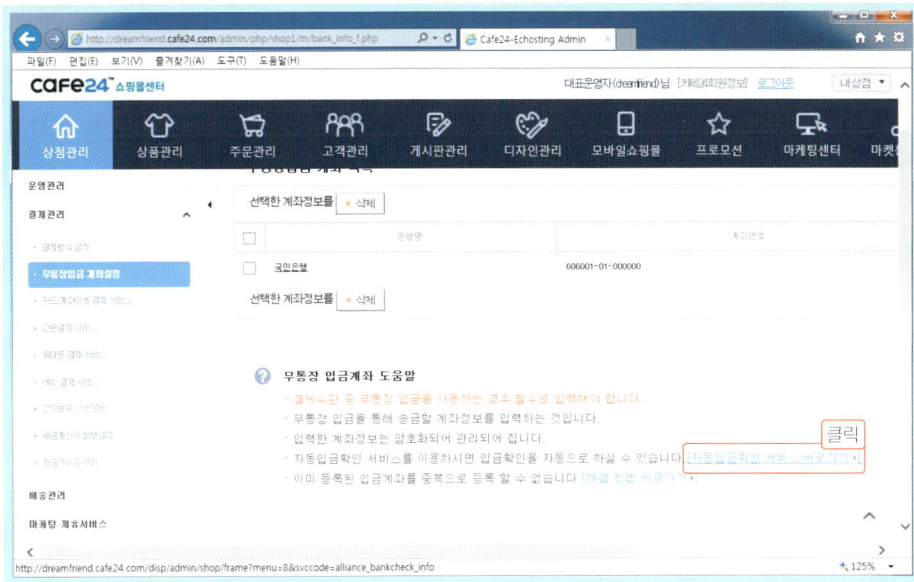

2 서비스를 제공해 주는 제공사가 나오고 서비스 요금 및 설명을 확인할 수 있습니다. 서비스 제공사의 내용을 비교한 뒤에 [뱅크다 신청] 또는 [미니뱅크 신청] 버튼을 클릭합니다.

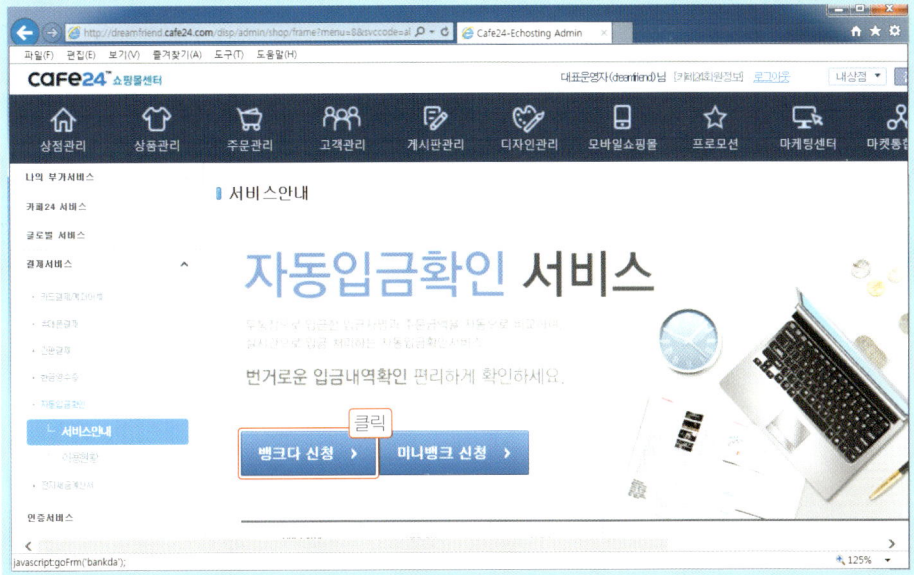

3 서비스 종류와 상품 종류를 선택하고 서비스 기간을 선택한 뒤에 [신청하기] 버튼을 클릭합니다.

4 서비스 신청이 완료되었으면 [서비스이용료 결제하기] 버튼을 클릭하여 결제하면 바로 서비스를 이용할 수 있습니다.

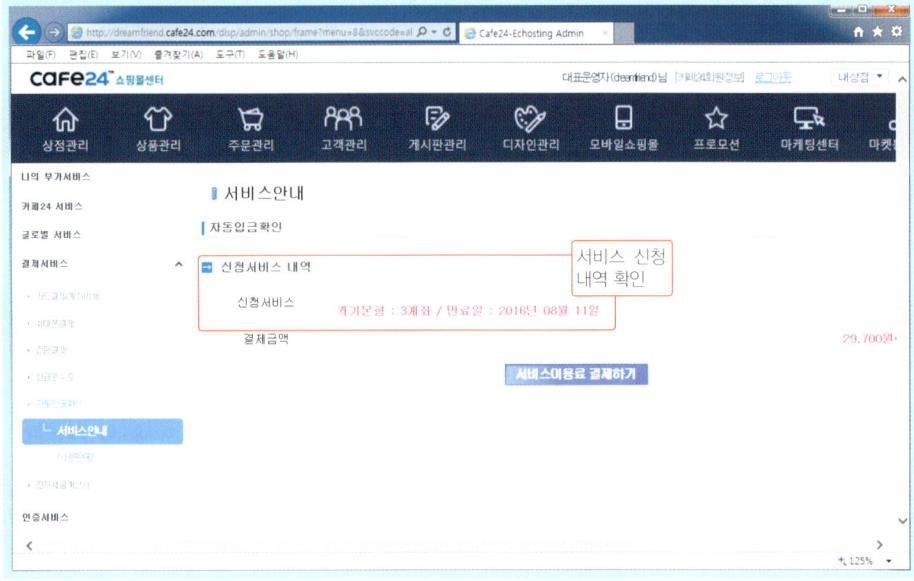

카드/계좌이체 결제 서비스 신청방법을 알려주세요?

안전한 전자상거래 결제 시스템으로 쇼핑몰 회원의 신뢰도 향상과 매출 상승에 큰 도움을 주는 서비스입니다. PG(Payment Gateway)는 전자상거래에서 지불 대행 또는 결제 대행 서비스라고 할 수 있습니다. 인터넷 결제 시스템의 하나로 쇼핑몰 운영자가 지불 수단을 자체 구축하지 않고 전문 대행업체에서 개발한 결제 솔루션을 통해 결제 서비스를 연결해주는 서비스입니다.

[상점관리]-[결제관리]-[카드/계좌이체 결제 서비스] 메뉴를 클릭합니다.

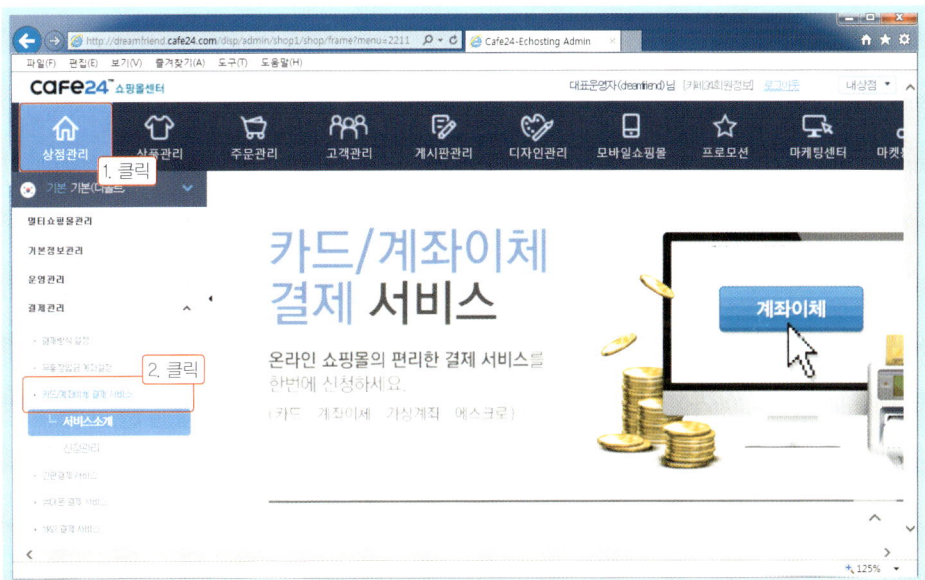

2. PG사에는 KCP(한국 사이버 결제), 이니시스, KSNET(케이에스넷), 삼성올앳, 데이콤이 있으므로 운영자가 원하는 PG사를 선정하여 가입하시면 됩니다.

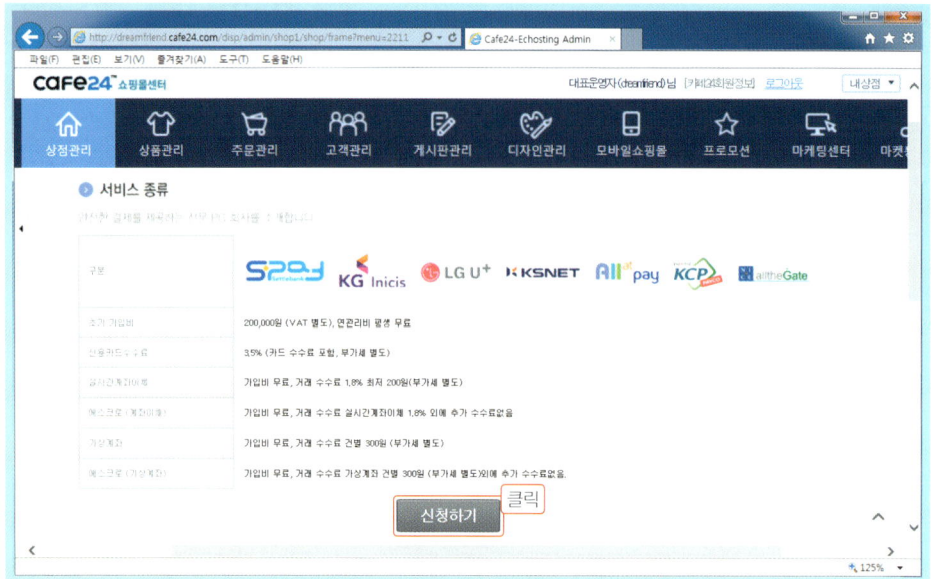

계약조건

- 수수료 : 신용카드 - 3.5%(VAT 별도) / 계좌이체 - 1.8%(VAT 별도)
- 초기등록비 : 20만 원(VAT 별도)
- 보증보험 : 면제(카드사 유의 업종은 별도 협의)
- 정산주기 : 일일 정산, 월 4회, 월 2회, 월 1회(일일 정산시 결제일 이후 7영업일부터 매일 입금)
- 서비스 개통일 : 신용카드 - 일부 카드 신청 익일 개통(계좌이체 신청 익일 개통)

신청절차 흐름도

구비서류

공통서류	법인사업자	개인사업자
1. 서비스신청서 1부 2. 계약서 2부 3. 사업자등록증 사본 1부	4. 입금계좌 사본 1부(법인명의) 5. 법인인감증명서 1부(법인명의) 6. 법인등기부등본 1부(법인명의) 7. 사용인감계(사용인감 날인시)법인인감도장 사용시 사용인감계 제출안함	4. 입금계좌 사본 1부(대표자명의) 5. 인감증명서 원본 1부(대표자명의) 6. 주민등록등본 원본 1부(대표자명의) 또는 대표자신분증 사본 1부 * 계약서 2부 날인시 대표자 인감 날인 필수

3 KakaoPay 등 간편 결제 서비스도 제공하고 있습니다. [신청하기] 버튼을 통해 서비스를 쉽고 빠르게 사용할 수 있습니다.

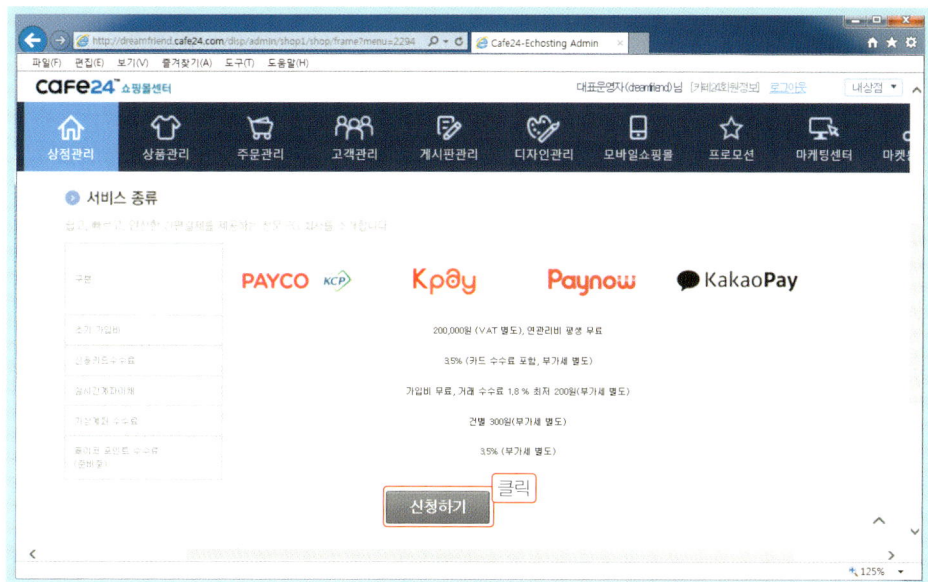

간편 결제 서비스 이용 조건

● 초기 가입비와 결제 수수료

초기 가입비	200,000원 (부가세 별도)
신용카드 수수료	3.5% (카드 수수료 포함, 부가세 별도)
서비스 불가업종	신용카드 결제서비스 불가업종

● 오픈 가능일과 정산주기

오픈 가능일	계약서 접수 후 10일~15일 이내(영업일 기준)
정산 주기	일일정산(7일) : 승인일 + /영업일(초기 7일 이후 매일입금)

● 구비 서류

법인사업자	개인사업자
서비스 계약서 2부 사업자등록증 사본 1부 결제계좌 사본 1부 법인등기부등본 원본 1부 법인인감증명서 원본 1부 * 개인정보보호법 개정에 따른 주민번호 수집이 불가하오니 주민번호 뒤 7자리는 제거하거나, 지워서 발송 바랍니다.	서비스 계약서 2부 사업자등록증 사본 1부 결제계좌 사본 1부 대표자 인감증명서 원본 1부 대표자 주민등록등본 원본 1부 * 개인정보보호법 개정에 따른 주민번호 수집이 불가하오니 주민번호 뒤 7자리는 제거하거나, 지워서 발송 바랍니다.

- 구비서류 보내주실 곳

받는사람	스마트페이먼트팀 카카오페이 신규계약 담당자앞
주소	(150-881) 서울특별시 영등포구 여의대로 24 FKI타워 28층
연락처	02-2099-2424

- 상담안내

고객센터	1661-8455
이메일	cnspaycs@lgcns.com (상담시 카페24 ec호스팅 회원임을 꼭 밝혀주세요)

에스크로 설정 방법을 알려주세요?

에스크로란 온라인 전자상거래에서 구매자와 판매자 간의 매매행위를 보호 하려는 방법으로 온라인 쇼핑몰에서 구매자가 지불한 상품대금을 제삼자(은행, PG사, 보험사 등 에스크로 사업자)가 우선 맡아서 보관하고 상품이 정상적으로 배송완료 되었음을 확인한 이후에 판매자의 계좌로 은행에 보관된 대금을 지급하는 제도입니다.

에스크로는 10만 원 이상의 무통장입금 결제수단으로 결제되는 현금 결제에 대하여 구매고객이 결제수단을 선택하여 이용할 수 있으며 이 제도를 통해 구매자는 상품 구매에서 안전성을 보장받고 판매자는 쇼핑몰 운영의 신뢰성을 확보할 수 있습니다.

에스크로 서비스 쇼핑몰 구매절차 안내

에스크로는 1개의 주문당 가상계좌가 별도로 부여되며 운영자가 수동으로 입금확인을 할 수 없습니다. 입금확인은 자동으로 이루어집니다.

- 입금확인 후 4일 이내 배송 : 배송완료 후 3일 이내에 자동 구매확인 처리 이후 정산
- 입금확인 후 4일 이후 배송 : 배송완료 후 해당 고객이 쇼핑몰 로그인하여 [주문내역 조회]에서 반드시 [구매확인] 해야만 정산

에스크로 사용 시 주문 취소 및 환불 요청은 반드시 해당 회원이 쇼핑몰에 로그인하여 [주문내역 조회] > [환불 요청]에서 먼저 주문 취소 요청을 해야 합니다. [환불 요청] 후 물건이 반품된 것을 확인한 뒤에 쇼핑몰 관리자가 [주문서 상세] 팝업에서 [에스크로 환불 승인]을 눌러주어야 익일~2일 내에 환불이 완료됩니다.

상담안내

- **담당자** : 하나은행 매매보호팀 에스크로 담당자
- **문의전화** : 하나에스크로 콜센터 ☎1599-1114 (상담시 카페24 ec호스팅이라는 것을 밝혀주기 바랍니다.)
- **주소** : [100-719] 서울 중구 을지로 1가 101-1 하나은행 빌딩 18층 e-business팀 escrow 담당자

계약조건

수수료 : 2가지 방식 중 택일
- **선택 1** : 거래 금액의 0.3%(최저 수수료 300원)
- **선택 2** : 10만 원 정액/12개월 (VAT 별도)

판매대금 정산

고객 결재 후 기본 배송기간 4일 + 상품 확인기간 3일(7일 이내 판매자의 실제 계좌로 대금 지급)

신청절차 흐름도

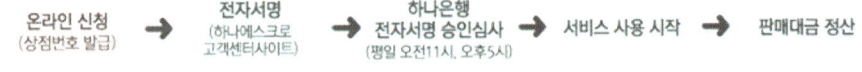

 ## 현금영수증 발행 설정은 어떻게 하나요?

소득공제나 세액공제의 혜택을 주는 제도로써 2005년부터 국세청에서 시행하고 있습니다.
건당 1원 이상 무통장입금(현금결제)에 대해 영수증 발급이 가능합니다.
현금영수증 관련 거래내역은 익일에 국세청홈페이지 http://현금영수증.kr에서 확인할 수 있습니다.

1. 현금영수증 제도의 혜택
- 국세청은 소비자의 현금구매내역을 자동전산 취합하여 연말정산시 법이 정한 소득공제 혜택을 부여합니다.
- 현금영수증 가맹점(판매자)은 현금영수증 발행금액의 1%를 부가가치세에서 연간 500만원 한도로 세액공제를 받습니다. (법인은 세액공제 대상이 아님)

2. 쇼핑몰운영자의 현금영수증 서비스 신청 및 발행설정 관련 안내
- 현금영수증은 카드결제사(PG사) 신청시 자동으로 신청되며 KSNET을 제외한 전 PG사가 현금영수증 사용이 가능합니다.
  (KSNET 현금영수증도 곧 제공될 예정입니다.)
- 현금영수증을 제공하는 PG사를 사용하는 경우에는 동일한 PG사의 현금영수증 사용을 권장합니다.
- 이중발행의 소지가 있으므로, 반드시 [카페24 쇼핑몰 어드민]의 현금영수증 관리 메뉴에서만 발행/취소하셔야합니다.
- 현금영수증 발행을 중지하시려면 [발행설정] 메뉴에서 "사용안함"으로 설정해주세요.

3. 소비자의 현금영수증 발행방법
쇼핑몰은 온라인 주문 후 현금입금(계좌이체, 무통장입금)을 완료 후에 쇼핑몰운영자가 입금확인을 완료한 주문건에 한하여 현금영수증을 신청할 수 있습니다.

1) 현금영수증 신청 및 발행방법
- 수동발행 설정일 경우 - 쇼핑몰 회원 → 쇼핑몰 로그인 > 마이페이지 > 주문상세내역 > "현금영수증신청"버튼을 클릭
  쇼핑몰 운영자 → 주문관리(주문배송) > 현금영수증 관리 > 발행내역관리 > 수동 발행처리
- 자동발행 설정일 경우 - 쇼핑몰 회원 → 쇼핑몰 로그인 > 마이페이지 > 주문상세내역 > "현금영수증신청"버튼을 클릭 > 자동발행 완료
  또는, 운영자가 직접 신청하여 발행할 경우 [쇼핑몰 어드민 > 주문서 상세팝업 페이지]에서 발행 가능

2) 현금영수증 발행 설정 방법
- 쇼핑몰 어드민 > 상점관리 > 결제관리 > 현금영수증관리 > 발행설정

4. 소비자의 현금영수증 발행취소 관련 유의사항
- 현금영수증이 발급된 주문이 취소되면 발급된 현금영수증은 자동 취소 됩니다.
- 이미 발행된 현금영수증 취소시 발행 요청한 회원에게 문자 발송될 수 있습니다. (국세청에서 취소 문자 전송)

5. 현금영수증 발급 불가 업태(업종) 안내
- 신차판매, 중고차 판매, 가스제조업 및 공급, 가스집단 공급, 수도사업, 렌터카, 유무선 통신사업, 부가통신사업, 기타전기통신사업, 유선 및 위성방송, 보험, 상품권 매매, 수업료, 입학금, 각종 세금(국세, 지방세), 각종 공과금, 전기료, 수도료, 가스료, 전화료, 아파트 관리비, 텔레비전 시청료, 고속도로 통행료, 승용차(신차) 구입비 등

1 현금영수증은 현금으로 구매하는 금액에 대해 고객이 요청하면 발행해야 하는 의무가 있습니다. [상점관리]-[결제관리]-[현금영수증 관리]-[신청관리] 메뉴를 클릭합니다. 이동된 페이지에서 [이니시스 현금영수증] 신청 메뉴를 클릭하고 사업자번호 및 기본 정보를 입력하면 신청이 완료됩니다.

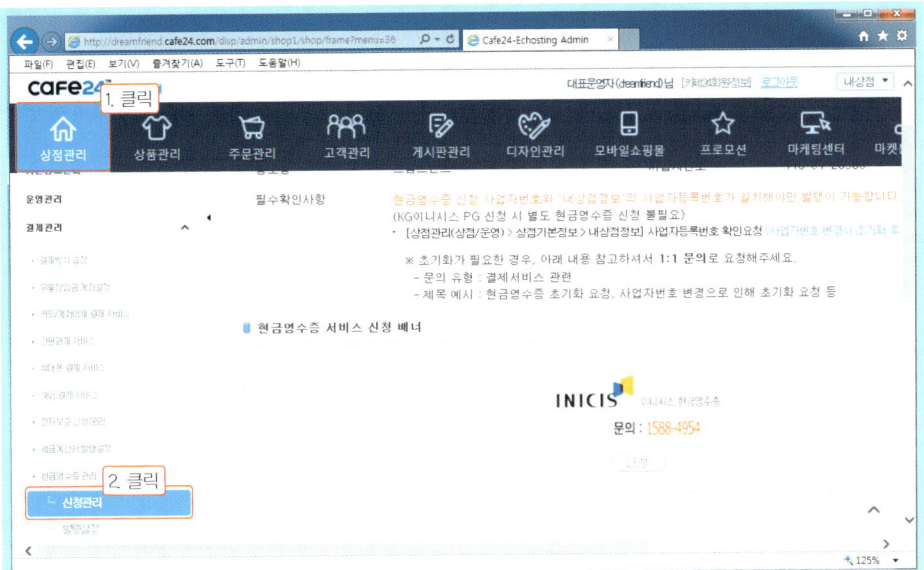

2 현금영수증 발행에 관한 항목은 [상점관리]-[결제관리]-[현금영수증 관리]-[발행설정] 메뉴를 클릭합니다. 이동된 페이지에서 발행기능 사용여부 항목에서 '수동발행'을 선택합니다.

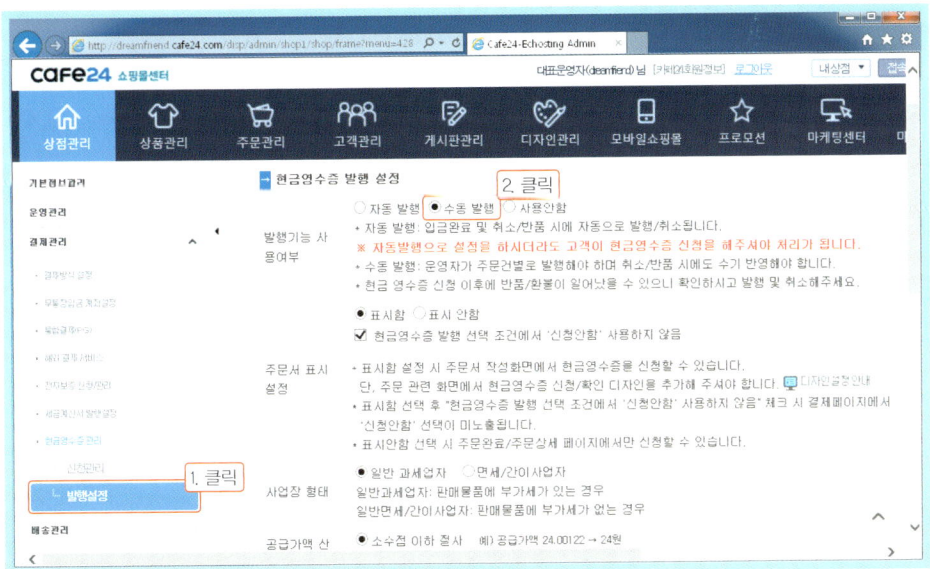

3 사업장 형태를 선택합니다.

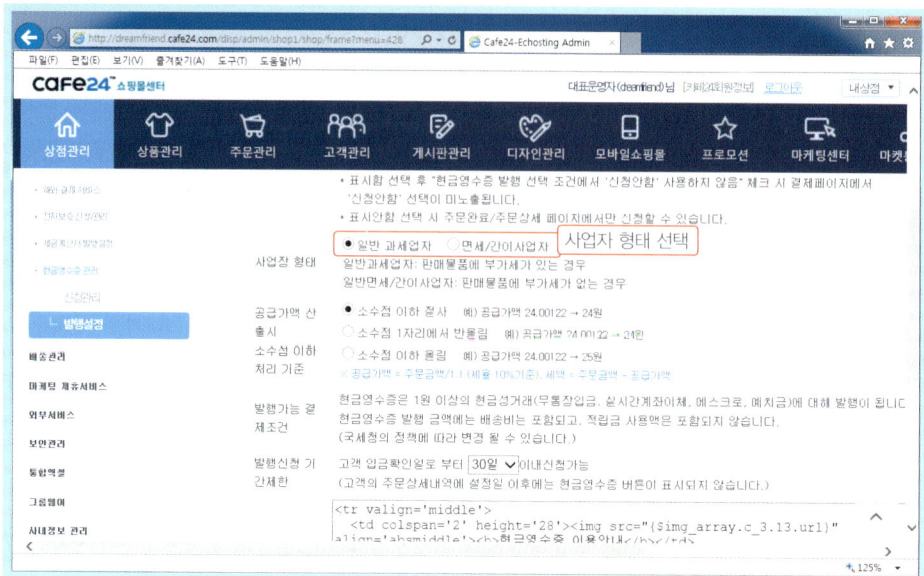

4 [설정완료] 버튼을 클릭합니다.

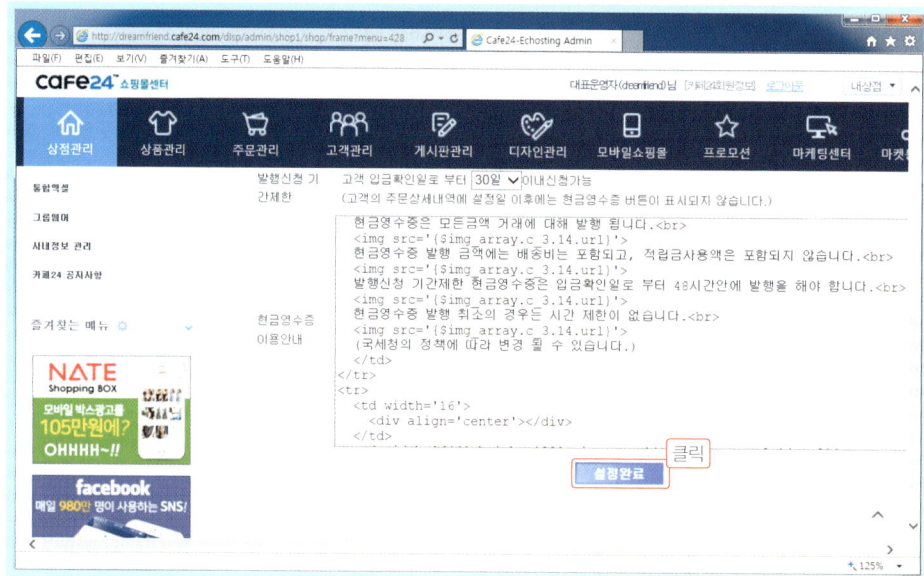

배송업체는 어떻게 등록하나요?

사업 초기에 사업계획을 작성하며 택배비를 2,500원으로 설정하는 경우가 많이 있습니다. 우선 연락을 해봐야 알겠지만, 대부분은 실적이 없는 경우 택배비는 3,000원을 넘어가게 됩니다. 그리고 3개월 지난 후에 다시 계약할 때 택배비 비용 조정이 가능해집니다. 비용과 택배 실무자의 성실성 등을 고려하여 택배사 몇 곳과 미팅을 거친 뒤에 신중하게 결정하기를 바랍니다.

[상점관리]-[배송관리]-[배송업체 관리] 메뉴를 클릭합니다.

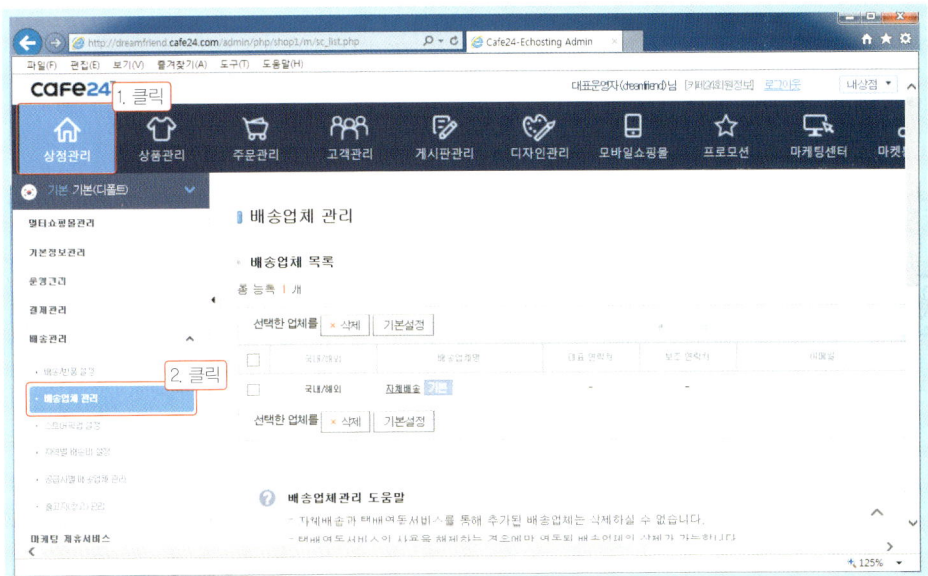

2 [배송업체 추가] 버튼을 클릭합니다.

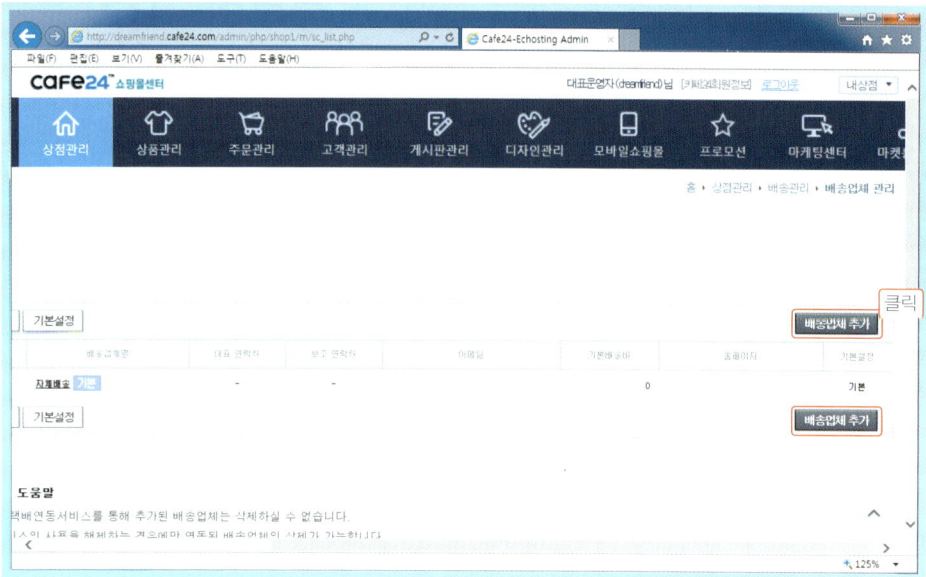

3 배송업체의 기본 정보를 입력합니다.

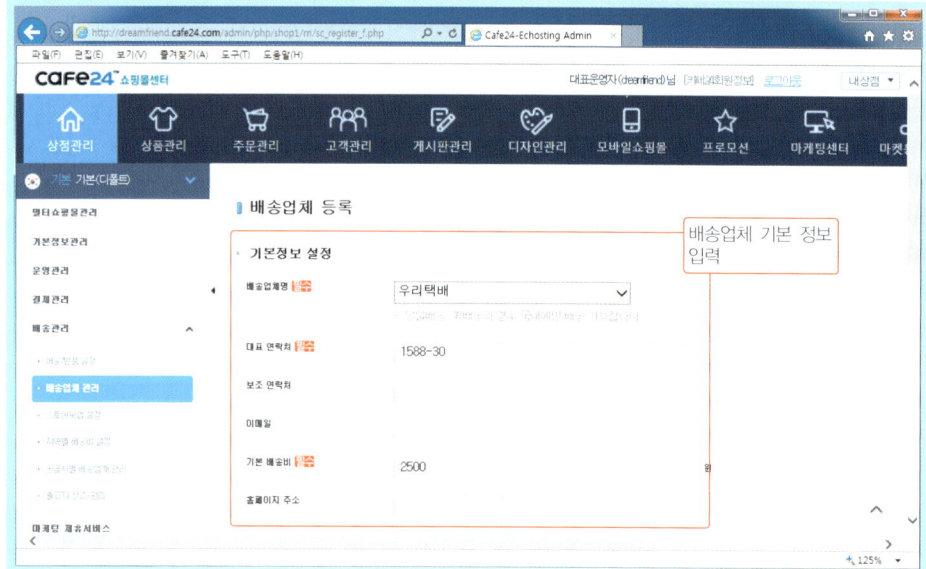

4 배송업체의 추가 정보를 입력합니다. 배송가능 지역 및 배송가능 기간 등을 설정합니다.

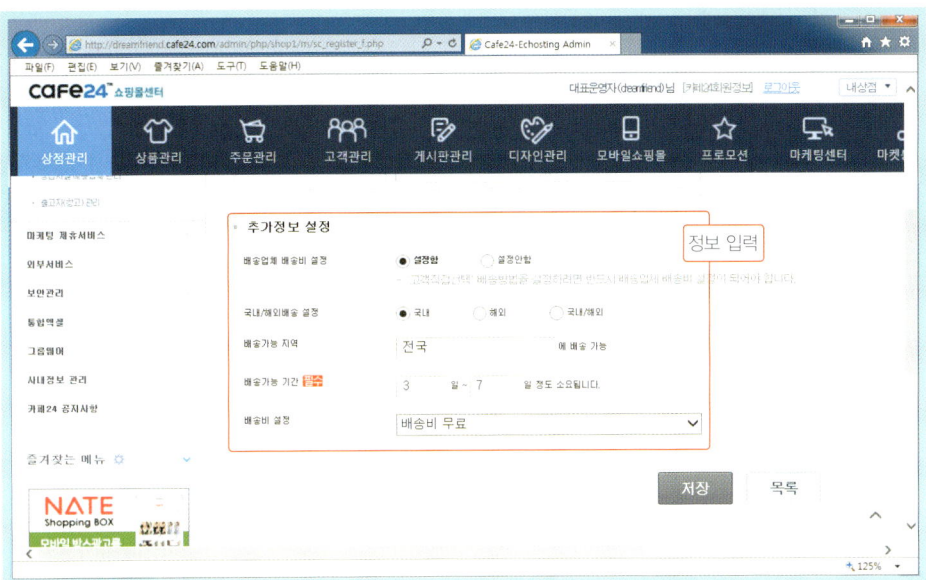

5 배송비 설정 방식은 '구매금액에 따른 부과'를 선택합니다.

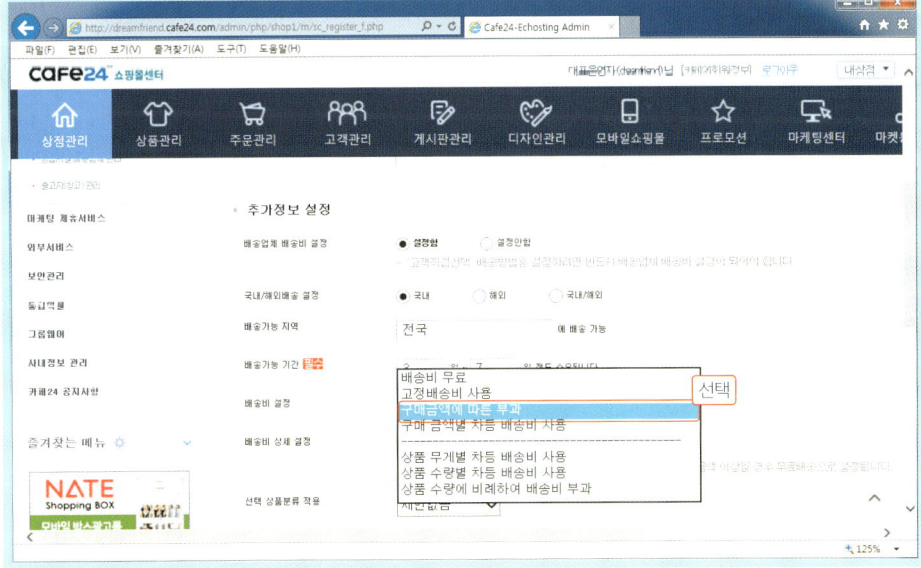

6 택배비 상세 설정 항목에 50,000원 미만일 때 배송비 2,500원을 입력하고 [저장] 버튼을 클릭합니다.

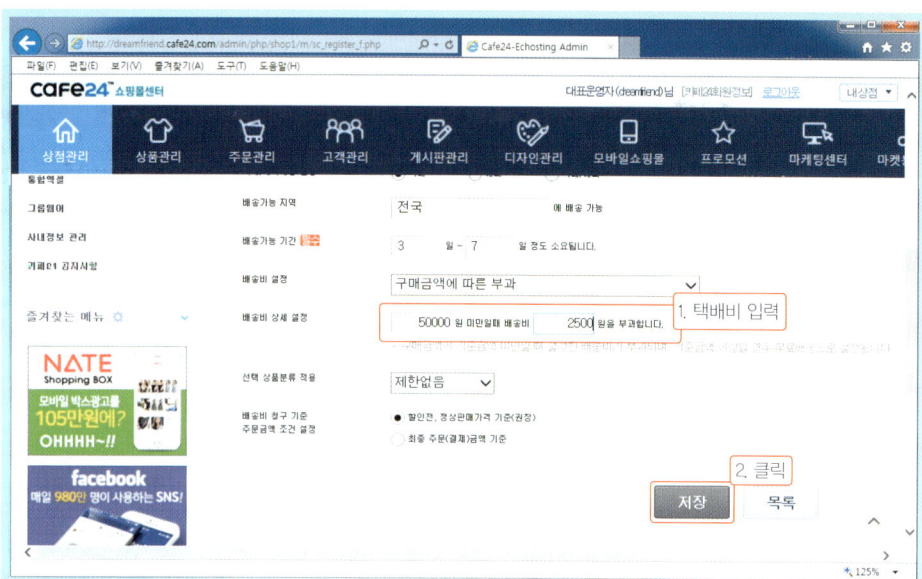

7 배송업체 등록 메시지 창에서 [확인] 버튼을 클릭합니다.

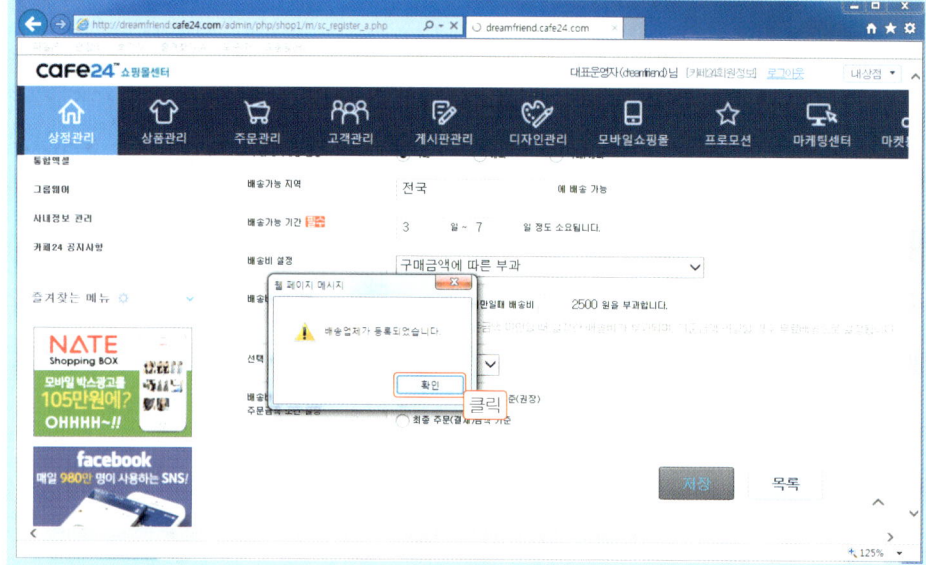

8 배송업체가 등록된 것을 확인할 수 있습니다.

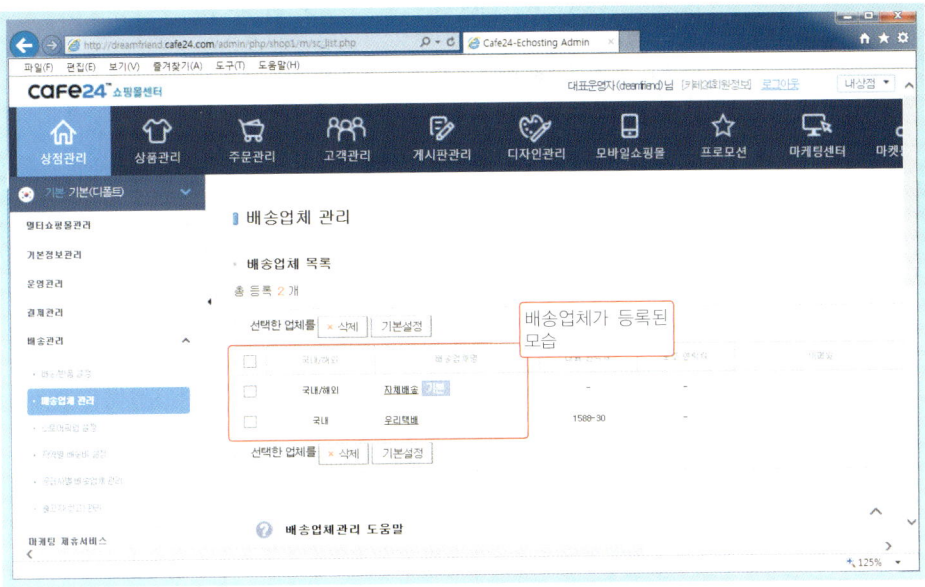

 반품 주소 설정은 어디에서 하나요?

고객의 입장에서 궁금해 하는 내용은 정확하고, 눈에 잘 띄게 등록해 놓는 것이 좋습니다. 반품 주소는 온라인에 잘 기재해 놓지 않으면 전화 연락이 많이 오는 항목 중 하나입니다.

[상점관리]-[배송관리]-[배송/반품 설정] 항목을 클릭합니다.

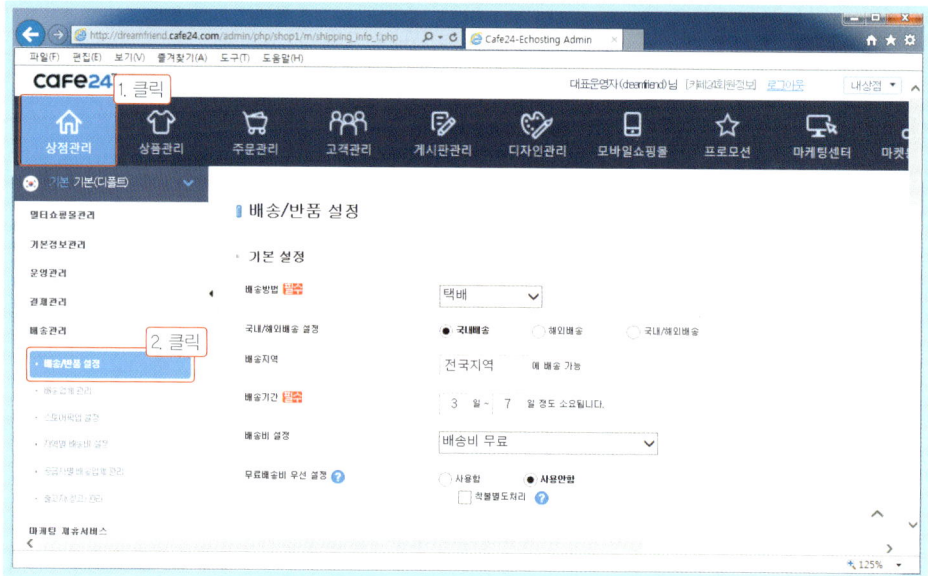

2 반품주소를 입력합니다.

3 주소를 입력한 후에 [저장] 버튼을 클릭하여 반품주소 설정을 완료합니다.

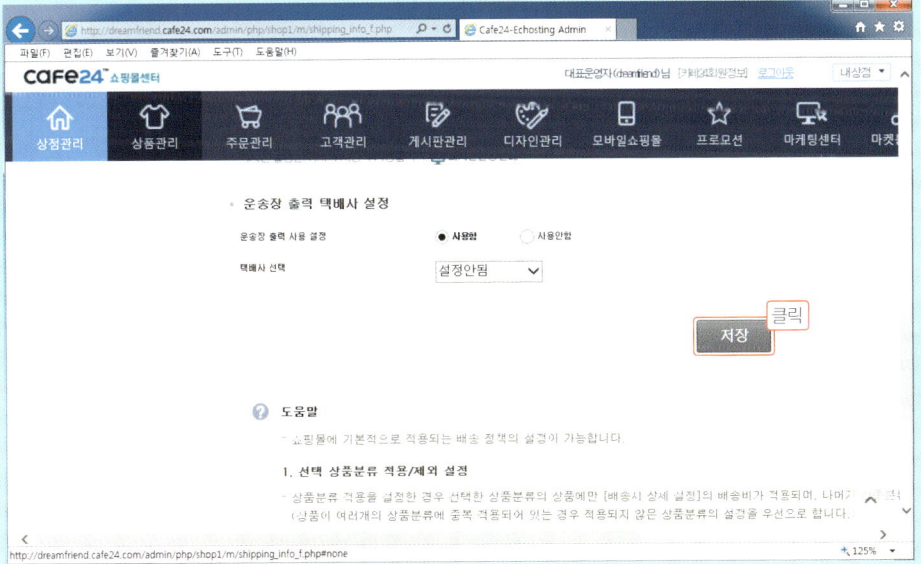

쇼핑몰 디자인과 상품 등록 중에 어떤 것을 먼저 해야 할까요?

쇼핑몰 강의에 참여하는 인원 중 30%는 쇼핑몰 제작 과정이거나, 6개월 이내의 운영자인 경우가 입니다. 왜? 초급자를 위한 강의에 참여하고 있는지를 질문하면 대부분 내가 가고 있는 길이 맞는지를 확인하거나, 혼자 찾아가며 진행하려고 하니 늦는 것 같아서라는 대답이 많습니다.

어느 정도 알고 있는 분들이 가장 많이 하는 질문 중 하나가 디자인과 상품등록에 대한 질문입니다.

다음 과정은 모두 함께 생각해야 한다고 말합니다.

브랜드 = 디자인 = 상품 촬영 = 상품 등록

처음 진행하는 창업자는 어렵게 들릴 수 있지만, 종합적으로 생각하지 않으면 어딘가 어색한 결과가 나오게 됩니다.

가장 주의할 점은 쇼핑몰 디자인을 먼저 구매하는 것입니다. 구매한 디자인에 자신이 촬영한 상품을 등록하는 순간 어울리지 않아 후회하는 경우를 자주 봅니다.

꼭 순서를 정해봐야 한다면, 카페24에서 제공해 주는 무료 스킨에 상품을 먼저 등록해 보는 것을 우선으로 해봅니다. 그 과정에서 상품에 어울리는 디자인을 찾을 수 있게 됩니다.

종합적인 부분을 가장 빠르고 쉽게 해보는 방법은 이미 있는 쇼핑몰을 벤치마킹(bench marking)하는 것입니다. 벤치마킹 과정에서 정말 중요한 것은 벤치마킹 과정은 내 생각을 구체화하는 과정이지 그대로 모방하는 것은 안 됩니다.

"나를 만나는 고객은 정말 운이 좋고, 행복한 사람이다!"

이런 생각이 든다면 마음을 다해 상품을 촬영하고 등록하기 시작하면 됩니다.

1 포토샵을 실행하고 자신이 운영하려고 하는 쇼핑몰 유형과 유사한 사이트를 캡처하여 조합해 봅니다. 포토샵을 실행하고 [파일]-[새로 만들기] 메뉴를 클릭합니다.

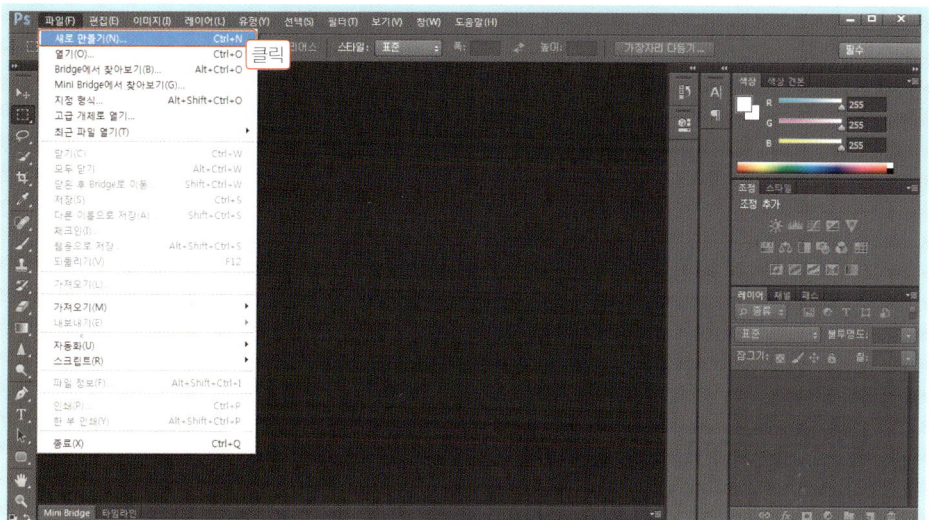

2 새로 만들기 창에서 폭과 높이 그리고 해상도를 입력하고 [확인] 버튼을 클릭합니다. 지금은 로고와 메뉴, 상품 등이 어울리는지 테스트해보기 위한 작업이므로 사이즈는 임의의 사이즈로 연습합니다.

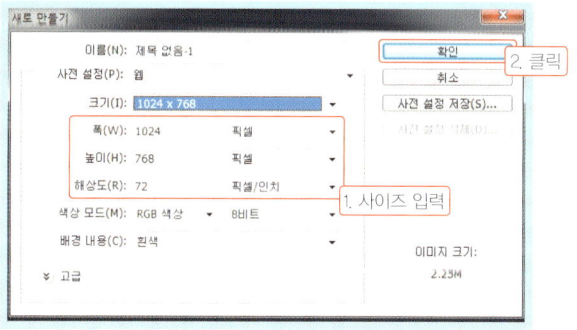

3 새로운 창이 열리는 것을 확인할 수 있습니다. 새로운 창에 다른 사이트의 로고와 상품 이미지 등을 진열해 보며 전체적인 레이아웃과 색상을 잡아봅니다.

4 원하는 사이트에 접속하여 로고와 메뉴를 캡처해봅니다.

실습으로 아동복으로 유명한 더제이니(http://www.thejany.co.kr/) 사이트의 로고 및 메뉴를 캡처해 보겠습니다. 화면을 캡처하는 도구로는 웹 브라우저에 플러그인으로 설치되는 '네이버 툴바'의 캡처 기능을 이용할 것입니다.

네이버 툴바 다운로드
네이버 툴바는 웹 브라우저에서 검색하면 쉽게 찾을 수 있습니다. IE 버전, Chrome 버전, Firefox 버전이 있어 사용하는 웹 브라우저에 알맞은 툴바를 다운로드하여 설치하여 사용할 수 있습니다.

5 네이버 툴바에서 [캡처]-[직접 지정]을 선택한 뒤에 원하는 부분을 드래그하면 [화면캡처 미리 보기] 창이 열리면서 드래그 한 부분이 캡처된 것을 확인할 수 있습니다. [복사하기] 버튼을 클릭합니다.

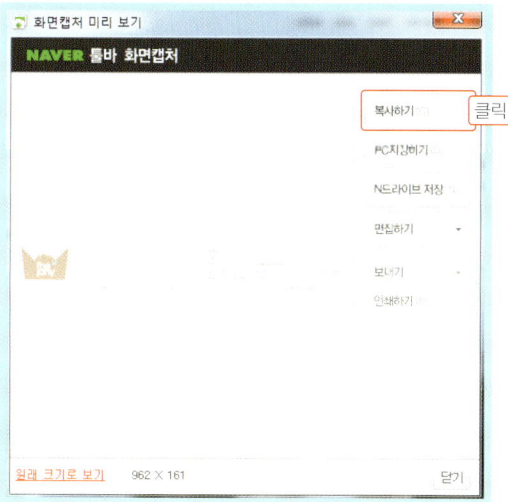

6 포토샵으로 이동한 후에 [편집]-[붙여넣기] 메뉴를 클릭합니다.

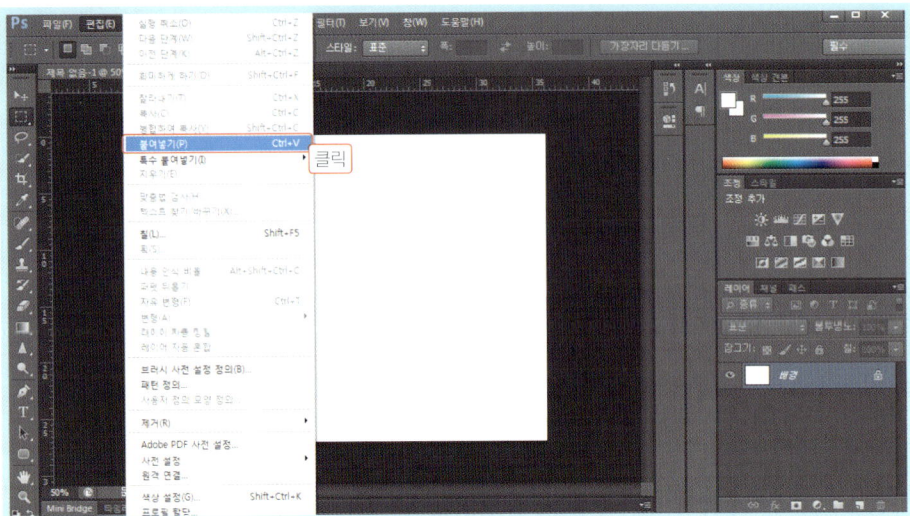

7 네이버 툴바를 이용하여 캡처한 부분이 포토샵에 붙여넣기된 것을 볼 수 있습니다. [이동 툴]을 이용하여 원하는 위치로 이동합니다.

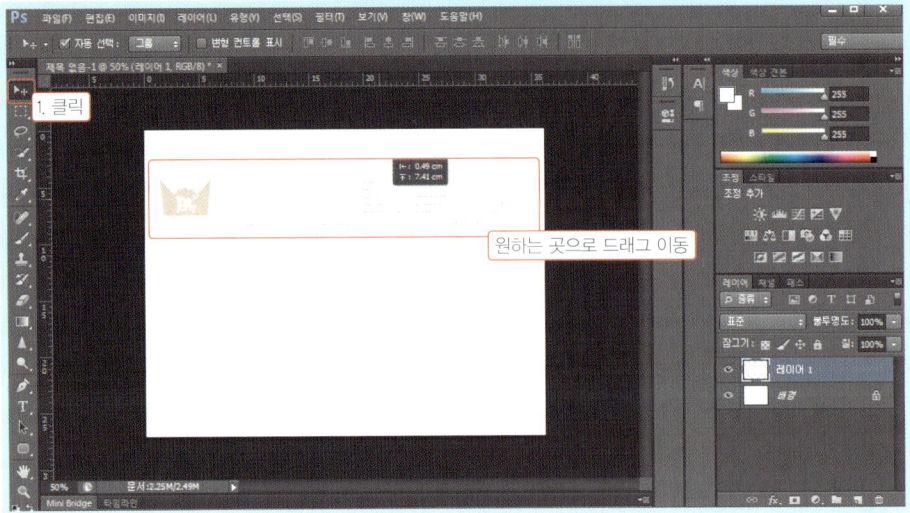

8 판매하려고 하는 상품과 유사한 상품을 찾아서 앞에서 캡처했던 방법과 같이 상품 관련 정보를 캡처합니다.

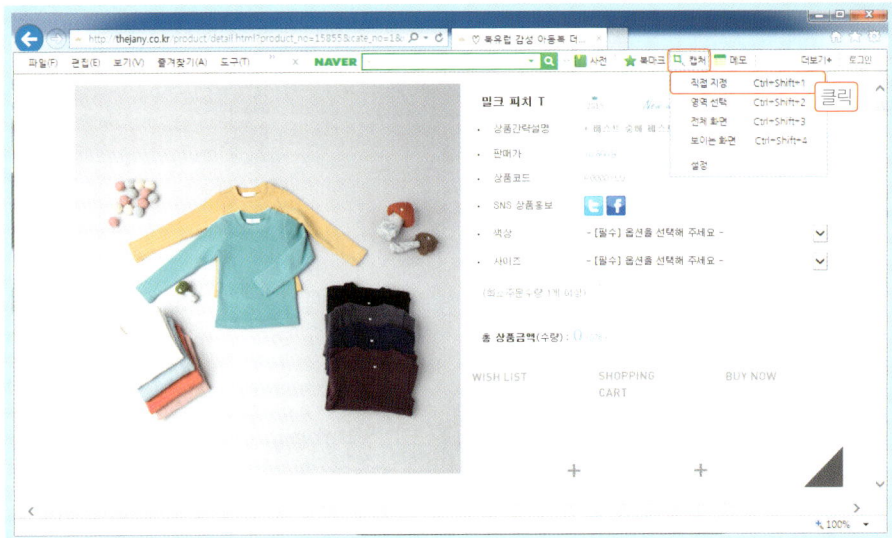

9 캡처된 결과를 포토샵에 붙여넣기 하여 구성이 어울리는지 확인해 봅니다. 마음에 들지 않는 경우 삭제하고 새로 캡처하여 레이아웃을 구성해 봅니다. 이 과정을 반복하며 자신이 원하는 쇼핑몰의 디자인과 상품 컨셉을 구체화합니다.

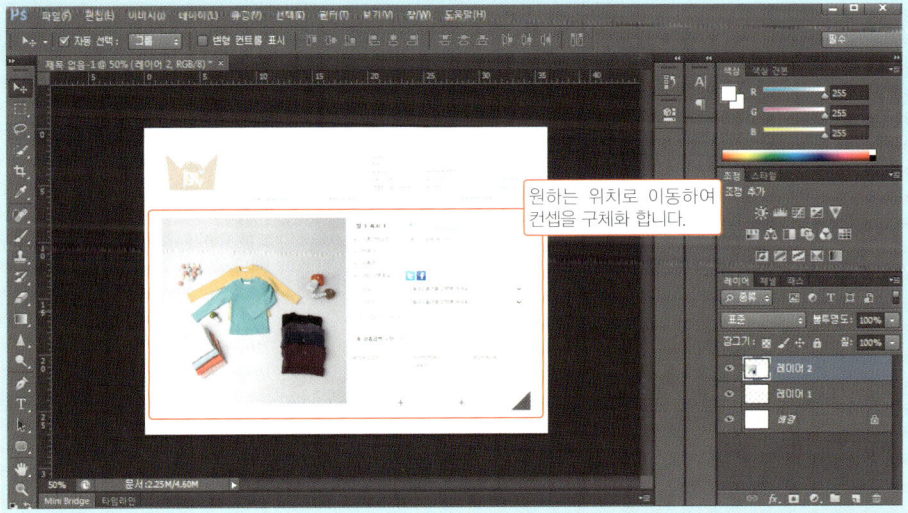

 쇼핑몰에 상품을 등록하는
　　　　　　방법을 알려주세요?

제품 사진을 언제쯤 온라인에 올릴 수 있을까? 내가 과연 제품을 쇼핑몰에 올리는 순간이 올까? 많은 생각을 했었을 것입니다.

5분 후면 여러분 모두 드디어 촬영해 놓은 귀중한 제품을 온라인을 통해 많은 사람에게 보여줄 수 있습니다.

온라인 쇼핑몰에 상품을 등록하는 방법은 거의 비슷합니다. 카페24 솔루션의 상품 등록 방법을 이해한다면 다른 솔루션이나 오픈마켓 등 다양한 채널을 이용하여 상품을 등록하고 판매하는 것은 쉬워질 것입니다.

[상품관리]-[상품등록]-[간단 등록] 메뉴를 클릭합니다.

2 상품의 간단 등록 페이지에서 상품명과 판매가를 입력하고, 상품의 이미지를 등록하기 위해 상품이미지등록 항목에서 [등록] 버튼을 클릭합니다.

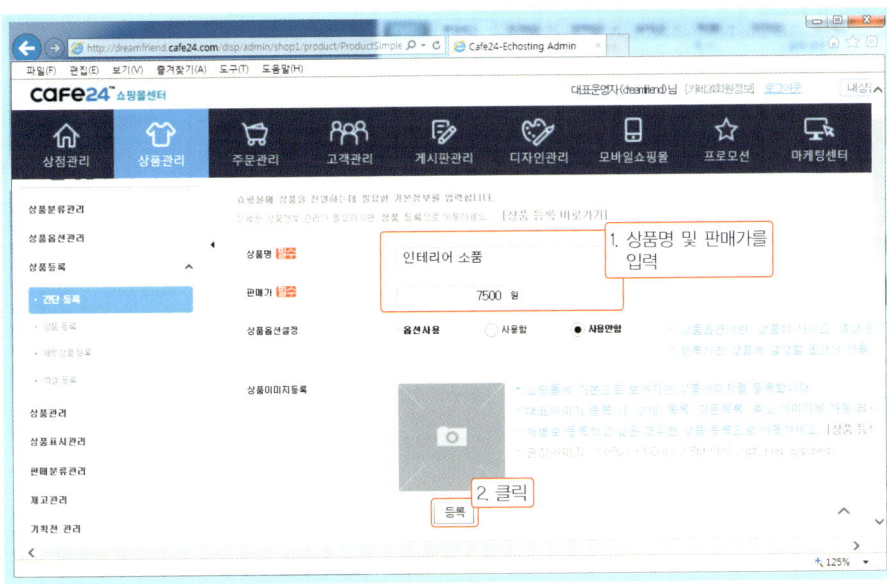

3 상품으로 등록하려고 하는 이미지를 선택하고 [열기] 버튼을 클릭합니다. 실습에서 사용된 이미지는 'sample4.jpg' 파일입니다.

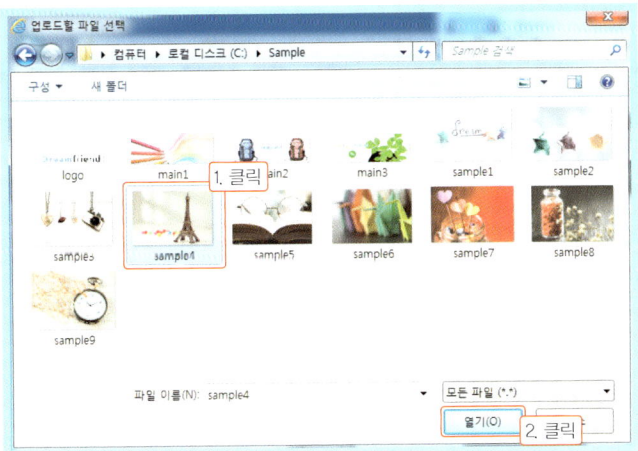

4 상품의 사진이 등록된 것을 확인하고 상품상세설명 항목에서 상세 이미지를 등록하기 위해 [이미지 등록 🖼]버튼을 클릭합니다.

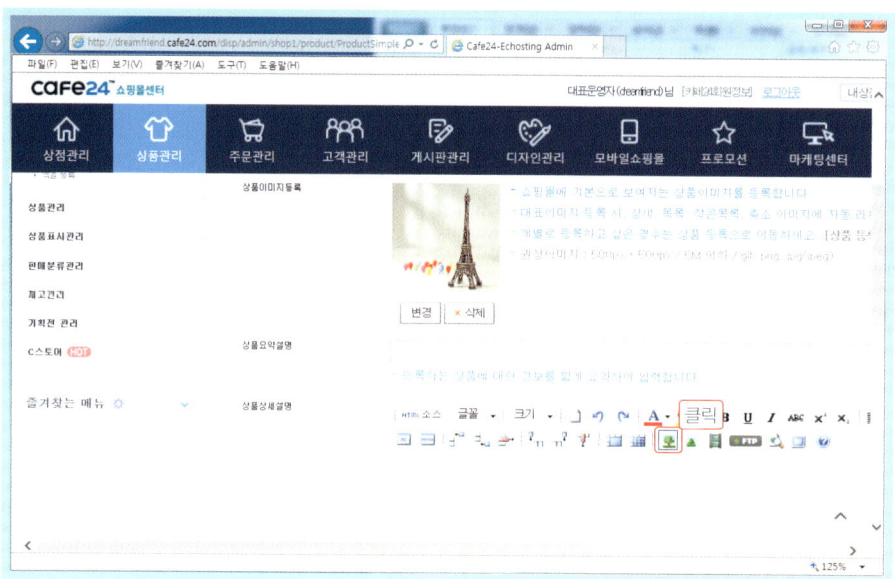

5 이미지 삽입 창에서 [찾아보기] 버튼을 클릭합니다.

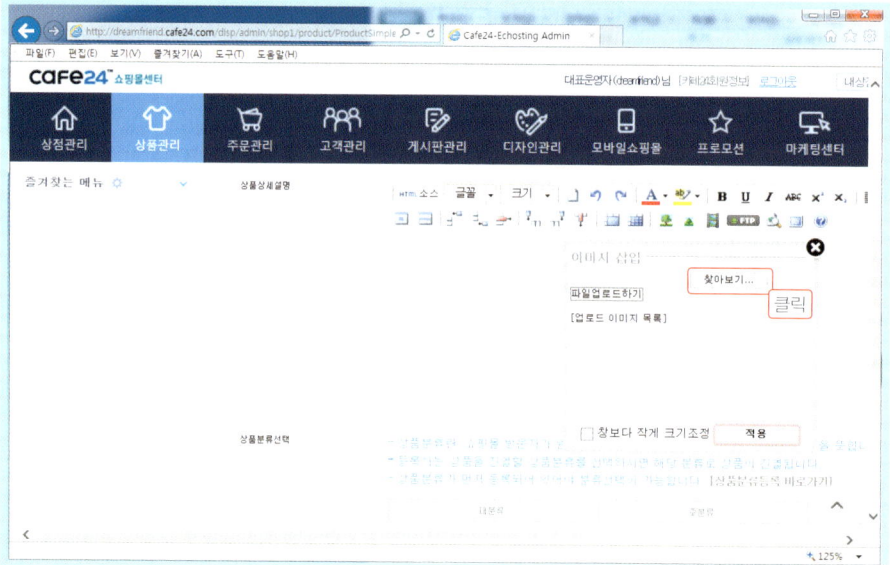

6 업로드할 파일 선택 창에서 업로드하려는 이미지를 선택하고 [열기] 버튼을 클릭합니다.

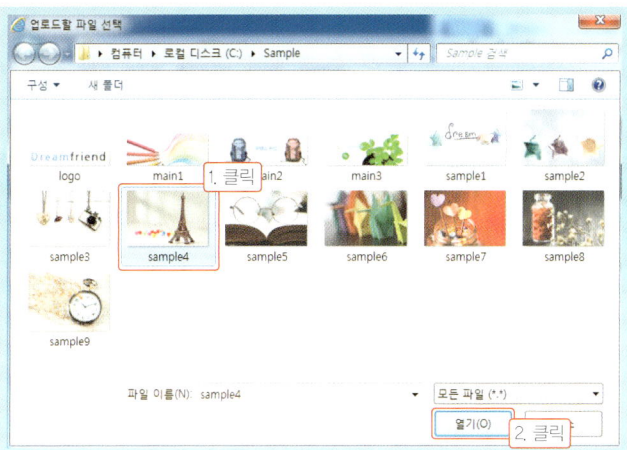

7 불러온 파일을 업로드하기 위해 [파일업로드하기] 버튼을 클릭합니다. 업로드 완료 팝업창에서 [확인] 버튼을 클릭한 뒤에 이미지 삽입 창에서 [적용] 버튼을 클릭합니다.

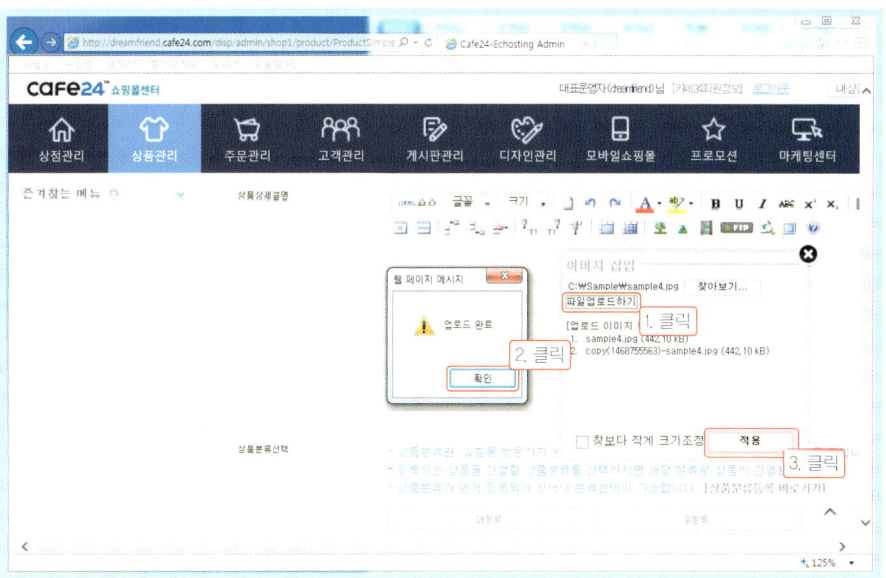

8 상세설명 페이지에 이미지가 등록된 것을 볼 수 있습니다. 추가적인 상세 이미지가 더 있으면 위의 [이미지 등록 🖼] 버튼을 클릭하여 추가 이미지를 같은 방법으로 불러오면 됩니다.

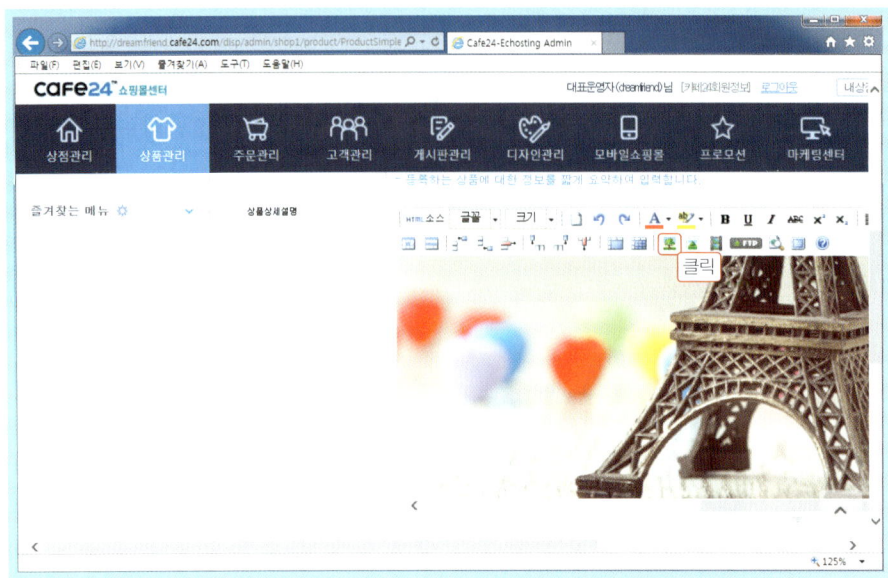

9 상품분류선택 항목은 현재 등록하려는 상품을 진열할 카테고리를 선택하는 메뉴입니다. 원하는 카테고리를 선택합니다. 카테고리를 만드는 방법은 "**35. 쇼핑몰 카테고리 등록 방법을 알려주세요?**"에서 설명합니다. 원하는 메뉴가 없으면 카페24에서 기본으로 제공해주는 샘플 메뉴를 클릭합니다.

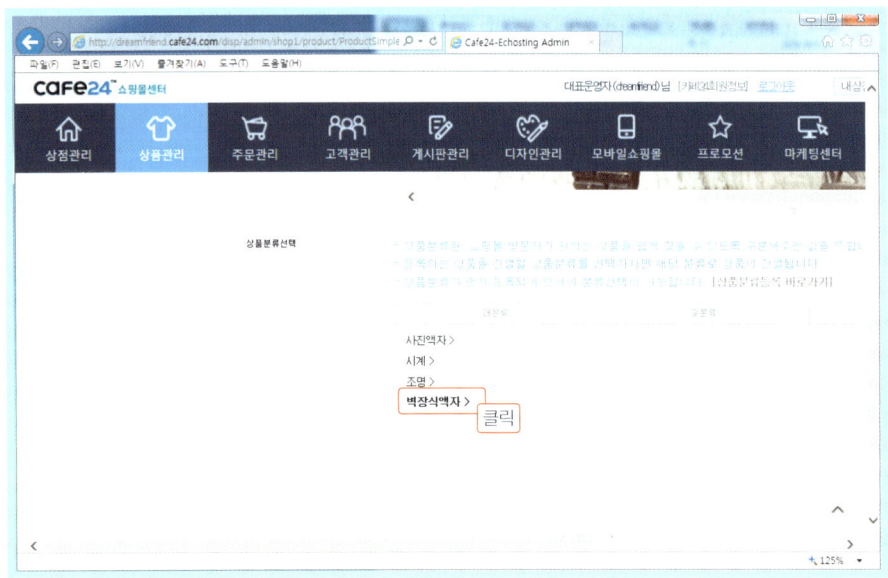

10 표시상태설정 항목에서 진열상태를 '진열함', 판매상태를 '판매함'으로 설정하고 [상품등록] 버튼을 클릭하여 상품을 등록합니다.

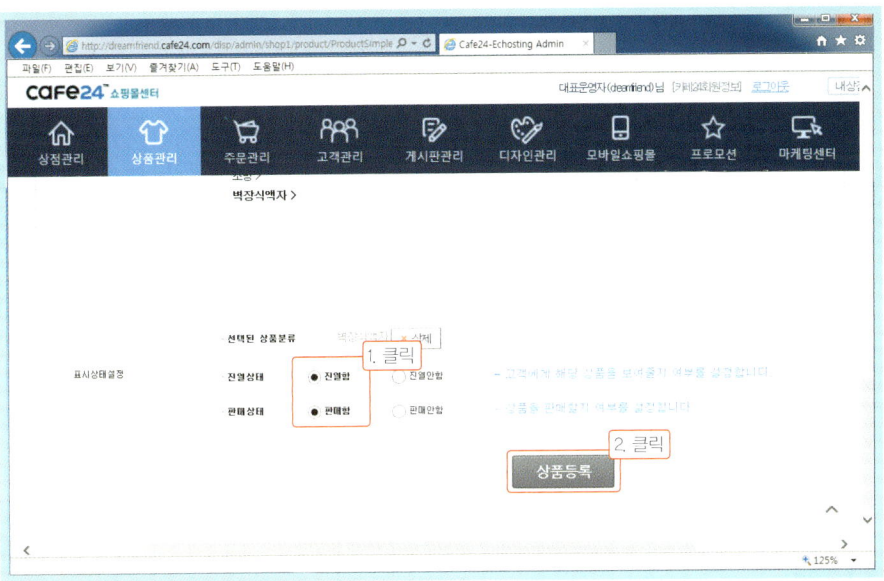

11 지금 등록한 상품이 상품 목록에 진열된 것을 볼 수 있습니다. 쇼핑몰로 이동하여 쇼핑몰에 등록된 상품을 확인해 봅니다.

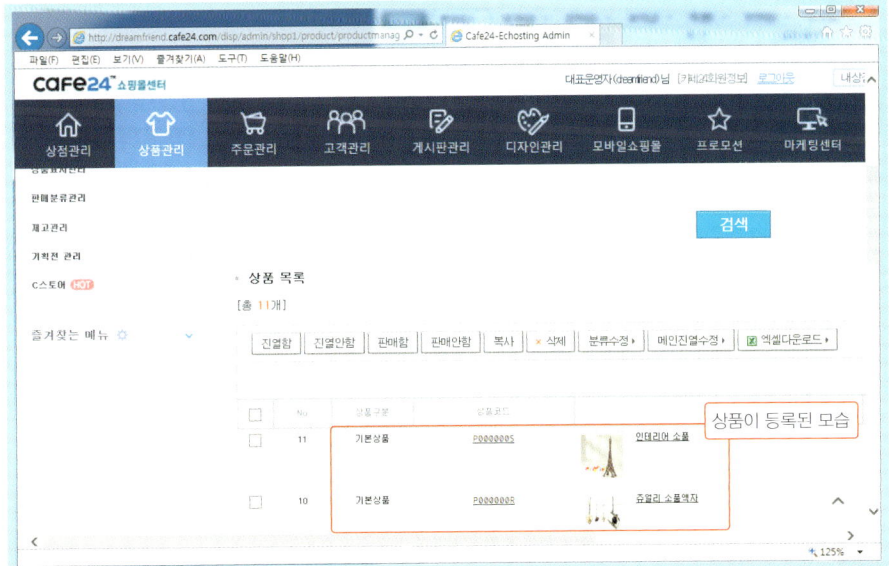

12. 쇼핑몰 화면에서 등록된 상품을 확인합니다. 아주 기쁜 순간입니다. 지금의 마음 계속 간직하며 쇼핑몰에 방문하는 많은 고객에게 행복을 선물하는 운영자가 되기를 바랍니다.

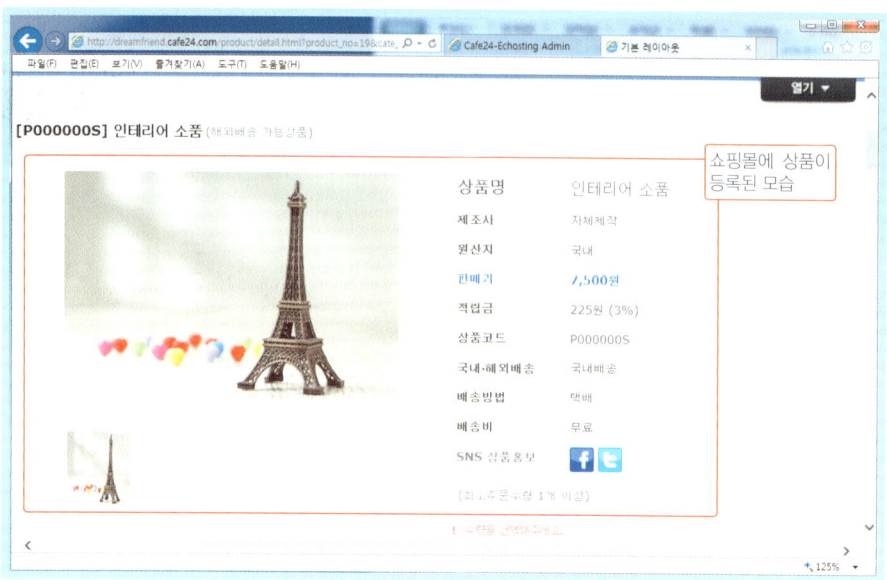

쇼핑몰에 상품이 등록된 모습

 ## 쇼핑몰 카테고리 등록 방법을 알려주세요?

쇼핑몰 관리자 페이지에서 쇼핑몰 카테고리를 자유롭게 생성, 수정, 삭제할 수 있습니다. 요즘은 분류를 대분류만 표시하는 경우가 많이 있습니다. 고객이 메뉴를 찾으려 하기보다는 화면에 보이는 상품을 바로 클릭하여 이동하거나 대분류 정도만 클릭하여 직관성을 반영하는 원 페이지 구조의 쇼핑몰이 많이 등장합니다. 관리자 페이지에서 제공해 주는 분류는 대분류, 중분류, 소분류, 상세분류로 구성할 수 있도록 기능을 제공합니다.

쇼핑몰 카테고리 설정 방법을 실습해 보겠습니다.

1 쇼핑몰 카테고리를 설정하기 위해 [상점관리]-[상품분류관리]-[분류 관리] 메뉴를 클릭합니다.

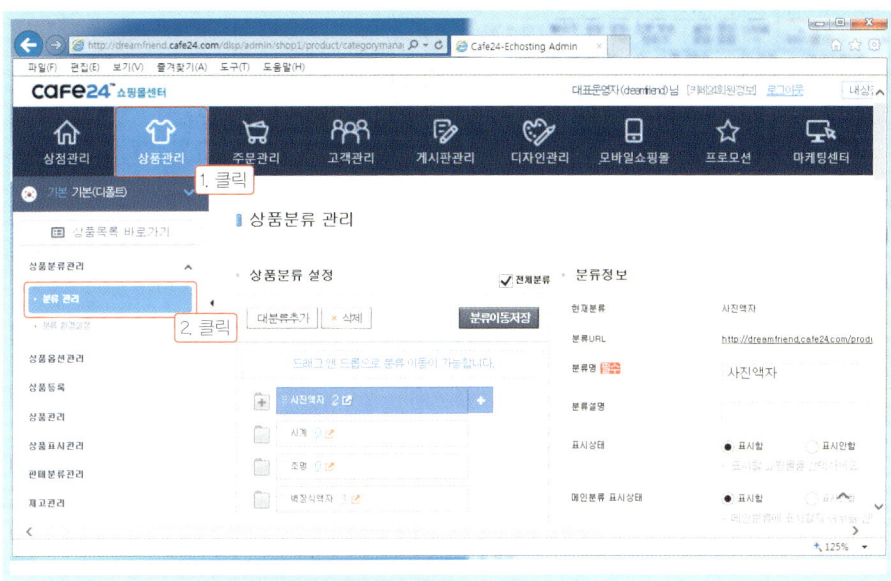

2 샘플로 만들어져 있는 분류를 삭제하기 위해 하나의 분류를 선택하고 [삭제] 버튼을 클릭합니다.

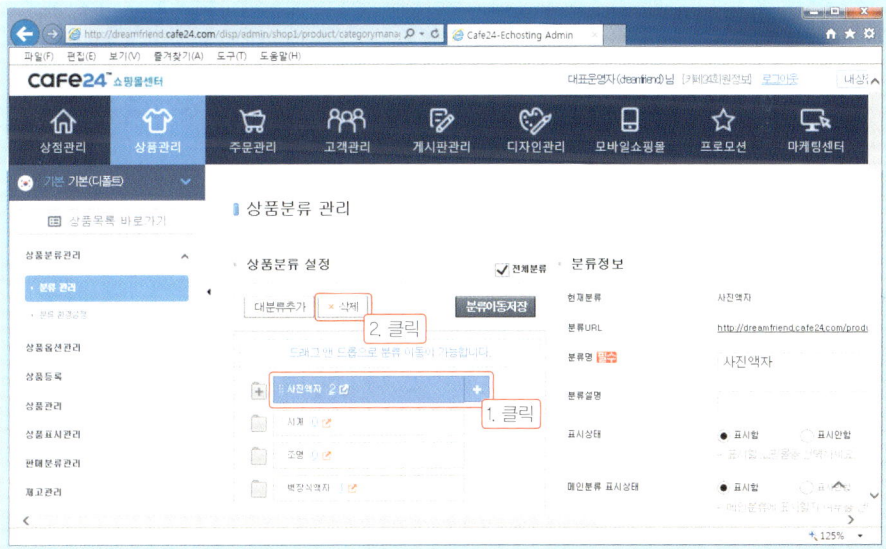

3 삭제를 확인하는 메시지 창에서 [확인] 버튼을 클릭합니다.

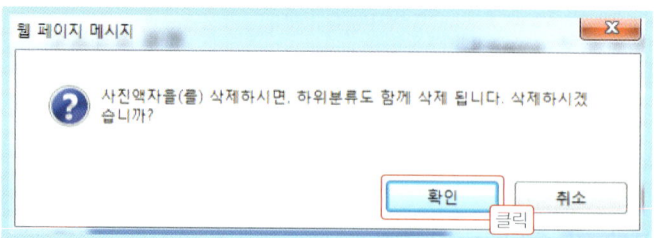

4 같은 방법으로 다른 분류 메뉴도 삭제하고 [대분류 추가] 버튼을 클릭하여 새로운 분류 메뉴를 등록합니다.

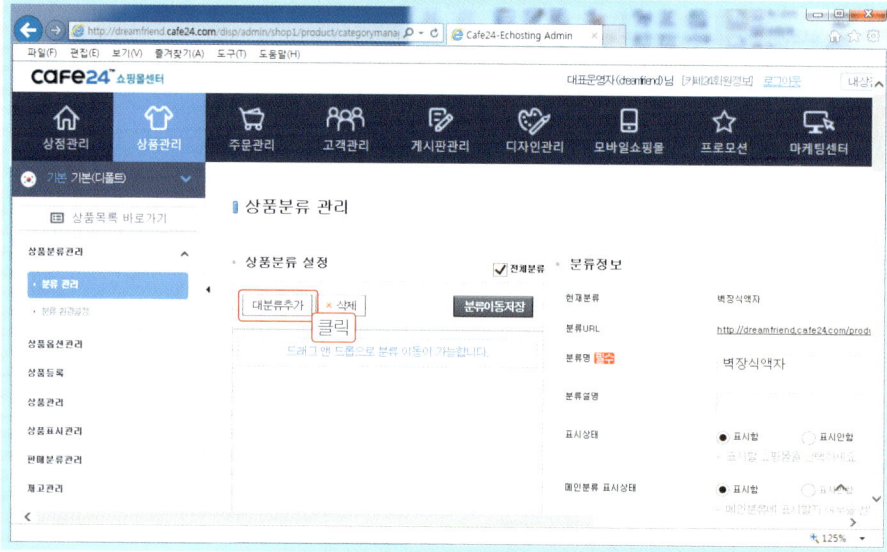

5 [대분류추가] 버튼을 클릭하면 "새 상품분류"라는 메뉴가 나타납니다. 원하는 메뉴 이름(분류명)을 입력합니다. 표시상태와 메인분류 표시상태 항목에서 표시함을 체크해야 쇼핑몰에서 메뉴가 나타납니다.

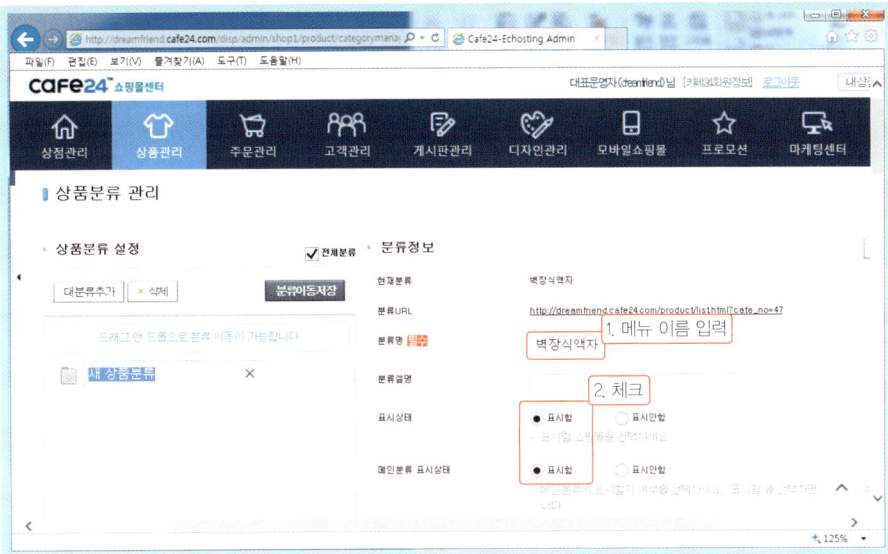

6 분류정보 페이지 하단에 있는 [확인] 버튼을 클릭하여 대분류 메뉴 등록을 완료합니다. 분류 메뉴를 하나 등록할 때마다 표시상태 및 메인분류 표시상태를 선택하고 하단에 있는 [확인] 버튼을 클릭해야 정상적으로 등록됩니다.

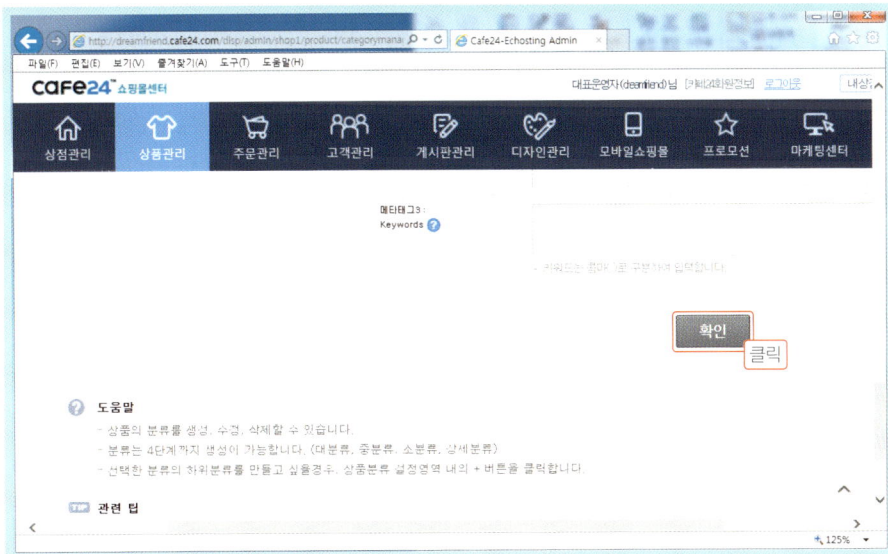

7 [대분류추가] 버튼을 클릭하여 같은 방법으로 원하는 대분류 메뉴를 등록합니다.

8 카테고리의 순서를 변경하고 싶을 경우는 순서를 변경할 카테고리 항목을 드래그하여 원하는 위치에 놓으면 됩니다.

9 모든 설정이 완료되면 화면의 하단에 있는 [확인] 버튼을 클릭하여 카테고리 설정을 완료합니다. 쇼핑몰에 카테고리가 정상적으로 등록되었는지 보기 위해 페이지 오른쪽 위에 있는 [내상점] 버튼을 클릭합니다.

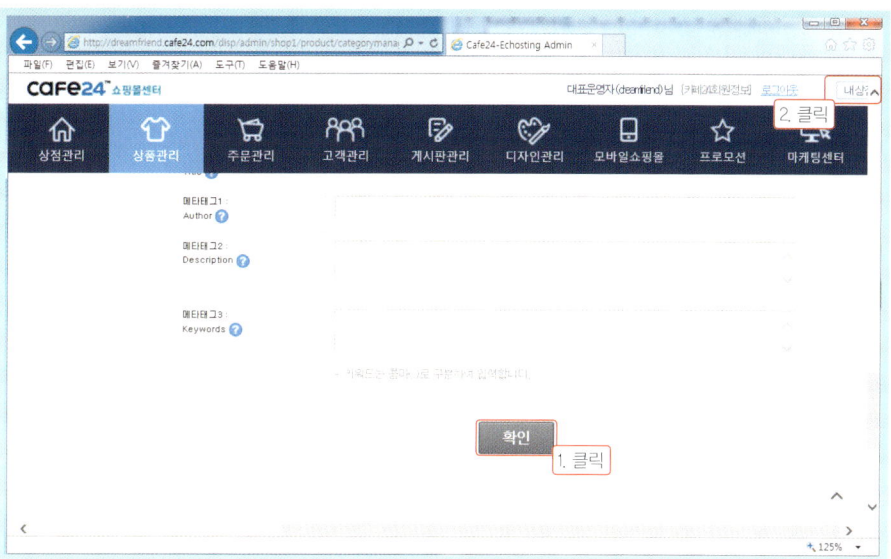

10 등록한 대분류 항목이 쇼핑몰의 메뉴로 등록된 것을 볼 수 있습니다.

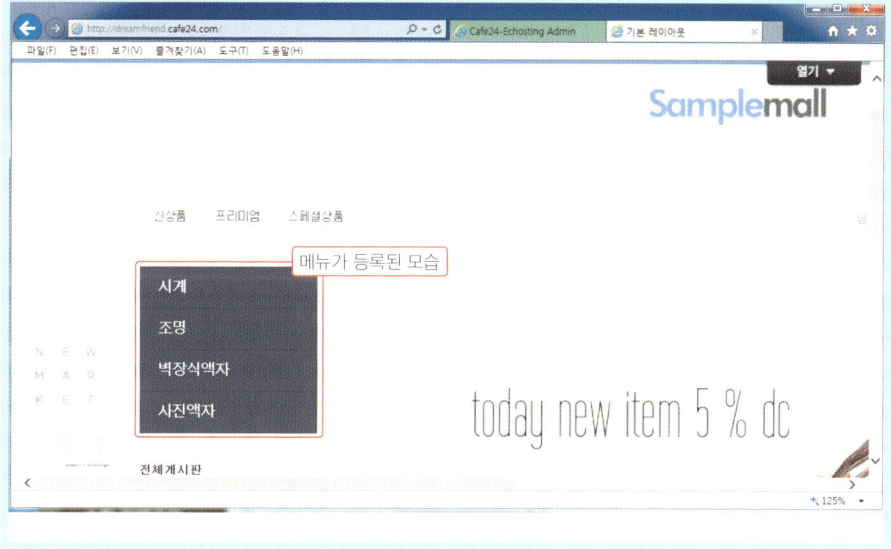

11 하위 메뉴를 만들고 싶을 경우는 대분류 메뉴의 오른쪽에 있는 [+] 버튼을 클릭합니다. 메뉴 이름을 입력할 수 있는 메시지 입력 상자에 하위 메뉴명을 입력하면 하위 메뉴가 등록됩니다. 다른 부분은 대분류 등록하는 방법과 같습니다.

상품을 등록할 때 옵션 설정 방법을 알려주세요?

옵션을 등록하는 방법은 2가지가 있습니다. 상품을 등록할 때 상품별로 직접 등록하는 방법과 미리 옵션을 생성해 놓고 상품에 적용하는 방식이 있습니다.

여기에서는 옵션세트를 미리 만들어 놓고 상품에 적용하는 방법을 진행해 보겠습니다.

- 품목생성형 옵션 : 상품을 등록하면서 옵션을 불러올 때 사용하는 메뉴입니다.
- 상품연동형 옵션 : 상품이 등록된 상태에서 여러 제품에 일괄적으로 옵션을 적용할 때 사용하는 메뉴입니다.

상품옵션관리 방법을 실습으로 진행해 보겠습니다.

1 [상품관리]-[상품옵션관리]-[품목생성형 옵션]-[옵션관리] 메뉴를 클릭합니다.

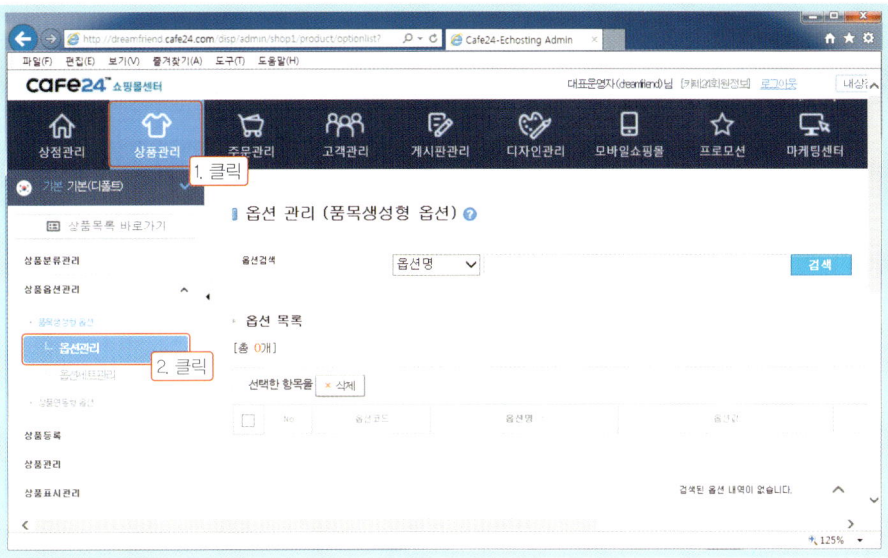

품목생성형 옵션
- 가장 일반적으로 사용되는 옵션 타입입니다.
- 옵션 조합을 통한 모든 옵션별 재고관리가 가능합니다. 옵션별 재고관리를 원하시면 사용하세요.
- 단, 옵션 조합은 1,000개까지만 가능합니다.

2 옵션 관리(품목생성형 옵션) 페이지에서 옵션 목록의 오른쪽 끝 부분에 있는 [옵션등록] 버튼을 클릭합니다.

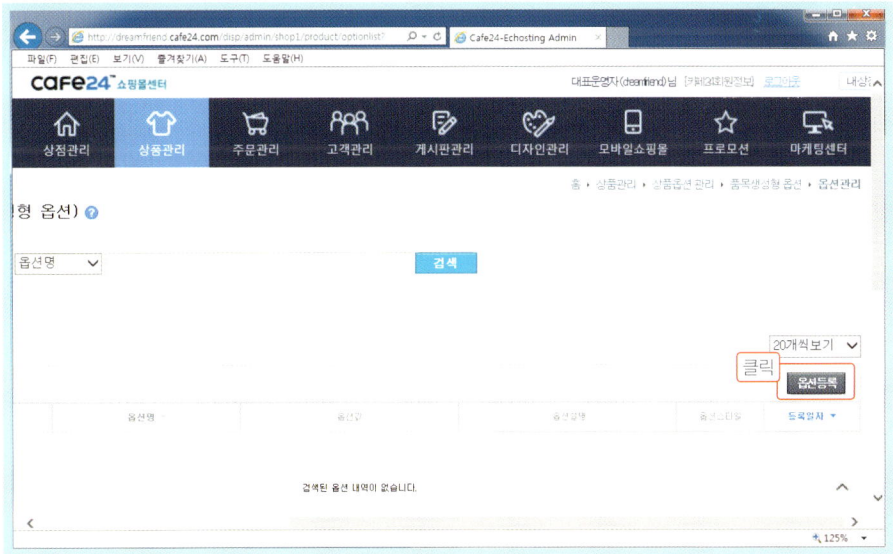

3 옵션명을 입력합니다. 여기에서는 '색상' 옵션을 만들어 보기 위해 옵션명을 '색상'으로 입력합니다.

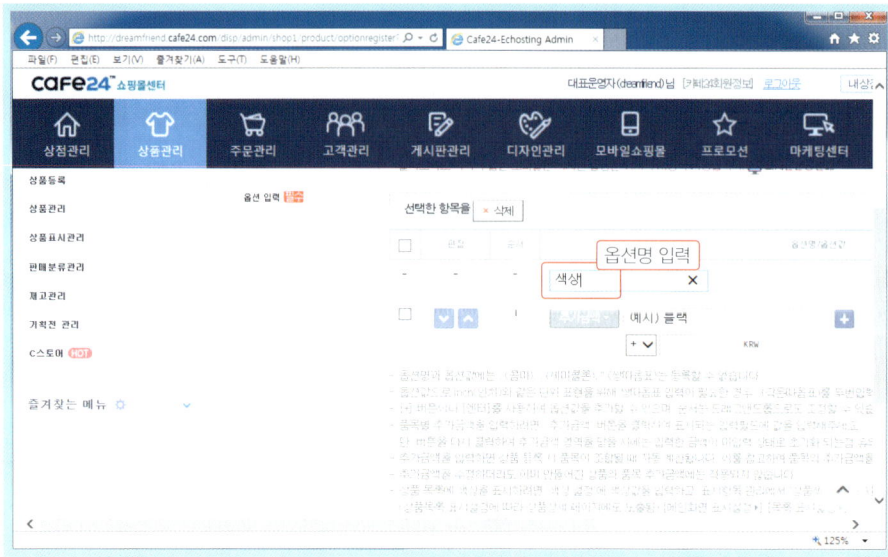

4 색상 옵션값을 입력합니다. 옵션에 따른 변화되는 금액이 있는 경우 금액 입력란에 변화되는 금액을 입력합니다. 색상에 대한 옵션을 모두 설정한 후에 아래 부분의 [등록] 버튼을 클릭합니다.

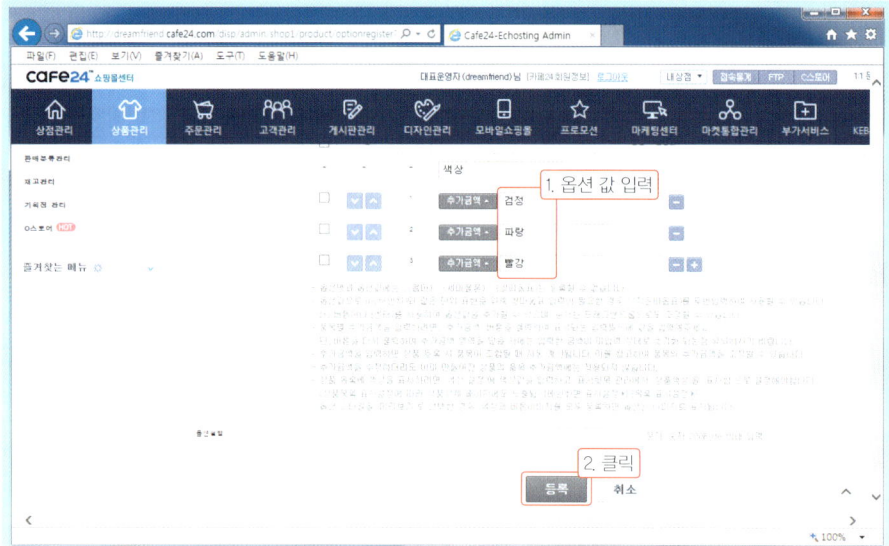

- 옵션값에는 ,(콤마), ;(세미콜론), "(쌍 따옴표)는 등록할 수 없습니다.
- 옵션값으로 inch(인치)와 같은 단위 표현을 위해 쌍 따옴표 입력이 필요한 경우 '(작은 따옴표)를 두 번 입력하여 사용할 수 있습니다.
- [+] 버튼이나 [엔터]를 사용하여 옵션명을 추가할 수 있으며, 옵션값 순서 편집 또한 드래그앤드롭으로 조정할 수 있습니다.
- 옵션별 추가금액을 입력하면 상품 등록 시 품목 조합할 때 추가금액이 자동 계산됩니다. 이를 참고하여 품목의 추가금액을 조정할 수 있습니다.
- 옵션별 추가금액을 수정하더라도 이미 만들어진 상품의 품목 추가금액에는 적용되지 않습니다.
- 색상을 설정한 옵션은 쇼핑몰 화면에 상품의 색상을 보이고, 색상에 마우스 오버(마우스가 색상 위에 위치)했을 때 말풍선으로(Title 속성) 옵션값이 표시됩니다.
- 색상 설정 후 표시항목 관리에서 '상품색상'에 표시설정을 해야 표시됩니다. (상품목록 표시설정에 따라 상품 상세 페이지에 노출됩니다.)

5 옵션이 등록된 것을 확인합니다. 쇼핑몰에 자주 사용되는 옵션은 등록하여 사용하는 것이 편리합니다.

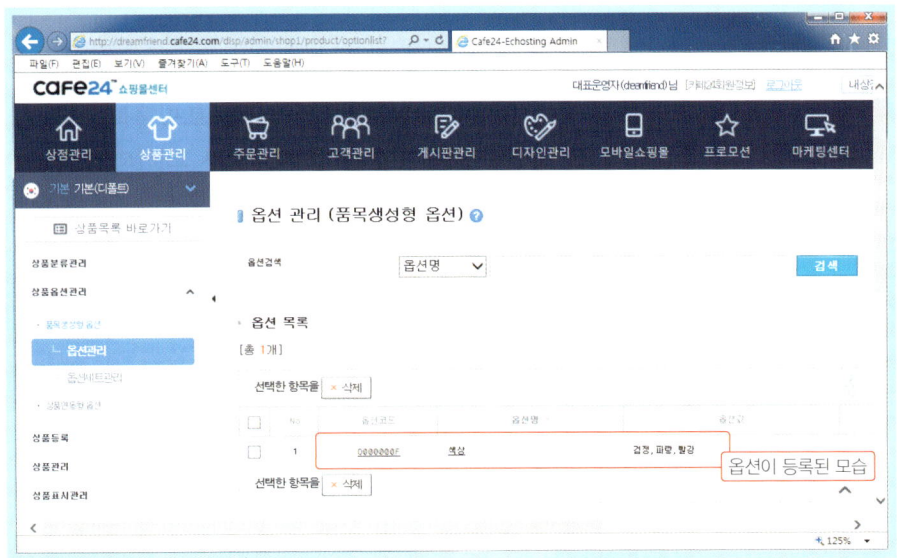

6 같은 방법으로 사이즈 옵션도 등록합니다.

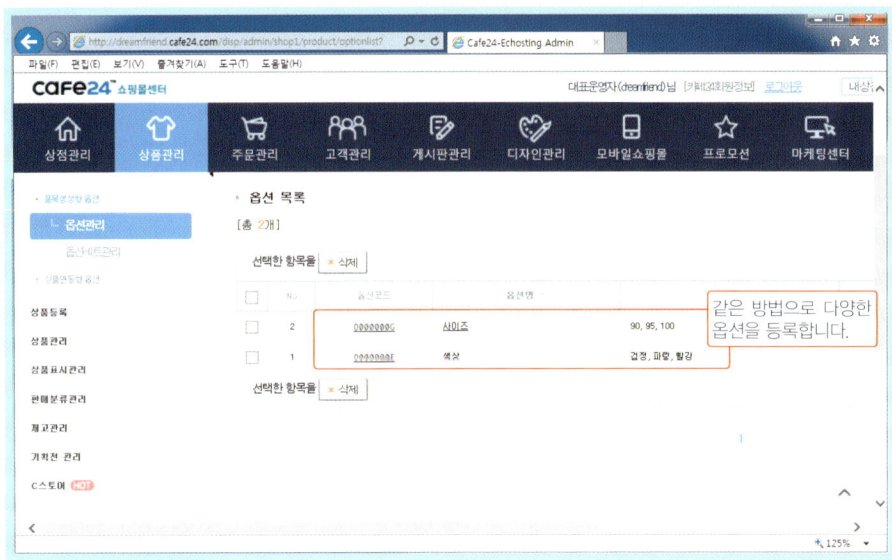

7 실제 상품에 옵션을 적용하려면 세트로 등록해야 적용할 수 있습니다. 사이즈와 색상 옵션을 한 번에 적용할 상품이 있는 경우를 대비하여 '사이즈와색상' 옵션세트를 설정하고, 사이즈 옵션만 적용할 경우를 대비하여 '사이즈' 옵션 하나만 옵션세트로 설정하고, 색상 옵션을 적용할 경우를 대비하여 '색상' 옵션 하나만 옵션세트로 설정해 놓습니다. 옵션세트를 등록하기 위해 [상품관리]-[상품옵션관리]-[품목생성형 옵션]-[옵션세트관리]를 클릭합니다.

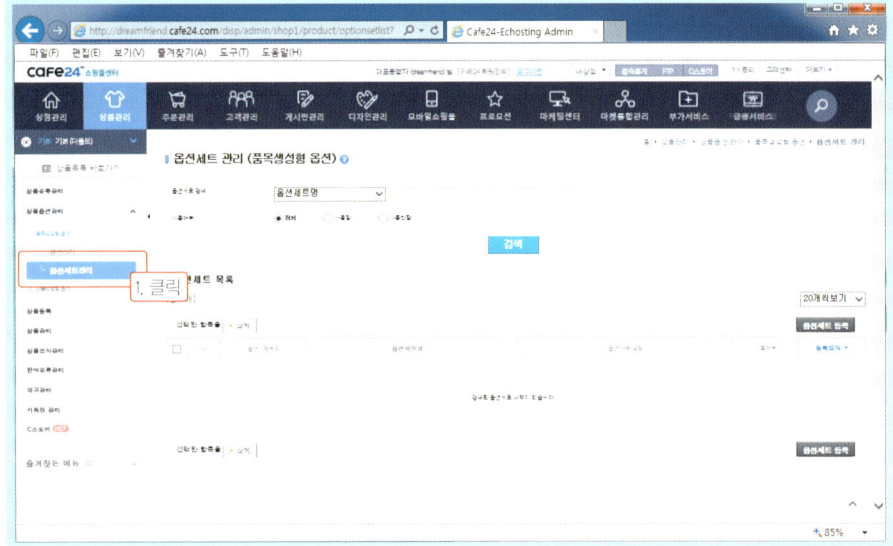

8 색상과 사이즈를 세트로 묶기 위해 옵션세트명에 '색상과사이즈'를 입력합니다.

9 옵션선택 항목에서 색상과 사이즈를 선택하고 [추가] 버튼을 클릭합니다. Ctrl 키를 누른 상태에서 옵션 항목을 각각 클릭하면 동시에 선택할 수 있습니다.

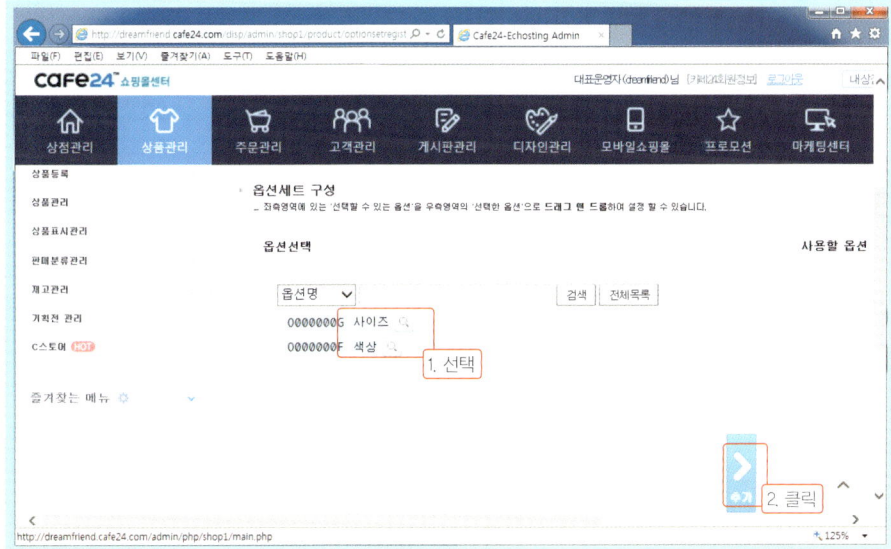

10 옵션이 추가된 것을 확인한 후에 [등록] 버튼을 클릭합니다.

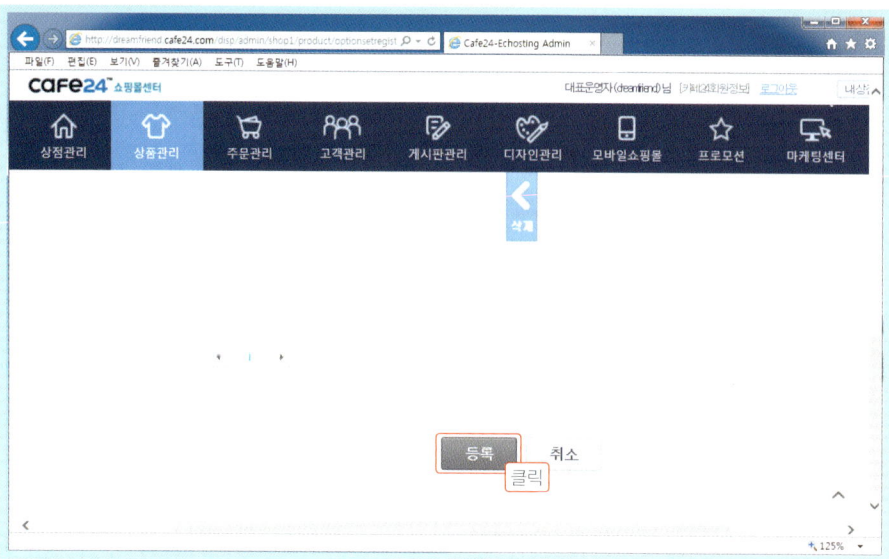

11 옵션세트가 등록된 것을 확인합니다.

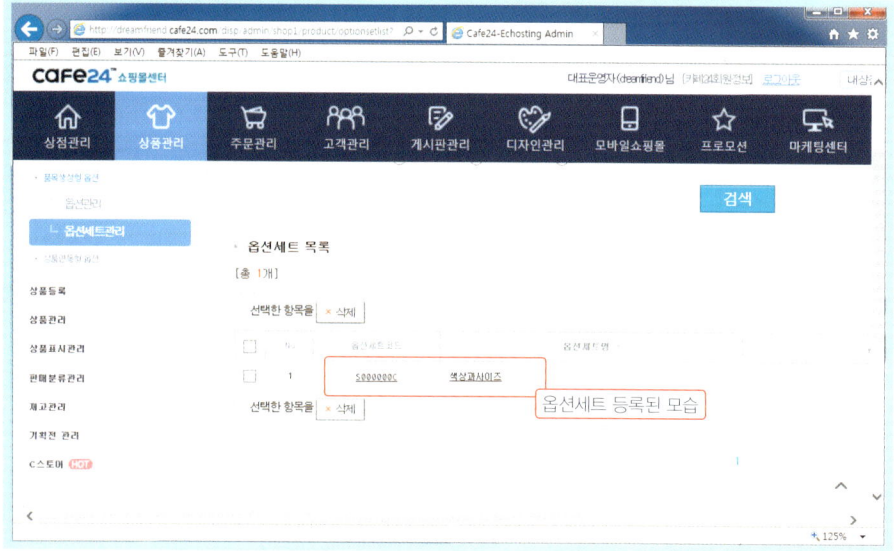

같은 방법으로 상품연동형 옵션도 설정합니다.

쇼핑몰 상품에 옵션을 적용하는 방법을 알려주세요?

옵션을 적용하는 방법은 미리 생성해 놓은 옵션세트를 활용하는 방법이 제일 편리합니다. 특히 상품군이 동일한 쇼핑몰에서 편리합니다. 예를 들어 의류는 대부분 사이즈와 색상이 옵션이 될 것입니다. 이 경우 전체 상품에 한 번에 옵션을 적용시킬 수 있습니다.

이미 등록된 상품에 옵션을 적용하는 경우

[상품관리]-[상품옵션관리]-[상품연동형 옵션]-[옵션세트 관리] 메뉴를 클릭합니다.

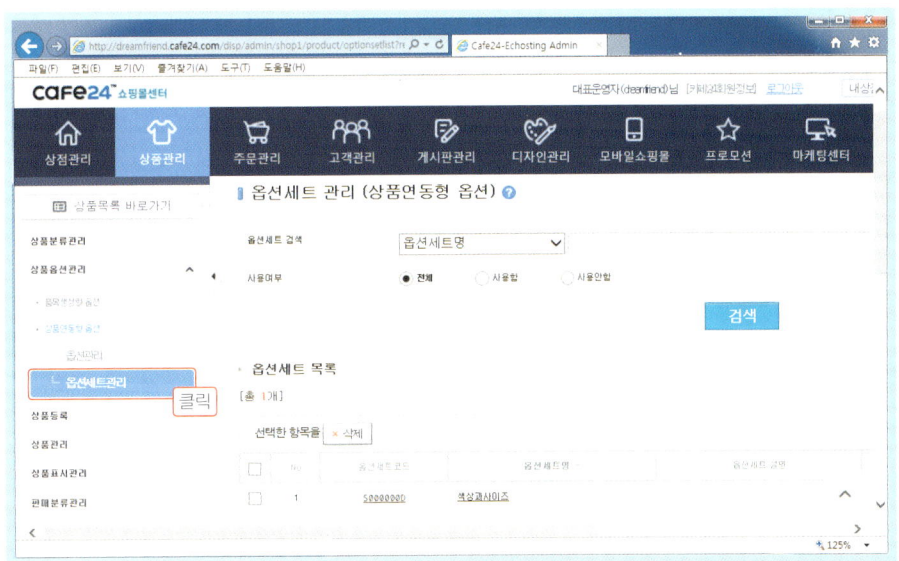

2 '색상과사이즈' 옵션을 적용하기 위해 '색상과사이즈' 옵션의 오른쪽 끝에 있는 [상품할당] 버튼을 클릭합니다.

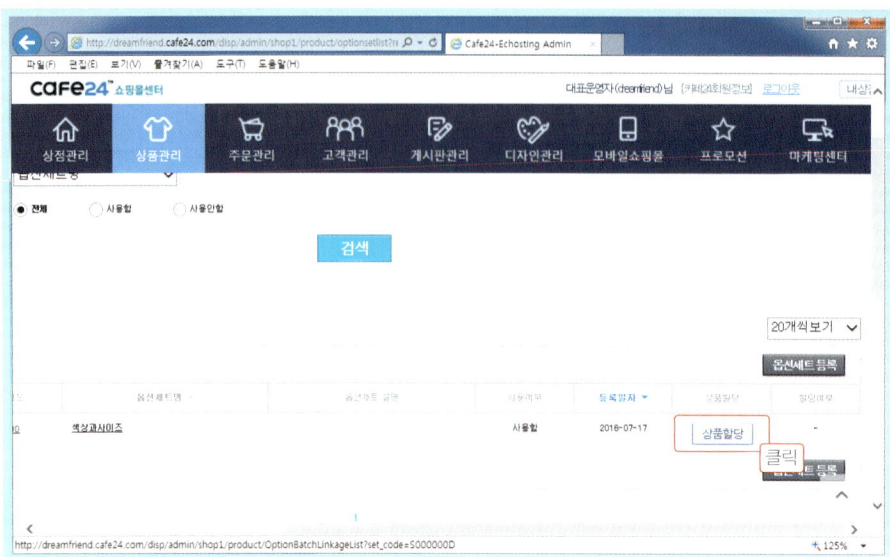

3 옵션을 적용할 상품을 추가하기 위해 [상품추가] 버튼을 클릭합니다.

4 상품 목록에서 옵션을 적용할 상품을 체크하고 [선택] 버튼을 클릭합니다.

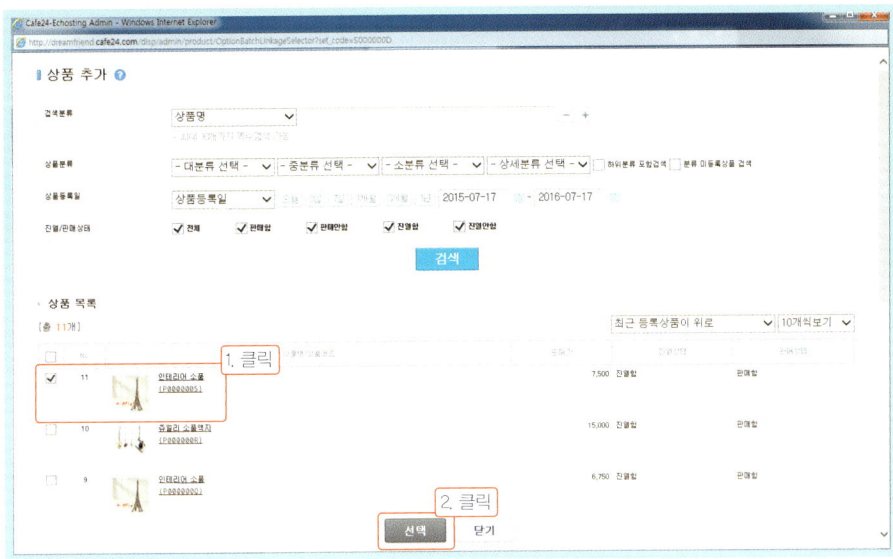

5 할당된 상품 목록에 상품이 추가된 것을 확인한 뒤에 [저장] 버튼을 클릭합니다.

6 옵션이 적용된 것을 확인하기 위해 [내상점] 버튼을 클릭하여 쇼핑몰에 접속합니다.

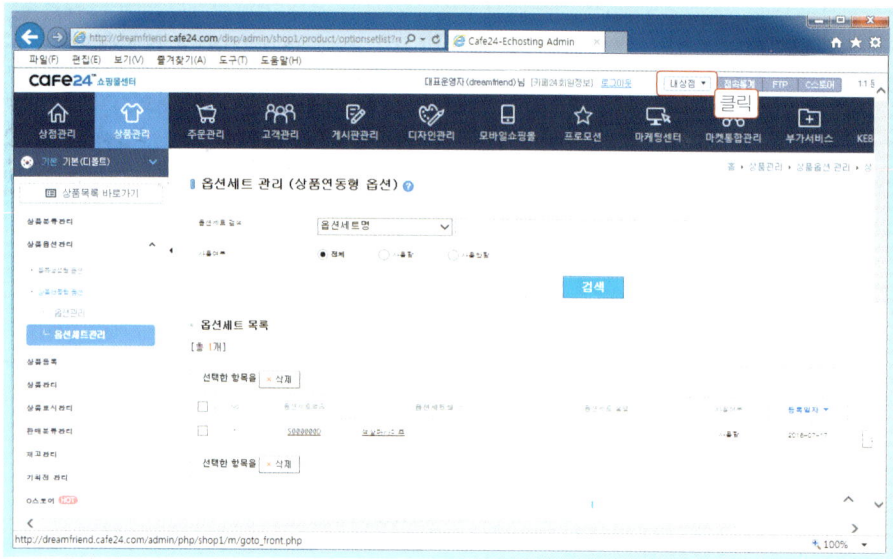

7 상품에 사이즈와 색상 옵션이 적용된 것을 확인합니다.

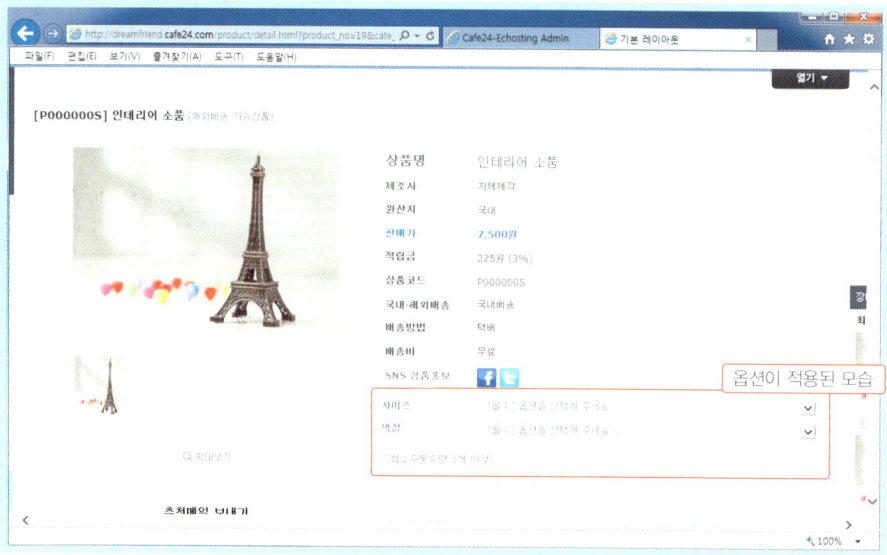

상품 품절을 자동으로 표시하는 방법을 알려주세요?

쇼핑몰 관리자 페이지에는 상품의 품절 여부를 설정하는 기능이 있습니다. 재고 수량이 모두 소진되면 자동으로 상품 밑에 품절 표시가 되는 기능으로 품절 전에 관리자에게 재고 상태를 알려주는 안전재고 기능도 있습니다. 쇼핑몰을 바쁘게 운영하다 보면 상품의 재고가 없는데 판매가 진행될 수 있습니다. 이 경우 고객에게 신뢰를 잃을 수가 있으므로 상품에 대한 재고 파악을 철저히 해야 합니다.

실습으로 품절 자동 표시 기능을 확인해 보겠습니다.

[상품관리]-[재고관리]-[상품재고 관리] 메뉴를 클릭한 후에 재고관리 사용 항목에서 '사용함'을 선택합니다.

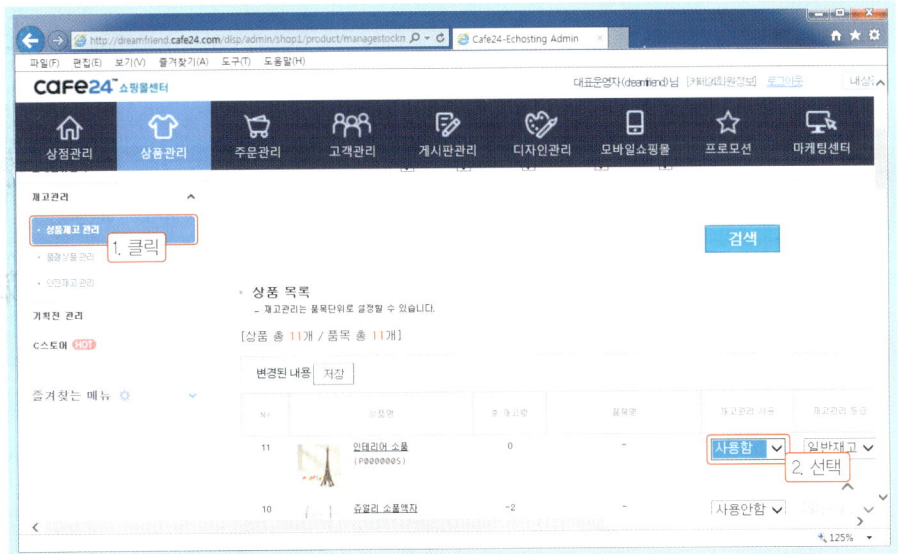

2 재고관리 등급을 '일반재고'로 설정하고 수량체크 기준을 '주문기준'으로 설정한 후에 품절 사용 항목에 체크합니다. 재고수량 항목은 실제 재고수량을 기입하고, 안전재고 수량은 관리자에게 알려주는 수량을 입력하면 됩니다. 만약 실제 재고수량이 10개이고, 5개가 남았을 때 관리자에게 알려주는 시점으로 생각한다면, 재고수량에 10을 입력하고 안전재고 수량에 5를 입력하면 됩니다.

3 [저장] 버튼을 클릭합니다.

4 [내상점] 버튼을 클릭하여 상품을 확인하면 품절이 표시된 것을 볼 수 있습니다.

 **메인 화면으로 상품 진열하는 방법이 궁금합니다.**

쇼핑몰에 상품을 등록할 때 카테고리별로 상품을 등록하게 됩니다. 카테고리에 등록된 상품을 다시 메인 화면으로 복사하여 등록하게 됩니다.

메인 화면은 쇼핑몰의 첫인상을 결정하는 중요한 페이지이므로 상품 진열 순서 및 주력 상품을 등록하여 깔끔하게 정리된 모습을 보여주어야 합니다.

상품 진열하는 방법을 실습으로 알아보겠습니다.

1 메인 화면에 상품을 진열하기 위해 [상품관리]-[상품관리]-[메인 상품 진열관리] 메뉴를 클릭합니다.

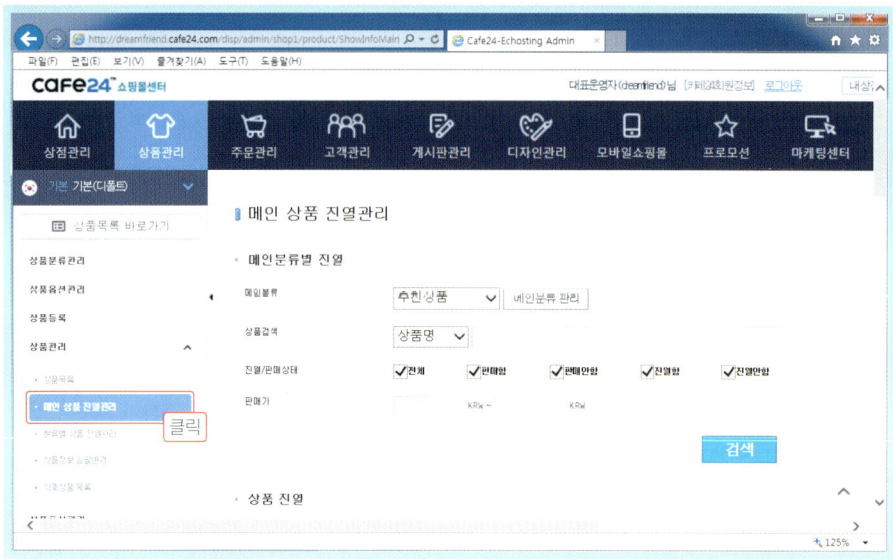

2 메인 화면의 신상품 항목에 새로운 상품을 등록하기 위해 메인분류 항목에서 '신상품' 항목을 선택합니다.

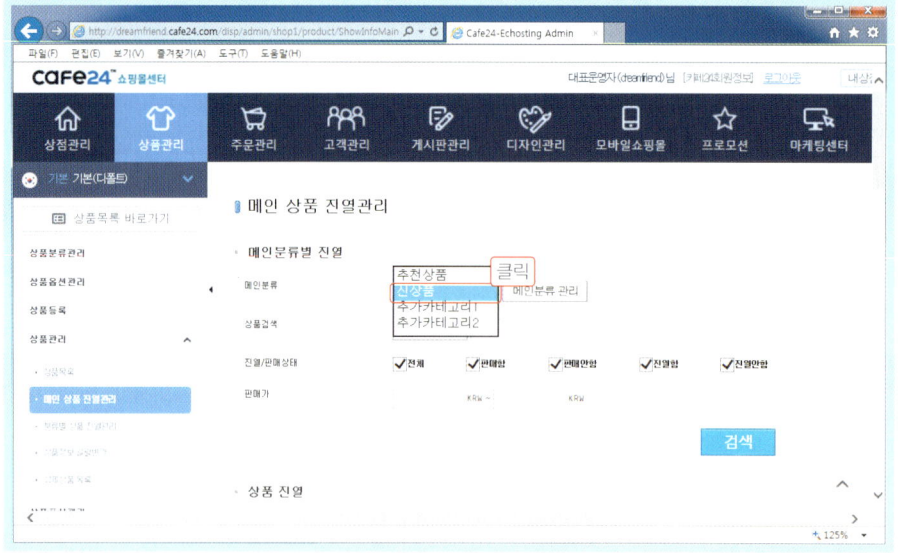

3 상품 진열관리 페이지의 오른쪽에 [상품추가] 버튼을 클릭합니다.

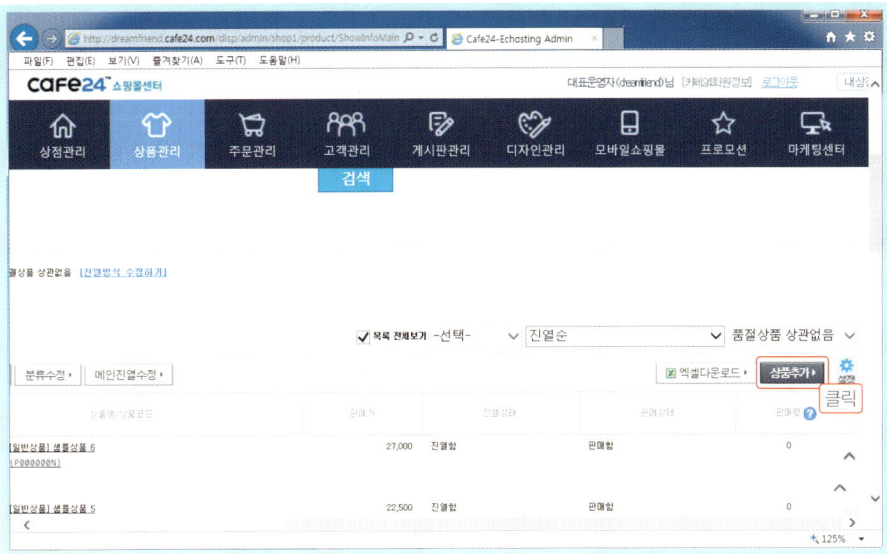

4 상품 목록에서 메인 화면의 신상품 항목에 추가할 상품에 체크하고 [선택] 버튼을 클릭합니다.

5 진열 목록에 추가한 상품이 등록된 것을 볼 수 있습니다.

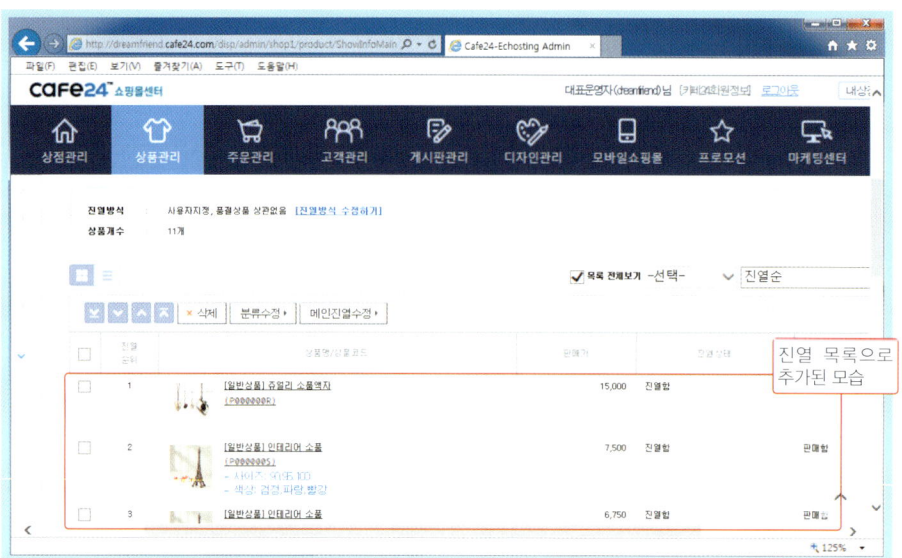

6 진열 목록 화면의 하단에 있는 [확인] 버튼을 클릭하여 메인 화면 상품 진열을 완료합니다.

7 [내상점] 버튼을 클릭하여 메인 화면에 신상품 항목에 상품이 진열된 것을 확인합니다.

 상품 상세 정보 기본 표시 설정 항목은
어떻게 수정하나요?

기본 설정 항목의 명칭 및 추가 삭제 여부를 관리자 페이지에서 설정 가능합니다. 쇼핑몰 특징에 따라 기본 정보를 원하는 명칭으로 변경하거나 특정 항목을 삭제하고 심플하게 구성을 할 수 있습니다.

상세 정보 기본 표시 설정 과정을 실습으로 수정해 보겠습니다.

1 [상품관리]-[상품표시관리]-[상품정보표시 설정] 메뉴를 클릭합니다.

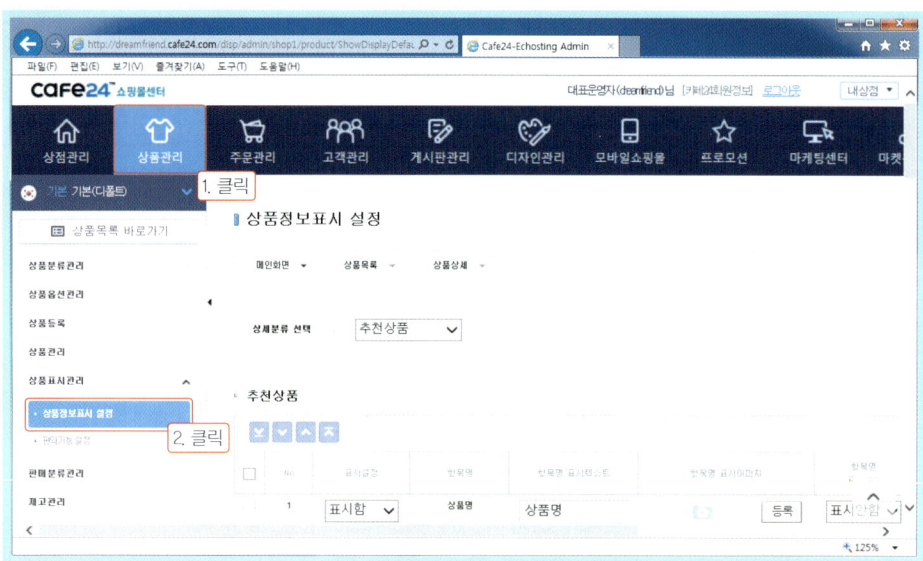

2 상품정보표시 설정 페이지에서 [상품상세] 메뉴 탭을 클릭합니다. 상품상세 메뉴에서 상품에 대한 기본 정보의 표시 여부 설정을 추가 및 삭제할 수 있는 페이지입니다.

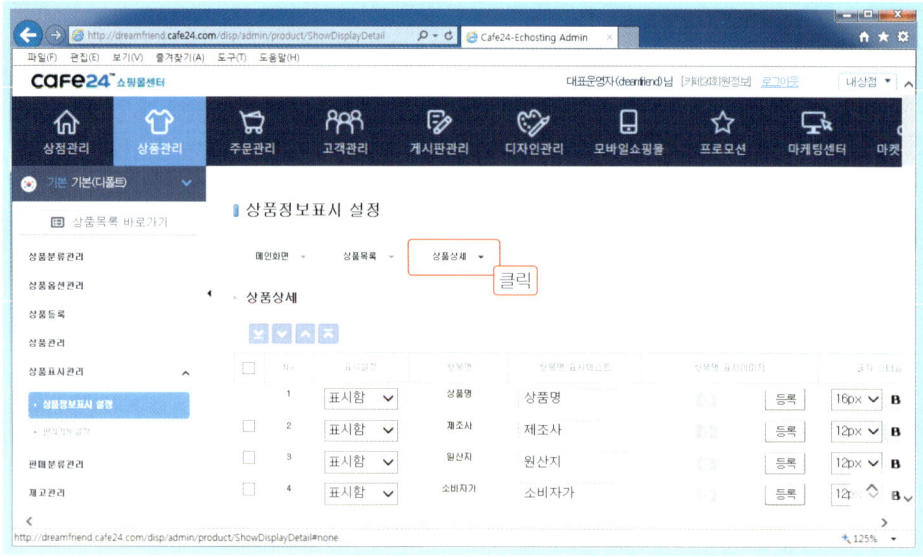

3 항목 중에 트렌드 항목을 찾아 표시설정 항목을 '표시안함'으로 설정하고 페이지의 하단에 있는 [확인] 버튼을 클릭하여 설정을 완료합니다.

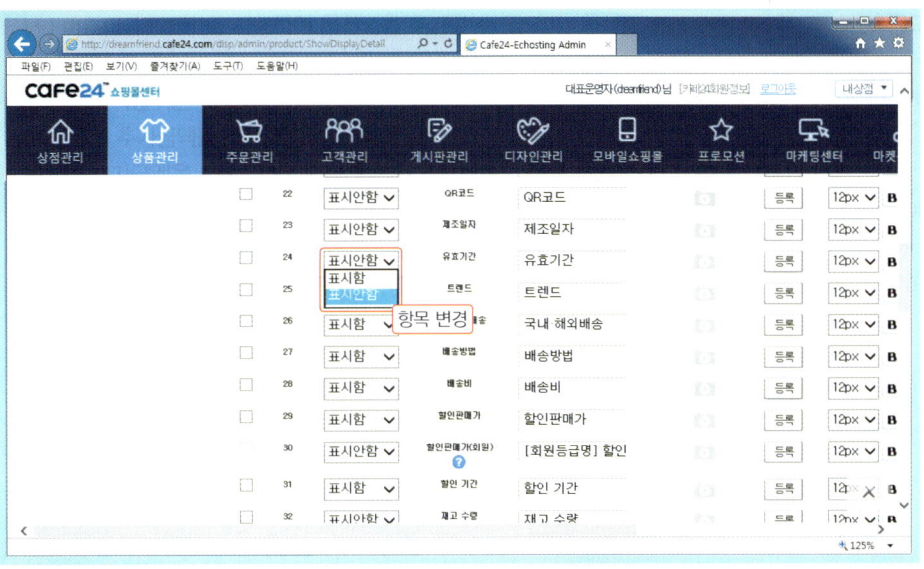

4 상품상세 페이지의 기본 항목에서 트렌드 항목이 삭제된 것을 볼 수 있습니다. 다른 항목도 같은 방법으로 설정할 수 있습니다.

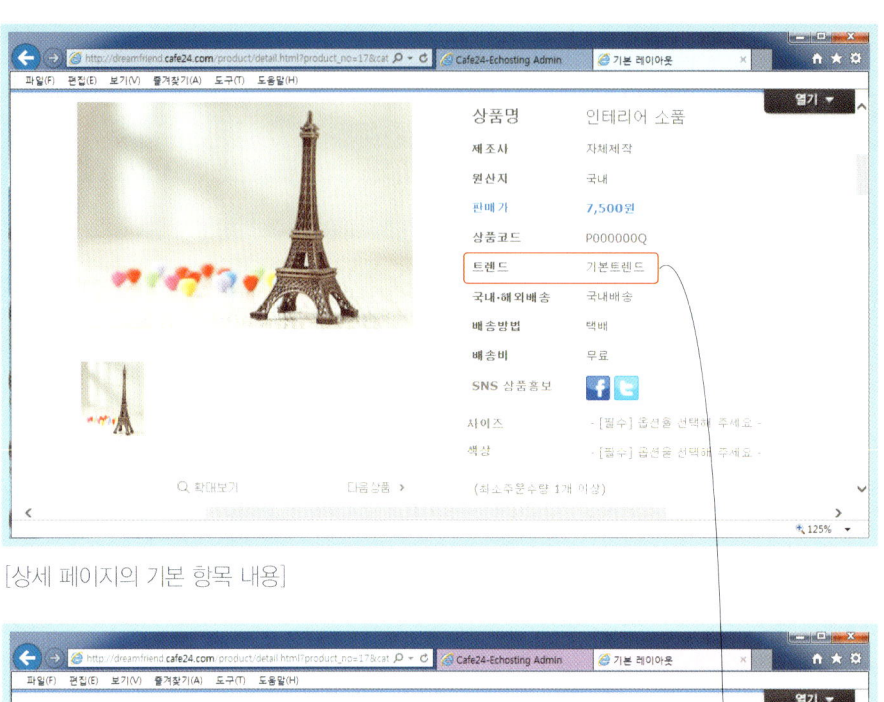

[상세 페이지의 기본 항목 내용]

[상세 페이지의 기본 항목 내용에서 트렌드 항목이 삭제된 모습]

등록된 상품의 일괄 할인율을 설정하는 방법이 궁금합니다.

관리자 페이지에는 등록된 상품의 일괄 정보 수정을 할 수 있는 페이지가 있습니다. 일괄 정보 수정 페이지에서는 판매정보 및 상세 관련 아이콘 등 공통으로 적용 가능한 항목은 모두 설정이 가능합니다.

할인율을 일괄 수정하는 방법을 실습으로 알아보겠습니다.

[상품관리]-[상품관리]-[상품정보 일괄변경] 메뉴를 클릭합니다.

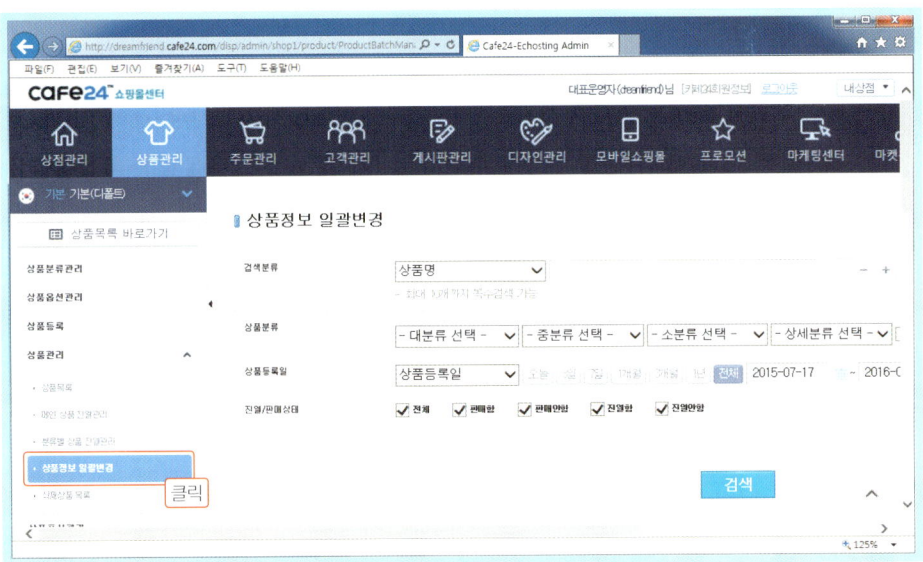

2. 상품 목록에서 정보를 수정할 상품을 선택하고 구분항목에서 판매정보를 클릭한 후에 [일괄변경] 버튼을 클릭합니다.

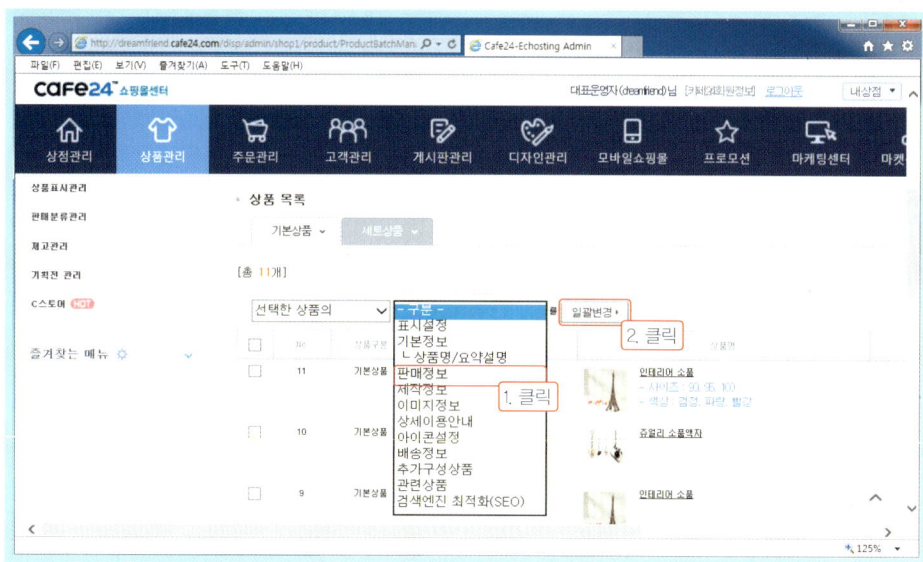

3. 판매정보 일괄변경 페이지의 판매가 변경 항목에서 판매가의 10% 할인율을 적용하기 위해 10%를 입력하고, 페이지 아래에서 [선택항목 일괄변경] 버튼을 클릭하여 내용을 적용합니다.

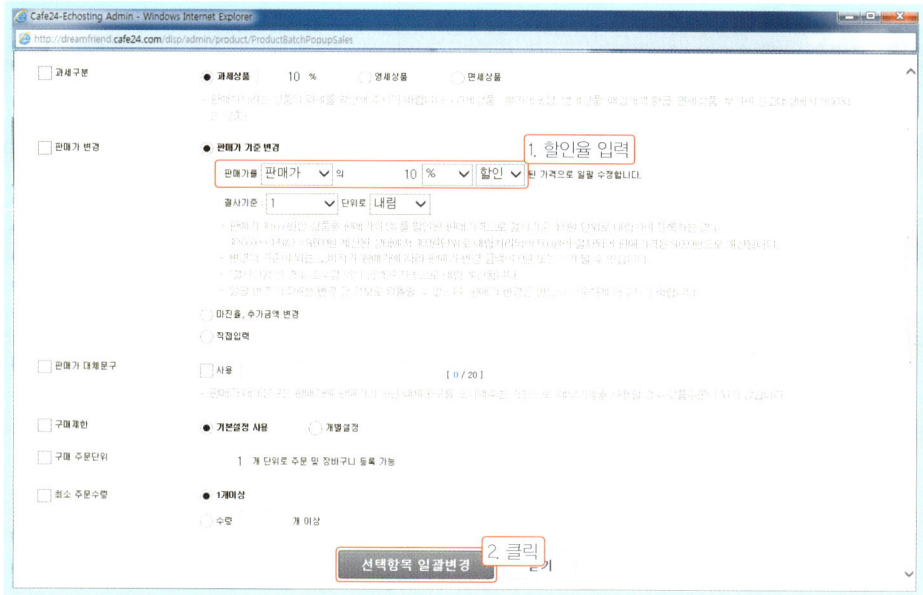

4 적용된 내용을 확인하기 위해 [내상점] 버튼을 클릭하여 판매가를 확인해 보면 10% 할인된 금액으로 변경된 것을 볼 수 있습니다. 다른 상품도 일괄 변경된 것을 확인할 수 있습니다.

 **주문조회 방법을 알려주세요.**

주문한 고객의 문의 전화가 오거나 배송처리를 하기 위해 주문조회를 해야 하는 경우는 전체주문 조회 메뉴를 활용하면 됩니다.

그 외에 입금관리, 상품준비, 배송관리 및 세부적인 메뉴로 구성된 메뉴도 있지만, 전체주문 조회 메뉴를 활용하면 대부분의 주문에 관한 내용은 해결됩니다.

실습으로 주문조회 방법을 알아보겠습니다.

1 [주문관리]-[전체주문 조회] 메뉴를 클릭합니다.

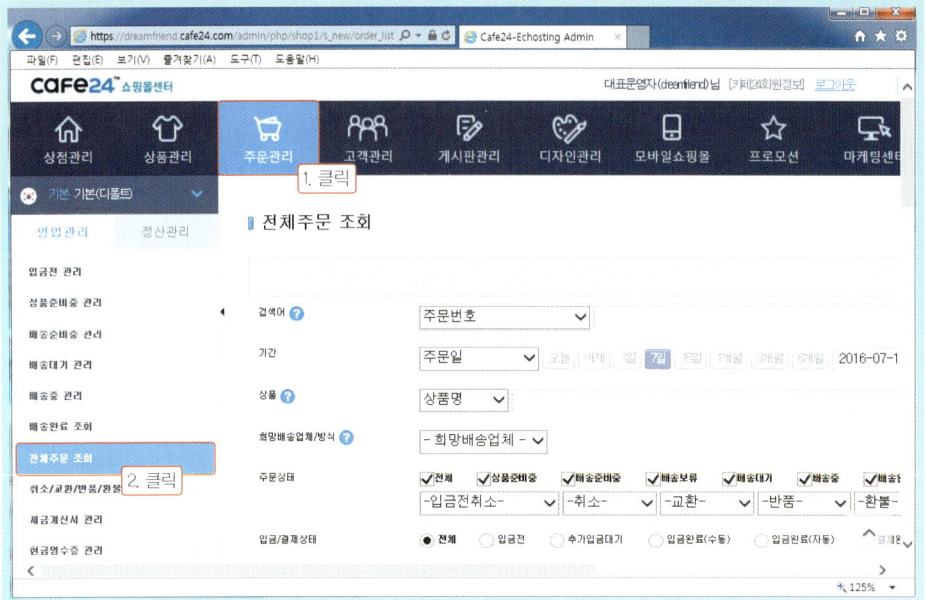

2 검색어 항목에 보면 주문번호, 주문자명, 입금자명, 휴대전화번호, 일반전화 등 다양한 방법으로 고객의 문의에 대하여 검색할 수 있습니다. 실습에서는 '주문자명'을 이용하여 주문 조회를 수행해 보겠습니다.

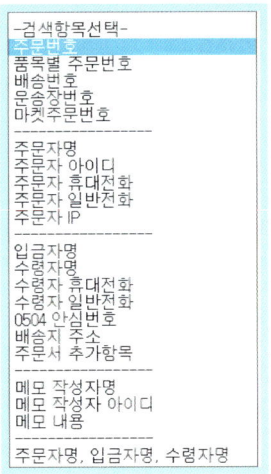

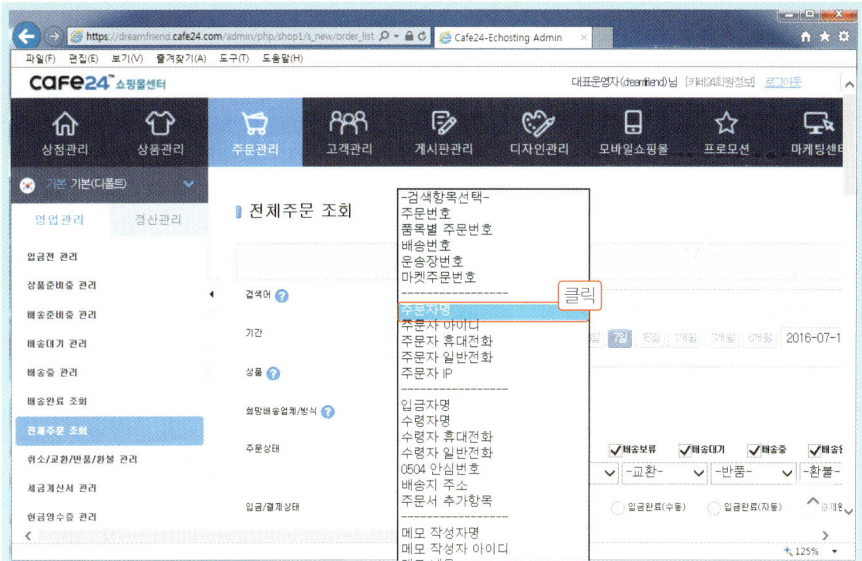

3 주문자명 항목에 상품을 주문한 고객의 이름을 입력하고 [검색] 버튼을 클릭합니다.

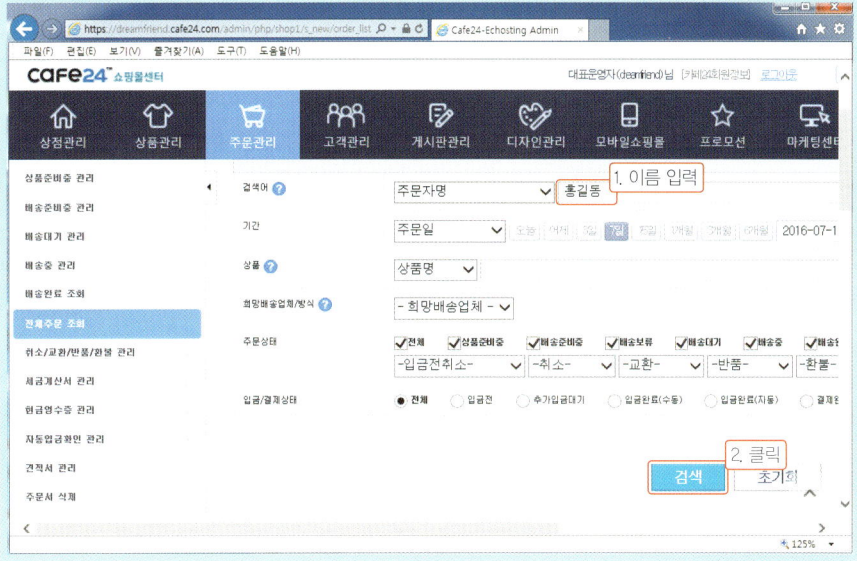

4 입력한 고객의 이름(예: 홍길동)에 대한 검색 결과가 나오는 것을 볼 수 있습니다. 상세한 정보를 보기 위해 주문번호를 클릭합니다.

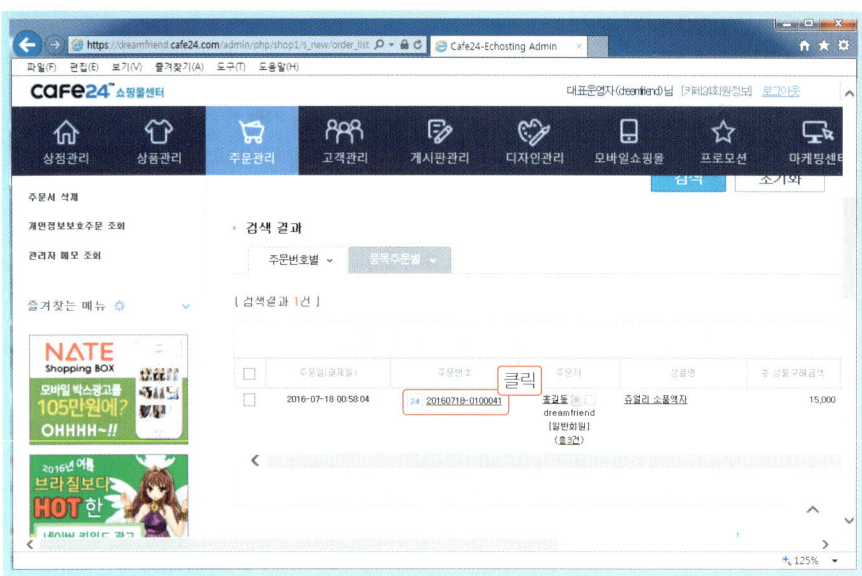

5 주문상세정보 페이지에서 상세한 정보를 확인할 수 있으며 입금확인, 주문취소, 상품교환, 주문상품추가 등 다양한 업무를 진행할 수 있습니다.

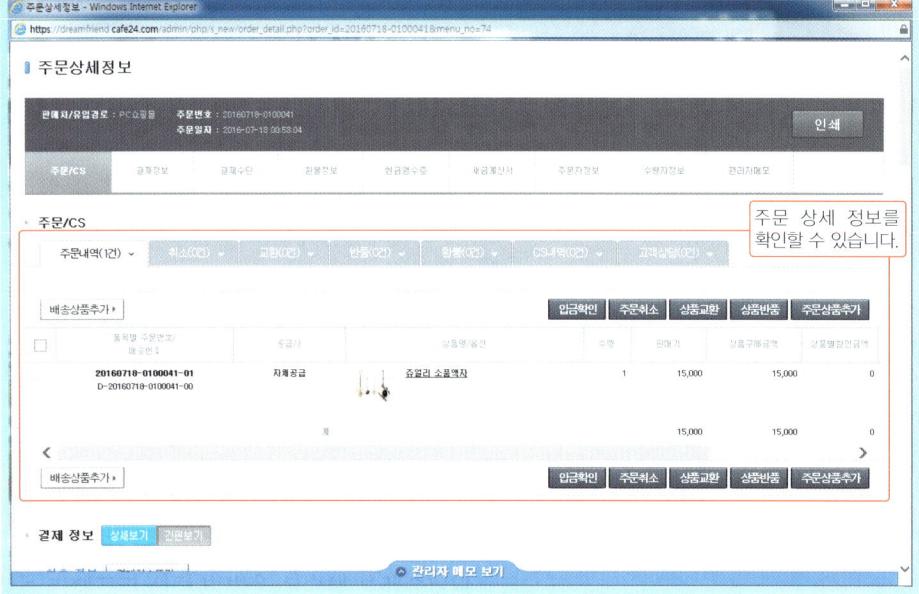

입금확인 방법을 알려주세요.

쇼핑몰 결제는 무통장입금, 가상계좌, 카드 결제, 휴대폰 소액 결제, 포인트 결제 등으로 이루어집니다. 다양한 결제 방법이 있지만, 이 중에서 무통장입금만 직접 확인하여 처리하게 되고 나머지 방법은 자동 처리가 되어 상품 준비 중 관리 단계로 넘어가게 됩니다.

무통장입금의 경우도 자동 처리를 할 수 있는데 별도의 부가 기능을 신청하면 가능합니다. 가능하면 자동처리 기능을 활용하는 것이 좋습니다. 왜냐하면, 무통장으로 입금한 고객이 입금확인이 늦어지면 불안해하고 쇼핑몰에 대한 신뢰가 떨어지기 때문에 무통장 자동입금확인 기능을 활용하는 것이 좋습니다.

○ 무통장 자동입금확인 서비스란?

쇼핑몰의 무통장입금 주문을 계좌입금확인을 별도로 하지 않고 입금내역과 쇼핑몰의 주문내역을 자동으로 비교·매칭하여 무통장 입금 주문을 자동으로 입금확인 처리해주는 편리한 서비스입니다.

○ 무통장 자동입금확인 카페24 제공 서비스

- 카페24에서는 미니뱅크(기웅정보통신)와 뱅크다(뉴럴텍) 2개의 제휴사 서비스를 제공하고 있습니다.
- 제휴사 선택은 운영자님의 자유 선택이며 기존의 업체를 사용하다 도중에 업체를 변경할 경우에는 반드시 기존 서비스 사용을 해지(환불) 후에 신규 신청하여 사용하실 수 있습니다. (중복 신청 및 사용불가)
- 계좌 입금정보는 계좌등록 당일부터 입금정보가 수집되어 자동입금확인처리되오니 신규신청 및 업체 변경 신청시 이점 유의하시기 바랍니다.
- 서비스 사용중에 연장할 경우 [사용중인 업체 배너 클릭] > [서비스정보] 탭에서 연장신청해주세요.

○ 자동입금확인서비스 특징 및 장점

자동입금확인 서비스를 사용하면 아래와 같은 장점이 있습니다.

01 저렴한 비용으로 여러 개의 쇼핑몰 입금 계좌를 손쉽게 관리
은행 뱅킹 사이트에 접속하지 않고도 등록해놓은 여러 개의 결제 계좌의 입금정보를 확인합니다.

02 보다 편리하고 빠른 입금확인으로 효율적인 업무
일일이 계좌정보를 확인하여 입금확인 처리하는 시간이 줄어들어서 빠른 입금확인이 가능합니다.

03 자동 입금확인으로 빠른 배송시작처리로 회원들의 신뢰도 향상
계좌정보의 입금확인을 수집하여 자동 매칭함으로 빠른 배송 시작처리를 할 수 있습니다.

자동입금확인 서비스 신청 절차 안내

서비스 신청 후에 반드시 [자동입금확인설정] 메뉴에서 계좌를 등록하셔야 하며, 입금정보 수집은 등록한 계좌의 빠른 계좌 조회 서비스의 입금정보를 수집해옴으로 **인터넷 뱅킹 사이트**의 **[빠른 계좌 조회 서비스]**가 신청되어있어야 합니다.
(*빠른계좌조회 사용 관련 문의는 각 계좌의 은행으로 문의하여 주시기 바랍니다.)

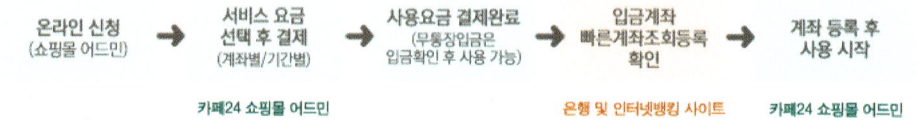

자동입금확인 서비스 처리 절차 안내

자동입금확인 서비스는 각 은행의 빠른 계좌조회 서비스의 입금정보를 수집하여 쇼핑몰 관리자 어드민의 주문정보와
입금자명, 은행, 입금 금액을 주문자명, 금액, 주문결제금액이 일치하는 항목을 찾아서 자동으로 입금확인 처리 시켜주는 서비스로,
입금자명이 틀리거나, 입금금액이 틀린경우, 또는 동명이인의 동일 주문이 존재할 경우 자동처리누락됩니다.

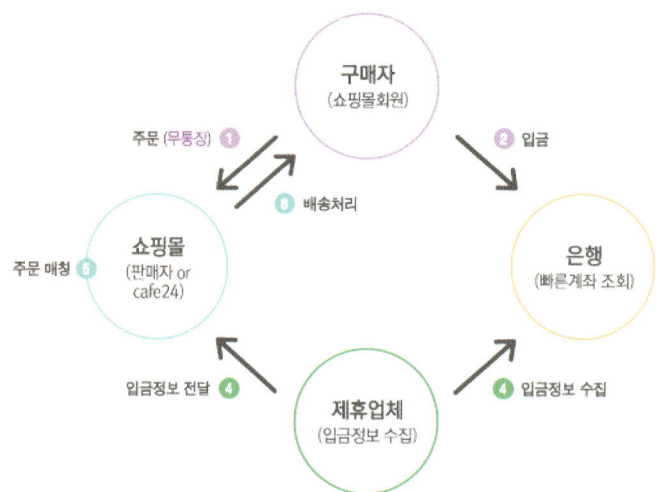

※ **자동입금확인 서비스 관련 꼭! 확인해주세요!**

- **자동처리 예정** - 입금정보가 수집이 되어 매칭되기 전 상태를 말합니다.
- **자동처리 완료** - 입금정보와 주문정보가 정확히 매칭되어 자동 입금확인된 상태입니다.
- **자동처리 누락** - 입금정보와 주문정보가 맞지 않아 자동처리되지 않은 누락건입니다.
  (이때는 운영자분이 수동으로 입금확인 후 수동입금확인처리 해주셔야합니다.)
- **수동확인 완료** - 자동처리 누락건에 대해서 운영자가 수동으로 입금을 확인한 리스트입니다.
- **정상처리 완료** - 정상적으로 자동입금된 리스트를 보여드립니다.

※ 입금정보 수집은 사용자의 네트워크 환경, 인터넷 회선, 각 은행의 장애 및 업데이트에 따라 지연될 수 있습니다.

입금 확인 방법을 실습으로 알아보겠습니다.

1 [주문관리]-[입금전 관리] 메뉴를 클릭합니다.

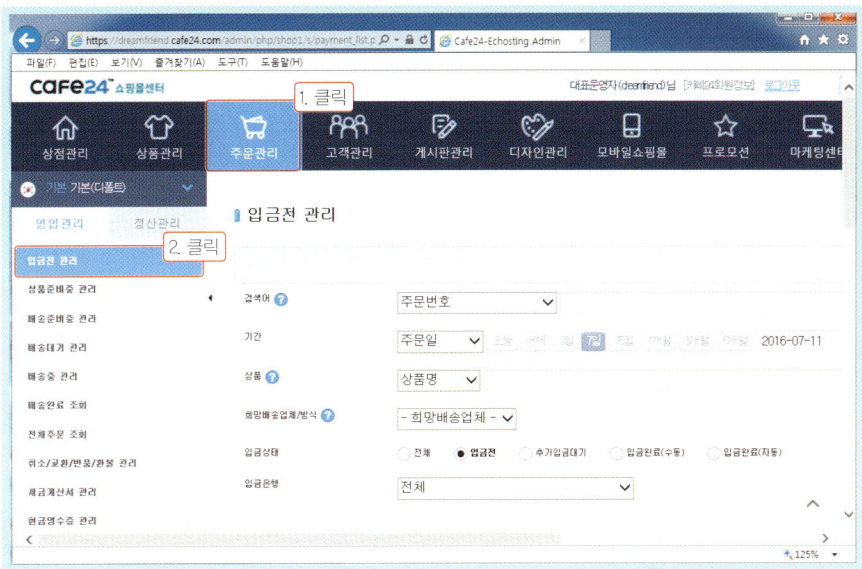

2 1건의 주문이 있는 것을 확인할 수 있습니다. 입금 확인 통장을 확인하여 주문자가 입금한 경우 체크 상자에 체크한 후에 [입금확인] 버튼을 클릭합니다.

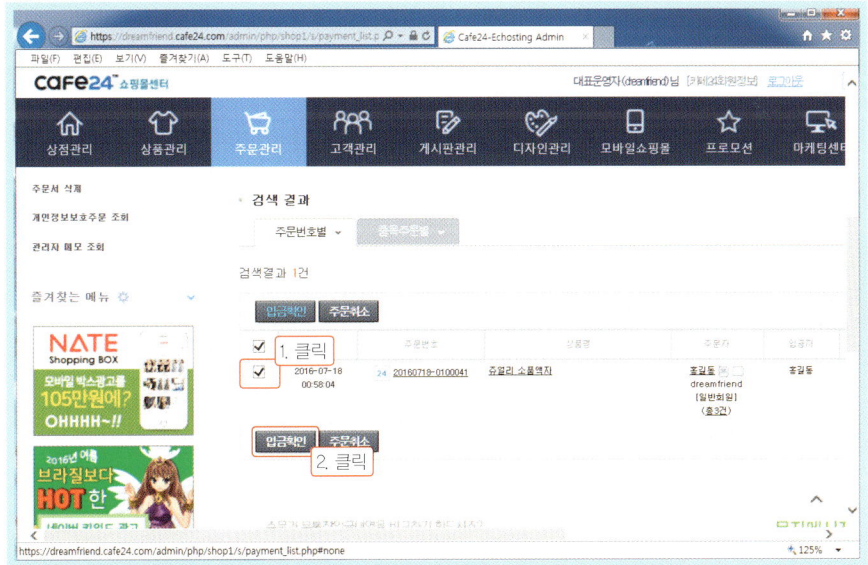

3 입금처리 메시지 창에서 [확인] 버튼을 클릭합니다. 그렇게 하면 입금 확인이 완료되는 것을 볼 수 있습니다.

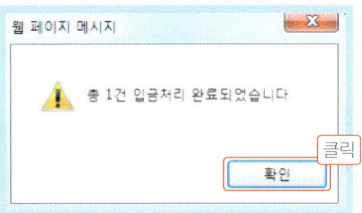

4 수동으로 통장을 확인하여 클릭했던 입금확인 기능을 자동으로 하고 싶은 경우는 무통장 입금 확인 서비스를 신청하면 됩니다. 무통장 자동 입금 확인 서비스를 받기 위한 [서비스 신청] 버튼을 클릭합니다.

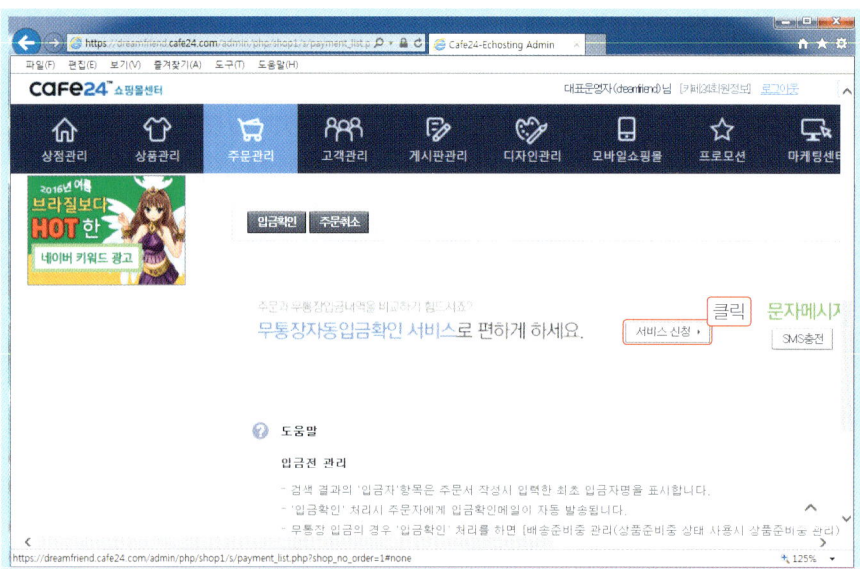

5 약관에 동의에 체크하고 계좌 신청 개수를 선택한 후에 [신청하기] 버튼을 클릭합니다.

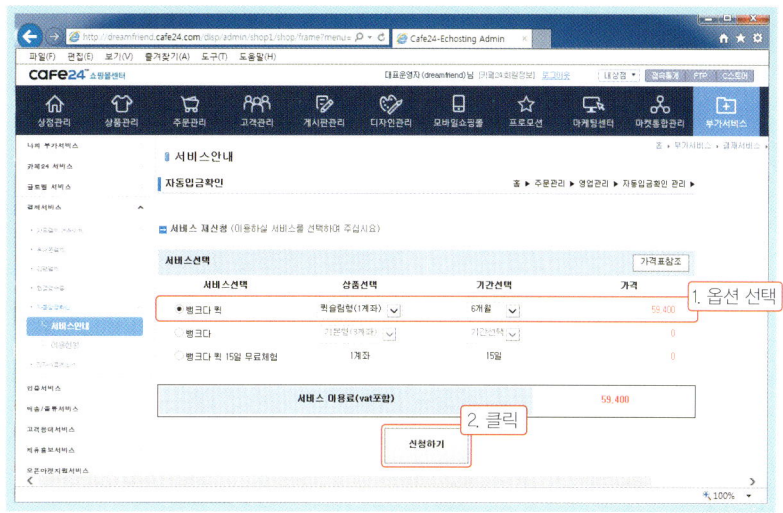

6 신청서비스 내역을 확인하고 [서비스이용료 결제하기] 버튼을 클릭하면 자동 입금 확인 서비스를 이용할 수 있습니다.

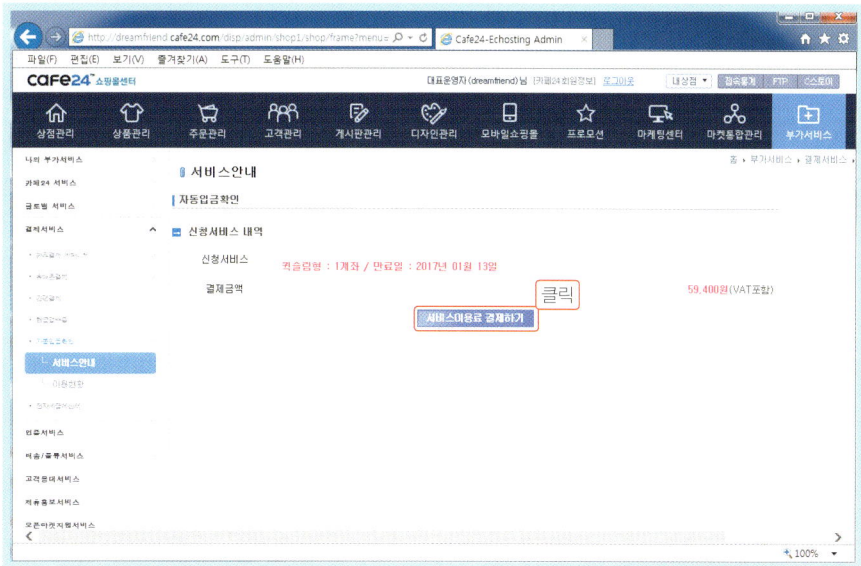

# 배송처리 하는 방법을 알려주세요.

배송처리를 할 수 있는 단계는 입금확인이 된 경우입니다. 입금확인이 된 주문에 대해서는 상품준비중 관리 단계로 자동으로 넘어오게 됩니다. 상품준비중 관리 메뉴 페이지에서 [검색] 버튼을 누르게 되면 현재 배송 처리해야 하는 상품 목록이 표시됩니다. 확인된 상품에 대해서 배송 처리를 진행합니다.

실습으로 배송처리 단계를 진행해 보겠습니다.

1 [주문관리]-[상품준비중 관리] 메뉴를 클릭합니다. 상품준비중 관리 페이지에서 [검색] 버튼을 클릭합니다.

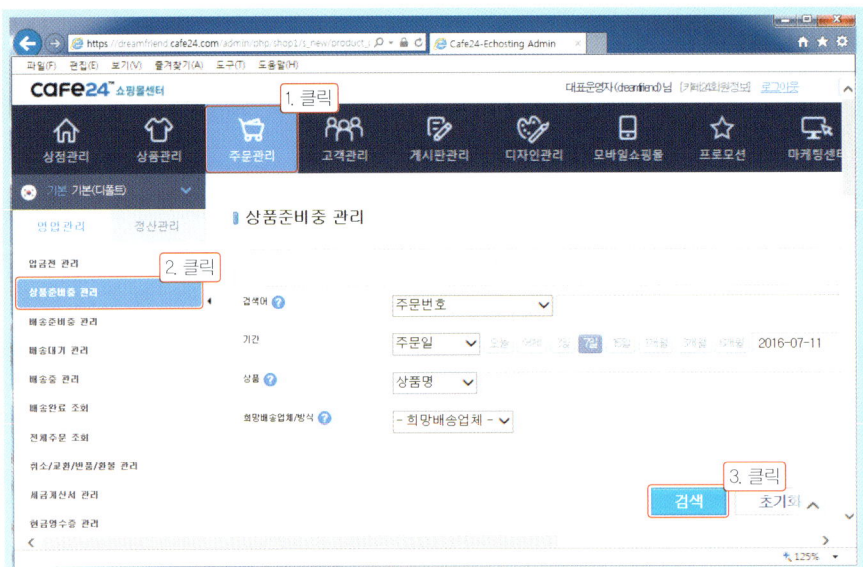

2 검색 결과에서 배송준비중 처리와 배송보류 처리를 할 수 있습니다. 배송준비중 처리하려는 상품에 체크하고 [배송준비중 처리] 버튼을 클릭합니다.

> **note**
>
> **상품준비중 관리 메뉴 이동**
>
> '배송중 처리'시 [배송중 관리] 메뉴로 주문이 이동됩니다. '배송보류 처리'시 주문상태가 '배송보류'로 변경되어 배송보류 목록으로 이동됩니다. 배송보류 목록에서 '배송보류 해제'시 [주문번호별], [품목주문별], [추가주문] 리스트에서 확인 가능합니다.
>
> 상품준비중 관리 메뉴의 사용 설정은 [상점관리]-[운영관리]-[운영방식 설정]-[주문 관련 설정]에서 가능합니다.
>
> 상품준비중 관리 메뉴를 '사용함'에서 '사용안함'으로 변경할 때 배송보류 기능은 배송준비중 관리 메뉴에서 사용 가능합니다.

3 배송준비중 처리 메시지 창이 나타나는 것을 볼 수 있습니다. [확인] 버튼을 클릭합니다.

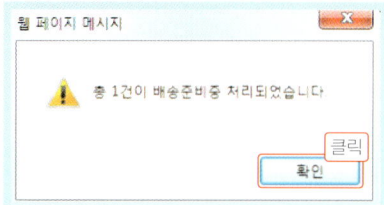

4 배송 처리를 하기 위해 배송준비중 관리 메뉴에서 [검색] 버튼을 클릭합니다.

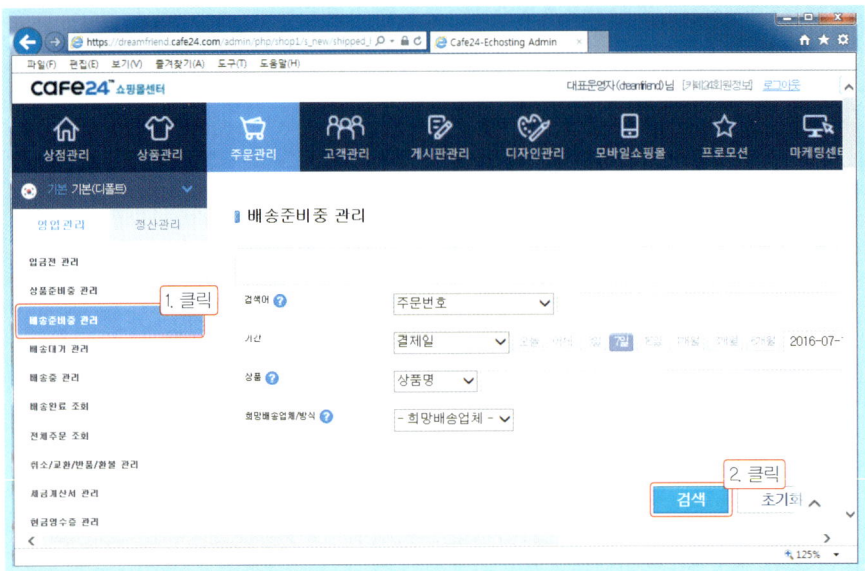

5 배송 처리할 상품을 선택한 후에 택배회사를 선택하고 운송장 번호를 입력합니다. 운송장 번호는 제휴 택배회사에서 발급해 주는 운송장 번호를 받아서 입력하게 됩니다. 배송량이 많아지는 경우 자동발급 시스템을 신청하여 사용하면 편리합니다. 운송장 번호를 입력한 후에 [배송중 처리] 버튼을 클릭합니다.

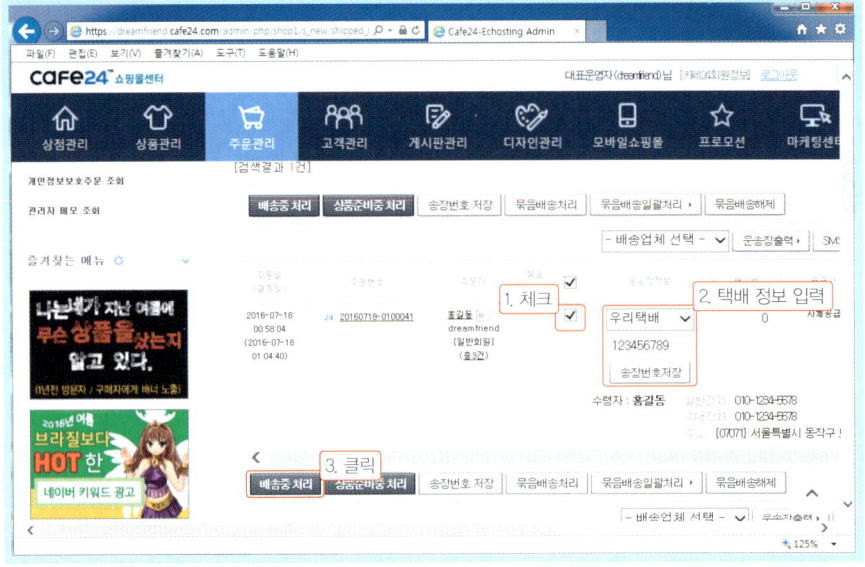

> **note**
>
> 배송준비중 관리
>
> - '배송중 처리'시 [배송중 관리] 메뉴로 주문이 이동됩니다.
> - 송장번호만 입력하고 '송장번호 저장' 처리하면 [배송대기 관리] 메뉴로 주문이 이동됩니다.
> - '배송보류 처리'시 주문상태가 '배송보류'로 변경되어 [배송보류] 리스트로 이동됩니다.
> - [배송보류] 리스트에서 '배송보류 해제'시 [주문번호별], [해외배송별], [배송번호별], [추가주문], [묶음배송] 리스트에서 확인 가능합니다.
> - 상품준비중 관리 메뉴의 사용 설정은 [상점관리]-[운영관리]-[운영방식 설정]-[주문 관련 설정]에서 가능합니다.
> - 상품준비중 관리 메뉴를 '사용함'에서 '사용안함'으로 변경 시 배송보류 기능은 [배송준비중 관리] 메뉴에서 사용 가능합니다.

6 배송처리 메시지 창에서 [확인] 버튼을 클릭합니다. 배송처리가 정상적으로 된 것을 볼 수 있습니다.

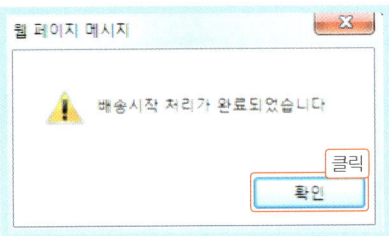

7 배송중 관리 메뉴 페이지에서 [검색] 버튼을 클릭합니다.

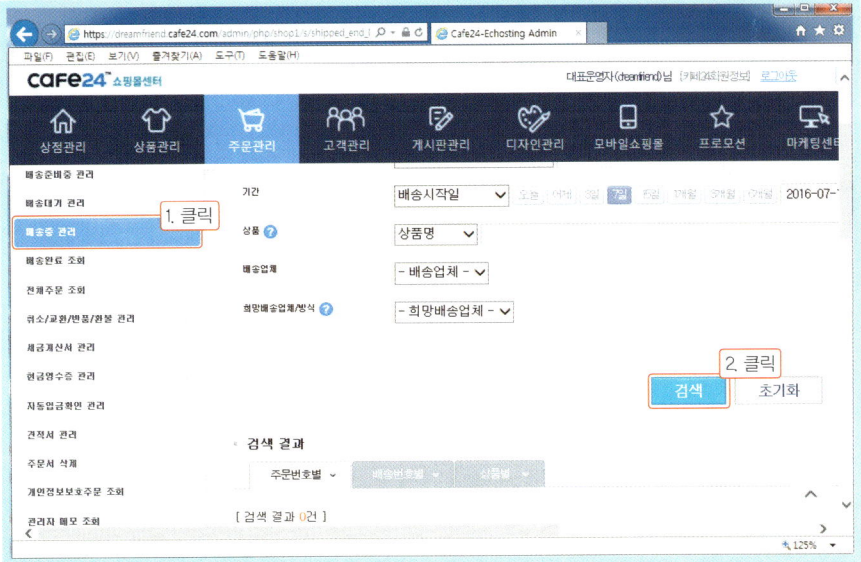

8 현재 배송중인 고객 목록이 표시됩니다. 운송장 번호를 클릭하여 배송 상태를 확인한 후 제품이 배송 완료되었으면 체크하고 [배송완료 처리] 버튼을 클릭합니다.

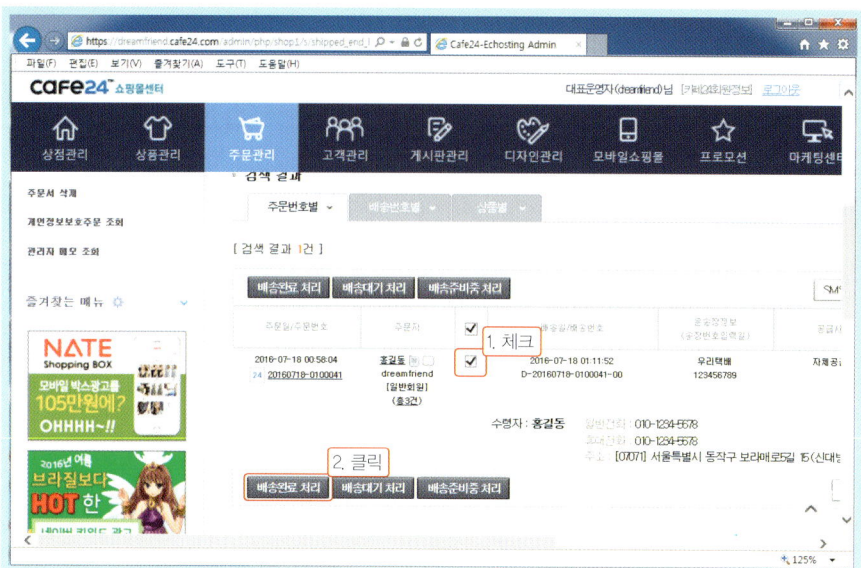

9 배송완료 메시지 창에서 [확인] 버튼을 클릭하면 배송완료 처리가 됩니다.

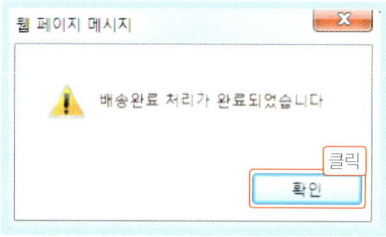

10 배송완료 조회 화면에서 [검색] 버튼을 클릭합니다.

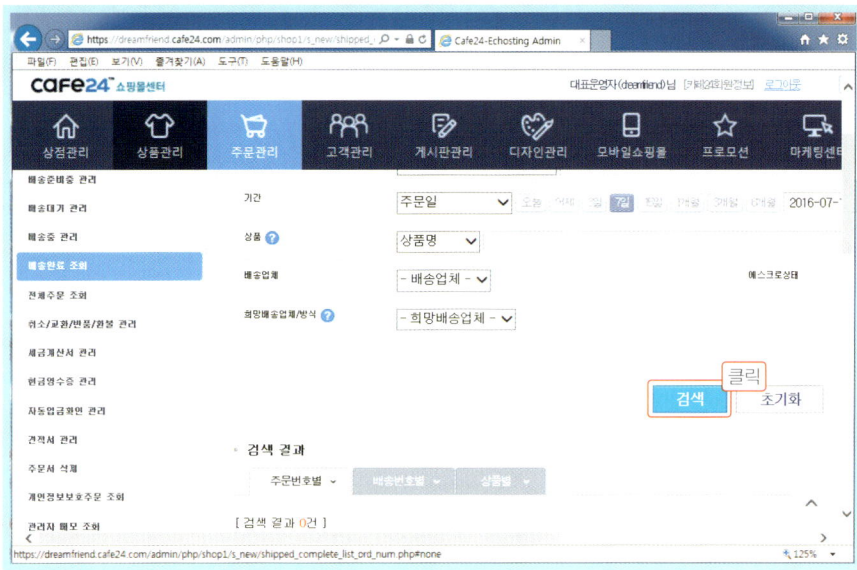

11 배송완료된 정보가 나타나는 것을 볼 수 있습니다.

쿠폰 기본 설정하는 방법을 알려주세요.

고객에게 혜택을 주는 서비스나 이벤트는 지속적으로 연구하고 홍보를 해야 구매력 증대 및 재방문 유도를 할 수 있습니다.

카페24 쿠폰 서비스 관리는 쇼핑몰 운영하는데 쿠폰을 이용한 프로모션을 더욱 쉽게 편리하게 진행할 수 있도록 다양한 설정 및 기능을 제공하고 고객의 입장에서도 쿠폰 활용을 편리하게 할 수 있도록 하는 기능을 제공하고 있습니다.

카페24 쿠폰 서비스의 장점

간단하고 명료한 쿠폰 생성 및 발급!
생각한대로 쿠폰 생성을 못 하셨나요?
다양한 쿠폰을 다양하게 생성하고
발급할 수 있습니다.

다양한 쿠폰 디자인 제공!
기본디자인이 부족하여 아쉬우셨죠?
선택의 폭을 넓히고 다양한
기본디자인을 제공합니다.

원하는 시간에 원하는 쿠폰을!
쿠폰 발급 이벤트를 위해 밤새서
기다리셨나요?
원하는 시간에 자동 발급 예약 기능을
제공합니다.

쿠폰 발급을 좀 더 쉽고 편리하게!!
쿠폰 발급할 회원을 한명한명
찾아다니셨나요?
회원 아이디만 가지고 엑셀로 한번에
발급가능합니다.

일괄 발급/회수도 쉽고 간편하게!!
여러 쿠폰을 특정 회원에게
발급하기 어려우셨죠?
일괄 발급/회수 기능을 통해 편리한
발급이 가능합니다.

쿠폰에 대한 로그도 착착!!
누가 쿠폰을 발급/관리했는지
궁금하셨나요?
향상된 로그 기능을 통해 궁금증을
꽉 해결해드립니다.

오프라인 쿠폰도 업그레이드!!
시리얼쿠폰의 기능이 부족하셨나요?
시리얼쿠폰도 온라인쿠폰과 똑같이
설정 가능합니다.

쿠폰을 제작하고 발급하는 과정을 실습으로 진행해 보겠습니다.

1 [프로모션]-[쿠폰 관리]-[쿠폰 기본설정] 메뉴를 클릭합니다.

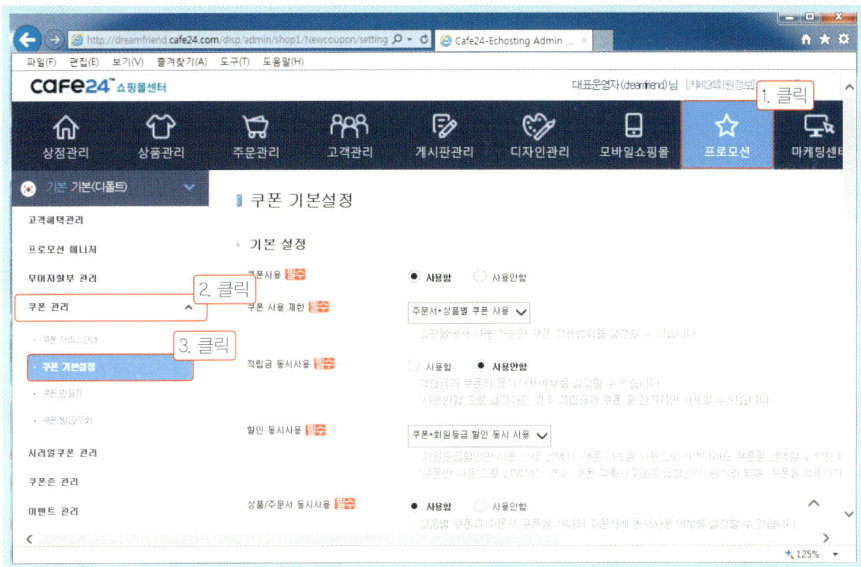

2 기본설정 화면에서 쿠폰사용 항목을 '사용함'으로 설정하면 고객이 쇼핑몰에서 쿠폰을 사용할 수 있도록 하는 기능입니다. 쿠폰 사용 제한 항목에서는 고객이 제품을 주문하는 과정에서 주문서 쿠폰과 상품별 쿠폰을 동시에 사용하게 할 것인지 각각 따로 사용하게 할 것인지를 설정하는 항목입니다. 일반적으로는 '주문서+상품별 쿠폰 사용'을 설정합니다.

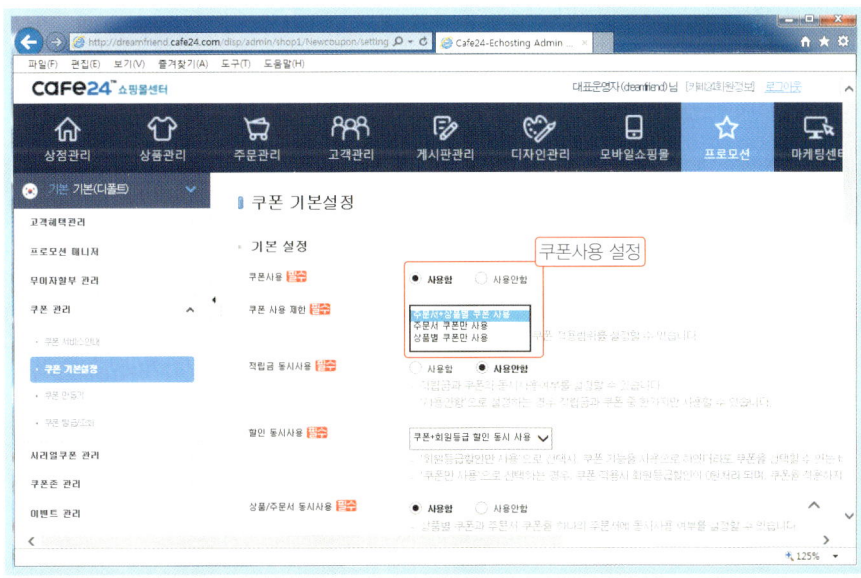

3 적립금 동시사용 항목은 고객에게 지급된 적립금과 고객에게 발급된 쿠폰을 함께 사용할 수 있도록 할 것인지 또는 그중 한 가지만 사용할 수 있도록 할 것인지를 설정하는 항목입니다. 할인 동시사용 항목은 쿠폰과 회원등급 할인을 모두 적용하여 할인하거나 쿠폰 또는 회원등급 할인만 가능하도록 설정할 수 있습니다. 상품/주문서 동시사용 항목은 고객이 상품별 쿠폰과 주문서 쿠폰을 동시에 사용할 것인지 또는 둘 중 하나의 종류만 선택하여 사용할 것인지를 설정하는 항목입니다.

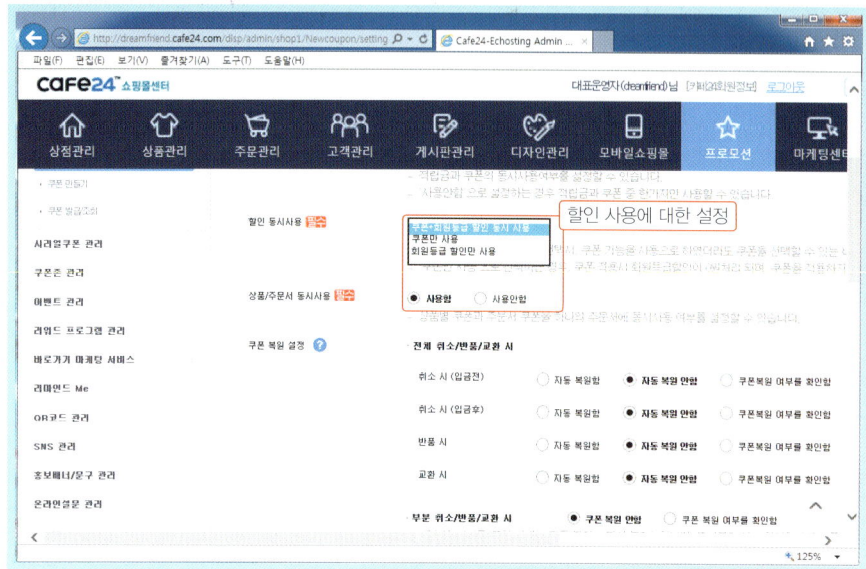

4 고객이 주문 과정에서 사용할 수 있는 최대 주문서 쿠폰 수량을 지정할 수 있으며 항목을 비활성화하는 경우 보유한 쿠폰만큼 모두 사용할 수 있습니다.

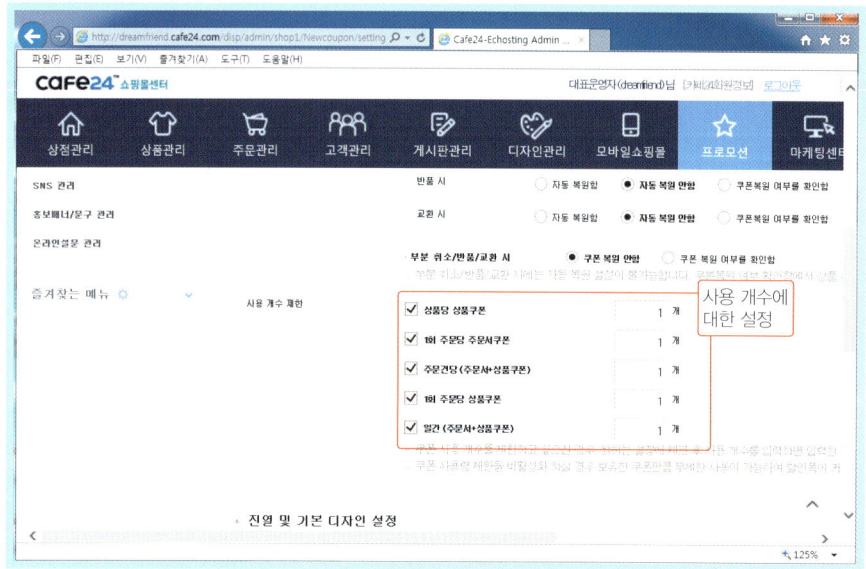

5 비회원 노출설정 항목은 로그인하지 않은 비회원에게 쿠폰 노출 여부를 설정하는 항목입니다. '노출함'으로 설정하면 비회원에게 쿠폰이 노출됩니다. 쿠폰 연속노출 여부는 사용자가 다운로드한 쿠폰을 노출할 것인지에 대한 여부를 설정하는 항목입니다. '노출함'을 선택하면 쿠폰을 다운로드하여 보유하고 있을 때에도 쿠폰이 노출되고, '노출안함'을 선택하면 다운로드할 수 있는 쿠폰만 노출되도록 설정합니다.

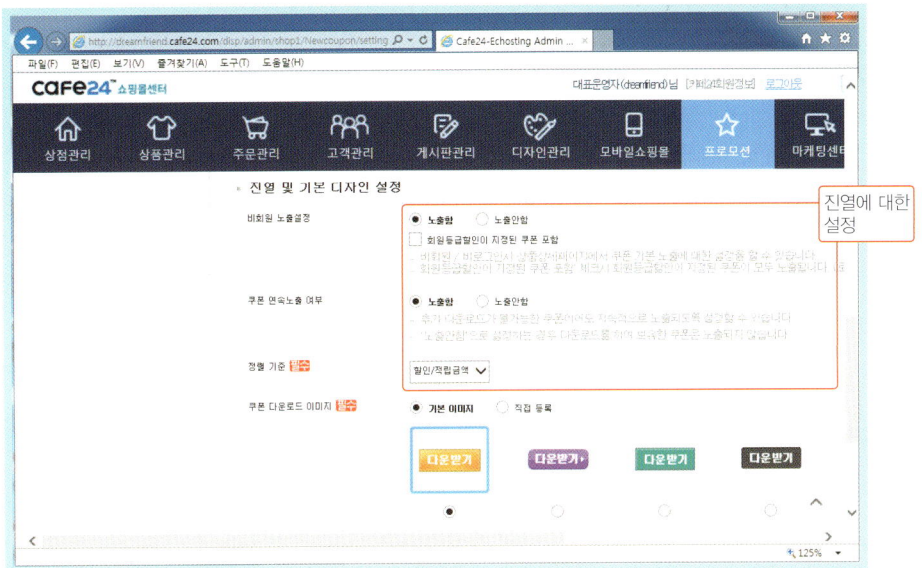

6 쿠폰 다운로드 이미지와 쿠폰 배경 이미지를 선택할 수 있습니다. 포토샵에서 직접 제작한 이미지가 있는 경우 직접 등록 기능을 이용하여 등록할 수도 있습니다. 쿠폰 다운로드 이미지와 쿠폰 배경 이미지를 선택하고 설정을 저장하기 위해 [저장] 버튼을 클릭합니다.

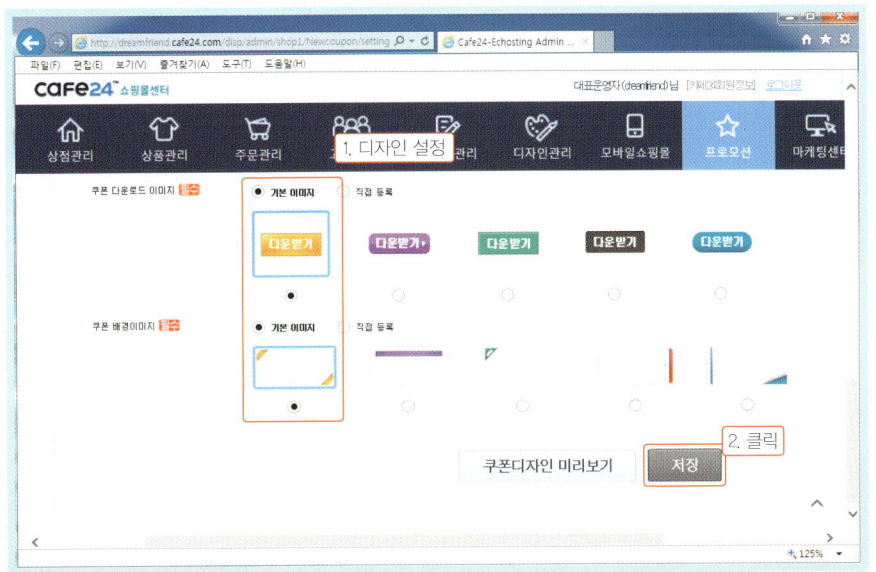

7 메시지 창에서 쿠폰기능 사용여부 설정이 완료된 것을 확인하고, [확인] 버튼을 클릭하여 설정을 마칩니다.

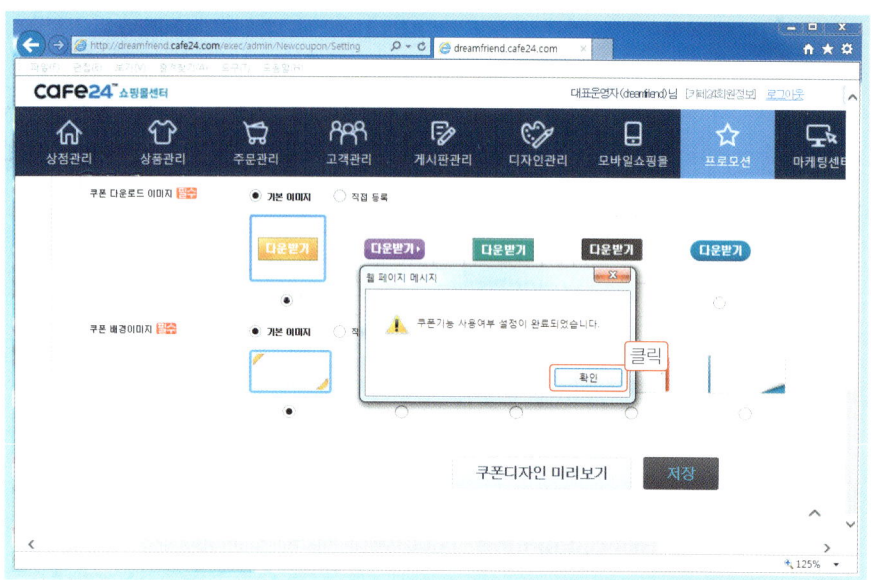

 ## 자동 발급되는 생일 쿠폰 만드는 방법을 알려주세요.

쿠폰에는 여러 종류가 있습니다. 기념일에 맞춰 자동으로 발급되는 쿠폰과 관리자가 특정회원에게 발급하는 쿠폰, 조건을 미리 설정해 놓고 조건에 맞으면 자동으로 발급되는 쿠폰 등이 있습니다.

자동 발급되는 생일 쿠폰을 만드는 방법을 실습으로 확인해 보겠습니다.

1 [프로모션]-[쿠폰 관리]-[쿠폰 만들기]를 클릭합니다.

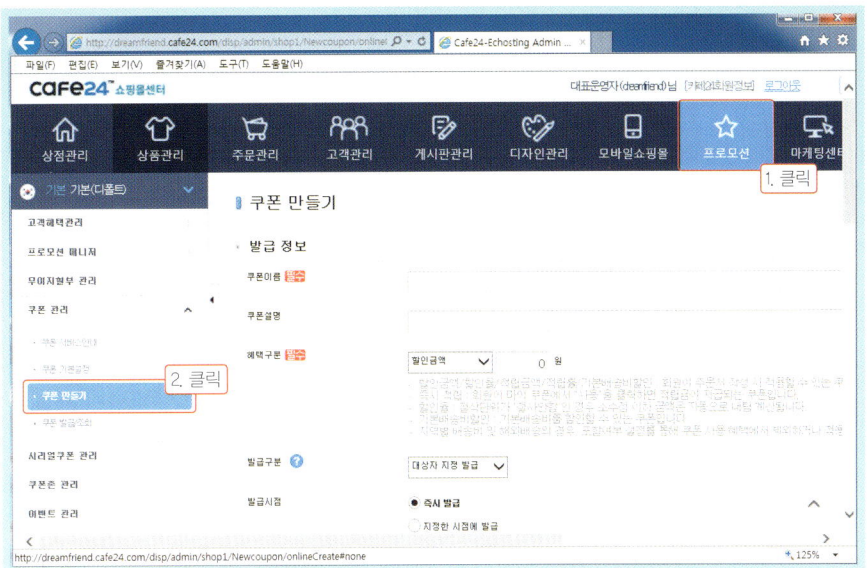

2 쿠폰이름과 쿠폰설명을 입력합니다. 혜택구분에서 할인금액, 할인율, 적립금액, 적립률, 배송비 할인, 즉시 적립 중에 원하는 항목을 선택합니다. 일반적으로 할인금액을 입력하는 것이 제일 안전합니다. 할인율은 다른 쿠폰과 중복하여 사용하는 경우 판매가 보다 할인 금액이 많을 수 있으므로 주의하기를 바랍니다.

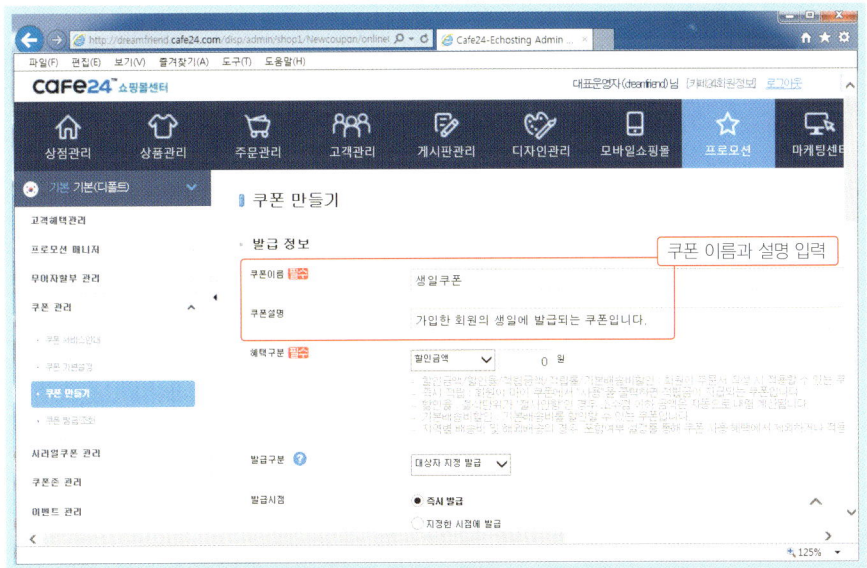

3. 발급구분을 '조건부 자동 발급'으로 하고 '기념일(생일)' 항목을 선택합니다. 기념일 정보를 '생일'로 선택하고 발급시점 항목을 '사용'으로 선택하고 '3일 전 선 발행'으로 설정합니다.

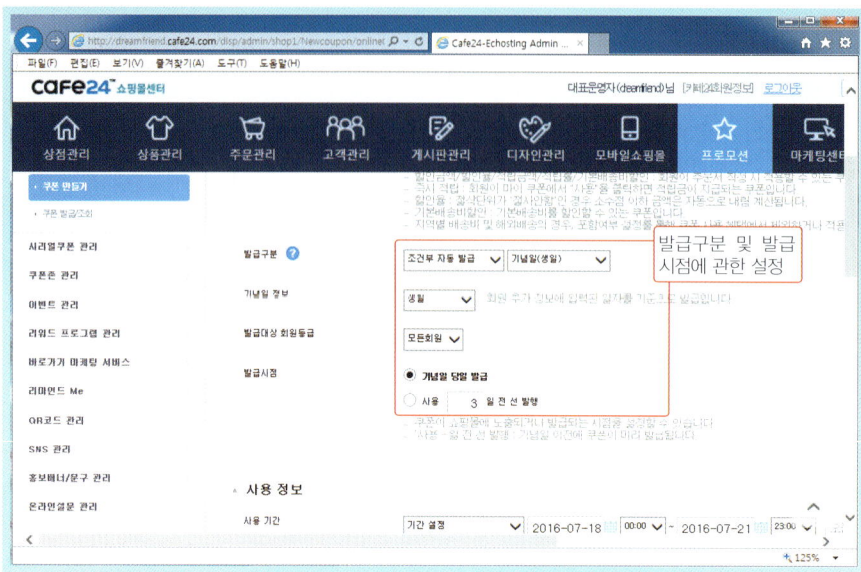

4. 사용 정보를 설정할 때 사용 기간 항목은 '쿠폰 발급일 기준'으로 설정하고 발급일 기준으로 사용 가능한 기간을 입력합니다. 사용 범위는 '모바일+웹 쇼핑몰', '모바일', '웹 쇼핑몰' 등 3가지 중에 선택할 수 있으며 일반적으로 '모바일+웹 쇼핑몰'으로 선택하여 두 곳에서 모두 사용할 수 있도록 설정합니다.

5 적용 범위에는 '주문서 쿠폰'과 '상품 쿠폰'이 있습니다. 주문서 쿠폰은 발급되는 쿠폰이 주문서 쿠폰으로 적용될 수 있도록 설정하는 기능이고, 상품 쿠폰은 발급되는 쿠폰이 상품별 쿠폰으로 적용될 수 있도록 설정하는 기능입니다. 적용대상 기준금액 항목에서는 '제한없음', '주문 금액 기준', '상품 금액 기준' 중 설정할 수 있으며 고객이 쿠폰을 사용할 때 주문금액 기준으로 일정 금액 이상 주문할 때 해당 쿠폰을 사용할 수 있도록 설정하며, 상품 금액 기준은 고객이 쿠폰을 사용할 때 개별 상품금액 기준으로 일정 금액 이상 주문할 때 해당 쿠폰을 사용할 수 있도록 설정할 수 있습니다.

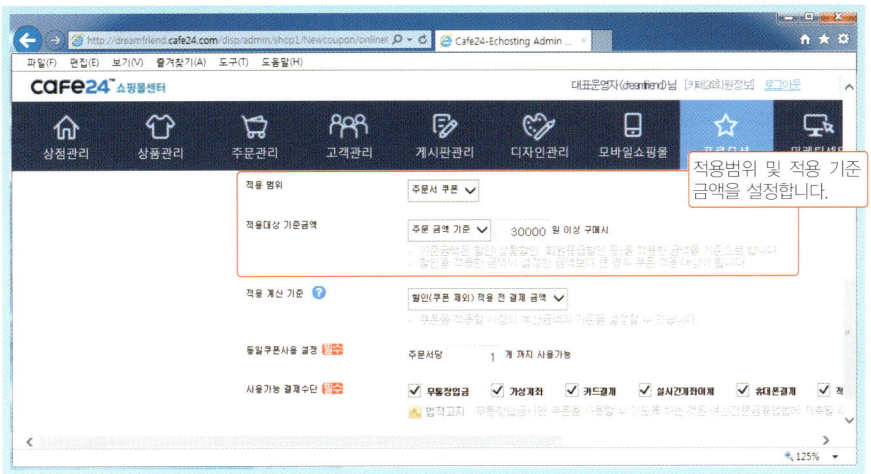

6 동일쿠폰사용 설정 항목은 주문서를 작성할 때 몇 개까지 쿠폰을 사용할 수 있는지를 설정하는 항목으로 일반적으로는 1개만 허용을 합니다. 사용가능 결제수단 항목에서는 선택한 결제방식에서만 쿠폰을 사용할 수 있도록 할 수 있습니다.

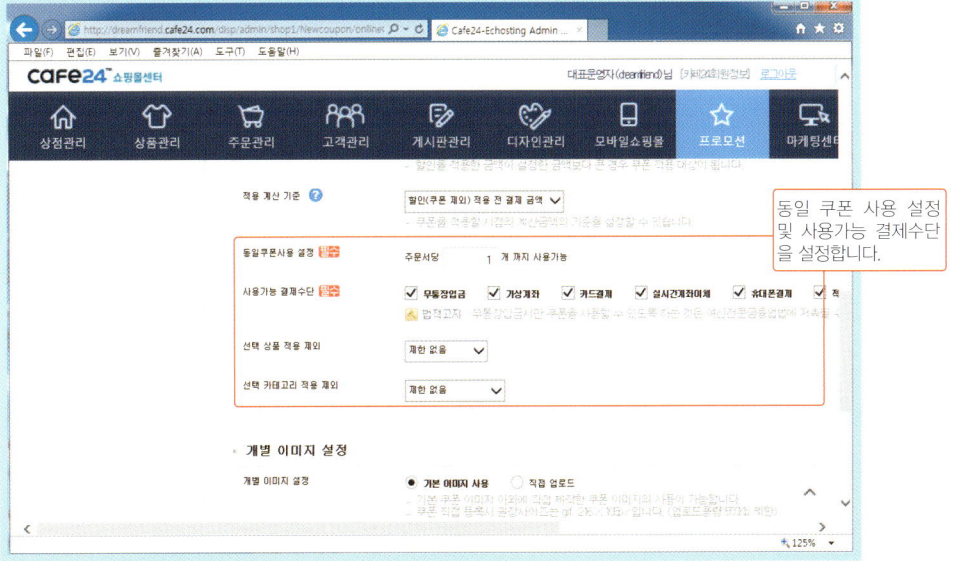

7 개별 이미지 설정 항목에서 기본 이미지 사용을 선택한 경우는 쿠폰 기본설정 항목에서 설정해 놓은 기본 폼에 맞추어 자동으로 만들어지는 쿠폰을 사용하는 기능이며, 직접 업로드는 쇼핑몰 관리자가 만든 쿠폰을 직접 등록하는 기능입니다. 부가 서비스는 로그인할 때 쿠폰발급 알림 팝업이나 문자 발송 서비스를 이용할 경우는 사용함과 발송함에 체크하면 쿠폰 발급 대상에게 쉽게 알릴 수가 있습니다. [저장] 버튼을 클릭하면 설정한 값에 의해 생일 쿠폰이 만들어집니다.

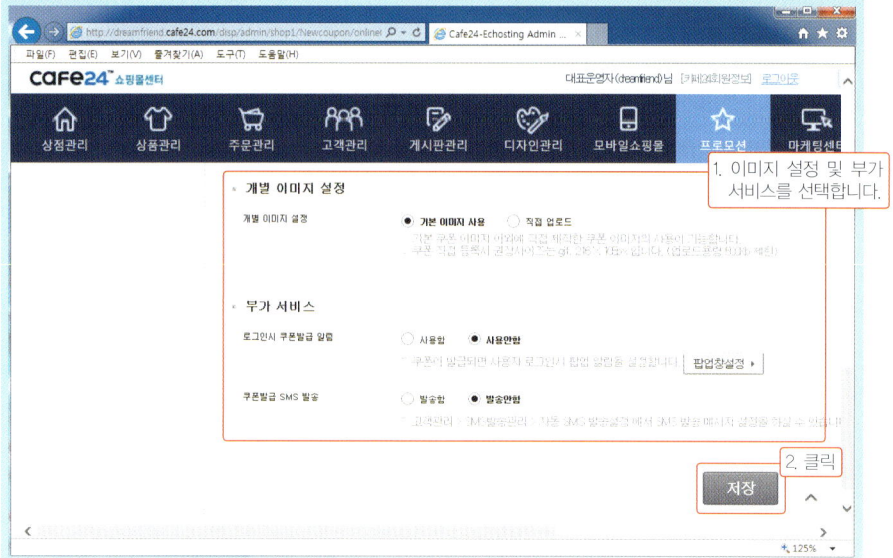

8 쿠폰이 생성되었음을 알리는 메시지 창에서 [확인] 버튼을 누르면 쿠폰 생성이 완료됩니다.

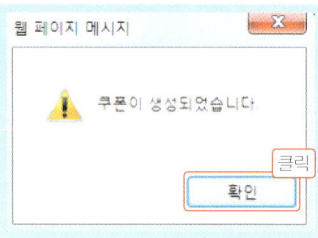

9 발급 쿠폰 목록에 생일쿠폰이 발급된 것을 확인할 수 있습니다.

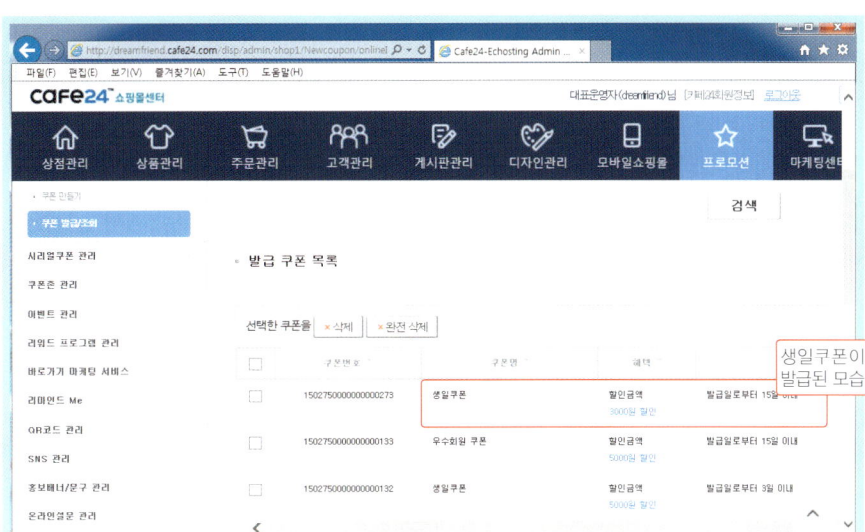

 **카페처럼 회원 등급 관리가 가능한가요?**

회원등급 관리가 가능합니다. 회원등급은 30개까지 추가 가능하며 등급별 포인트 지급 및 쿠폰 발급 등 다양한 이벤트를 진행할 수 있습니다.

실습으로 회원등급 설정 과정을 확인해보겠습니다.

1 [고객관리]-[회원관리]-[회원등급 관리] 항목을 클릭합니다.

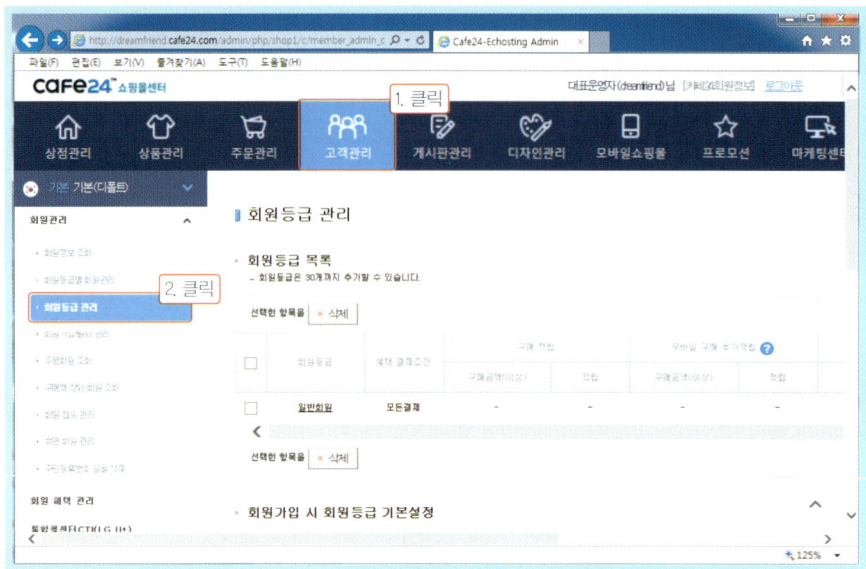

2 회원등급 관리 페이지에서 [등급 추가] 버튼을 클릭합니다.

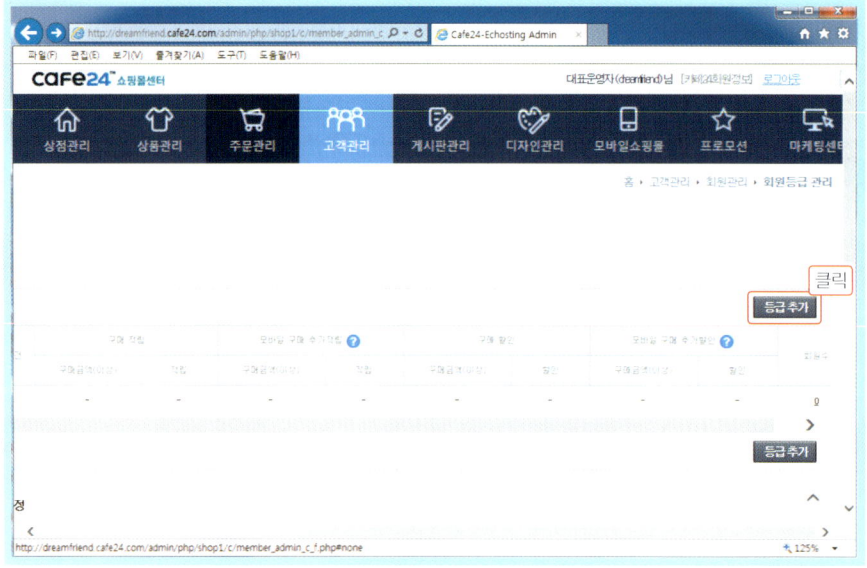

3 회원등급 관리 페이지에서 회원 등급명을 입력하고 회원 등급을 설명하는 문구를 입력한 뒤에 구매할 때 할인/적립 혜택을 주기 위해 '적립금 지급' 항목을 클릭합니다.

4 적립금 지급 설정 항목에서 조건을 입력하고 해당하는 조건에 맞춰 추가 적립금을 지급합니다.

5 등급 목록 배경색 항목을 설정하여 등급별 색상을 구분하고, 등급 이미지 항목과 등급 아이콘 항목을 설정하여 등급별 이미지 또는 아이콘을 설정할 수 있습니다. 모든 항목을 설정한 뒤에 [추가] 버튼을 클릭하면 새로운 등급이 추가됩니다.

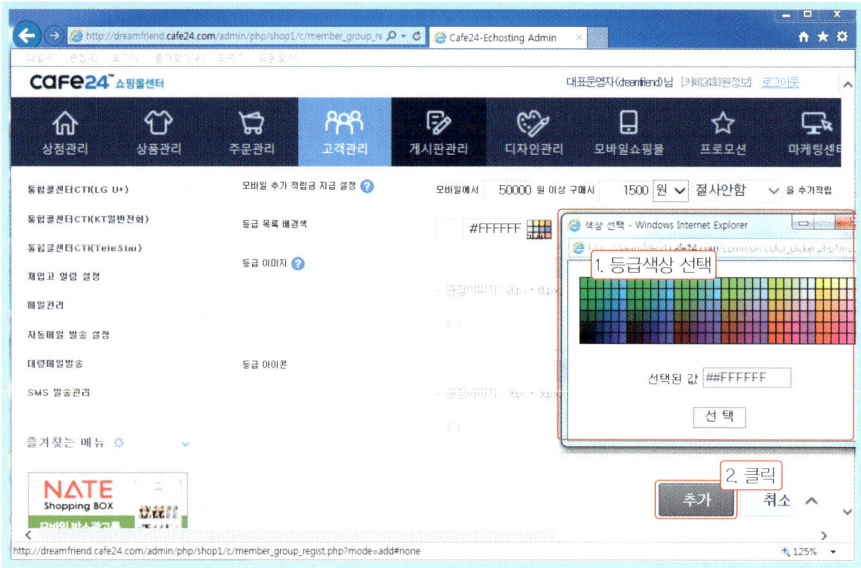

6 우수회원 등급이 추가된 것을 볼 수 있습니다. 같은 방법으로 과정을 반복하여 등급을 추가합니다.

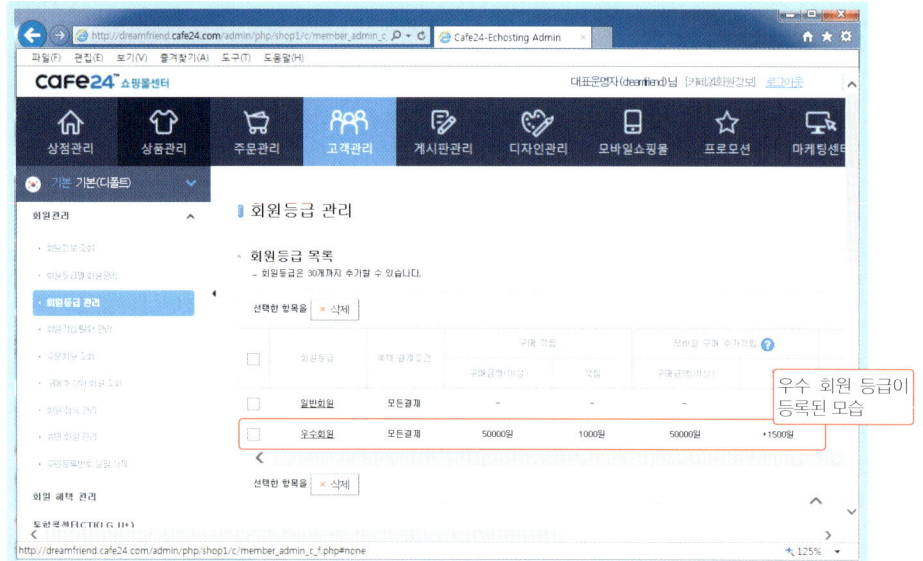

 ## 배송 추적은 어디에서 하나요?

고객 문의 중에 배송 추적에 관한 문의가 많이 있습니다. 제품 발송과 동시에 문자로 운송장 번호를 보내주는 것이 고객 문의를 줄이는 방법입니다.

실습으로 배송 추적 단계를 진행해 보겠습니다.

[주문관리]-[전체주문 조회] 메뉴로 이동한 후에 검색어 항목을 '주문자명'으로 하고 문의한 고객의 이름을 입력한 후에 [검색] 버튼을 클릭합니다.

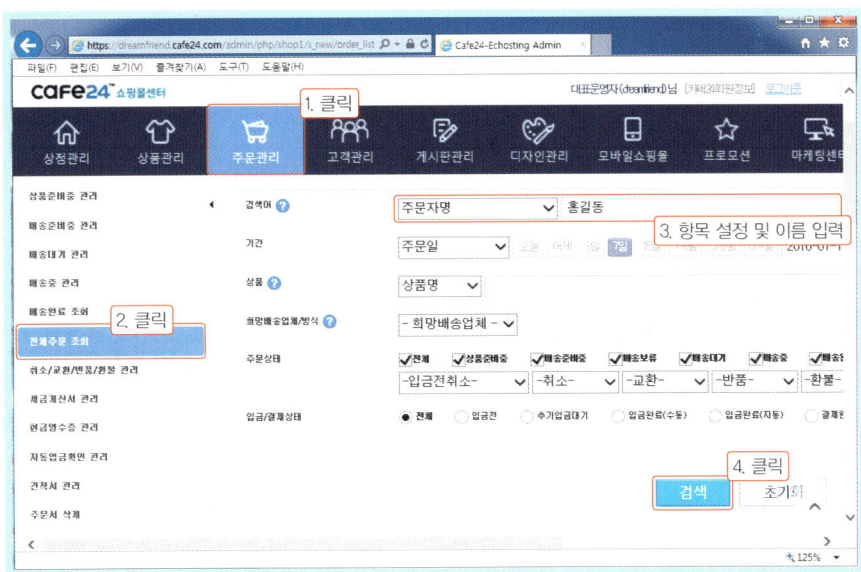

2 검색된 고객의 주문번호를 클릭합니다.

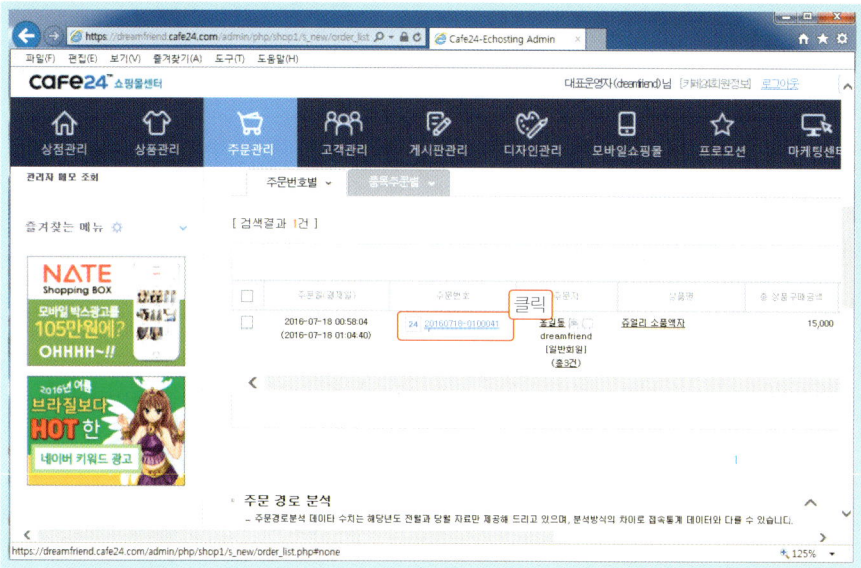

3 배송정보 항목에서 [배송추적] 버튼을 클릭합니다.

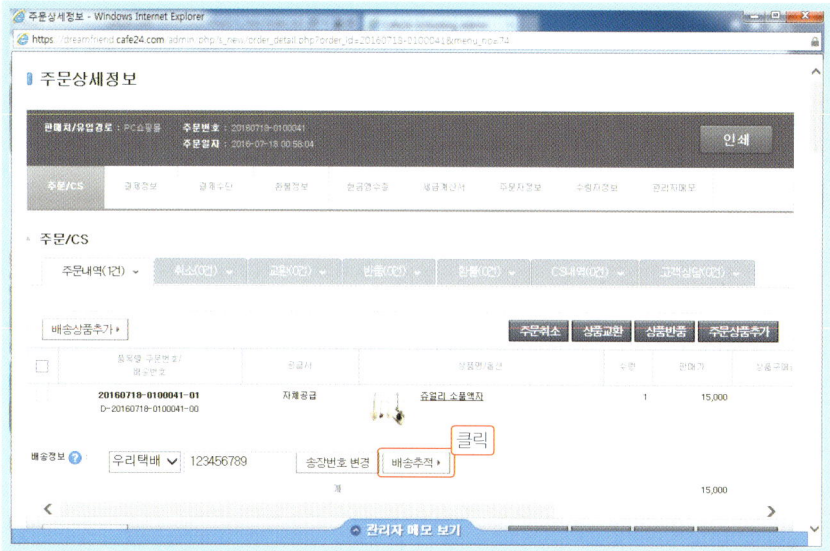

4 배송추적 페이지에서 해당 제품의 이동 경로를 확인할 수 있습니다.

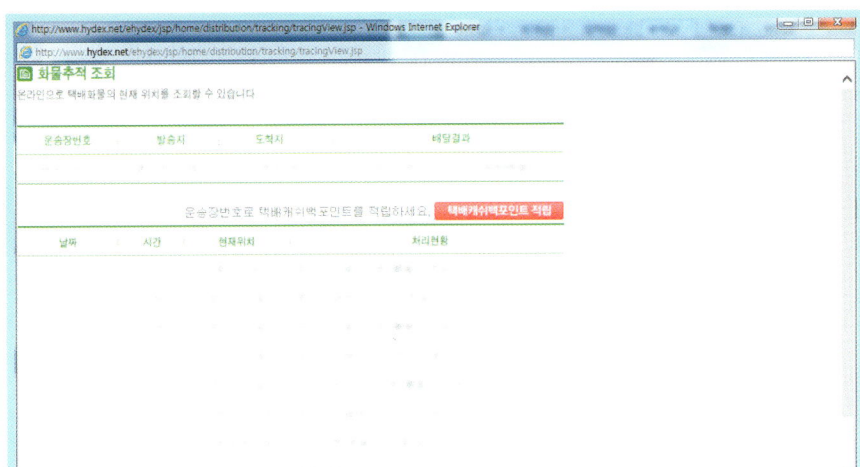

 **교환 신청이 들어오는 경우 관리자에서 어떻게 처리해야 하나요?**

교환 및 반품은 고객이 제품을 받은 후에 고객 변심 또는 제품에 하자가 있는 경우 이루어지는 일입니다. 이 과정에서 고객이 항의하는 경우가 많고 쇼핑몰 운영자가 잘못이 없는 경우에도 참고 교환 및 반품을 해줘야 하는 경우가 있습니다. 가능하면 고객의 의견을 존중하고 성심성의껏 교환 및 반품을 해주는 것을 권장합니다.

교환 및 반품 과정을 실습으로 진행해 보겠습니다.

1. 교환 처리는 [주문관리]-[전체주문 조회] 메뉴로 이동합니다. 검색어 항목을 '주문자명'으로 하고 주문자 이름을 입력한 후에 [검색] 버튼을 클릭하여 입력된 주문자 이름의 주문 내역을 조회합니다.

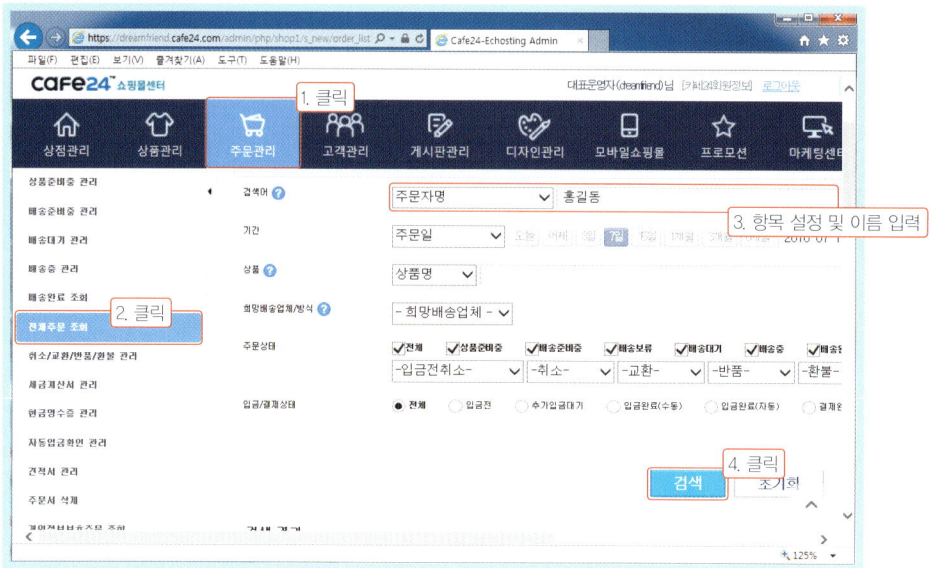

2. 검색 결과 목록에서 검색한 주문자 이름을 확인하고 '주문번호'를 클릭합니다.

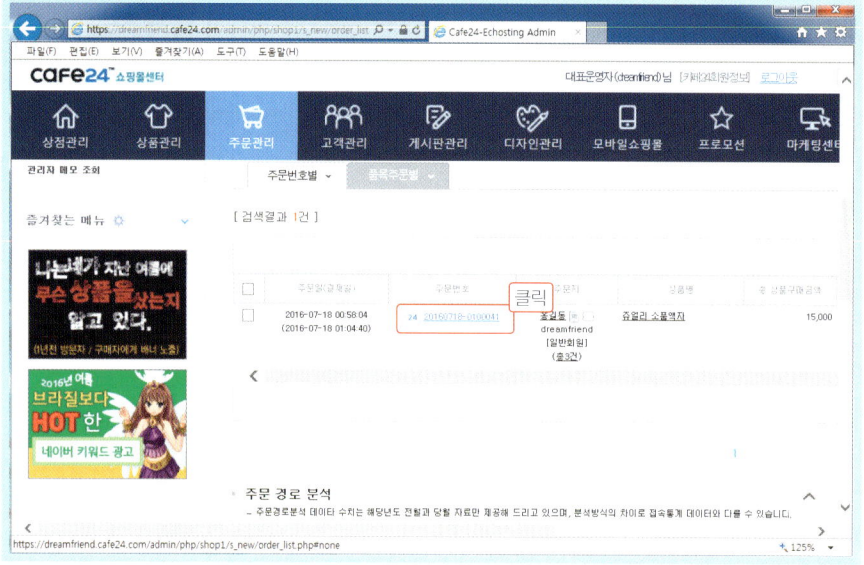

3 해당 상품을 확인한 후에 [상품교환] 버튼을 클릭합니다.

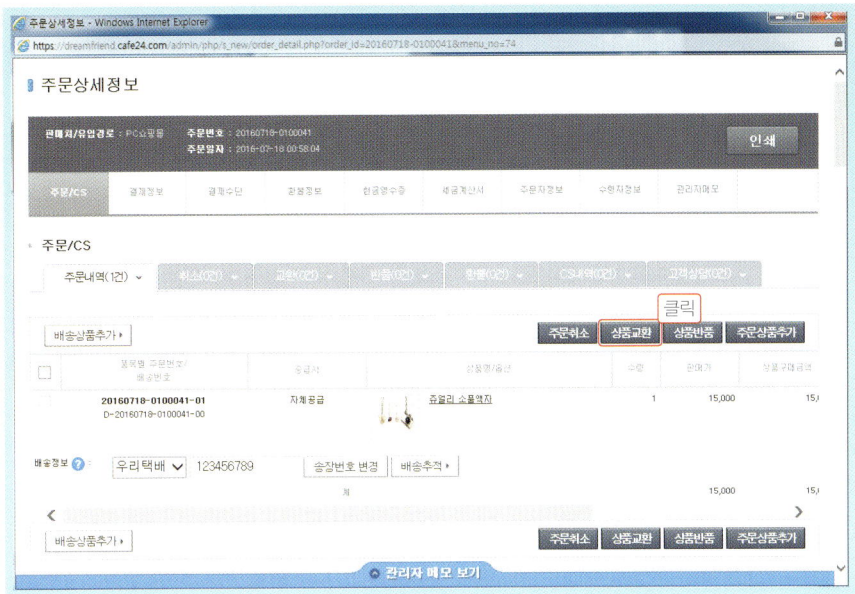

4 고객이 주문한 상품을 선택하고 교환할 상품을 선택하기 위해 [교환상품 선택] 버튼을 클릭합니다.

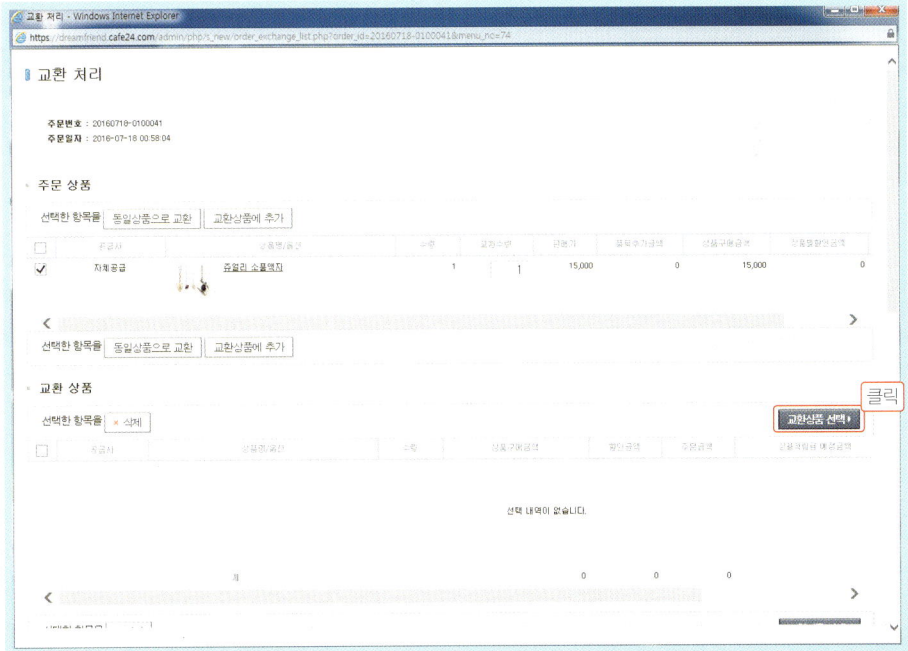

5 교환할 상품을 선택하기 위해 고객이 원하는 상품명을 입력하고 [검색] 버튼을 클릭합니다. 검색결과 나오는 상품을 선택하고 [상품추가완료] 버튼을 클릭합니다.

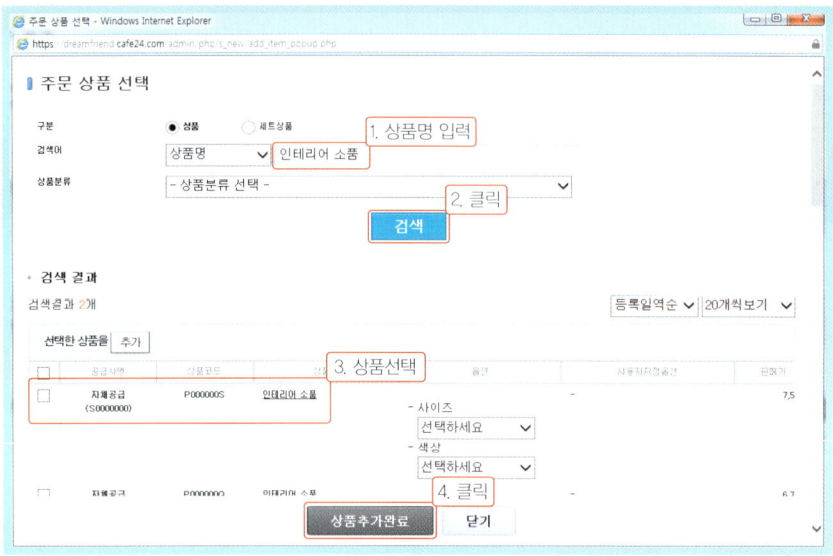

6 교환 상품 항목에 추가한 상품이 등록된 것을 볼 수 있습니다. 추가된 상품이 맞는지 확인한 후에 상품을 선택하고 [교환접수] 버튼을 클릭합니다.

7 교환처리 과정에서 생기는 추가 금액 및 환불 금액이 있습니다. 결제 정보를 입력한 후에 [확인] 버튼을 클릭하면 교환 과정이 마무리됩니다.

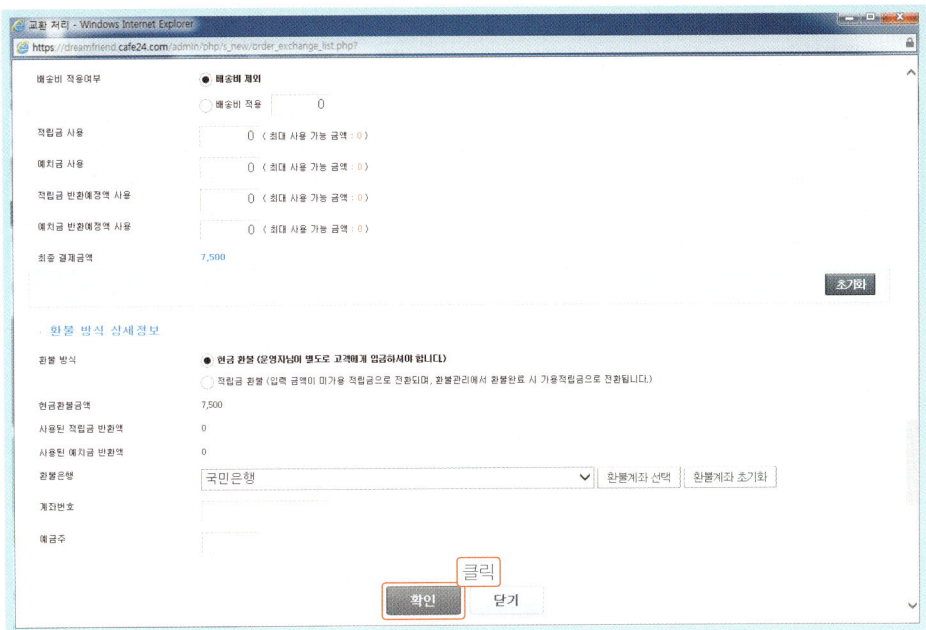

8 [주문관리]-[취소/교환/반품/환불 관리]-[교환 관리] 항목에서 검색결과 [교환처리중] 항목을 보면 현재 진행한 교환 내역이 나타나는 것을 볼 수 있습니다.

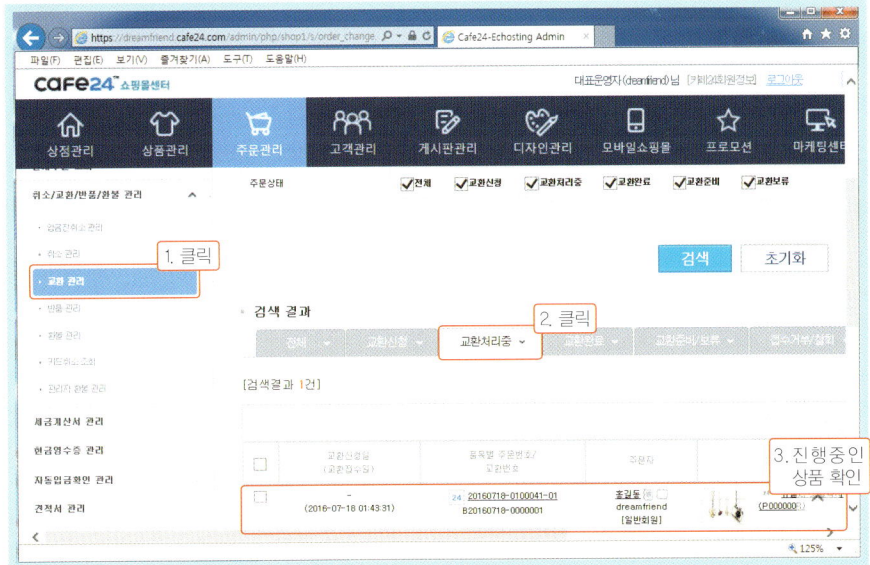

쇼핑몰 도메인으로 이메일 계정을 만들려면 어떻게 해야 하나요?

쇼핑몰 관리자 페이지에서 메일 계정을 만들 수 있는 기능을 제공하고 있습니다. 메일은 무료로 2개까지 개설할 수 있으며 추가로 만들 때는 유료로 만들 수 있습니다.

실습을 통해 메일 계정을 만들어 보겠습니다.

[고객관리]-[메일관리]-[메일계정 관리] 메뉴를 클릭합니다.

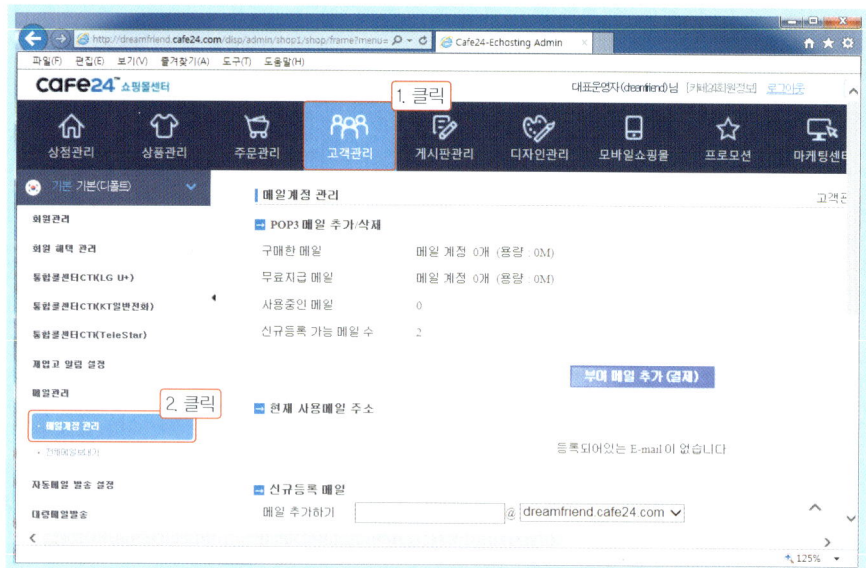

2 메일 주소와 비밀번호를 입력한 후에 [등록] 버튼을 클릭합니다.

3 메일 계정이 추가된 것을 확인할 수 있습니다.

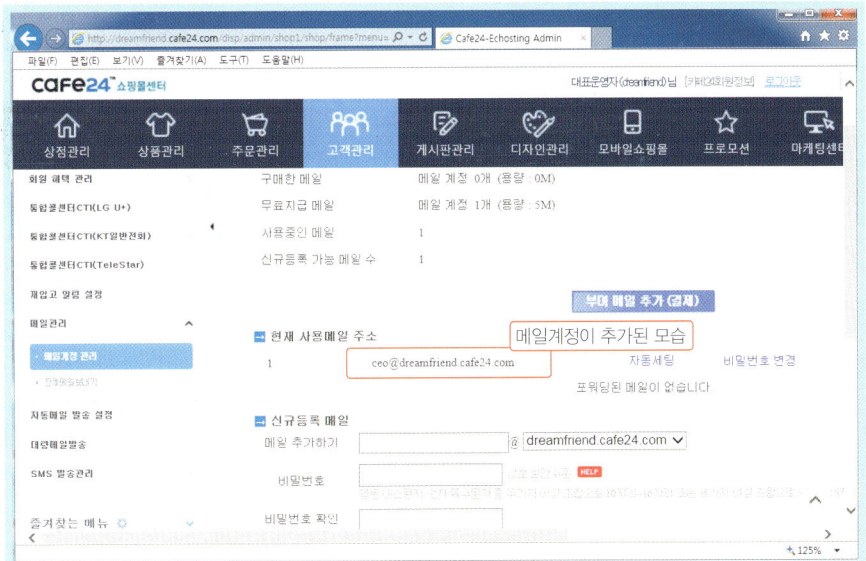

아웃룩 및 자주 사용하는 메일에서 쇼핑몰 메일을 확인할 수 있도록 설정하는 방법을 알려주세요.

쇼핑몰 관리자 페이지에 자동 설정 기능이 있습니다. 아웃룩 설정을 원하는 메일의 [자동세팅] 버튼을 클릭하여 쉽게 등록할 수 있습니다.

실습을 통해 진행해 보겠습니다.

[고객관리]-[메일관리]-[메일계정 관리] 메뉴를 클릭합니다.

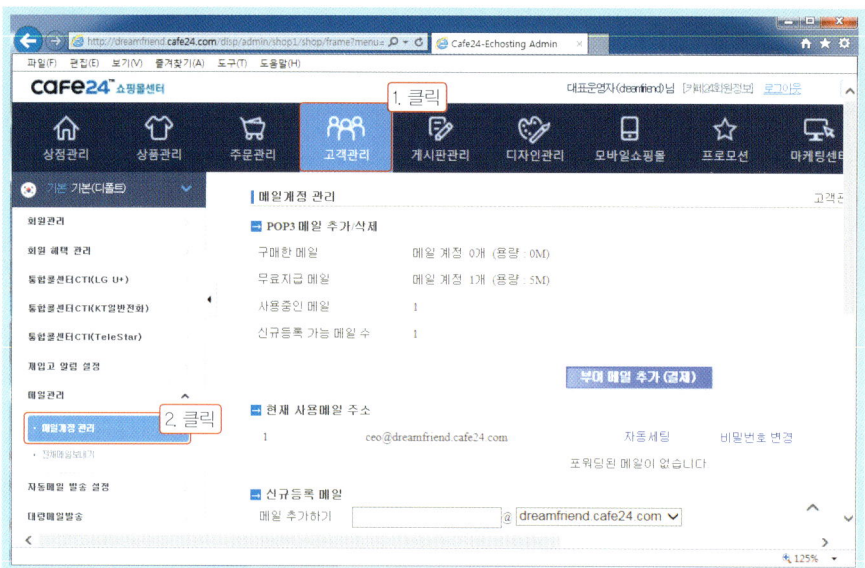

2 추가한 메일 항목에 있는 [자동세팅] 링크 버튼을 클릭합니다.

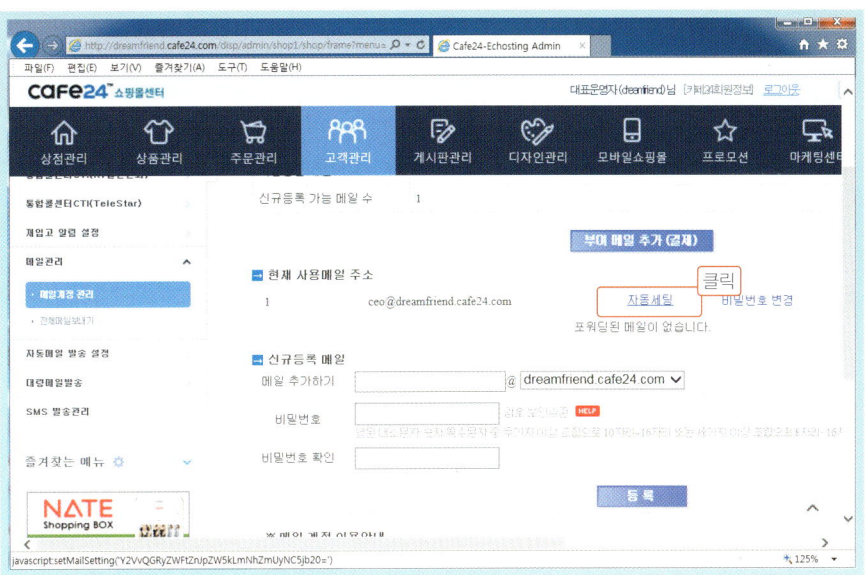

3 세팅을 진행할 아웃룩 버전을 선택하고 이름과 메일을 확인한 후 [세팅] 버튼을 클릭하면 세팅이 완료됩니다.

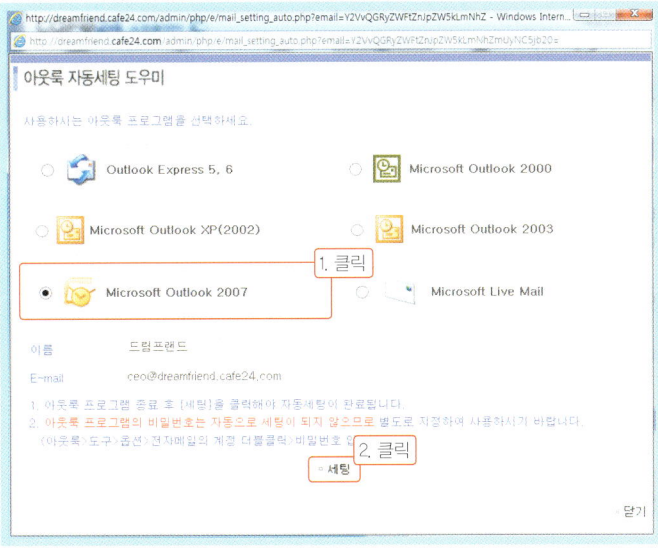

4 메일을 포워딩하는 경우는 등록한 메일 항목에서 [포워딩] 링크 버튼을 클릭합니다.

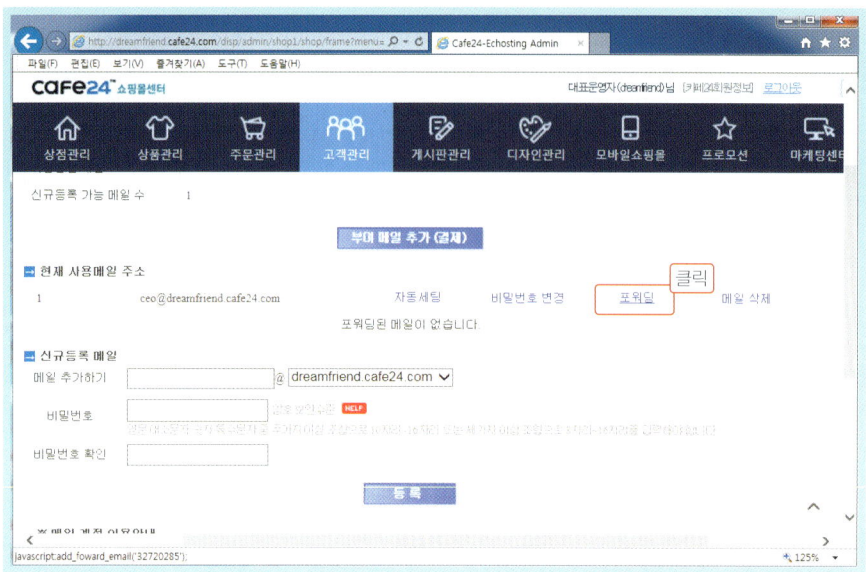

5 포워딩할 메일 주소를 입력하고 '서버에 메일 남기기' 항목에 체크한 후 [입력하기] 버튼을 클릭합니다.

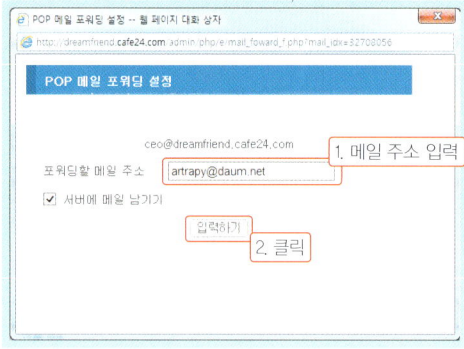

6 포워딩 메일 항목이 만들어진 것을 확인합니다.

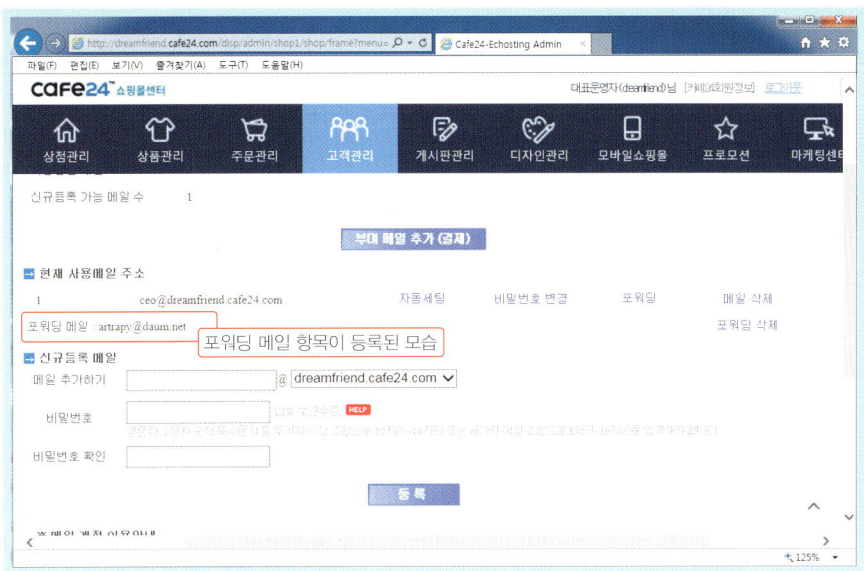

 **이벤트/기획전을 하는 방법을 알려주세요?**

이벤트/기획전은 고객이 쇼핑몰에 머무르는 시간을 늘려주고, 구매를 촉진시킵니다. 방문대비 구매율이 높아지면 구매 고객수와 회원 가입수도 증가하고 매출도 많이 올라갑니다. 따라서 쇼핑몰들은 이벤트와 기획전이 주기적으로 이루어지는 활발한 사이트로 인식되도록 노력해야 합니다.

이벤트/기획전은 시즌별 또는 매달, 기념일별로 준비된 1년의 계획이 있어야 합니다.

기획전의 종류

1. 테마에 따른 기획
졸업, 입학, 발렌타인데이, 바캉스, 추석, 크리스마스, 스키시즌

2. 시즌에 따른 기획
가을 신상품, 간절기 패션, 여름 바캉스 룩, 트렌치코트

3. 이벤트에 따른 기획
신규 가입, 재방문 유도
쇼핑몰 시즌 달력

이벤트/기획전 체크 리스트

1. 이벤트/기획전의 목적
   매출 극대화, 회원가입 유도, 고객 참여, 쇼핑몰 브랜딩 홍보, 상품 홍보

2. 대상고객
   신규 방문, 기존 회원, 상품 구입 회원
   예) 선착순 30명, 상품 구입 회원 대상

3. 아이템 협의 및 상품 협의
   이벤트 명 / 기획전 명 / 메인 카피 / 개요
   기대 효과 / 예상 매출 / 예상 비용
   경품 내역 / 지급일
   할인가, 무이자, 사은품, MD 추천상품, 총 상품수
   예 추석 맞이 선물 기획전, 신규 회원 30% 할인 행사

4. 이벤트/기획전 기획
   이벤트 명 / 기획전 명 / 메인 카피 / 메인 상품 / 메인 UI
   예상 지출 및 경품 내역
   기획전 운영 기간 및 위치
   홍보 계획

5. 디자인 의뢰 및 개발
   이벤트 기획전 디자인 / 이벤트 기획전 템플릿
   이벤트 명 / 기획전 명 / 메인 카피 / 메인 상품/ 메인 UI

6. 이벤트/기획전 상품 전시 및 기간 설정
   이벤트 / 기획전 등록
   이벤트 / 기획전 상품 등록 및 진열

7. 이벤트/기획전 홍보
   자사 사이트에서 이벤트 페이지, 이벤트 배너를 꾸며 홍보
   이메일, SMS 홍보
   카페, 블로그, 트위터, 싸이월드 등 홍보
   키워드 광고, 이미지 광고 클릭할 때 이벤트 페이지로 연결

8. 이벤트/기획전 결과 분석
   주문 건수, 결제 건수, 매출액
   페이지 뷰, 방문자 클릭수, CTR

실습을 통해 기획전 등록하는 방법을 알아보겠습니다.

1 [상품관리]-[기획전 관리]-[기획전 분류 관리] 메뉴를 클릭합니다.

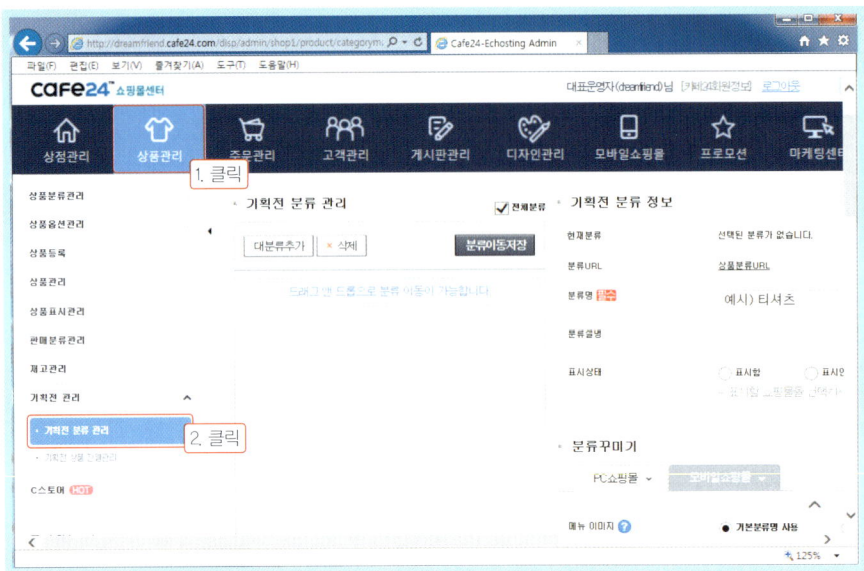

2 오른쪽 기획전 분류 정보 영역에 분류명을 입력하고 표시상태를 '표시함'에 체크하고, 화면 하단에 있는 [확인] 버튼을 클릭하면 기획전 메뉴가 등록됩니다.

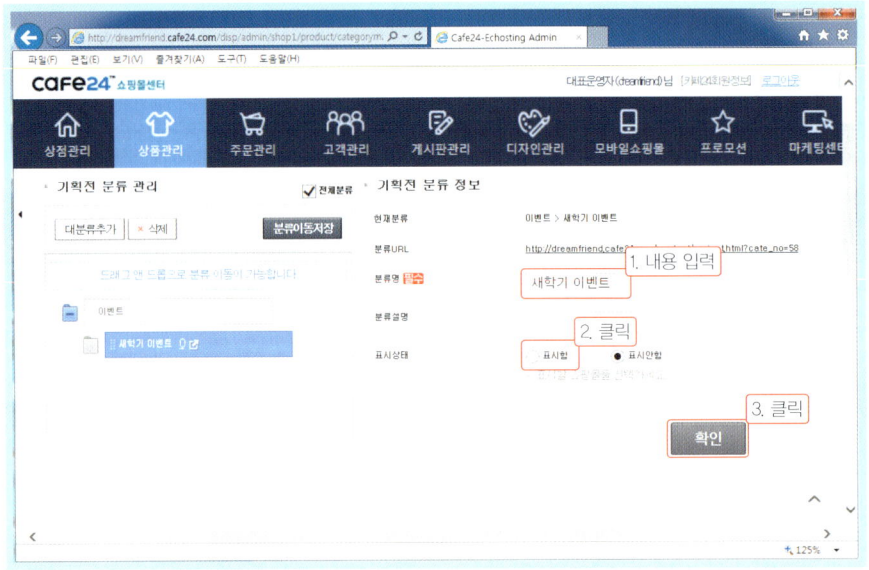

3 등록된 기획전에 상품을 등록하기 위해 [상품관리]-[기획전 관리]-[기획전 상품 진열관리] 메뉴로 이동합니다.

4 기획전 분류를 선택하고 진열상품을 등록하기 위해 [상품추가] 버튼을 클릭합니다.

5 상품 목록에서 이벤트를 진행할 상품을 선택하고 하단에 있는 [선택] 버튼을 클릭합니다.

6 기획전 관리 화면으로 상품이 진열된 것을 볼 수 있습니다.

7 하단의 [확인] 버튼을 클릭하면 나오는 메시지 창에서 [확인] 버튼을 클릭합니다.

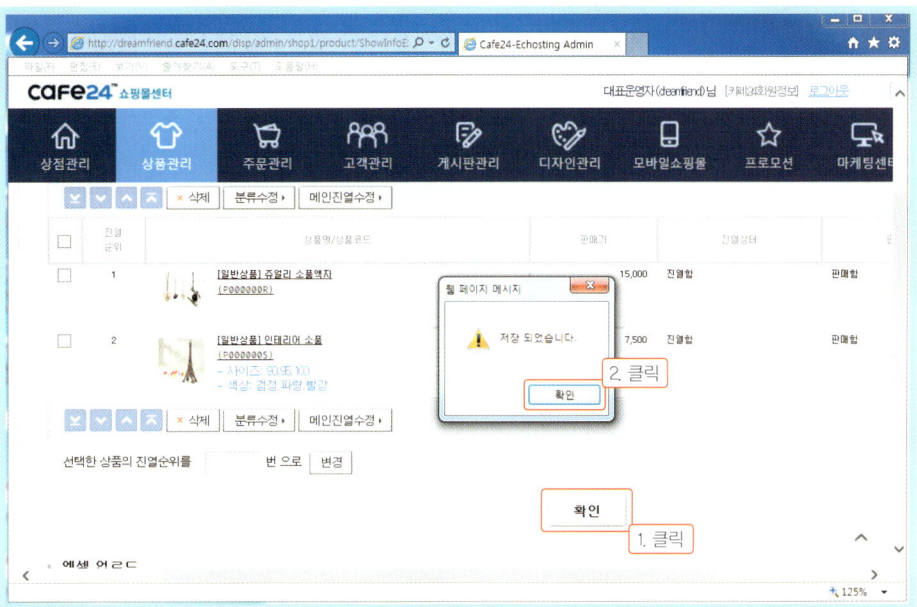

8 상점에 방문하여 기획전 배너를 클릭하면 등록한 제품이 나타나는 것을 볼 수 있습니다.

쇼핑몰 관리자 페이지에서 전자세금 계산서 발행 설정은 어떻게 해야 하나요?

전자세금계산서는 기존 종이 세금계산서 방식에서 인터넷을 통해 세금계산서 발행하고 국세청으로 전송하는 방법입니다. 기존 세금계산서의 인감도장 대신 공인인증서로 전자서명을 하고 암호화되어 저장됩니다.

전자세금계산서 발행 흐름은 다음과 같습니다.

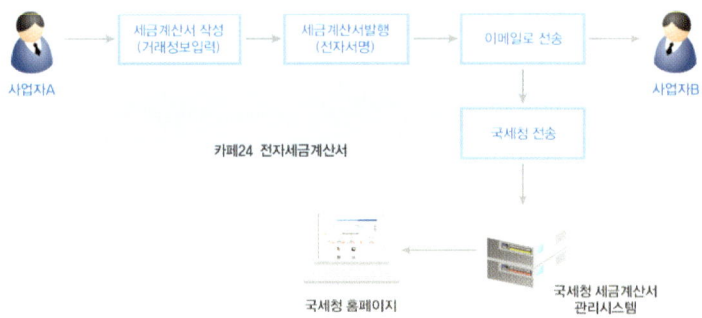

전자 세금계산서를 발행하기 위해서는 관리자에서 전자 세금계산서 서비스를 신청해야 합니다. [상점관리]-[결제관리]-[세금계산서 발행설정] 메뉴를 클릭합니다.

2 세금계산서 발행설정 항목에서 '전자 세금계산서'를 선택합니다.

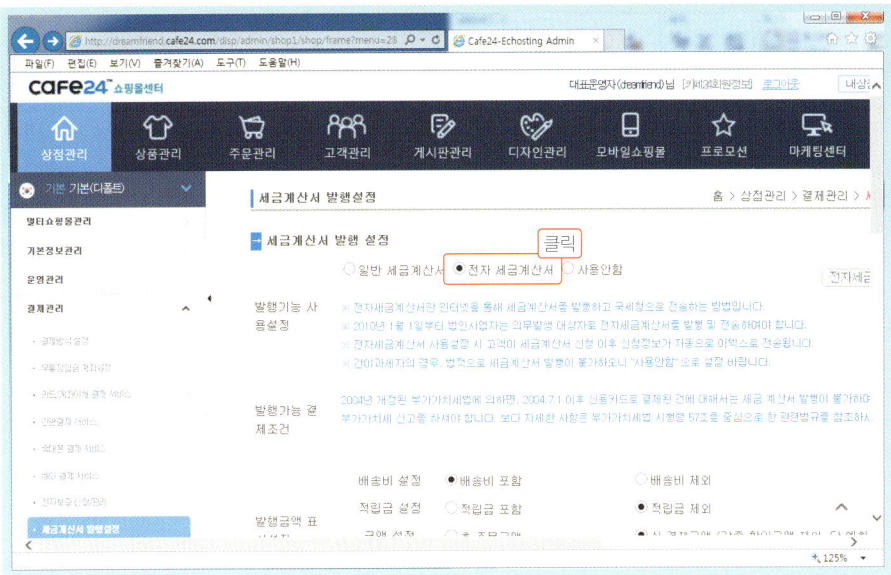

3 발행금액 표시설정 항목에서 포함해야 하는 부분을 설정합니다.

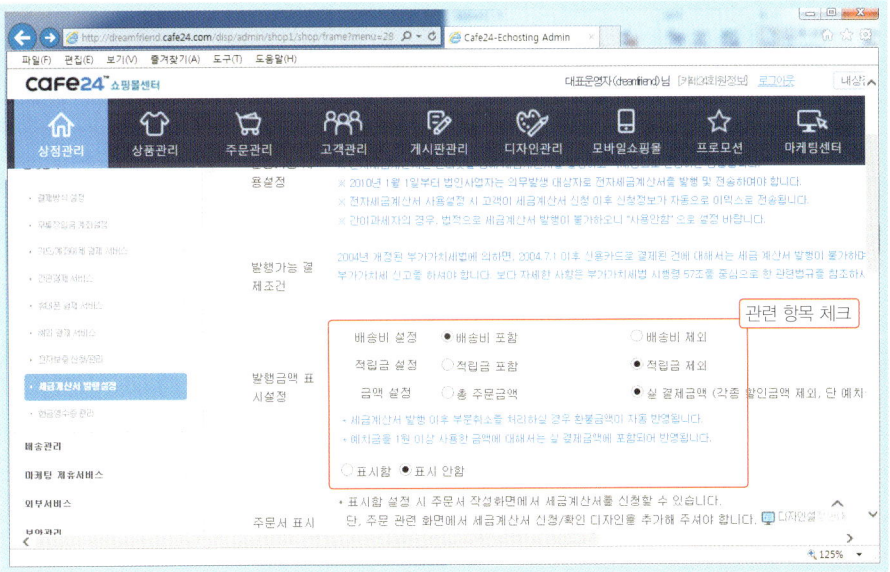

4 인감도장 이미지와 일반도장 이미지를 등록하고 [확인] 버튼을 클릭합니다.

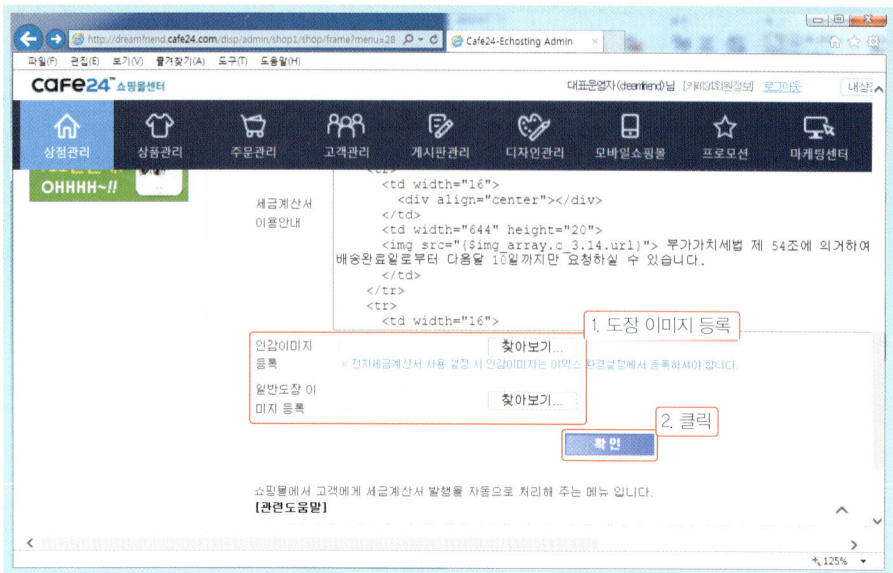

note
인감 이미지 크기 = (가로 × 세로 : 74 × 74 pixel), 해상도 = (72 dpi), 파일 종류 = (.jpg)
일반도장 이미지 크기 = (가로 × 세로 : 74 × 74 pixel), 해상도 = (72 dpi), 파일 종류 = (.jpg)
인감도장 이미지는 세금계산서에 사용되며, 일반도장 이미지는 거래명세서에 사용됩니다.

검색태그와 파비콘이 무엇인가요?

검색 메타태그 설정에서는 검색엔진에 제공하는 간단한 쇼핑몰 소개와 쇼핑몰 검색 키워드를 등록합니다. 쇼핑몰 사이트를 웹 브라우저(인터넷 익스플로러 등)로 열고 [보기] 메뉴에서 [소스]를 선택하면 다음과 같이 메타태그를 확인할 수 있습니다.

```
<html>
<head>

<meta http-equiv="content-type" content="text/html; charset=utf-8">

<title>기대 그 이상~!,큐니걸스♡</title>
<META NAME='Keywords' CONTENT='여성의류,원피스,보세,청바지,부츠,가방,시계,예쁜옷,수입보세,스키니진,여성의류쇼핑몰,여성보세의류,자켓,후드티,보세의류,티셔츠,블라우스,백팩,힐리롯스타일,롱가디건,귀여운옷,의류쇼핑몰,보세여성의류,예쁜옷파는사이트,니트가디건,보세쇼핑몰,유로스타일,정장원피스,핫팬츠,슈즈,후드가디건,커스텀티,쉬폰원피스,예쁜티셔츠,예쁜원피스,여성니트,쉬폰블라우스,패션스타일,롱티셔츠,예쁜가디건,보세가방,오프숄더,여성자켓,여성캐주얼,강강스커트,꽃지가디건,롱니트가디건,예쁜블라우스,싸고예쁜옷,워싱청바지,원피스쇼핑몰,워싱진,여성블라우스,볼레로가디건,여성원피스,레이스블라우스,미니가디건,프린트티셔츠,긴팔가디건,스키니팬츠,면가디건,귀여운옷파는곳,여성스커트,레이스가디건,힙백,원피스블라우스,귀여운옷파는사이트,보세원피스,귀여운옷스타일,반팔가디건,귀여운옷가게,칠부가디건,귀여운옷코디,고급원피스,귀여운옷쇼핑몰,데님진,커스텀티셔츠,통업바지,싸고귀여운옷,귀여운옷파는쇼핑몰,귀여운옷차림,'>
<META NAME='Description' CONTENT='해피 바이러스,큐니걸스♡'>
```

파비콘은 웹 브라우저 주소 옆에 나오는 사이트의 아이콘을 말합니다. 설정하지 않은 경우에는 익스플로러의 기본 아이콘이 노출됩니다. 파비콘은 16 × 16 픽셀 크기로 확장자가 .ico인 파일만 사용할 수 있습니다.

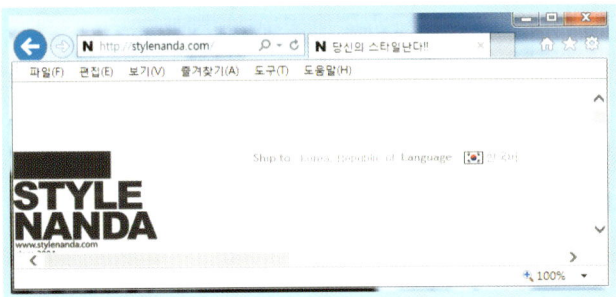

1. 메타태그(meta tag)란?

메타태그란 해당 웹 페이지가 어떤 정보를 담고 있는지 알려주는 일종의 설명서입니다. 검색 엔진 로봇이 사이트를 검색할 때 웹 페이지의 메타태그 정보를 추출하여 데이터베이스에 저장하게 됩니다. 요즘의 검색엔진 로봇의 대부분은 운영자가 검색 사이트 카테고리 내에 직접 등록하는 정보를 기반으로 검색하는 디렉토리 검색 엔진 방식으로 운영되고 있지만 메타태그는 예전부터 현재까지 여전히 여러 검색엔진에 의해 검색되고 있으므로 메타태그 정보관리는 쇼핑몰에서 기본으로 보면 됩니다.

2. Description TAG / KeyWords TAG

1) Description TAG

Description tag에는 쇼핑몰의 내용을 요약하여 적습니다. 몇몇 검색엔진은 검색결과를 출력할 때 이 내용이 브라우저에 보이기도 합니다. 즉, 해당 웹 페이지에 대한 설명을 위하여 이 태그에 적혀 있는 내용을 출력하는 것입니다.

따라서 Description 태그의 내용을 보고 사이트의 방문 여부를 결정하기도 하므로, 사용자들의 구미에 맞는 단어로 꾸며져야 하고 쇼핑몰 내용을 잘 요약하면서도 서술문으로 보기 좋고 깔끔하게 작성하는 것이 좋습니다. 문장은 길게 쓰는 것보다 100여 자 이내의 중요한 단어들을 호감이 가도록 구성하는 것이 좋습니다.

2) KewWords TAG

검색 사이트에서 검색 랭킹을 올리는 여러 가지 방법 중에 키워드(Keywords)가 있습니다. 키워드는 일반 고객이 검색사이트에서 특정 사이트를 찾기 위한 단어 및 어구를 말합니다. 따라서 쇼핑몰과 관련된 중요 단어 및 어구를 작성하여 등록해 놓으면 검색 사이트에 쉽게 검색이 되어 방문율도 높아질 것입니다.

키워드는 무조건 많이 넣는다고 반드시 좋은 것은 아니며, 키워드의 개수가 많은 경우 어떤 검색어에도 쉽게 검색이 되겠지만, 키워드의 빈도가 떨어져 검색 순위에서는 떨어지게 됩니다. 따라서 적절한 수준으로 키워드를 조절하는 것이 무엇보다 중요합니다.

키워드 작성방법

① 고객들이 내 쇼핑몰을 검색어로 검색한다면 어떤 단어가 좋을지 생각하나 뒤에 나열합니다.
   예 여성, 의류, 빈티지, 미니스커트, 겨울옷, 니트, 점퍼, 가디건, 머플러..
② 키워드들을 이용하여 어구를 작성합니다.
   예 여성의류, 겨울점퍼, 니트머플러 ...
③ 작성된 어구 외에 연관되어 유추할 수 있는 어구들도 작성해봅니다.
④ 키워드 나열은 숫자, 기호, 영문, 한글 순으로 배열합니다.
   검색엔진은 영문을 한글보다 우선시 검색하는 경우가 많기에 될 수 있으면 영문을 먼저 배열하는 것이 좋습니다.
⑤ 중요 키워드는 앞부분에 2~3차례 반복하여 등록합니다.
   단, 4~5번 이상 똑같은 키워드 반복시 스팸워드(spam word)로 처리될 수 있으니 주의하세요.

 접속통계 보는 방법을 알려주세요.

	마케팅	방문자증가	회원전환	고객유지
운영	온라인광고 검색엔진 E-메일마케팅	방문객 증가	회원전환 상품구매 상담요청	재방문 유도 뉴스레터 발송 이벤트 참여
접속통계	광고효과 분석 방문경로 분석 페이지 분석	접속수 분석 방문자 분석 콘텐츠 분석	매출 분석 구매자 분석 상품 분석 이동경로 분석 장바구니 분석 구매패턴 분석	접속수 분석 방문자 분석 구매자 분석

[쇼핑몰 운영과 접속통계 활용]

1. 접속통계 용어

① 히트 : 방문자가 웹사이트를 접속했을 때 연결된 파일의 숫자를 말하는 것으로 한 페이지를 전송할 때 그 안에 포함된 그래픽, HTML 등의 모든 파일을 히트로 계산하고 있습니다.

② 페이지 뷰(Page View) : 방문자가 웹사이트에 접속하여 본 페이지의 전체 수입니다. 예를 들어 한 명의 방문객이 [메인 페이지 〉 FAQ 페이지 〉 회사 소개 페이지]를 보았다면 페이지 뷰는 3이 됩니다. 즉, 방문자들이 웹사이트에 방문하여 열어 본 페이지 수의 합을 말합니다. 페이지 뷰는 사이트 전체 페이지에 대한 결과를 보여주는 전체 페이지 뷰와 개별 페이지의 페이지 뷰를 보여주는 개별 페이지 뷰가 제공됩니다.

③ Session Visits : 한 시간 내에 다시 같은 사이트를 방문한 경우는 새로운 방문으로 인정하지 않고, 1시간을 초과한 후에 같은 사용자가 같은 사이트를 다시 방문해도 새로운 방문으로 인정합니다.

④ 방문자 수(Unique Visitor) : 정해진 기간, 즉 하루, 1주, 1달 단위의 방문자 수입니다. 한 사람이 정의된 기간 여러 번 방문해도 한 사람으로 집계됩니다.

⑤ 세션 : 방문자 수는 실제 방문한 총인원수를 가리키는 것이 아니라 사이트 내에서 일정 시간(30분) 동안 지속적인 움직임이 있었던 활동을 하나의 단위(Session)로 하여 그 수를 측정한 것입니다.

⑥ 체류시간(Duration Time) : 웹 사이트에서 방문자가 얼마의 시간 동안 머무르는지를 나타내는 지표입니다.

⑦ 1인당 페이지 뷰 : 정의된 기간 방문자 한 사람이 열람한 페이지 수를 말합니다.

⑧ 방문자 깊이 : 정의된 기간 각각의 페이지 뷰를 방문한 방문자 수로 나눈 비율입니다.

⑨ 유출입 사이트 : 정의된 기간 기준 사이트 방문 직전 방문 사이트와 방문 이후 이동한 사이트를 페이지 뷰를 기준으로 측정하여 비율로 나타내는 지표입니다.

⑩ 유입 상세 URL : 정의된 기간 설정된 사이트들에 방문하기 직전 사이트 URL을 페이지 뷰 기준으로 측정하여 비율로 나타내는 지표

⑪ **이동 경로** : 정의된 기간 사이트 내에서 지정된 페이지의 이전, 이후의 방문자 경로를 페이지 뷰 기준으로 측정하여 비율로 나타내는 지표입니다.

> **TIP**
> **사이트 내 고객 행태지표**
> 누가 방문했는가? 방문자 분석
> 얼마나 많이 방문했는가? PV, UV, Duration time
> 어떤 경로를 통해 방문했는가? 유입경로 분석
> 우리 사이트에서 무엇을 하였는가? 전환율

> **TIP**
> **광고 효과 지표**
> 몇 번의 광고가 노출되었는가? 노출(Impression)
> 몇 번의 클릭이 발생하였는가? 클릭(Click)
> 실제 클릭비용은 얼마인가? 클릭당비용(PPC or CPC)
> 클릭을 통해 상품의 구매는 얼마나 발생하였는가? 전환율(CVR)

2. 접속통계 활용 예

접속수 분석 〉 페이지 뷰

검색 기간 내에 방문자가 웹사이트에 접속하여 본 페이지의 전체 수입니다. 페이지 뷰는 사이트 전체 페이지에 대한 결과를 보여 주며 한, 방문자가 동일 페이지를 다시 접속할 때 카운트가 증가됩니다. 웹 브라우저에서 새로고침 하는 경우도 카운트에 포함됩니다.

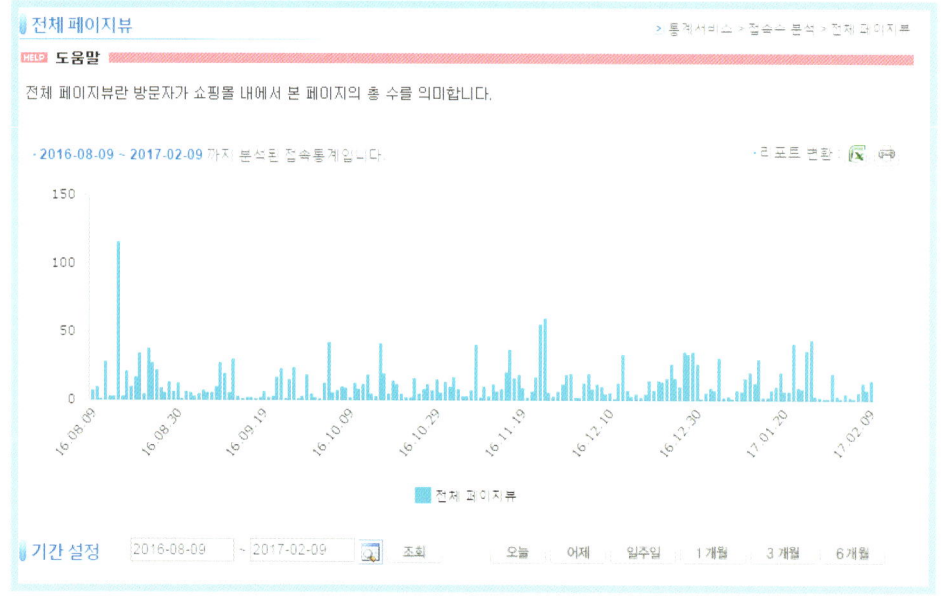

사용자들이 주로 접속하는 시간대를 파악해 광고 집행이나 이벤트에 따른 트래픽의 변화를 파악할 수 있습니다. 또한, 현재 페이지 뷰 추세를 통해 어떤 시점에서의 미래 결과값의 예측 등으로도 활용할 수 있습니다. 방문당 페이지 뷰가 높을수록 대체로 사용자의 사이트 체류시간도 길며 상품이나 콘텐츠에 비교적 높은 관심을 나타냅니다.

접속수 분석 > 전체방문자

(처음 방문 + 재방문자)로 사이트에 동일한 IP가 60분 이내 간격으로 여러 번 방문하는 경우 방문자로 집계하지 않습니다. 단, 같은 날 다른 시간대에 동일 IP로 접근하게 되면 전체 방문자 수는 증가합니다.

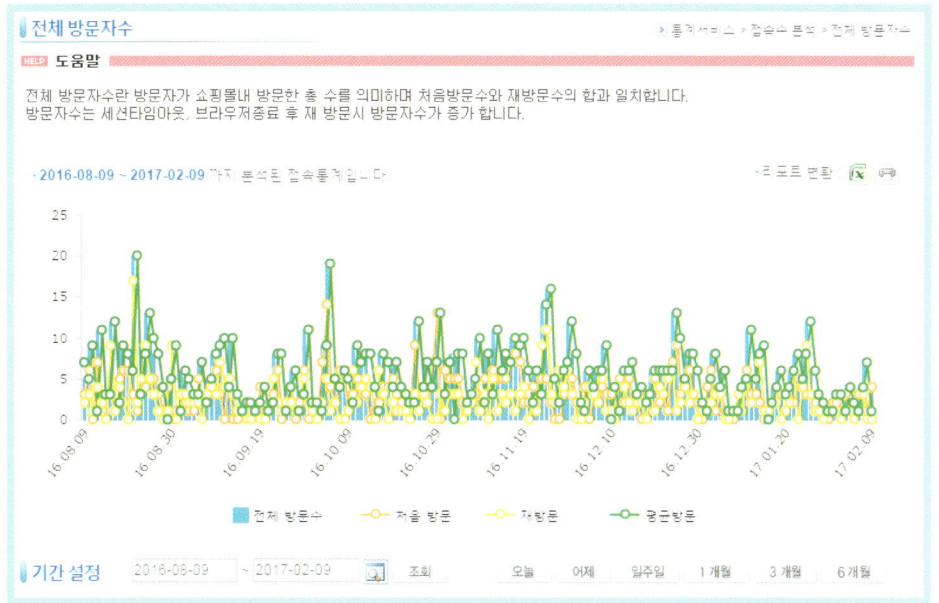

처음 방문
사이트에 처음 접속한 IP이면 집계됩니다.

재방문
IP를 기준으로 방문한 적이 있거나, 방문 간격이 60분을 초과하는 경우 재방문자로 집계합니다.

재방문자 수가 높은 경우
사이트 충성도가 비교적 높은 방문객들이 많으며 사용자가 사이트가 제공하는 정보에 대한 만족감이 비교적 큰 경우입니다. 또는 재방문을 유도하는 활동(뉴스 레터 등)을 했거나 특정한 콘텐츠를 지속적으로 제공하는 경우입니다. 주로 커뮤니티의 성격이 강한 경우에 많이 나타납니다.

재방문자 수가 점점 감소하는 경우
웹사이트의 로딩 시간이 길거나 원하는 콘텐츠(정보, 상품)를 찾기가 어려운 경우입니다.

신규방문자 수가 많은 경우
사이트 충성도가 비교적 낮은 방문객들이 많으며 광고나 이벤트를 통해 초기 방문자를 많이 유치한 경우입니다. 주로 웹사이트가 시작 단계일 때 나타납니다. 초기 방문자를 계속 유입하되 이들의 충성도를 높이는 다양한 노력이 필요합니다.

콘텐츠 분석 > 사이트 체류시간

"종료 페이지 접속시간 – 시작 페이지 접속시간"으로 치음 페이지 접속 이후 페이지 이동이 없는 경우 모두 1분 미만으로 표시됩니다.

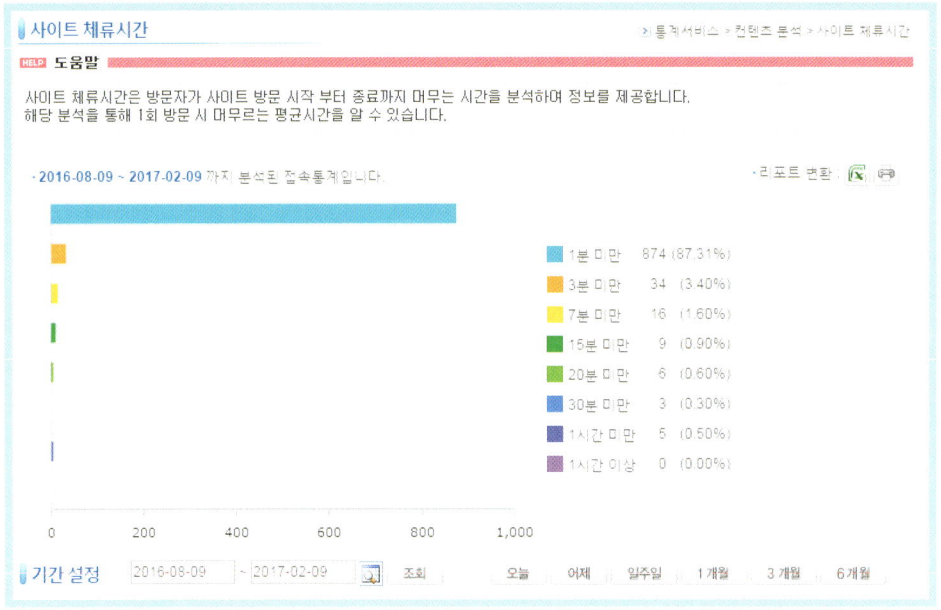

사이트 체류시간이 길수록 상품이나 콘텐츠에 비교적 높은 관심이 있다고 할 수 있습니다. 주로 커뮤니티 서비스에서 길게 나타납니다.

접속수 분석 〉 시간대별 평균 접속 수

선택한 기간 동안 어느 시간대에 페이지 뷰가 높았는지, 방문수가 많았는지를 비교하여 분석할 수 있습니다.

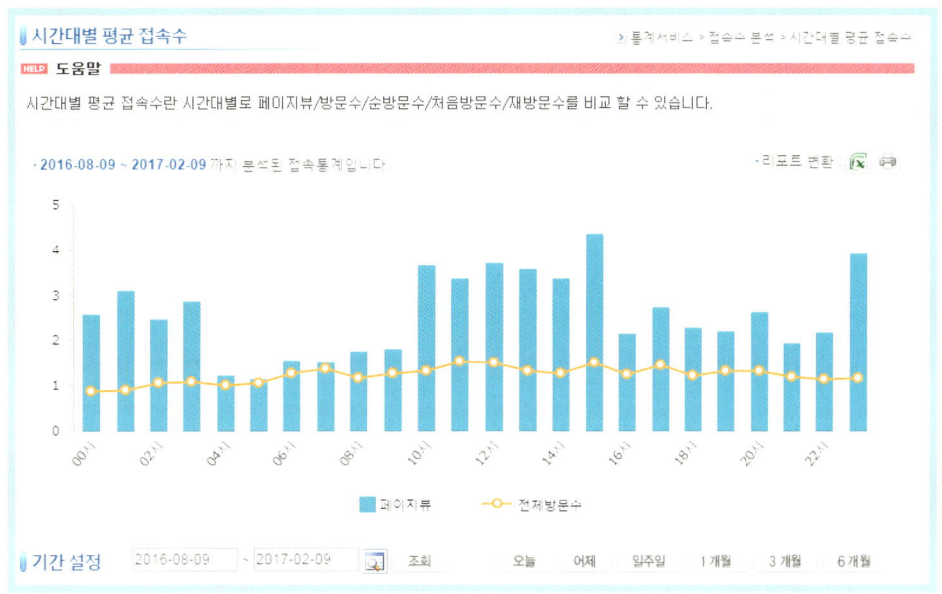

사용자들이 많이 접속하는 주 시간대에는 광고나 이벤트를 집중적으로 진행해 효과를 더욱 높일 수 있습니다. 또한, 사이트 점검 등 일시적으로 운영을 중단할 경우, 방문수가 가장 적은 시간대를 선택해 작업하면 고객의 불만을 최소화할 수 있습니다.

방문자분석 〉 방문 횟수별 분석

1회 방문이란 일별로 최초 방문자이며, 재방문자에 대해 2회, 3~5회, 6~9회, 10회 이상 방문으로 나누어 각 방문자와 비율을 표현합니다.

방문횟수가 많은 경우
신규 방문자보다 기존 방문자의 활동이 더욱 왕성한 것으로 해석되어 충성도 높은 고객이 많다고 볼 수 있습니다.

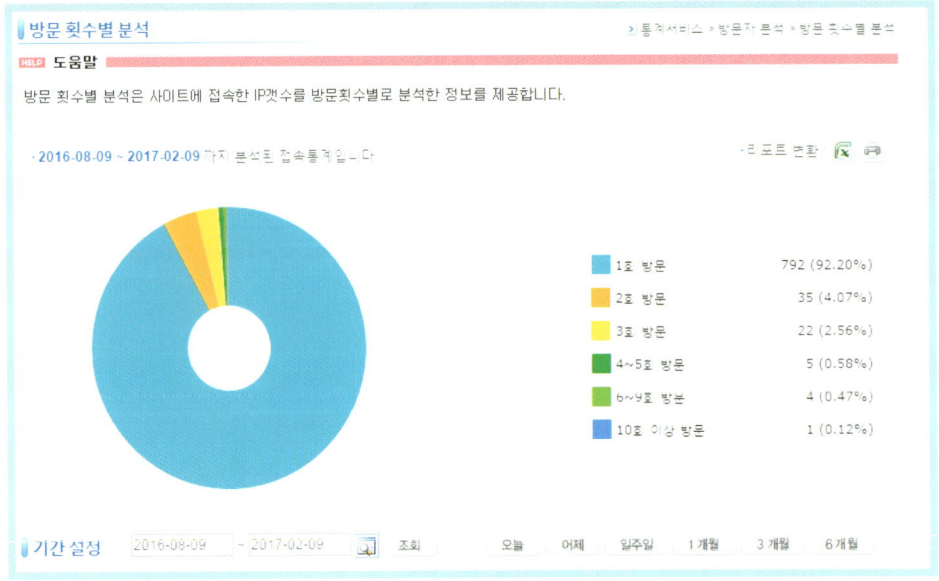

방문횟수가 적은 경우

이벤트 등으로 초기 방문자를 많이 유치한 경우에 많이 나타납니다. 또는 웹사이트 운영을 시작한 지 얼마 안 되었을 수도 있습니다. 따라서 유입한 방문자를 계속 방문하도록 충성도를 높이는 노력이 필요합니다. 만약 오래된 웹사이트인데도 방문횟수가 적다면 웹사이트에 방문자를 지속할만한 콘텐츠를 더 보강하거나 아니면 사이트 구성을 재검토해 볼 필요가 있습니다.

이동경로 분석 > 방문경로 깊이

방문객이 사이트 내에서 이동한 페이지의 수를 경로 깊이로 분류하여 나타냅니다.
각(1페이지, 2~4페이지, 5~9페이지, 10~20페이지, 21페이지 이상) 항목별로 방문자 수와 차지하는 비율이 나타납니다.

이동경로가 많은 경우

사용자가 비교적 편리하게 귀하의 웹사이트를 이동하고 있다고 할 수 있습니다.

이동경로가 적은 경우

사용자가 불편해서 귀하의 사이트를 그냥 나가 버렸을 가능성이 있습니다. 이런 때는 웹사이트의 디자인 변경, 콘텐츠 배치 변경 및 보강, 페이지 추천 등을 사용자에게 제공하는 것도 한 가지 방법이라고 할 수 있습니다.

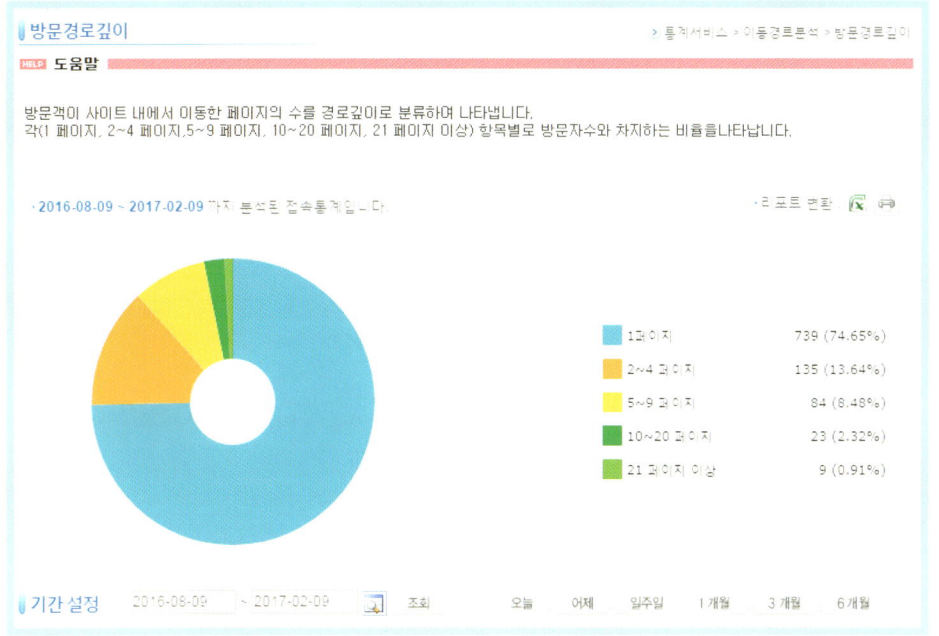

방문자 분석 > 다시 찾아온 방문자

전체 방문자 중 IP 기준에 의한 재방문에 대한 방문 간격을 분석합니다.
[1일 만에 재방문 / 2~5일 만에 재방문 / 6~10일 만에 재방문 / 11~15일 만에 재방문 / 16~30일 만에 재방문 / 1개월~3개월 만에 재방문 / 3개월 이후 만에 재방문]

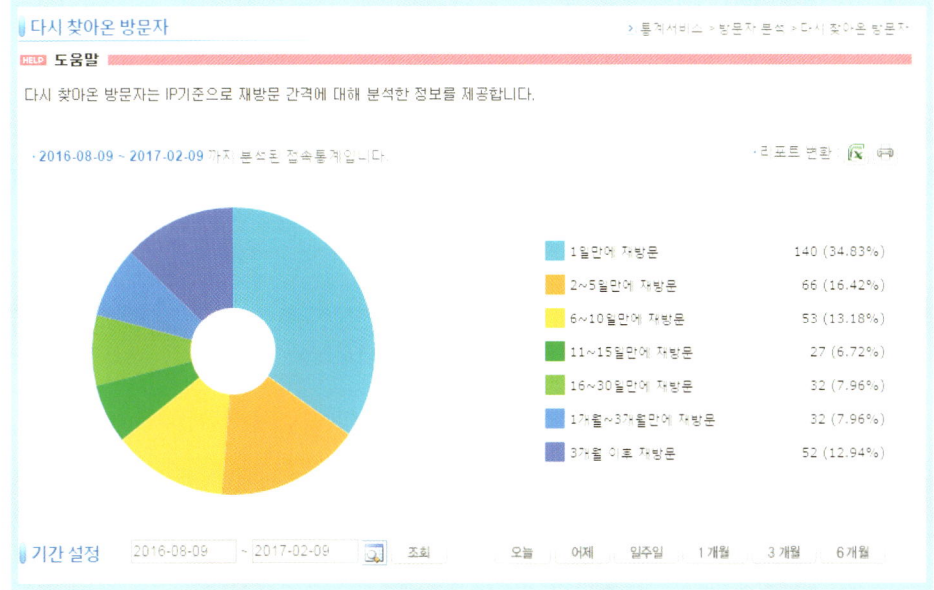

경과일이 적을수록 자주 방문하는 것이기 때문에 웹사이트에 대한 친숙한 사용자가 많다고 할 수 있습니다. 하지만, 경과일이 커지면서 전체 방문자의 수가 같거나 줄어든다면 웹사이트가 방문자에게 특별한 메리트(merit)를 주지 못하는 것으로 위험 신호라고 볼 수 있습니다.

페이지 분석 > 시작 페이지

IP 기준이며 접속 후 1시간 이후 접속시에는 페이지가 시작되는 곳에서 다시 카운트 됩니다. 해당 페이지가 외부사이트에서 내 사이트로 처음 접속할 때 가장 처음 접속한 횟수입니다.

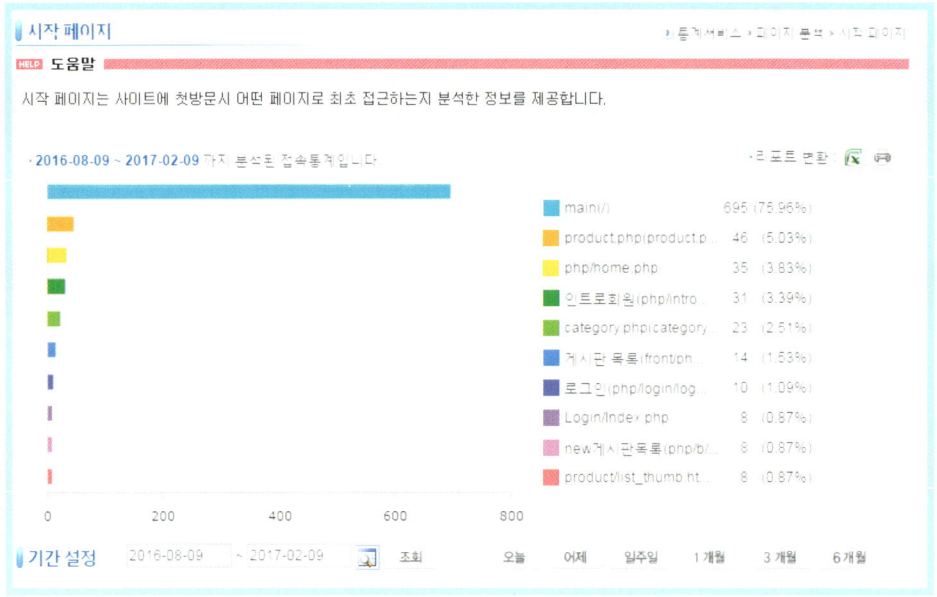

보통 시작 페이지는 메인 페이지이나(또는 index page) 특정 사이트에서 링크를 서브 페이지로 하는 경우 또는 검색엔진에서 검색된 페이지도 시작 페이지가 될 수 있습니다. 유도한 시작 페이지가 아닌 다른 페이지로 방문자가 많이 들어온다면 적절한 링크 등을 배치하여 메인 페이지로 유도하여야 합니다.

종료 페이지 리포트와 비교해 처음 접속 후 바로 사이트를 떠난 경우라면 페이지의 내용을 방문자의 목적에 맞게 보강하는 것이 필요합니다.

페이지 분석 > 종료 페이지

IP 기준이며 접속 후 1시간 이후 접속할 때는 페이지가 종료되는 곳에서 다시 카운트 됩니다. 해당 페이지에서 종료된 횟수로 해당 페이지 접속 이후 이동 없이 1시간이 지나면 종료된 것으로 집계합니다.

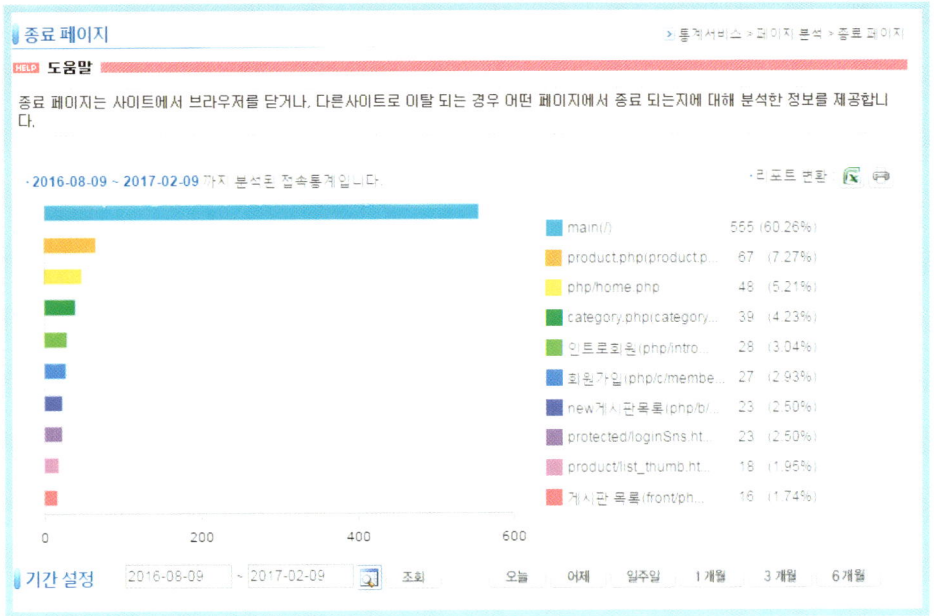

① 방문자가 방문 목적을 달성한 후 종료한 경우 : 매우 바람직한 경우임
② 더 이상 내용을 찾을 수가 없어 포기하는 경우 : 시작 페이지 리포트와 비교해 처음 접속후 바로 사이트를 떠난 경우라면 페이지의 내용을 방문자의 목적에 맞게 보강하는 것이 필요합니다.
③ 내용이 많고 자세하여 세션(30분)이 종료할 때까지 읽거나 페이지를 열어 놓은 채로 장시간 자리를 비운 경우

페이지 분석 > 많이 찾는 페이지

사이트의 웹 페이지 중 방문자가 가장 많이 본 순서대로 통계를 보여줍니다. 환경설정 > 페이지이름설정에 이름을 등록한 경우 등록한 이름이 보입니다.

① 인기 페이지를 통해 방문자의 관심 성향을 알 수 있습니다.
② 메인 페이지의 방문당 페이지 뷰가 높다면 서브 페이지의 콘텐츠를 찾지 못했거나 콘텐츠 이동이 자유롭지 않은 경우일 수 있습니다.

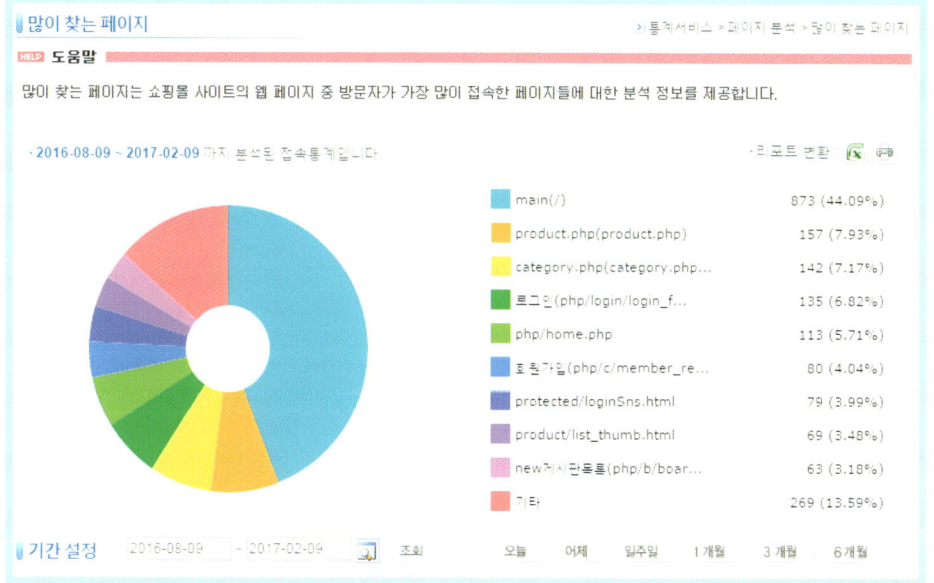

페이지 분석 > 많이 찾는 카테고리

사이트의 웹페이지가 카테고리로 분류되는 경우 카테고리에 속한 페이지 뷰와 방문수를 분석합니다. 각 페이지에 대한 페이지 뷰(PV)의 합과 디렉토리에 대한 방문수를 함께 분석할 수 있습니다. 상품분류에 해당하며 '환경설정>카테고리이름설정'에 이름을 등록한 경우 등록한 이름이 보입니다.

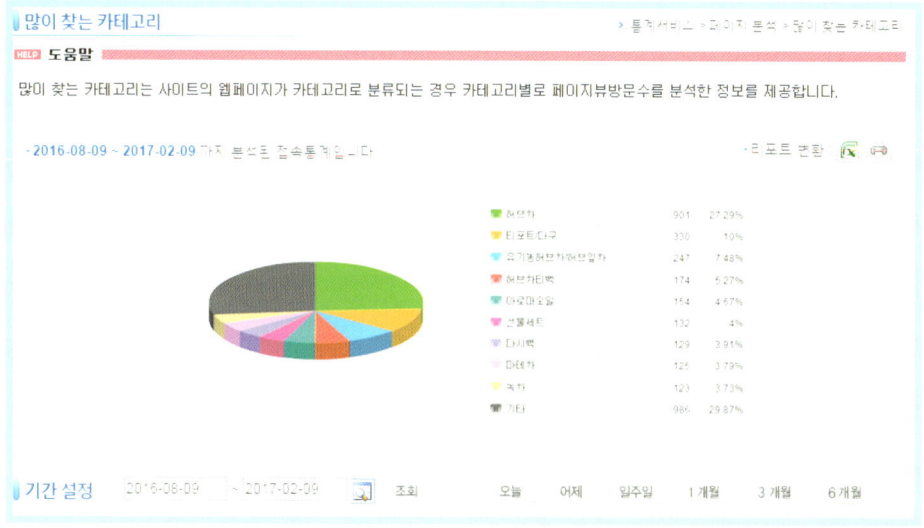

인기 디렉토리를 통해 방문자의 관심 성향을 알 수 있습니다. 물리적으로 구성된 디렉토리

에 대한 분석이기 때문에 리포트를 보기에 불편할 수 있습니다. 원하는 페이지들만 따로 구성해 리포트를 보시려면 인기 메뉴 리포트를 활용하시기 바랍니다.

페이지 분석 > 메뉴별 방문수

게시판/마이 페이지/회사소개/카테고리/주문서/게시판의 페이지그룹별 페이지 뷰와 처음 접속 수를 집계합니다.

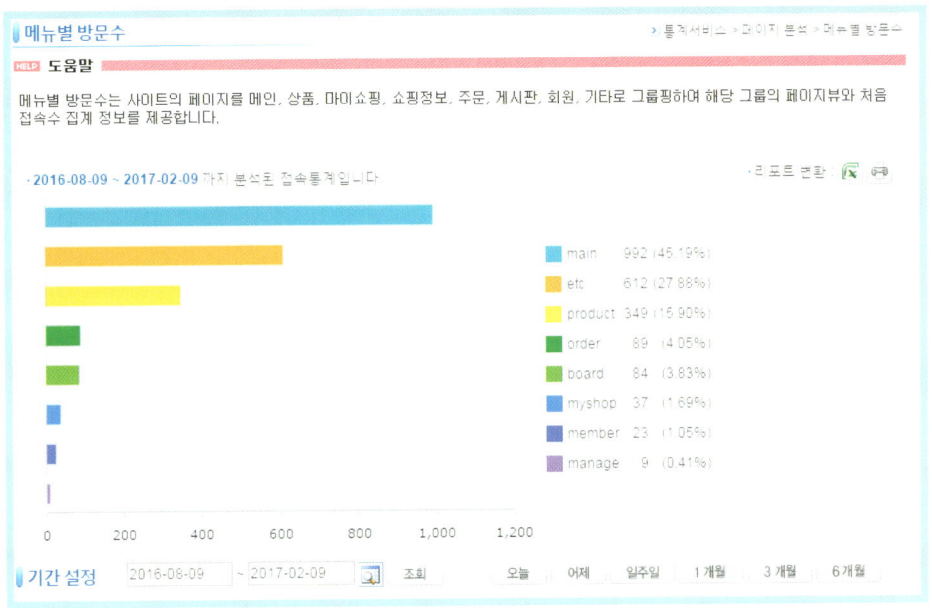

원하는 페이지들만 따로 그룹으로 묶어 현황을 파악할 수 있습니다. 예를 들어 상품 관련 페이지나 회원가입, 이벤트 페이지들을 묶어서 페이지 뷰와 방문자 현황을 확인할 수 있습니다.

방문경로 분석 > 검색엔진순위 (일반)

검색엔진을 통해 방문하는 사용자들의 유입횟수 및 비율을 통계로 볼 수 있습니다. 예를 들어 네이버 검색엔진 중 (검색/쇼핑박스/지식쇼핑)에 광고를 진행하고 있다면 (검색/쇼핑박스/지식쇼핑)별로 접속횟수 및 비율을 볼 수 있습니다. 단, 검색엔진을 통해 유입된 검색어만 집계합니다.

① 웹사이트의 방문자가 어떤 검색엔진에서 무슨 검색어를 통해 접속하는지 쉽게 파악할 수 있습니다.
② 유입률이 높은 검색엔진에 광고 비용을 집중함으로써 좀 더 효율적인 광고 집행을 할 수 있습니다.

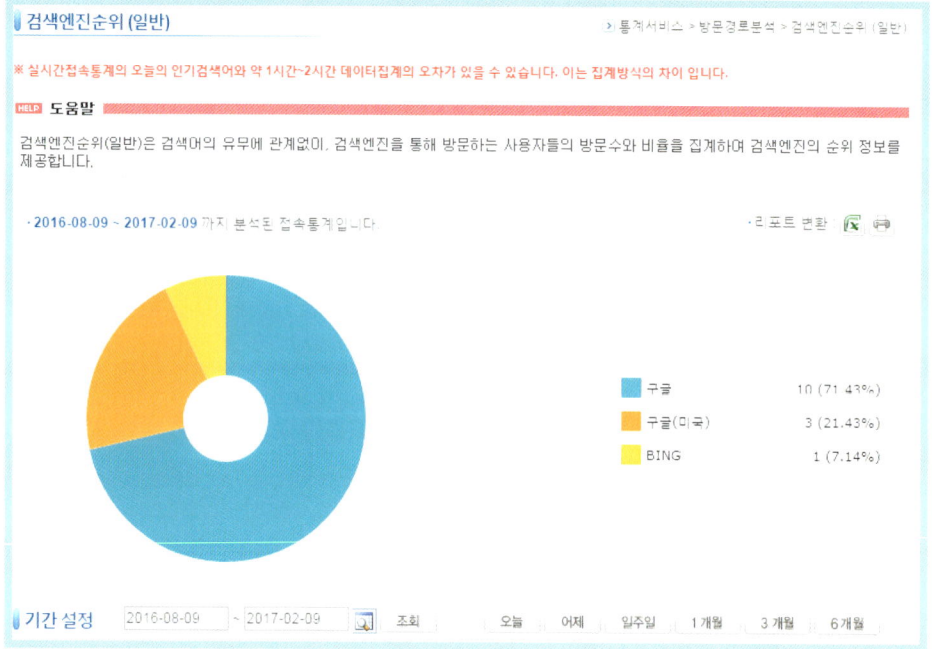

방문경로 분석 〉 검색어(일반)

쇼핑몰을 검색하기 위해 사용된 검색어가 얼마나 사용되었는가에 대한 순위입니다. 해당 검색어를 통하여 어떤 검색어가 가장 많이 사용되고 있는가를 파악할 수 있으며 많이 사용되는 검색어를 키워드 광고 등에 활용하는 것은 좋은 마케팅 방법이 될 수 있습니다.

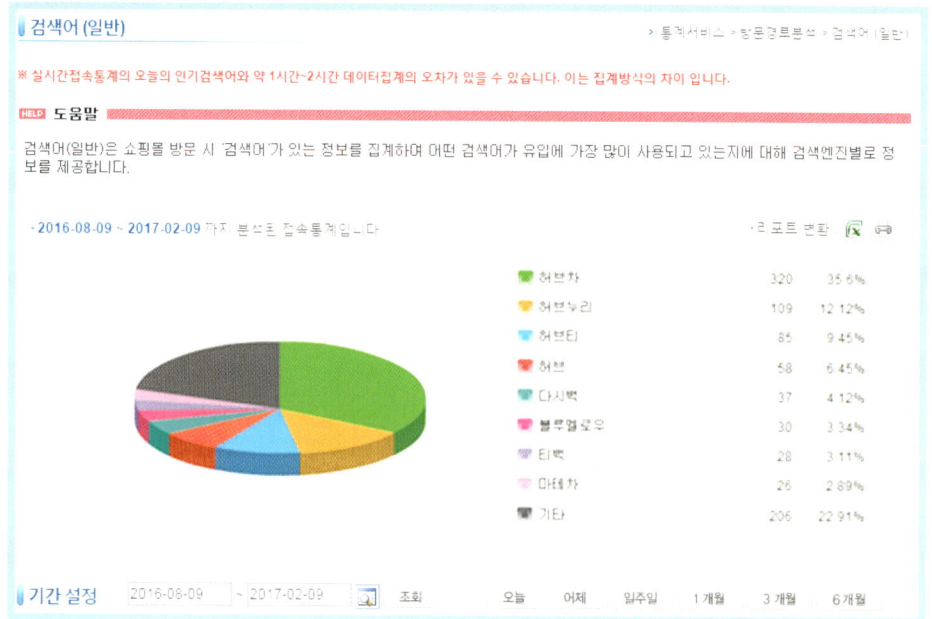

① 방문자가 많이 사용하는 검색어를 통해 방문자의 성향과 관심사를 파악할 수 있습니다. 특히 쇼핑몰의 경우 해당 검색어에 맞는 콘텐츠를 더욱 보강할 것을 권장합니다.
② 검색광고를 집행할 때 유입률이 높은 검색어를 중심으로 진행하면 높은 효과를 얻을 수 있습니다. 또한, 단가가 낮은 추가 광고 키워드도 예측할 수 있습니다.

방문경로 분석 〉 유입도메인(일반)

유입 도메인 분석은 유입 도메인을 기준으로 방문 경로를 분석합니다. 유입경로가 없이 직접방문(Bookmark)하였는지, 어떤 사이트에서 얼마의 유입이 있었는지 알 수 있습니다. .com 또는 .co.kr 등 최상위 도메인 주소만을 보여 줍니다.

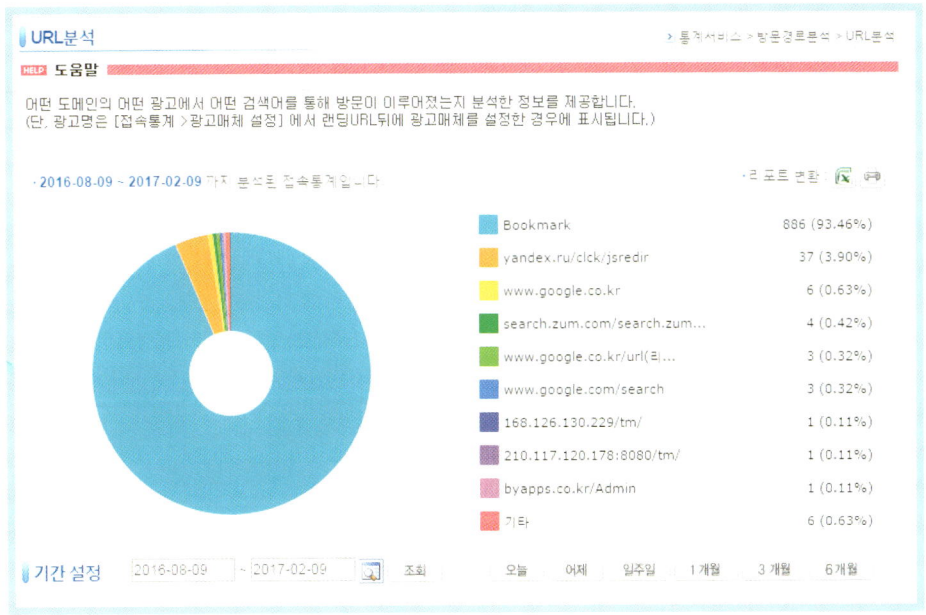

방문자 가장 많이 유입된 방법을 파악해서 그에 맞는 마케팅을 할 수 있습니다.

방문경로 분석 〉 상세 URL

쇼핑몰의 플래시 링크를 클릭할 때 방문 경로를 잃어버리지 않습니다. 플래시 링크를 방문할 때에도 정상적으로 방문 경로가 분석됩니다.

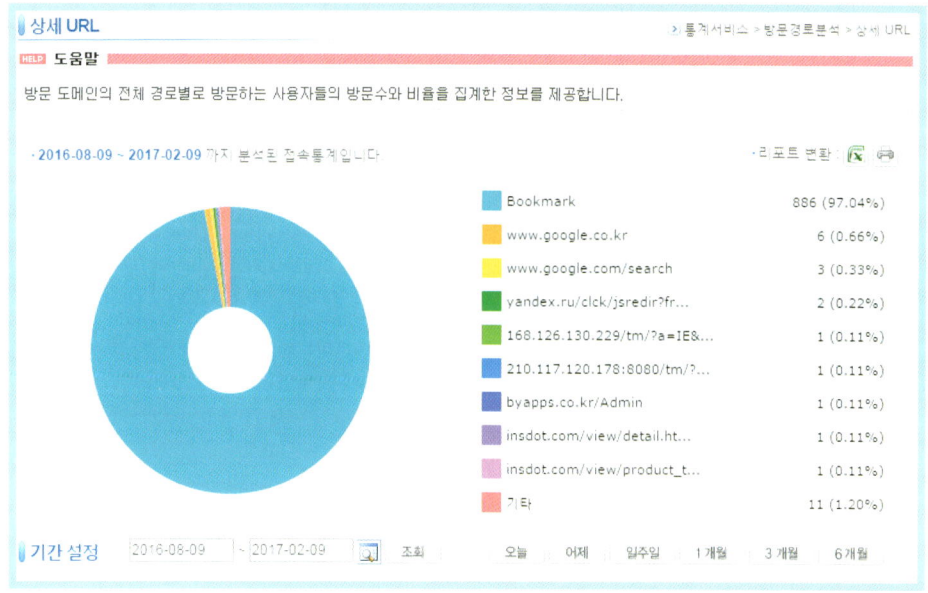

① 방문자가 어떤 웹사이트로부터 유입되어 오는지, 또 어떤 웹사이트에서 나의 사이트로의 연결 링크를 가졌는지 파악할 수 있습니다.
② 방문자가 많이 유입되는 사이트에 링크나 배너 교환 등을 통한 다양한 마케팅 제휴를 생각해 볼 수 있습니다. 또한, 특정 사이트에서 유입이 많은 경우 그 방문자들의 성향으로 맞춤형 콘텐츠, 상품 등을 기획할 수 있습니다.

이동경로 분석 > 이전, 다음 페이지 경로

방문자가 사이트에 방문한 후 어떤 페이지를 보며 이동했는지에 대하여 기준 페이지를 선택하여 어떤 페이지에서 기준 페이지로 이동하였으며, 다음 페이지로 이동하였는지 분석됩니다. 각 페이지는 색이 다른 페이지 모양의 아이콘으로 대체되어 있으며, 클릭하면 해당 페이지를 볼 수 있습니다.

가장 많이 이동하는 경로를 분석해 방문자들의 이동 흐름을 파악할 수 있으며 중요한 콘텐츠나 홍보가 필요한 사항들을 적절히 배치하는 등의 마케팅을 할 수 있습니다.

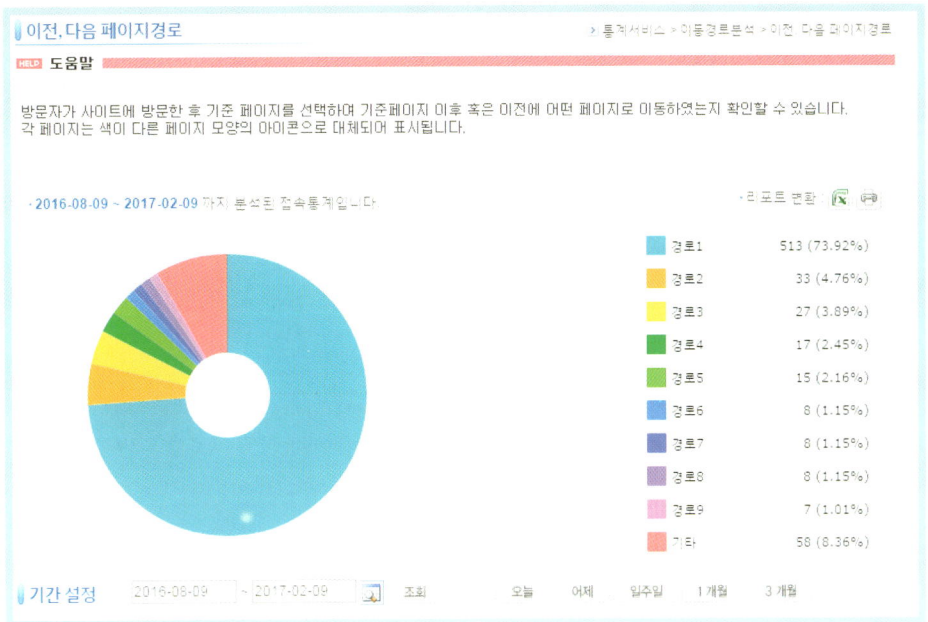

광고효과 분석 > 광고별 분석

오버추어, 구글 애드워즈, 네이버 클릭초이스, 네이버 타임초이스 등의 광고 유입에 대한 자료를 확인할 수 있습니다.

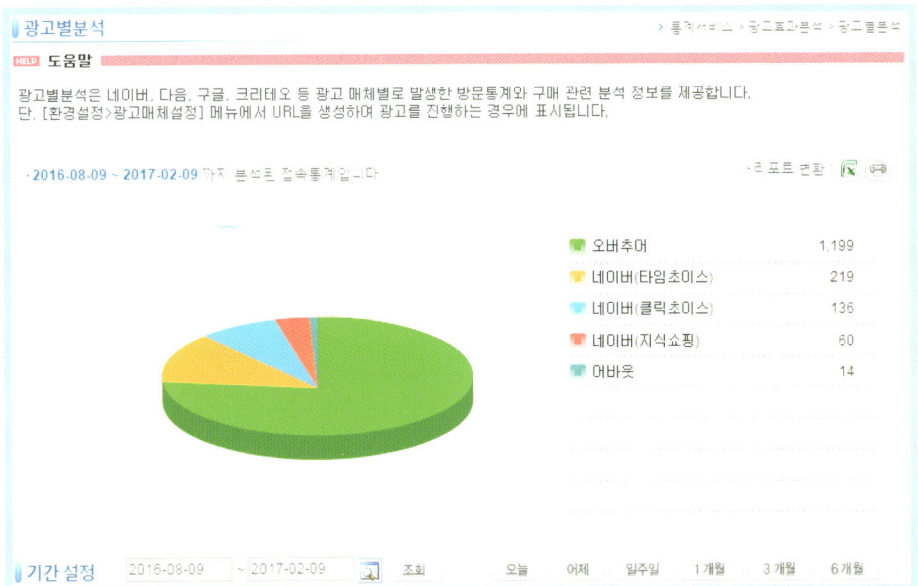

① 방문자가 어떤 매체에서 무슨 상품을 통해 접속하는지를 쉽게 파악할 수 있습니다.
② 광고 매체 안에서도 CPC, CPT 등의 상품 키워드별로 광고 효과를 확인할 수 있어 어떤 광고 상품이 효과적인지 비교할 수 있습니다.

광고효과 분석 > 검색키워드광고

광고효과 분석 메뉴는 오버추어, 구글, 네이버 클릭초이스, 네이버 타임초이스 등의 광고로 인한 유입 통계 자료이며 결제완료된 주문만 집계됩니다.

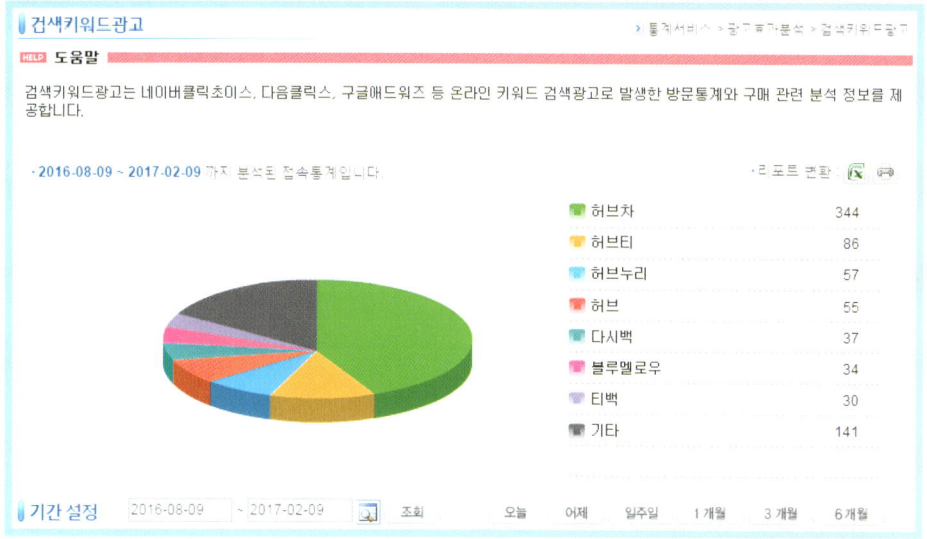

① 방문자가 어떤 키워드를 통해 접속하는지 쉽게 파악할 수 있으며 이를 통해 방문자의 성향과 관심사를 파악할 수 있습니다.
② 광고 키워드의 광고 상품별로도 광고 효과를 확인할 수 있습니다.

키워드 광고가 무엇인가요?

키워드 광고는 검색 포털 사이트를 통해 이루어지는 광고입니다. 대표적으로 네이버나 다음을 통해 찾아오는 고객이 검색하는 단어가 무엇일까를 생각해서 광고를 노출하는 방식이기 때문에 광고 효과가 매우 높습니다.

1. 구매 단계에서 검색의 중요성

검색광고는 대상(target) 소비자에게 구매 정보 제공 및 행동을 유도하는 핵심 마케팅 채널입니다.

[소비자의 구매 단계]

검색은 브랜드 인지에서부터 구매까지의 전 과정에 영향을 줍니다. 적극적 소비자의 정보탐색과 비교과정에서 검색광고를 통해 소비자의 액션을 유도할 수 있습니다.

2. 키워드 검색광고란?

키워드 검색광고란 네이버, 다음과 같은 검색사이트에 특정 키워드를 검색한 사람들을 대상으로 광고주의 사이트가 노출되도록 하는 광고 방법입니다. 키워드 검색광고는 '찾아오는 고객'에게 광고를 노출한다는 점에서 적중률이 매우 높습니다.

CPC(Cost Per Click)는 클릭하여 방문한 경우에만 광고비를 지급하는 방식입니다. 일반적으로 '클릭=방문'이므로 고객을 쇼핑몰로 1회 방문시키는데 들어가는 비용을 뜻하기도 합니다. CPC 방식의 광고로는 대표적으로 네이버 클릭초이스, 다음 클릭스 등이 있습니다. PPC(Pay Per Click)와 동의어입니다.

키워드 검색광고를 이해하기 위해서는 다음의 광고 용어들에 대해서 확실히 이해해야 합니다.

- **조회수** : 네이버, 다음, 네이트, 야후 등과 같은 검색포털에서 해당 키워드를 얼마나 조회(검색)하였는지를 나타내는 수치입니다.
- **노출수** : 검색 포털에서 해당 키워드를 검색하는 경우에 광고가 얼마나 표시되었는지를 나타내는 수치입니다.
- **클릭수** : 검색 포털에서 해당 키워드를 검색한 후에 표시된 광고 중에서 광고를 얼마나 클릭하였는지를 나타내는 수치입니다.
- **클릭율(CTR)** : (클릭수 / 노출수)×100으로, 노출수 대비 클릭수의 백분율
- **(구매)전환수** : 쇼핑몰의 경우 보통 구매 전환수라고 하여 클릭한 후에 방문한 고객이 구매한 수치입니다.
- **(구매)전환율(CVR)** : (구매 전환수 / 클릭수)×100으로, 클릭수 대비 구매 전환수의 백분율
- **광고비** : 지급한 광고비용. "클릭당 단가(CPC)×클릭수= 광고비"입니다.
- **매출** : 해당 광고를 통해서 일어난 매출의 합계입니다.
- **광고비 대비 매출(ROAS)** : (매출/광고비) × 100으로, 광고비 대비 매출의 백분율
- **전환당 광고 비용(CPA)** : 1회 구매전환에 필요한 광고 비용입니다.
  (광고비/전환수), (광고비/클릭수×전환율), (광고비/ 노출수×클릭율×전환율)
- **대표 키워드** : 조회수가 많고, 더 포괄적인 의미를 담고 있는 키워드입니다. 정보 검색단계에서 많이 사용되므로, 세부 키워드와 비교하여 구매전환율은 떨어지는 편입니다.
- **세부키워드** : 조회수가 적고, 더 구체적인 의미를 포함하는 키워드입니다. 상품 구매 단계에서 많이 사용되므로, 대표 키워드와 비교하여 구매전환율은 높은 편입니다.

- **정보성** : 정보 검색의 성격이 강한 키워드, 예를 들어 "컴퓨터 수리법"이라고 한다면 구매보다는 수리하는 정보를 검색하는 성격이 강할 것입니다.

- **상업성** : 구매 성격이 강한 키워드, 예를 들어 "컴퓨터 싸게 파는 몰"이라고 한다면 구매를 위한 검색 성격이 강할 것입니다.

일반적으로 대표 키워드는 정보성이 많이 섞여 있습니다. "컴퓨터"라고 검색했다면 정보성과 상업성이 공존하는 경우가 많습니다. "컴퓨터 싸게 파는 몰"과 같은 세부키워드는 상업성이 강하므로 구매전환율이 높게 나올 수밖에 없습니다.

3. 검색광고 입찰관련 용어

광고주는 직접 원하는 키워드를 선택하여 고객이 1회 클릭 시(방문 시) 허용되는 최대 금액을 입찰가로 설정합니다. 입찰가와 품질지수를 반영하여 순위를 결정하고 보통 10순위 이내에 포함되는 경우에 고객이 검색포털에서 해당 키워드를 이용하여 검색하는 경우에 광고주의 광고가 노출되고, 노출된 광고를 고객이 클릭하는 경우에 클릭당 비용(CPC)이 요금이 부과되면서 고객이 광고주의 사이트로 방문하게 됩니다.

- **최대 클릭 비용** : 최대 클릭 비용은 광고주가 한 번 클릭 될 때 지급할 의사가 있는 최대 금액을 의미합니다. 광고주는 자신의 예산에 따라 최대 클릭 비용을 입력함으로써 자신의 노출 순위를 조정할 수

있습니다. 하지만, 이것이 순위를 결정하는 절대적인 요소는 아닙니다. 여기서 알아야 할 사항은 예를 들어 '원피스'라는 키워드에 200원으로 최대 클릭 비용을 입력하면 클릭당 200원이 무조건 과금되는 것이 아니라는 점입니다.

- 품질지수 : 리스팅된 광고의 품질을 반영하는 지수입니다. "키워드 검색을 통한 의도와 요구를 얼마나 잘 나타내고 있는가?"를 반영하여 측정한 척도입니다.

- 순위지수 : "최대클릭비용×품질지수= 순위지수", 순위지수가 높은 순서대로 광고의 노출 순위가 결정됩니다. 순위지수의 조정을 통해 원하는 순위에 광고를 노출할 수 있습니다.

- 광고비(실제 클릭비용) : 광고주가 각 클릭에 대해 실제로 지급하는 금액을 의미합니다. 실제 클릭비용은 차순위 광고의 순위지수를 자신의 품질지수로 나눈 값에 10원을 더하여 산정됩니다. 실제 클릭비용은 입력한 최대클릭비용을 절대 초과하지 않습니다.

실제 클릭비용=(차순위 광고의 순위지수/자신 품질지수)+10원

광고주	입찰가	품질지수	순위점수	지불 CPC
AA	750원	6	4,500	510원
BB	1,000원	3	3,000	610원
CC	600원	3	1,800	260원
DD	250원	3	750	150원
EE	200원	2	400	90원

AA 광고주의 실제 지불 CPC =
   (후순위 BB의 순위점수 / 광고주 AA의 광고품질) + 10원 = 510원

BB 광고주의 실제 지불 CPC=
   (후순위 CC의 순위점수 / 광고주 BB의 광고품질) + 10원 = 610원

품질지수가 영향을 주는 몇 가지

광고 품질이 높으면 같은 비용으로 검색결과에서 더 높은 순위를 선점할 수 있습니다. 광고주의 입장에서는 품질지수에 많은 신경을 써야 합니다.

- 노출순위 : 노출순위는 입찰가와 광고 품질에 의해 결정됩니다. 광고 품질이 높으면 같은 비용으로 검색결과에서 더 높은 순위를 선점할 수 있습니다.

- CPC(클릭당 비용) : 광고 품질이 높으면 더 저렴한 가격으로 광고를 집행할 수 있습니다. 반면 가격을 아무리 높게 책정해도 클릭이 일어나지 않으면 높은 순위를 유지할 수 없게 됩니다.

- 필터링 : 양질의 검색결과를 제공하기 위해 광고 품질이 현저하게 낮으면 검색결과 페이지에서 노출되지 않을 수 있습니다.

품질지수 도입 효과

광고의 품질지수가 도입됨으로써 광고의 신뢰성이 확보되었습니다. 키워드와 관련성 깊은 광고가 상위 순위로 노출되므로 소비자가 찾고자 하는 것을 바로 찾도록 함으로써 광고의 신뢰성이 확보되었습니다. 클릭이 증가할수록 순위는 올라가고, 실제 클릭당 비용은 감소하므로 부정클릭이 감소하였습니다. 가격을 아무리 높게 책정해도 클릭이 일어나지 않으면 높은 순위를 유지할 수 없으므로 입찰 경쟁이 완화되었습니다.

클릭초이스의 품질지수 표현방식

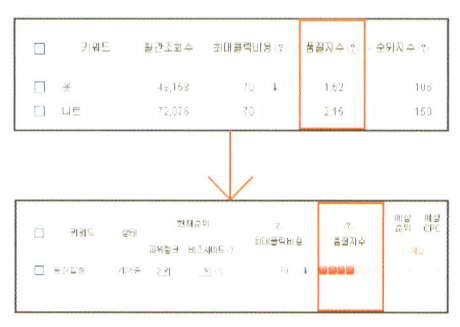

품질지수를 7개의 바(bar, 막대)로 표현하여 해당 광고의 상대적 품질을 더욱더 직관적으로 제공합니다. 새롭게 진입하는 광고의 품질지수를 기존 광고의 경쟁구도에 맞추어 평균값(bar4)을 부여합니다.

클릭초이스의 품질지수 계산방식

품질지수 = 광고효과(CTR), 키워드와 광고 문안의 연관도, 키워드와 사이트의 연관도 등 광고 품질을 평가할 수 있는 다양한 요소를 포함하여 반영합니다.

따라서 품질지수가 높아지면
    ① 광고노출 순위가 높아질 수 있습니다.
    ② 지급하는 광고비가 낮아질 수 있습니다.
    ③ 검색 사용자들에게 더욱 좋은 검색결과를 제공할 수 있습니다.

자신의 품질지수에 따라 CPC의 차이가 클 수 있으므로 품질지수 관리에 신경을 써야 합니다.

4. 키워드 광고 계정 구조

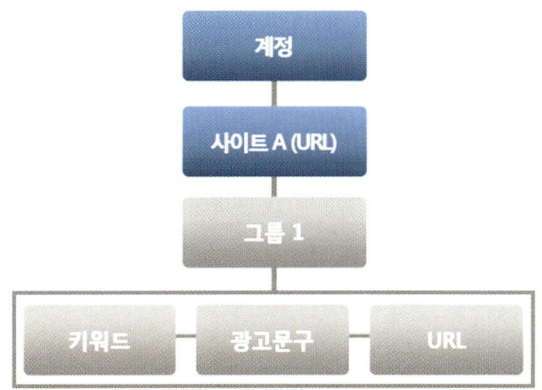

클릭초이스 계정구조

계정 : 광고를 운영하는 주체

사이트 : 사이트(URL 주소)별로 광고를 생성합니다.

그룹 : 관련성 있는 키워드들의 집합, 노출영역, 일일광고 허용 예산, 노출 지역, 노출 시간대, 광고진행기간, 게재 요일 등을 설정할 수 있습니다.

키워드 : 키워드는 붙여쓰기로 인식, 기본검색만 지원, 사이트 간 중복 등록 가능, 키워드의 입찰가 설정합니다. 대표키워드는 내 사이트를 대표하는 단어로서 목적을 가진 사용자가 가장 보편적으로 검색하는 단어입니다. 사용자가 내 사이트에 오는 목적을 포괄하는 단어이며, 노출, 클릭, 평균 클릭 비용이 비쌉니다. 세부 키워드는 사용자가 내 사이트에 들어오는 궁극적인 목적이며, 내 사이트에 포함된 모든 콘텐츠에서 추출됩니다. 사용자의 필요(needs)에 맞게 타겟팅된 키워드이며 클릭률과 구매 전환율이 높습니다.

광고 문구 : 고객이 가장 먼저 만나는 웹사이트의 정보로, 잠재고객의 클릭을 이끌어내는 핵심 광고 요소입니다. 제목 15자, 대표 URL, 설명문구 45자로 구성됩니다.

키워드와 광고문구는 1:1 대응 (가장 효과적인 광고문구를 매칭하여 등록)합니다.

URL : 연결 URL, 랜딩 페이지라고 합니다. 광고를 클릭한 경우에 링크로 연결되는 웹 페이지 URL입니다.

5. 대표적인 CPC 키워드 광고 네이버 클릭초이스

클릭초이스(CPC 광고)는 한 번의 입찰로 네이버의 '파워링크', '비즈사이트', '클릭초이스 네트워크(지식iN, 블로그)' 영역에 광고를 노출하여 더 많은 고객을 만날 수 있도록 할 수 있는 광고상품으로, 고객이 광고를 클릭하고 방문한 경우에만 광고비를 지급하는 종량제 방식의 키워드 광고입니다.

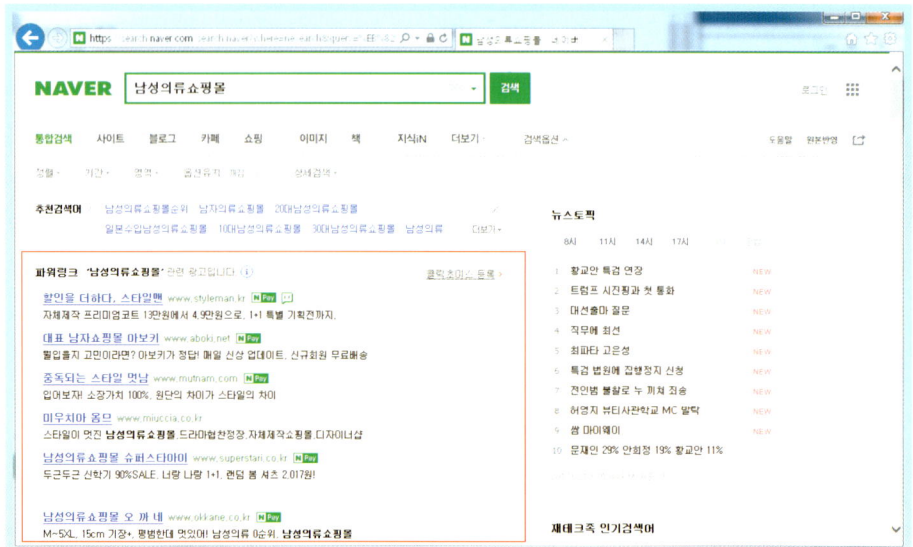

클릭초이스 특징
- 광고의 게재와 중단이 자유로워 탄력적 운영이 가능
- 경쟁 상황에 따라 실시간으로 클릭당 광고비와 노출순위가 변동되므로 구매 후 지속적인 관리가 필요
- 광고 집행 정도를 나타내는 품질지수가 있어 광고를 효율적으로 운영할 때 적은 비용으로 광고 가능

클릭초이스 전략
- 대표/인기 키워드 상위 노출을 통한 트래픽 극대화 전략
- 조회수, 클릭수가 낮은 세부 키워드의 경우 합리적인 광고비 지출이 가능
- 클릭당 광고비가 소진되므로 의미 있는 클릭을 유도하기 위한 적절한 광고소재 작성이 필요

노출 위치
- 검색 네트워크: 네이버 통합검색, SE(Search Engine) 검색, 모바일 검색, 네이버 통합검색 외(검색 탭/광고 더보기/지식쇼핑), 검색 파트너의 검색 결과 페이지
- 콘텐츠 네트워크: 네이버 콘텐츠, 네이버 지식iN, 네이버 블로그, 콘텐츠 파트너 페이지

노출 방식
- 파워 링크 : 키워드별로 최대 클릭 비용과 품질지수를 고려하여 산출된 광고 순위에 따라 영역별 광고 개수에 맞춰 광고 노출됩니다. 단, 그룹 전략 설정에서 노출을 선택한 영역에만 광고 노출되고, 광고 영역에 따라 광고 문안이 말줄임 표시(…)로 처리될 수 있습니다.

[모바일 통합검색 결과는 5개 노출]

[지식쇼핑 맨 아래에 모바일 웹 3개 노출]

쇼핑몰 게시판을 없애도 되나요?

게시판이 구매 단계에서 중요한 역할을 하기 때문에 후기 및 공지사항 게시판을 사용하는 것이 좋습니다.

온라인 쇼핑고객이 가장 오랫동안 머무르는 공간은 사용 후기, 공지사항 등이 있는 '게시판' 입니다. 구매자들은 방문에서 구매까지 걸리는 시간 중 60%를 게시판 영역에서 체류하는 것으로 조사된 결과도 있습니다. 게시판의 답글은 정확성과 신속성을 가지고 처리해야 합니다. 고객의 문의 사항을 정확하게 파악한 후에 신속하게 답변을 해주어야 합니다.

게시물을 작성할 때에는 주 고객층의 연령대에 따라 10~20대 라면 이모티콘이나 많이 알려진 인터넷 용어, 고객을 언니, 형으로 칭하므로서 친밀도를 높입니다. 30대 이상의 고객이라면 정중한 어조로 답변해야 합니다.

악의적인 글과 스팸성 글이 올라오는 경우 게시판 정보 팝업 창에서 필터링하여 스팸성 글을 걸러 낼 수 있습니다. '게시판 > 게시판 관리' 메뉴에서 게시판 제목을 클릭합니다. 게시판 관리 팝업 창 게시판 정보 탭 맨 아래에서 '스팸 게시물 설정'을 설정한 뒤에 [수정] 버튼을 클릭하면 됩니다.

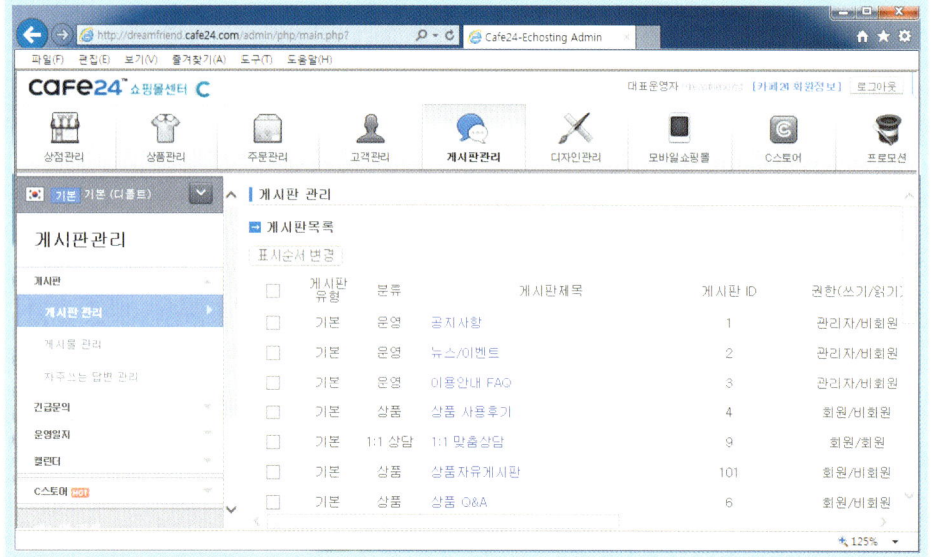

초기몰의 경우에 게시판의 조회수가 썰렁하면 쇼핑몰의 신뢰성이 의심받게 됩니다. 따라서 게시판 조회수는 10~30회 정도가 되도록 조정해 줍니다. 초기에는 게시물 읽기, 쓰기, 답글의 권한 설정을 최대한 낮게 설정해서 많은 사람이 참여할 수 있도록 하는 것이 좋습니다. 게시판 목록의 최신 글은 되도록 최신이 되도록 신경을 쓰세요.

포토 사용 후기에 착용컷이 많고 내용이 좋은 게시글은 컨텐츠로서 가치가 있습니다. 이러한 글들은 이벤트를 통해서 모아야 합니다. 이벤트를 진행할 때는 좋은 게시글을 미리 올려서 경쟁을 유발해야 합니다. 게시판의 점검은 하루 3~4번 정도가 적당합니다. 일정한 시간을 주기적으로 정해서 체크를 하시면 좋습니다.

[게시판 예시 : 큐니걸스의 Customer Center]

문자 메시지 설정은 어디에서 하나요?

SMS(문자 메시지)는 정말 다양하고 유용한 서비스로 현재 많은 쇼핑몰이 활용하고 있는 서비스입니다. 다음 예시처럼 쇼핑몰 운영자가 다양하게 메시지 내용을 설정할 수 있습니다.

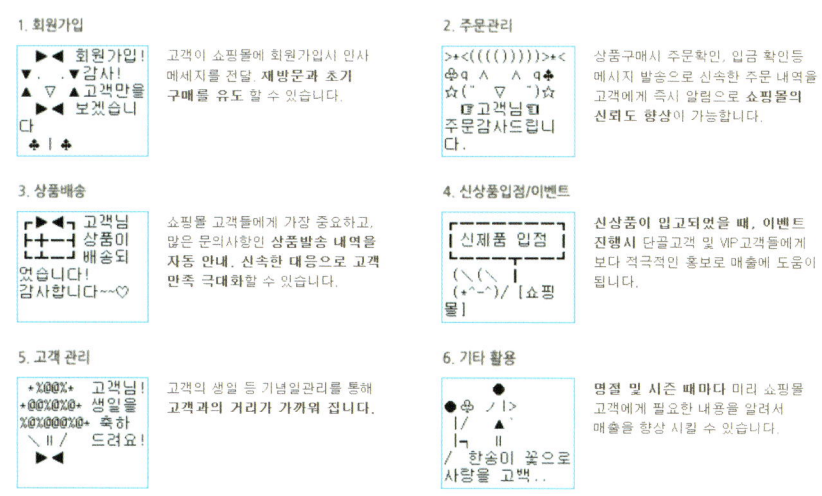

[고객관리]-[자동 SMS 발송 설정] 메뉴를 클릭하여 메시지를 입력합니다.

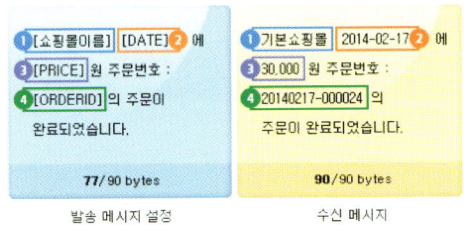

발송 메시지 설정 / 수신 메시지

2 하단의 [등록하기] 버튼을 클릭하면 메시지 설정이 완료됩니다.

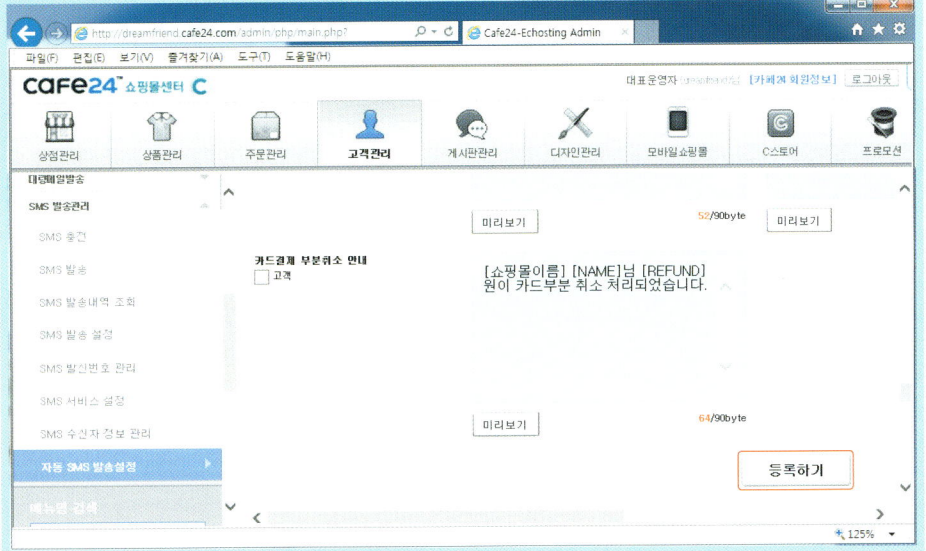

 # 반품 및 교환처리에 대해 알고 싶어요?

1. 반품처리

반품기간 이내에 구매자가 반품을 요청하는 경우 판매자는 구매자의 반품을 인정하고 받아들여야 합니다. 단, 반품불가 상품이거나, 반품기간이 지난 경우는 반품을 거절할 수 있습니다.

반품된 상품을 받았다면 회원의 판매관리 '반품 처리' 페이지에서 [반품접수] 버튼을 눌러주세요. 반품승인 처리가 완료되면 상품대금이 구매자에게 환불 됩니다.

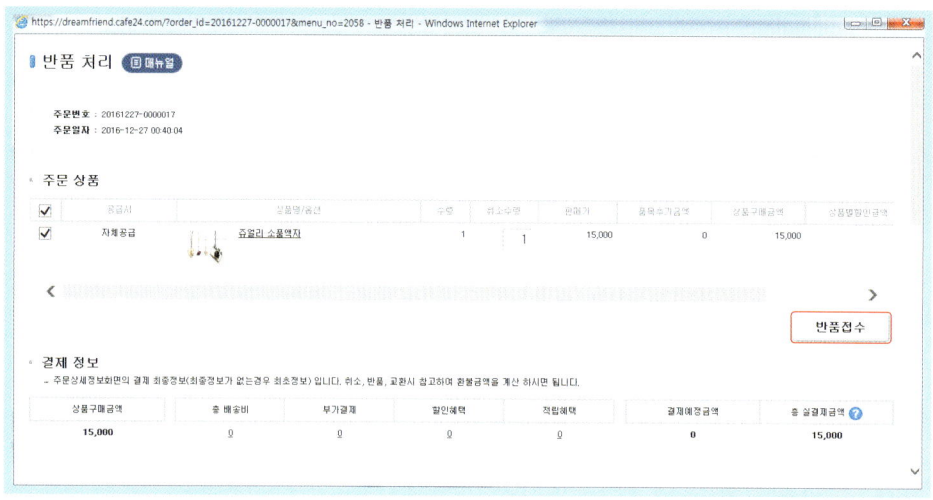

반품 접수 시 구매자가 최초 배송비와 반품 배송비를 누구 부담으로 하여 반품을 요청하였는지 반드시 확인해야 합니다.

만약 구매자와 반품 추가비용 또는 반품으로 인한 추가 협의가 필요한 경우에는 [반품철회]를 선택해주세요. [반품철회]를 선택한 경우에는 구매자와 협의하여 최대한 빠른 처리가 이루어질 수 있도록 노력하기 바랍니다.

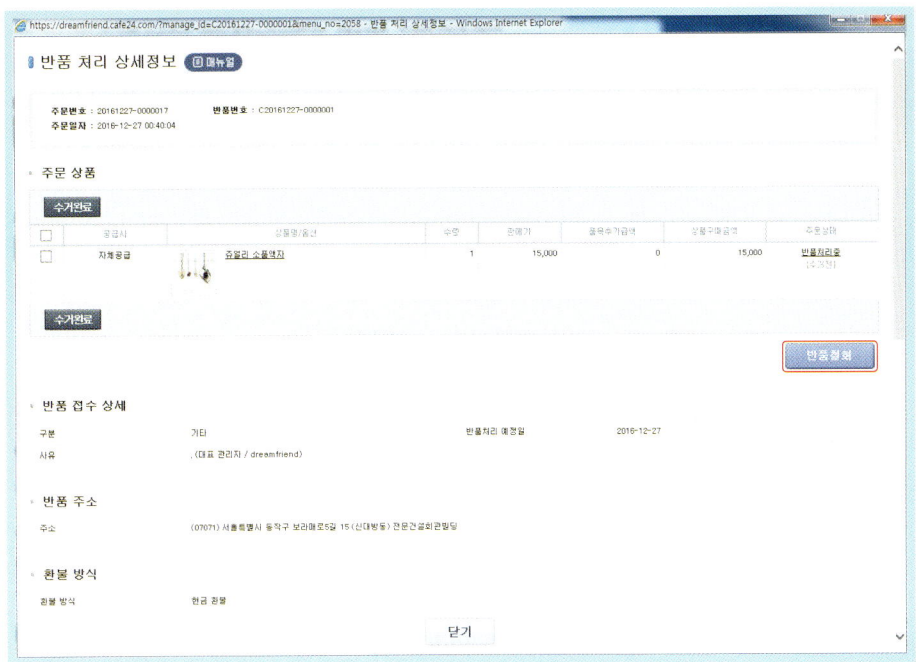

반품 도착일 기준으로 3일(토, 공휴일 제외) 이내에 반품 처리를 해야 하며, 아무런 조치를 취하지 않는 경우 4일째 되는 날에는 자동으로 반품승인처리됩니다.

또한, 반품 도착일이 확인되지 않는 상품도 반품 신청일 기준 16일(토,공휴일 제외)차에 자동반품 승인처리되어 구매자에게 상품대금이 환불됩니다.

2. 반품규정

'전자상거래 등에서의 소비자 보호에 관한 법률'에 의거하여 반품기간 이내에 구매자가 반품을 요청하는 경우 판매자는 구매자의 반품을 인정하고 받아들여야 합니다.

반품규정	내용
반품정보 기재시 참고사항	상품 상세 설명에 반품불가라고 표기하더라도 관련법이 우선하므로 구매자의 반품시 이를 받아주어야 함
반품기간 및 반품운송비	구매자 단순변심 : 상품 수령 후 7일 이내 (구매자 반품비 부담) 표시/광고와 상이 : 상품 수령 후 3개월 이내 또는 사실을 안 날로부터 30일 이내 (판매자 반품비 부담)

3. 교환 처리

구매자와 협의 후 상품을 교환하기로 했다면 구매자의 교환상품 도착일 기준으로 2일(토,공휴일 제외) 이내에 교환상품을 재발송하기 바랍니다. 그리고 회원님의 판매관리 "교환관리"

페이지에서 [교환처리] 버튼을 눌러주세요.

교환상품 도착일 기준으로 2일(토,공휴일 제외) 이내에 교환상품을 재발송하지 못하는 경우, 반드시 [지연예고]를 통해 사전에 지연사실을 구매자에게 안내해주세요.

지연예고 없이 교환상품 재발송을 지연하면 교환상품 도착일 기준으로 3일째(토, 공휴일 제외) 되는날 판매자의 판매신용점수 1점이 차감되며, 6일째(토, 공휴일제외) 되는 날에는 구매자가 자유롭게 주문취소를 할 수 있습니다.

또한, 지연예고를 했다면 교환상품 도착일 기준으로 6일째 되는 날 판매신용점수가 차감되오니 빠른 시일 내에 상품을 교환해주기 바랍니다.

> **TIP**
> **공정거래위원회 표준 약관에 환급, 청약 철회 관련 규정**
> 제14조(환급) "몰"은 이용자가 구매신청한 재화 등이 품절 등의 사유로 인도 또는 제공할 수 없을 때에는 지체없이 그 사유를 이용자에게 통지하고 사전에 재화 등의 대금을 받은 경우에는 대금을 받은 날부터 2영업일 이내에 환급하거나 환급에 필요한 조치를 취합니다.
> 제15조(청약철회 등) ① "몰"과 재화 등의 구매에 관한 계약을 체결한 이용자는 수신확인의 통지를 받은 날부터 7일 이내에는 청약의 철회를 할 수 있습니다.
> ② 이용자는 재화 등을 배송받는 경우 다음 각 호의 1에 해당하는 경우에는 반품 및 교환을 할 수 없습니다. 1. 이용자에게 책임 있는 사유로 재화 등이 멸실 또는 훼손된 경우(다만, 재화 등의 내용을 확인하기 위하여 포장 등을 훼손한 경우에는 청약철회를 할 수 있습니다) 2. 이용자의 사용 또는 일부 소비에 의하여 재화 등의 가치가 현저히 감소한 경우 3. 시간의 경과에 의하여 재판매가 곤란할 정도로 재화등의 가치가 현저히 감소한 경우 4. 같은 성능을 지닌 재화 등으로 복제가 가능한 경우 그 원본인 재화 등의 포장을 훼손한 경우
> ③ 제 2항 제 2호 내지 제4호의 경우에 "몰"이 사전에 청약철회 등이 제한되는 사실을 소비자가 쉽게 알 수 있는 곳에 명기하거나 시용상품을 제공하는 등의 조치를 하지 않았다면 이용자의 청약 철회 등이 제한되지 않습니다.
> ④ 이용자는 제1항 및 제2항의 규정에 불구하고 재화 등의 내용이 표시·광고 내용과 다르거나 계약내용과 다르게 이행된 때에는 당해 재화 등을 공급받은 날부터 3월 이내, 그 사실을 안 날 또는 알 수 있었던 날부터 30일 이내에 청약철회 등을 할 수 있습니다.
> 제16조(청약철회 등의 효과) ① "몰"은 이용자로부터 재화 등을 반환 받은 경우 3영업일 이내에 이미 지급 받은 재화 등의 대금을 환급합니다. 이 경우 "몰"이 이용자에게 재화등의 환급을 지연한 때에는 그 지연기간에 대하여 공정거래위원회가 정하여 고시하는 지연이자율을 곱하여 산정한 지연이자를 지급합니다.
> ② "몰"은 위 대금을 환급함에 있어서 이용자가 신용카드 또는 전자화폐 등의 결제수단으로 재화 등의 대금을 지급한 때에는 지체없이 당해 결제수단을 제공한 사업자로 하여금 재 등의 대금의 청구를 정지 또는 취소하도록 요청합니다.
> ③ 청약 철회 등의 경우 공급받은 재화 등의 반환에 필요한 비용은 이용자가 부담합니다. "몰"은 이용자에게 청약 철회 등을 이유로 위약금 또는 손해배상을 청구하지 않습니다. 다만, 재화 등의 내용이 표시·광고 내용과 다르거나 계약내용과 다르게 이행되어 청약 철회 등을 하는 경우 재화 등의 반환에 필요한 비용은 "몰"이 부담합니다.
> ④ 이용자가 재화 등을 제공 받을때 발송비를 부담한 경우에 "몰"은 청약 철회시 그 비용을 누가 부담하는지를 이용자가 알기 쉽도록 명확하게 표시합니다.

QR 코드가 무엇이며 어떻게 만드나요?

QR Code는 Quick Response의 약자로, 흑백 격자무늬 패턴으로 정보를 나타내는 매트릭스 형식의 이차원 바코드를 말합니다.

기존에 많이 쓰이던 바코드를 이용하여 저장 가능한 정보의 용량 제한을 극복하는 새로운 개념의 바코드로, 기존 바코드에서의 숫자 정보 이외 다양한 문자정보 저장이 가능합니다.

QR 코드는 보통 디지털카메라나 전용 스캐너를 이용하여 읽어들여 활용하며, 근래에는 스마트폰에서 QR 코드 인식 어플리케이션을 다운로드하여 언제 어디서나 QR 코드 인식이 가능합니다.

QR 코드를 생성하는 과정을 실습으로 살펴봅니다.

QR 코드를 만들기 위해 관리자 페이지에서 [프로모션]-[QR코드 관리]-[일반 QR 코드 만들기]를 클릭합니다.

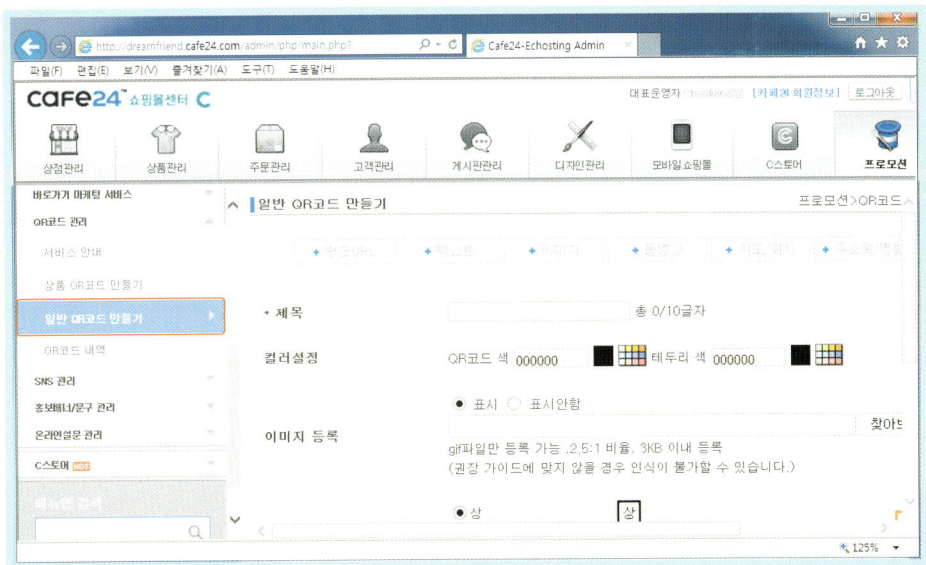

2 QR 코드의 제목을 입력하고 컬러설정 항목에서 QR 코드와 테두리의 색상을 설정합니다.

3 QR 코드 소개를 입력하고 [QR코드 생성] 버튼을 클릭합니다.

4 QR 코드 생성이 완료된 것을 볼 수 있습니다.

5 [QR코드 내역] 메뉴를 클릭하면 생성한 QR 코드를 볼 수 있습니다.

6 QR 코드에 더 많은 정보를 입력할 경우는 생성된 QR 코드의 [수정] 버튼을 클릭하면 다양한 정보를 추가로 입력할 수 있습니다.

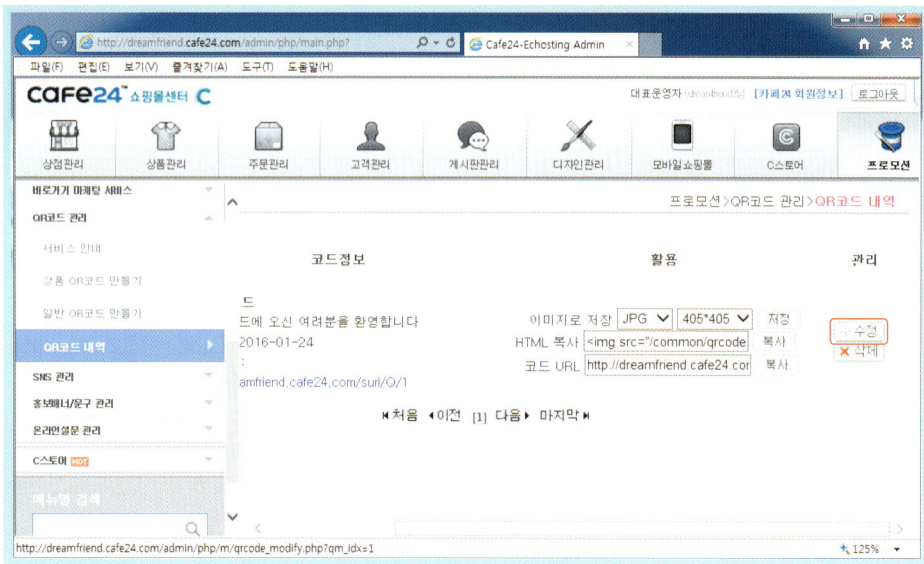

7 이미지, 동영상, 주소, 지도 등 추가를 원하는 항목을 클릭한 후에 정보를 입력하면 다양한 정보를 담은 QR 코드 생성을 완료할 수 있습니다.

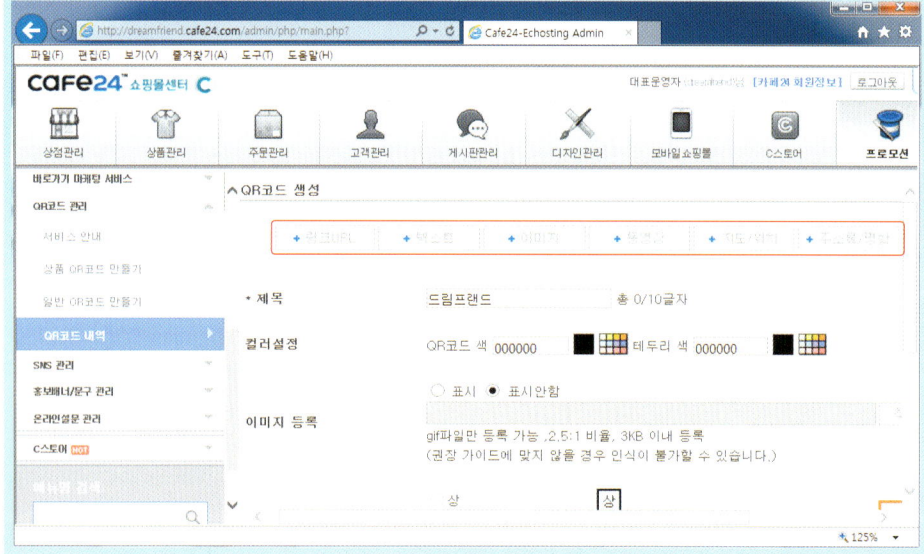

101 효과적인 쇼핑몰 창업과 운영

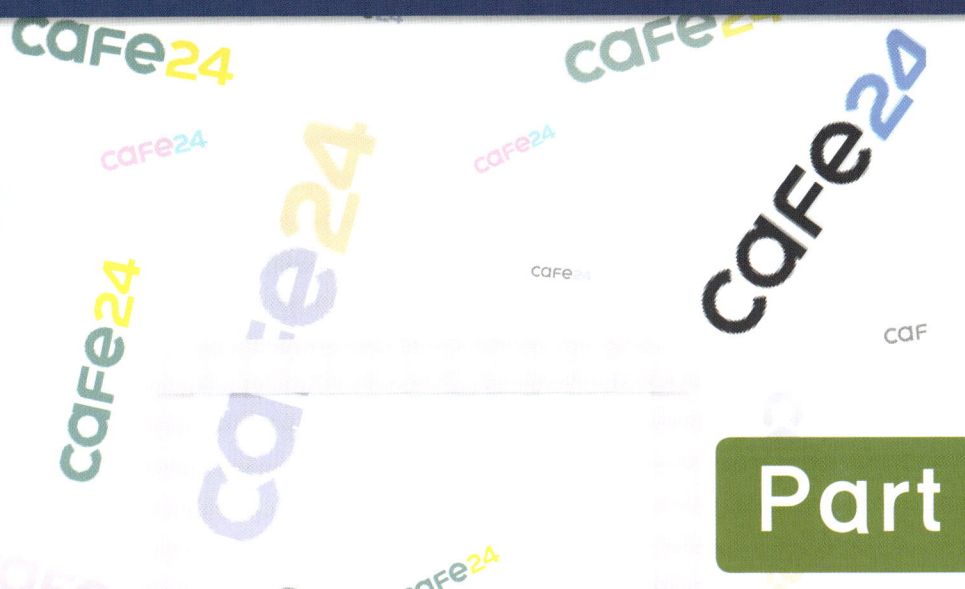

Part IV

쇼핑몰 운영 노하우

쇼핑몰에 성공하려면 전화 응대를 잘해야 한다는데 요령이 있나요?

인터넷 쇼핑몰은 주로 인터넷을 통해 상품의 판매 프로세스가 진행되지만, 빠르게 문의에 응대하고 주문도 받을 수 있는 전화가 고객과 소통하는 주요 커뮤니케이션 수단입니다. 즉시성이 존재하므로 전화 상담의 경우 순발력과 함께 많은 경험을 필요로 하며, 쇼핑몰 어드민 사용법에도 능숙해야 합니다.

전화 상담할 때는 매뉴얼을 통해서 이러한 어려움을 극복해야 합니다. 전화를 처음 받을 때에는 "안녕하세요. XXX 쇼핑몰입니다."처럼 간단한 멘트를 붙여서 인사를 합니다. 고객의 문의, 불만, 요청을 끝까지 들은 후에 매뉴얼에 따라 응대를 합니다. 통화가 끝난 후에는 고객이 전화를 끊은 후에 전화를 끊어야 합니다.

고객이 전화로 가장 많이 묻게 되는 질문은 다음과 같습니다.

주문 전 문의
○○색 상품 재입고가 언제 되나요?
일시 품절된 상품은 언제 들어오나요?
키가 165cm에 몸무게가 55kg인데 어떤 사이즈가 맞나요?
3XL 상세 사이즈 좀 알려주세요?
모델이 입은 게 어떤 사이즈인가요?
피팅된 사진에 있는 벨트는 따로 구매해야 하는 건가요?

결제 문의
방금 결제했는데 입금확인해 주세요.
카드 결제가 되지 않습니다. 어떻게 하나요?

배송 문의
오늘 주문하고 내일 입금하면 언제쯤 배송될까요?
배송이 왜 이렇게 늦나요?
상품 배송이 지연되고 있는 것 같은데 기다렸다가 입고 지연되어 다시 입고되는 상품이랑 같이 배송해주세요.

반품/교환
다른 색으로 교환해 주세요.
반품하려고 하는데 어디로 보내면 되나요?

기타
주문 취소했는데 적립금 다시 돌려주세요.
이벤트 당첨되었는데 사은품은 언제 보내주나요?
A/S 받을 수 있는 상품인가요?

고객 응대법

참을성 있는 경청
말하는 것보다 경청하는 것이 심리적으로 3배 이상의 인내가 필요합니다. 고객이 흥분하거나 감정이 상해 있는 상태라면 더욱 인내를 가지고 고객의 소리를 경청할 수 있는 습관, 훈련, 정서적 안정이 갖추어져야 합니다.

고객에게 안심을 주는 동조
원인을 따지기에 앞서 먼저 사과하고 '고객의 입장을 충분히 이해한다.'는 공감을 표시해 주도록 합니다. "고객님이 옳습니다.", " 예, 그렇네요.", "옳은 말씀이십니다."

상황을 자연스럽게 주도
고객이 실컷 이야기한 후에는 이제부터 상담원이 고객을 이해시키고 설득시키는 것이 중요합니다.

원인을 파악하여 신속하게 처리
고객은 여러 가지 이유를 들어 자신의 불만 요구가 정당함을 주장하는 경우가 많습니다. 이러한 고객불만의 내용 중 가장 큰 불만이 무엇인지를 파악하고 해당 원인을 해결하는 것이 중요합니다.

고객 우선
감정이 상한 고객에게 비판하거나, 평가하지 않습니다. 일단은 감정을 누그러뜨릴 수 있도록 겸손한 태도로 고객을 응대합니다.

전화주문
30대 후반 이상의 고객을 타깃으로 하는 쇼핑몰은 전체 주문의 20~30%가 전화주문이라고 합니다. 전화주문을 빠르게 처리하는 방법을 고민해 보셨나요?

다음과 같은 2가지 방법이 있다고 가정하면 여러분은 어떤 방법으로 진행하시겠습니까?

1. 상담원이 미리 전화주문을 받아서 인터넷 쇼핑몰에 주문할 수 있는 전용 아이디를 생성해 두었다가 전용 아이디로 로그인 후에 수령자를 고객으로 해서 주문을 대신합니다.

2. 전화로 정보를 입력받아서 비회원 구매를 진행합니다.

반품이 많은데 줄이는 방법이 있나요?

정말 머리아픈 부분입니다. 초보 창업자의 경우 반품이 무서워 문을 닫는 때도 있습니다.

열심히 마음잡고 일하려고 하면 띠리링~ 전화가 울립니다. 전화를 받자마자 거친 말로 반품을 요구합니다. 반품하겠다고 전화를 걸어온 고객을 설득할 방법은 없습니다. 어떤 설명을 하기 전에 반품을 먼저 접수하고 그 후에 이야기하는 것이 좋습니다.

반품을 줄이는 방법은 딱 한 가지 밖에 없습니다. 철저한 제품과 고객 관리입니다.

주문을 받는 순간부터 확실한 관리를 시작합니다. 주문한 고객에게 전화를 걸어서 감사함을 표현하고 문자와 메일로 주문한 제품에 대한 정보를 제공하는 등 최대한 서비스를 합니다. 그렇게 하면 반품을 조금은 줄일 수 있습니다.

 ## 게시판의 악성 댓글은 어떻게 해야 할까요?

악성 댓글을 보는 순간 긴장하게 되어 있습니다. 자신도 모르게 등록된 댓글을 지우는 경우가 있습니다. 지우게 되면 작성한 고객은 상당히 기분이 나빠서 다른 방법으로 항의하게 됩니다.

지우는 방법은 정말 좋은 방법이 아닙니다. 글을 남긴 고객에게 전화를 걸어서 설명과 문제를 해결해 주고 죄송한 말씀과 함께 지우는 것에 대하여 부탁해보는 것도 좋습니다. 다른 방법은 답변글을 먼저 달아 놓고 전화를 걸어서 부탁을 해보는 것도 좋습니다.

그냥 지우면 친구들과 몰려와서 악성 댓글을 도배하는 때도 있습니다. 꼭 지켜야 합니다.

 ## 검색엔진 등록 후에 광고 전화 어떻게 대처해야 할까요?

광고 대행업체들은 포털에 새로 등록된 업체 리스트를 확보하여 텔레마케팅을 합니다. 따라서 검색엔진 등록 다음날부터 광고대행 업체들의 광고전화가 많이 오게 됩니다.

광고 전화를 분류하면 다음과 같습니다.

1. 네이버 검색광고 담당자 지정의뢰

네이버 광고대행 업체가 광고대행을 하기 위해서는 광고업체의 네이버 키워드 대행 담당직원을 지정을 받아야 합니다. 따라서 대행 담당자 지정을 요청하면서 담당자로 지정되면 경쟁사 분석 자료와 키워드 검색광고 관련 각종 자료를 보내준다고 합니다.

2. 다음과 네이트 검색 광고전화

다음은 검색광고 등록 시 다음과 야후에 동시에 노출된다는 점을 강조하면서 영업을 합니다. 네이트는 하나의 메인 키워드를 사면 부수적인 키워드들을 3개 정도 준다고 하면서 영업을 합니다.

3. 바이럴 마케팅 광고전화

카페, 블로그, 지식인 등의 광고를 대행해 준다는 광고전화입니다. 바이럴은 장기간이 소요되고 광고효과의 정확한 측정이 어려우니 이점을 유의하셔야 합니다.

4. 신문사 히트상품 선정

신문사에서 해당 쇼핑몰을 주목하는 쇼핑몰 내지는 히트 쇼핑몰로 선정해 주는 대신에 협찬비를 내달라는 것이 주 내용입니다.

이런 광고 전화에 대한 센스 있는 대처법 안내글이 있어서 여기에 올립니다.

1. 발신자 표시 전화기를 구입합니다. 광고회사 전화번호 인지 확인하고 전화를 받습니다.
2. 광고전화 오면 오히려 자기네 물건을 선전하는 방법
   판매하는 상품을 오히려 광고하는 방법입니다.
   혹시 운동복 필요하세요? 저희 물건 요번에 싸게 나온 것 있는데.
3. 전화번호 어떻게 알았는지 끝까지 따지는 방법
   전화한 사람 이름 물어보고, 어느 회사인지 확인한 후에 전화번호 어떻게 알았는지 따지고 이렇게 자주 전화하면 고발하겠다고 으름장을 놓는 거죠.

부가가치세 신고에 대해 알려주세요?

부가가치세가 과세되는 사업을 할 때 연매출 4,800만원 미만 개인 소매 사업자가 신청할 수 있는 간이과세자로 신고하고, 매출이 증가하면 일반과세자로 변경하시면 됩니다. 인터넷쇼핑몰을 처음 시작하시는 분들은 거의 간이과세자로 시작하므로 부가가치세 신고도 간이과세자를 기준으로 설명하겠습니다.

1. 간이과세자의 신고기한

구분	과세 기간	신고 기한
제1기	1월 1일 ~ 6월30일	7월 1일 ~ 7월 25일
제2기	7월 1일 ~12월31일	익년 1월 1일 ~ 1월 25일

2. 간이과세자의 신고 예제

나대박은 3월 1일부터 간이 과세 사업자로 사업을 시작하였습니다.

3월1일부터 6월30일까지의 무통장입금 통장을 확인하니 4,000,000원이 현금으로 입금되었고, 현금으로 200,000원을 환불해 주었습니다.

카드PG(이니시스)에 확인하니 카드매출은 10,000,000원이고 카드수수료 385,000원으로 제외하고, 9,615,000원을 입금받았습니다.

상품을 매입하면서 세금계산서를 받은 금액이 3,300,000원이고, 영수증만 받은 것은 2,300,000원입니다.

배송비에 대한 세금계산서를 받은 것이 600,000원인데, 50,000원은 발행일자가 7월 11일입니다.

포장재료를 사고 받은 세금계산서는 110,000원입니다. 포장재료는 44,000원 정도가 6월30일 기준으로 남았습니다.

광고는 네이버 클릭초이스로 550,000원, 네이버 지식쇼핑으로 550,000원으로 썼습니다.

카페24 어드민에는 매출이 15,000,000원이라고 표시되고 있습니다.

나대박의 7월 25일 부가가치세 신고액은?

이니시스 매출 확인

이니시스 PG 어드민 https://iniweb4.inicis.com/
- 매출확인(건별): '거래내역> 통합조회> 통합 승인내역 조회'에서 지불 수단별로 검색 가능
- 매출정산: '정산내역> 통합내역> 통합정산'에서 기간 조회
- PG세금계산서: '정산내역> 세금계산서> 발행내역조회'에서 기간조회

광고 세금계산서 수취

카페24 통한 네이버 지식쇼핑 https://eiims2.nhncorp.com
'쇼핑몰관리 > 계좌관리 > 세금계산서 관리'

카페24 통합 네이버 클릭초이스, 타임초이스 http://searchad.naver.com/
'계좌정보 > 세금계산서 > 세금계산서 조회'
① 금액 13,800,000원
　　세액　　207,000원 (13,800,000원 X 부가가치율 15% X 세율 10% = 207,000원)

현금매출 3,800,000원 (4,000,000원 - 200,000원)
카드매출 10,000,000원

현금매출은 입금액-환불액으로 계산합니다.
카드매출은 수수료를 제외하고 받은 입금액이 아니라, 전체인 10,000,000원입니다.
카페24 어드민의 매출액은 참고사항일 뿐이므로 무시하시면 됩니다.

⑧ 세액 69,000원 (460,000원 X 부가가치율 15% = 69,000원)
매입세금계산서의 부가가치세 합계 460,000원
상품매입세금계산서 수취분(영수증 받은 것은 제외) 3,300,000 X 0.1 / 1.1 = 300,000원
배송비세금계산서 (6월30일까지 발행 기준)　　　　550,000 X 0.1 / 1.1 =　50,000원
포장재세금계산서　　　　　　　　　　　　　　　　110,000 X 0.1 / 1.1 =　10,000원
네이버 클릭초이스 광고비　　　　　　　　　　　　550,000 X 0.1 / 1.1 =　50,000원
네이버 지식쇼핑 광고비　　　　　　　　　　　　　550,000 X 0.1 / 1.1 =　50,000원

* 7월 11일 자로 발급받은 배송비 세금계산서 50,000원은 2기에 신고해야 합니다.
* 부가가치세를 계산할 때 만약 소수점 이하가 나오면 원 단위에서 절사합니다.
　예를 들어 100,000원 X 0.1 / 1.1 = 9,090원입니다.

⑬ 카드매출 전표 발행 세액 공제액 130,000원
(카드매출액 10,000,000원 X 13 / 1,000 = 130,000원)

⑰ 납부할 세액 8,000원
(207,000원 - 69,000원 - 130,000원 = 8,000원)

간이과세자 특징

* 6개월 매출액이 1,200만원 미만이면 신고만 하고 납부의무가 없습니다.
* 납부할 세액이 마이너스인 경우 일반과세자는 환급이라고 해서 세금을 돌려줍니다. 하지만, 간이과세자는 환급이 없습니다.

간이과세자 부가가치세 신고서

종합소득세 신고에 대해 알려주세요?

종합소득세는 과세년도에 벌어들인 소득에 대해 그 다음연도 5월 31일까지 신고하면서 세금을 납부하도록 되어 있습니다.

나대박은 3월 1일부터 사업을 시작하였습니다.
12월 31일까지의 매출은 46,000,000원입니다.
신규사업자인 나대박씨는 단순경비율 대상자입니다. 86% 경비율
(전년도 매출액 60,000,000 미만인 쇼핑몰 사업자와 신규사업자만 단순경비율 적용)
소득공제액은 2,100,000원
(본인공제액 1,500,000원, 표준공제 600,000원)

```
31. 총수입금액 (매출)              46,000,000
32. 단순경비율에 의한 필요경비     39,560,000
33. 종합소득금액                    6,440,000
34. 소득공제                        2,100,000
35. 본 인                           1,500,000
45. 표준공제                          600,000
49. 과세표준                        4,340,000
50. 세율                                   6%
51. 산출세액                          260,400
59. 결정세액                          260,400
```

 TIP

		세 율 표			
	귀속년도	2010년~2011년		2012년 이후	
과세표준		세율	누진공제액	세율	누진공제액
1,200만원이하		6%		6%	
1,200만원초과 4,600만원이하		15%	108만원	15%	108만원
4,600만원초과 8,800만원이하		24%	522만원	24%	522만원
8,800만원초과		35%	1,490만원	33%	1,314만원

관리번호 -	(년 귀속) 종합소득세·지방소득세 과세표준확정신고 및 납부계산서 (단일소득 - 단순경비율적용대상자용)			거주구분	거주
				내·외국인	내국
				거주지국	

❶ 기본사항

①성　　　명		②주민등록번호	-
③상　　　호		④사업자등록번호	-　　-
⑤주　　　소		⑥전자우편주소	
⑦주소지 전화번호		⑧사업장 전화번호	⑨휴대전화번호
⑩신고유형	㉜ 추계 - 단순율　　⑪기장의무　2.간편장부대상자	⑫소득구분	㉚ 부동산임대업의 사업소득 ㊵ 부동산임대업외의 사업사업
⑬업종코드	⑭단순경비율(%) 　일반율 　　　　　　　　　　자가율	⑮신고구분	10.정기신고, 20.수정신고, 40.기한후신고

❷ 환급금 계좌신고

⑯금융기관/체신관서명		⑰계좌번호	

❸ 종합소득세액의 계산

구　　　　　　　분	금　　액
㉛총수입금액 : 매출액을 적습니다.	
㉜단순경비율에 의한 필요경비 : ㉛총수입금액×⑭단순경비율(%)	
㉝종합소득금액 : ㉛ - ㉜	
㉞소득공제 : 소득공제명세(㉟~㊽)의 공제금액 합계를 적습니다.	

인적공제 대상자 명세					인적공제			
관계 코드	성　명	내외국인 코드	주 민 등 록 번 호		구　　　분		인원	금　액
					기본 공제	㉟본　　　　　인		
						㊱배　우　　자		
						㊲부　양　가　족		
					추가 공제	㊳70세 이상인 자		
						㊴장　애　　인		
						㊵부　　녀　　자		
						㊶6 세 이하인 자		
						㊷출　생·입　양　자		
						㊸다 자 녀 추 가 공 제		

㊹기부금공제 4쪽의 작성방법을 참고하여 기부금지출액 중 공제액을 적습니다	
㊺표준공제: 60만원	
㊻개인연금저축공제: 「개인연금저축」 불입액에 40%를 곱한 금액과 72만원 중 적은 금액을 적습니다.	
㊼연금저축공제: 「연금저축」 불입금액과 300만원 중 적은 금액을 적습니다.	
㊽연금보험료공제: 국민연금보험료를 납부한 금액을 적습니다.	
㊾과세표준 : ㉝ - ㉞ ("0"보다 적은 경우에는 "0"으로 합니다)	
㊿세율: 4쪽의 작성방법을 참고하여 세율을 적습니다.	
㉛산출세액 : ㊾×㊿ - 누진공제액(4쪽 작성방법 참고)	
㉜세액공제 : 세액공제명세(㉝~㊼)의 합계금액을 적습니다.	
세액 공제 명세	㉝납세조합공제: 납세조합영수증상의 (33)납세조합공제액을 적습니다.	
	㉞전자신고세액공제: 납세자가 전자신고 방법에 의하여 직접 신고하는 경우 2만원을 공제합니다.	
	㉟정치자금기부금 세액공제:「정치자금법」에 따라 정당(후원회 및 선거관리위원회 포함)에 기부한 기부금 중 10만원까지는 기부금액의 100/110을 세액공제합니다.	
	㊱이월 세액공제(전년도에 공제받지 못한 전자신고세액공제 등을 말합니다)	
	㊲	
㊳중소기업에 대한 특별세액감면 금액을 적습니다.	
㊴결정세액 : ㉛ - ㉜ - ㊳("0"보다 적은 경우에는 "0"으로 합니다)	

구 분	금 액
(60)가산세액: 가산세액명세((61) ~ (69))의 합계금액을 적습니다	

가산세액계산명세	구 분		계산기준	기준금액	가산세율	가산세액
	(61)무 신 고	부 당 무 신 고	미 달 세 액		40/100	
			수 입 금 액		14/10,000	
		일 반 무 신 고	미 달 세 액		20/100	
			수 입 금 액		7/10,000	
	(62)과 소 신 고	부 당 과 소 신 고	미 달 세 액		40/100	
			수 입 금 액		14/10,000	
		일 반 과 소 신 고	미 달 세 액		10/100	
	(63)초과환급신고	부 당 초 과 환 급	초 과 환 급 세 액		40/100	
		일 반 초 과 환 급	초 과 환 급 세 액		10/100	
	(64)납부(환급)불성실	미 납 일 수		( )	3/10,000	
		미 납 부 (환 급) 세 액				
	(65)보 고 불 성 실	지급명세서 미제출(불명)	지 급 (불 명) 금 액		2/100	
		지급명세서 지 연 제 출	지 연 제 출 금 액		1/100	
	(66)공 동 사 업 장 등 록 불 성 실	미 등 록 · 허 위 등 록	총 수 입 금 액		0.5/100	
		손익분배비율 허위신고 등	총 수 입 금 액		0.1/100	
	(67)무 기 장		산 출 세 액		20/100	
	(68)신 용 카 드 거 부	거 래 거 부 · 불 성 실 금 액			5/100	
		거 래 거 부 · 불 성 실 건 수			5,000원	
	(69)현 금 영 수 증 미 발 급	미 가 맹	총 수 입 금 액		0.5/100	
		미 발 급 · 불 성 실 금 액			5/100	
		미 발 급 · 불 성 실 건 수			5,000원	

구 분		금 액
(70)총결정세액: (59) + (60)		
기납부 세 액	(71)중간예납세액	
	(72)원천징수세액 및 지급처사업자등록번호 (사업자등록번호)	
(73)납부할 세액 또는 환급받을 세액: (70) − (71) − (72)		

❹ 지방소득세액의 계산

구 분	금 액
(74)과세표준 : 종합소득세의 (69)총결정세액을 옮겨 적습니다.	
(75)세율	10%
(76)산출세액: (74)(=(69))×10%	
(77)원천납부한 세액: (71)×10%	
(78)납부할 세액 또는 환급받을 세액: (76) - (77)	

신고인은 「소득세법」 제70조 및 「지방세법」 제177조의4와 「국세기본법」 제45조의3에 따라 위의 내용을 신고하며, **위 내용을 충분히 검토하였고 신고인이 알고 있는 사실 그대로를 정확하게 적었음을 확인합니다.**

년 월 일

신고인 (서명 또는 인)

세무서장 귀하

※ 첨부서류

1. 장애인증명서 1부(해당자에 한정하며, 종전에 제출한 경우에는 제외합니다)
2. 기부금명세서(별지 제45호서식) 및 기부금납입영수증 각 1부(기부금공제가 있는 경우에 한정합니다)
3. 가족관계등록부 1부(주민등록표등본에 의하여 공제대상 배우자, 부양가족의 가족관계가 확인되지 않는 경우에만 제출하며, 종전에 제출한 후 변동이 없는 경우에는 제출하지 않습니다.)

구 분						금 액
⑥⑩가산세액: 가산세액명세(⑥①~⑥⑨)의 합계금액을 적습니다						
	구 분		계산기준	기준금액	가산세율	가산세액
가산세액계산명세	⑥①무신고	부당무신고	미달세액		40/100	
			수입금액		14/10,000	
		일반무신고	미달세액		20/100	
			수입금액		7/10,000	
	⑥②과소신고	부당과소신고	미달세액		40/100	
			수입금액		14/10,000	
		일반과소신고	미달세액		10/100	
	⑥③초과환급신고	부당초과환급	초과환급세액		40/100	
		일반초과환급	초과환급세액		10/100	
	⑥④납부(환급)불성실		미납일수 ( )		3/10,000	
			미납부(환급)세액			
	⑥⑤보고불성실	지급명세서	미제출(불명)	지급(불명)금액		2/100	
			지연제출	지연제출금액		1/100	
	⑥⑥공동사업장등록불성실		미등록·허위등록	총수입금액		0.5/100	
			손익분배비율 허위신고 등	총수입금액		0.1/100	
	⑥⑦무 기 장		산출세액		20/100	
	⑥⑧신용카드거부		거래거부·불성실금액		5/100	
			거래거부·불성실건수		5,000원	
	⑥⑨현금영수증 미발급		미가맹	총수입금액		0.5/100	
			미발급·불성실금액		5/100	
			미발급·불성실건수		5,000원	
⑦⑩총결정세액: ㉟ + ⑥⑩						
기납부세액	⑦①중간예납세액					
	⑦②원천징수세액 및 지급처사업자등록번호 (사업자등록번호)					
⑦③납부할 세액 또는 환급받을 세액: ⑦⑩ - ⑦① - ⑦②						
❹ 지방소득세액의 계산						
⑦④과세표준 : 종합소득세의 ⑥⑨총결정세액을 옮겨 적습니다.						
⑦⑤세율						10%
⑦⑥산출세액: ⑦④(=⑥⑨)×10%						
⑦⑦원천납부한 세액: ⑦①×10%						
⑦⑧납부할 세액 또는 환급받을 세액: ⑦⑥ - ⑦⑦						

  신고인은「소득세법」제70조 및「지방세법」제177조의4와「국세기본법」제45조의3에 따라 위의 내용을 신고하며, 위 내용을 충분히 검토하였고 신고인이 알고 있는 사실 그대로를 정확하게 적었음을 확인합니다.

년   월   일
신고인   (서명 또는 인)

세무서장 귀하

※ 첨부서류
1. 장애인증명서 1부(해당자에 한정하며, 종전에 제출한 경우에는 제외합니다)
2. 기부금명세서(별지 제45호서식) 및 기부금납입영수증 각 1부(기부금공제가 있는 경우에 한정합니다)
3. 가족관계등록부 1부(주민등록표등본에 의하여 공제대상 배우자, 부양가족의 가족관계가 확인되지 않는 경우에만 제출하며, 종전에 제출한 후 변동이 없는 경우에는 제출하지 않습니다)

101 효과적인 쇼핑몰 창업과 운영

Part V

사진 촬영 & 편집

상품 촬영이 이루어지는 순서와 카메라 선정 기준을 알려주세요?

상품 촬영을 위해 기본적으로 촬영 장비에 대한 이해가 필요합니다. 카메라 및 조명의 작동법을 익힌 후에 컨셉트를 설정하고 실내에서 촬영할 것인지 야외에서 촬영한 것인지를 장소를 정한 후 다양한 배경지나 소품을 준비하고 상품에 맞게 모델을 코디하고 촬영에 들어갑니다.

이 과정에서 제일 어려울 수 있는 부분은 모델과의 교감이 잘 이루어지지 않으면 상품을 제대로 표현하지 못할 수 있으므로 촬영 전에 대화 또는 연습을 통해 모델이 상품을 충분히 이해할 수 있게 합니다.

| 카메라및 조명 구입 | ▶ | 기계 작동법 숙지 | ▶ | 컨셉트 설정 | ▶ | 실내및 실외결정 |
| 촬영 배경의 선택 | ▶ | 상품에 맞는 모델섭외 | ▶ | 전체적인 코디 | ▶ | 다양한 구도로 촬영 |

 TIP 촬영전에 미리 장소를 살펴보고, 장소에 어울리는 배경및 장비를 준비하는 것이 좋습니다.

쇼핑몰 상품 촬영을 위한 카메라 선택 기준

우선 카메라는 디지털 카메라를 구입해야 합니다. 간혹 강의장에도 아날로그 카메라를 이용하여 특별한 표현을 하려고 노력하는 분들이 있기도 합니다. 그렇게 해도 되지만 시간과 비용이 많이 낭비되고 다양하고 빠르게 촬영할 수 없는 단점이 있습니다. 그리고 자동보다는 수동 기능이 많은 DSLR 카메라를 선택해 주세요. 화소는 그렇게 중요하지 않습니다. 1000만 화소 이상이면서 꼭 조리개와 셔터 스피드를 수동으로 조절할 수 있는 카메라를 선택해 주세요.

캐논 100D   니콘 D750   소니 Alpha A77   펜탁스 K-5

TIP 카메라를 구입할 때 예상 비용의 70%에 해당하는 가격의 장비를 구입하세요. 여러 악세사리 장비를 추가로 구입해야 하기 때문입니다.

조명이 매우 어렵다고 들었습니다.
촬영별 조명 구성은 어떻게 해야 하나요?

조명에는 크게 순간광을 내는 조명과 지속광을 내는 조명으로 나누어집니다. 어떤 상품을 촬영하느냐에 따라 다르지만, 일반적으로는 순간 광원에 해당하는 스트로보를 많이 사용하는 편입니다. 그리고 소품을 촬영할 것인지 의류나 모델을 주로 촬영할 것인지에 따라 조명 선택이 달라집니다.

순간광과 지속광 세트 비교

순간광은 카메라와 조명 간의 동조기라는 장치를 이용해서 셔터를 누르는 순간 조명에서 강한 빛을 발광하도록 해서 촬영을 하는 조명기구입니다.

지속광은 가스나 필라멘트에 전기방전을 일으켜 빛을 내는 조명기구로 전기가 공급되는 동안 지속적으로 빛을 내는 조명기구입니다.

[이미지 출처 : 창신 사진 조명 세트]

소품 촬영에 적합한 조명 살펴보기

소품은 크기가 작은 상품이 대부분입니다. 그래서 적은 광량으로도 충분히 촬영할 수 있으므로 시중에서 판매되는 조명 중에 100W ~ 200W 정도면 아주 좋은 사진을 촬영할 수 있습니다.

HQI 150W 브라이트박스 촬영세트
보다 간편하게, 보다 밝게, 보다 저렴하게

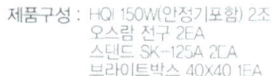

제품구성 : HQI 150W(안정기포함) 2조
오스람 전구 2EA
스탠드 SK-125A 2EA
브라이트박스 40X40 1EA

[소품 촬영 세트]　　　　　　　　　　[이미지 출처 : 창신 사진 조명 세트]

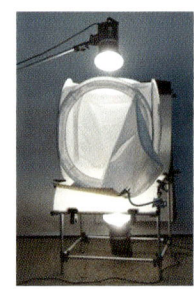

[소프트박스와 브라이트박스 촬영 비교]

다양한 의류 촬영에 적합한 조명 알아보기

의류 촬영은 소품 촬영 때보다 밝고 맑은 광량의 빛을 얻어야 합니다. 의류의 색이나 악세서리에 따라 조명의 종류는 약간 달라질 수 있습니다. 가장 많이 사용하는 광량은 400W이며 그림자 및 디테일한 표현을 위해서 2개를 준비하여 사용하는 것이 일반적입니다.

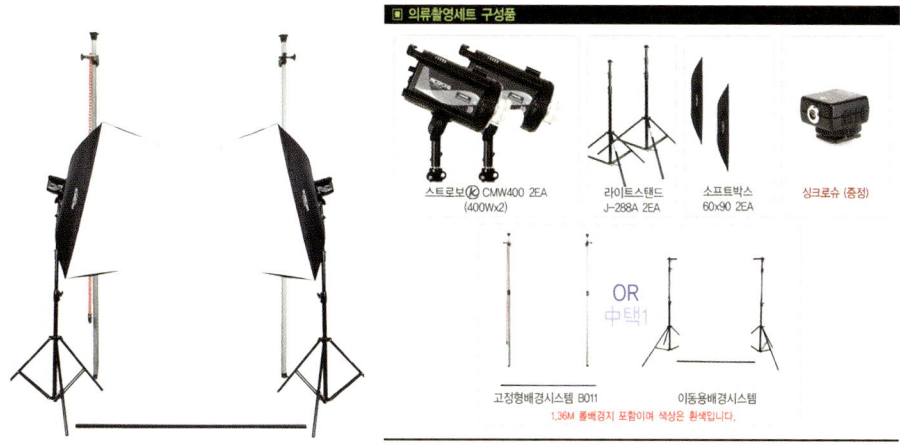

[의류 촬영 세트]　　　　　　　　　　　　　　　[이미지 출처 : 창신 사진 조명 세트]

실내 촬영 알아보기

전국에 있는 카페24 창업지원 센터를 활용하면 실내 촬영을 편리하게 할 수 있습니다.

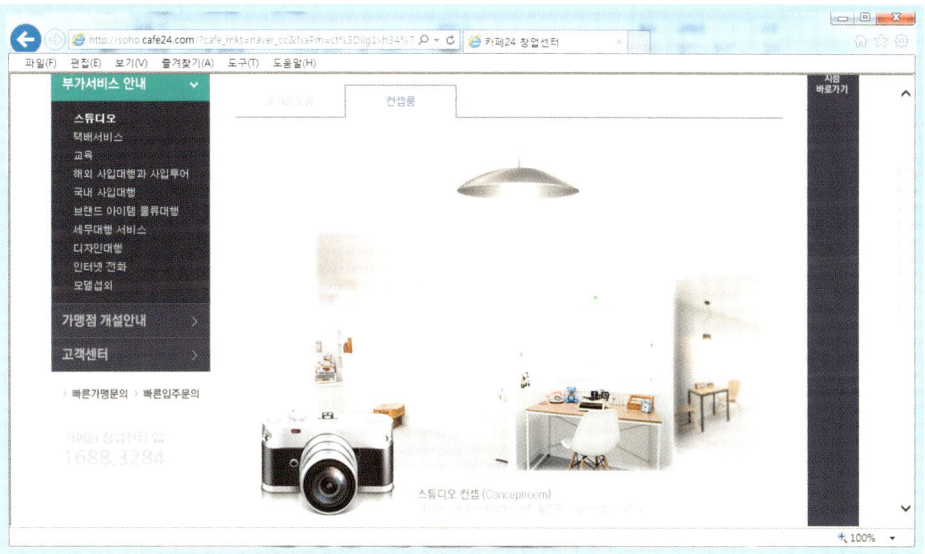

[http://soho.cafe24.com]

 ## 상품사진의 아웃 포커싱은 어떻게 촬영하나요?

아웃 포커싱(Out Focusing)은 초점이 맞는 사물 또는 인물 외에 다른 부분의 포커스는 의도적으로 흐리게 보이도록 촬영하는 기법입니다. 즉 상품과 배경의 거리감을 두어 상품이 더욱 돋보이게 만드는 방법입니다.

아웃 포커싱은 개방수기가 작을수록 피사계심도가 좁아져서 더 많은 효과를 볼 수 있습니다. 아웃 포커싱의 최적조건은 첫 번째 렌즈의 조리개는 최대한 개방되어야 합니다. 즉, F값이 최대한 낮을수록 좋습니다. 두 번째는 초점거리가 긴 렌즈일수록 효과가 좋습니다. 55mm도 좋지만 88mm를 추천합니다. 80mm 이상일 때 최적의 효과를 볼 수 있습니다.

DSLR 촬영모드

DSLR에는 수동모드와 자동모드가 있습니다. 여기서는 수동모드에 관해 살펴봅니다.

① M (Manual Mode)

M 모드는 매뉴얼 모드로 100% 수동모드입니다. 셔터 스피드, 조리개, ISO 등 모든 설정을 직접 조정해야 합니다. 전문적인 사진작가가 아닌 경우는 조작이 어려우며 매우 섬세한 작동이나 시스템화된 촬영이 필요할 때 사용합니다. 스튜디오 상품촬영에서 주로 사용합니다.

② A (Aperture priority)

A 모드는 조리개 우선모드 입니다. 조리개가 우선으로 선택되어 내가 원하는 심도 있는 사진 즉 아웃 포커싱 사진 촬영에 매우 좋습니다.

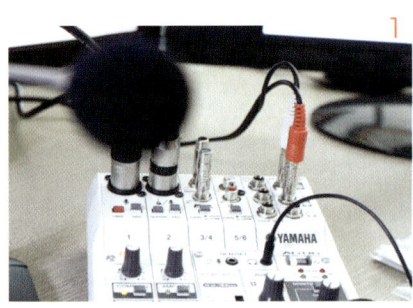 

[뒷 배경에 초점을 맞춘 경우]   [앞쪽 마이크에 초점을 맞춘 경우]

③ T(Time vue)

T 모드는 셔터속도 우선모드 입니다. 속도를 내 맘대로 조정 가능하다고 생각하면 됩니다. 움직이는 물체의 정지화면 또는 밤하늘의 별이나 경마장, 레이스 경기장 등 속도를 조절해서 촬영해야 하는 경우에 많이 사용되며, 상품사진 촬영에는 거의 사용하지 않는 모드입니다.

④ P(Program Mode)

P 모드는 프로그램 모드입니다. P 모드에는 수정모드 중에 가장 자동모드와 같습니다고 생각하면 됩니다. P 모드에서는 조리개와 셔터속도가 자동으로 설정되어 촬영됩니다.

> **TIP**
> 상품촬영의 아웃 포커싱 촬영은 A 모드에서 조리개 값을 최대한 개방(낮은 숫자)하고 번들렌즈 기준으로 렌즈를 55mm에서 촬영하면 됩니다. ISO는 AUTO로 세팅하고(스튜디어(studio)나 빛이 풍부한 야외촬영인 경우는 ISO는 100으로 합니다.)

 # 쇼핑몰 상품 편집을 위한 포토샵 기본 사용법을 알려주세요.

포토샵으로 할 수 있는 그래픽 작업은 무궁무진하게 많습니다. 그중에 쇼핑몰 운영자에게 필요한 기술은 상품 사진 자르기, 크기 조절, 색상 보정 등 몇 가지 기능만 확실히 알고 반복적으로 사용하다 보면 자연스럽게 쇼핑몰 운영에 필요한 그래픽 작업을 쉽게 할 수 있게 될 것입니다.

그렇지만 전문적인 그래픽 작업으로 쇼핑몰을 멋지게 제작하기까지는 많은 시간이 걸릴 수 있으므로 포토샵의 초보인 경우는 가능하면 쇼핑몰 디자인 비용을 투자하여 쇼핑몰 스킨을 구매하거나 전문가에게 의뢰하는 것을 권장합니다.

그래픽 작업을 하며 시간을 보내다가 쇼핑몰 CEO의 길을 접는 경우는 많이 보았습니다. 경영이기 때문에 종합적으로 보고 시간을 잘 활용해야 좋은 결과를 얻을 수 있을 것입니다.

포토샵의 가장 기본적인 부분을 살펴보겠습니다.

1. 포토샵의 화면 구성

포토샵의 화면은 메뉴 바, 옵션 바, 툴 박스, 작업 창, 팔레트, 상태 표시줄로 이루어져 있습니다. 그중에서 포토샵을 능숙히 다루기 위해서는 툴박스에 있는 툴의 사용 방법을 익히는 것이 중요합니다.

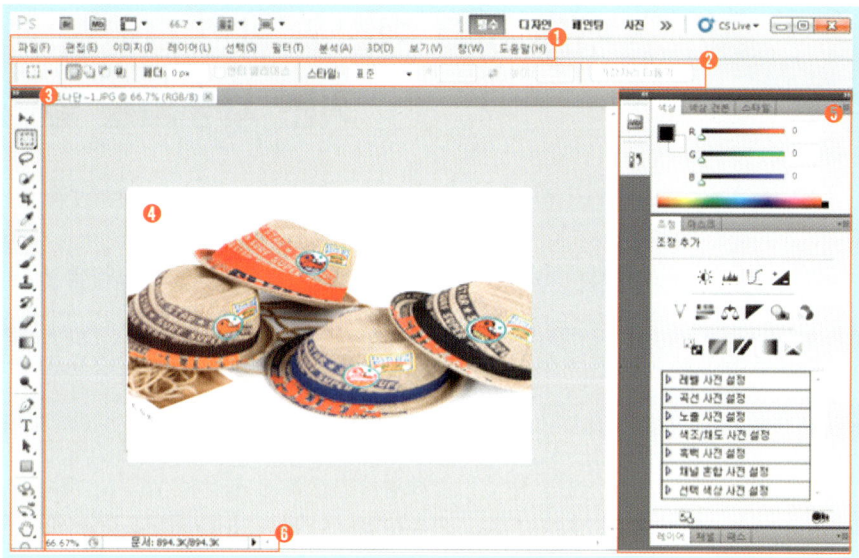

[포토샵의 기본 화면]

❶ **메뉴 바** : 포토샵에서 작업을 수행하는 데 필요한 모든 메뉴를 담고 있습니다. 각 메뉴를 클릭하면 그에 해당하는 다양한 기능이 제공됩니다.

❷ **옵션 바** : 툴 박스에서 툴을 클릭하면 툴에 해당하는 세부 옵션이 나옵니다. 옵션 바의 구성은 선택하는 툴에 따라 달라집니다. 옵션 바에서 해당하는 각각의 옵션을 설정하여 작업을 진행하게 됩니다.

❸ **툴 박스** : 포토샵을 공부할 때 가장 중요한 부분이 툴 박스입니다. 툴 박스는 어떤 작업을 위한 연장에 해당하며, 툴을 클릭할 때마다 달라지는 옵션 바의 사용을 능숙하게 익히는 것이 중요합니다.

❹ **작업 창** : 포토샵에서 불러온 이미지가 나타나는 곳입니다. 이미지 보정, 합성, 편집을 진행할 수 있습니다.

❺ **팔레트** : 포토샵에서 제공하는 다양한 기능들을 아이콘 형태로 사용하기 쉽게 만들어 놓은 곳입니다. 팔레트에는 다시 다양한 옵션을 볼 수 있는 목록 단추가 제공됩니다.

❻ **상태 표시줄** : 현재 진행되고 있는 파일의 화면 보기 비율, 크기 등 기본 정보들이 표시됩니다.

2. 포토샵 기본 사용법

포토샵에서 작업할 때 새로운 작업 창을 만들어 놓고 작업을 하게 됩니다. 그림을 그릴 때 스케치북을 꺼내 놓고 작업하는 것과 같은 방식입니다. 포토샵 화면에서 [파일] 메뉴의 [새로 만들기]를 클릭하면 새로 만들기 대화 상자가 나옵니다. 새로 만들기 대화 상자에서 사용자가 원하는 크기를 입력하고 [확인] 버튼을 클릭하면 새로운 작업 창을 만들 수 있습니다.

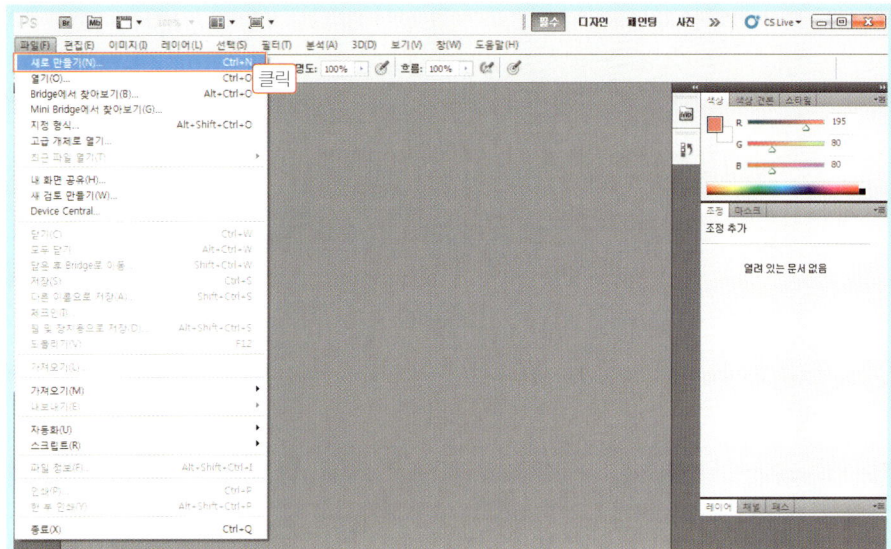

새로 만들기 대화 상자에서 폭과 높이의 크기를 입력하고 [확인] 버튼을 클릭합니다.

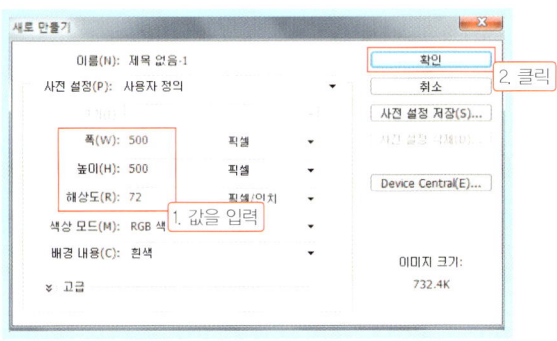

포토샵 작업을 할 수 있는 새로운 작업 창이 나오는 것을 볼 수 있습니다.

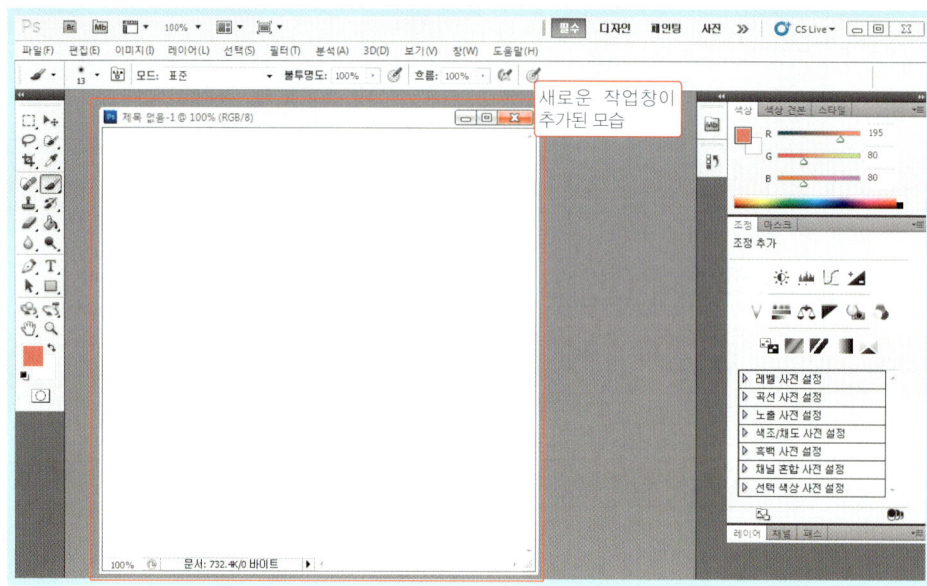

새로운 작업창이 추가된 모습

> **참고**
>
> **해상도 [resolution]**
>
> 화면 영상이 어느 정도 세밀하게 재현되는지를 나타내는 정도. 수직 해상도와 수평 해상도로 나누어 표시합니다.

2 툴박스에서 사각 선택 툴을 누르고 있으면 사각형 선택 윤곽 도구, 원형 선택 윤곽 도구 등 보이지 않았던 도구가 나타나는 것을 볼 수 있습니다. 다른 툴도 마찬가지로 툴 확장 표시가 있는 툴은 다른 도구가 같이 있으므로 해당 툴을 클릭하여 사용해 봅니다.

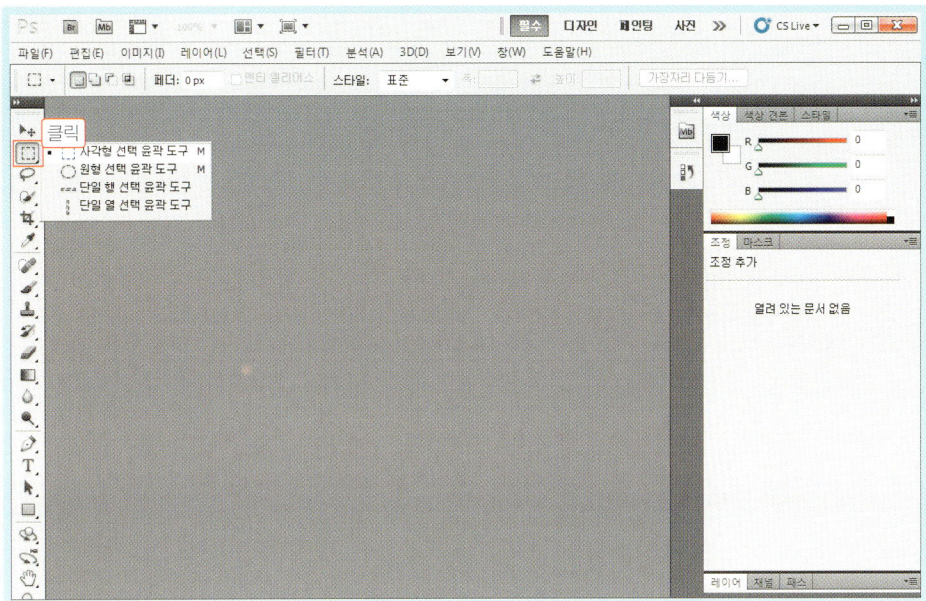

3 툴박스를 2열로 만들기 위해 [열 조절 단추]를 클릭합니다.

4 특정 툴을 클릭하면 해당하는 툴에 관한 세부 옵션이 활성화됩니다.

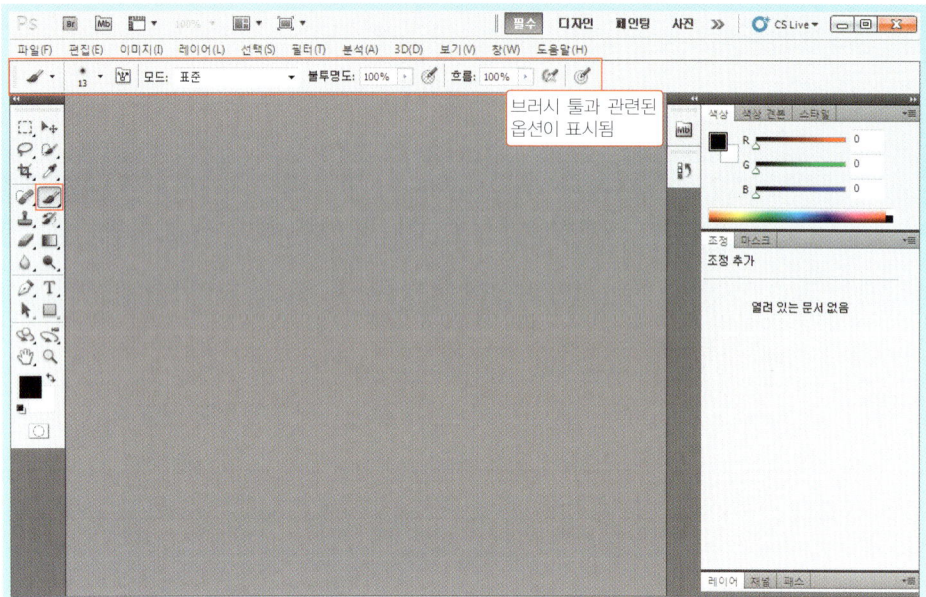

5 오른쪽에 있는 색상 팔레트를 드래그하여 원하는 위치로 이동합니다.

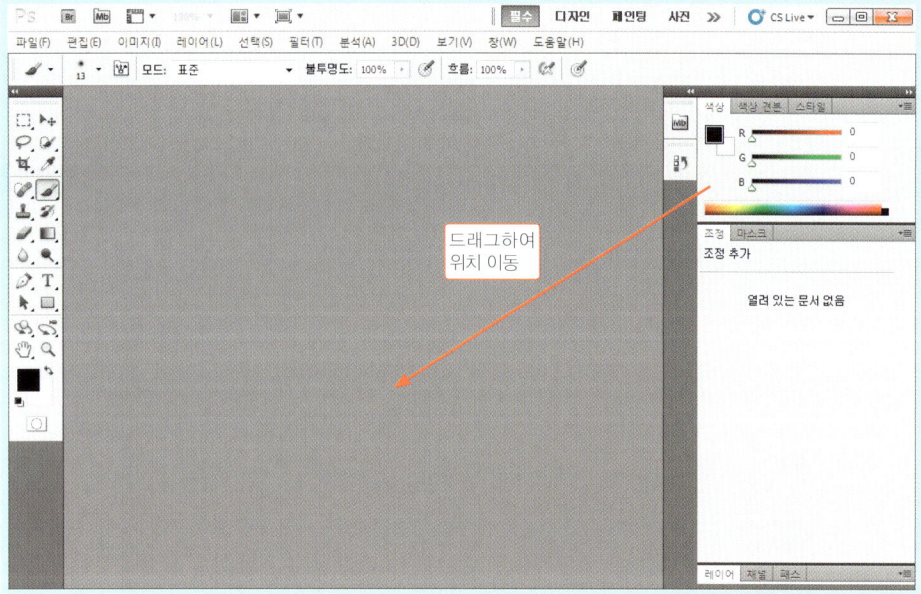

6 팔레트가 별도로 나와 있는 것을 볼 수 있습니다.

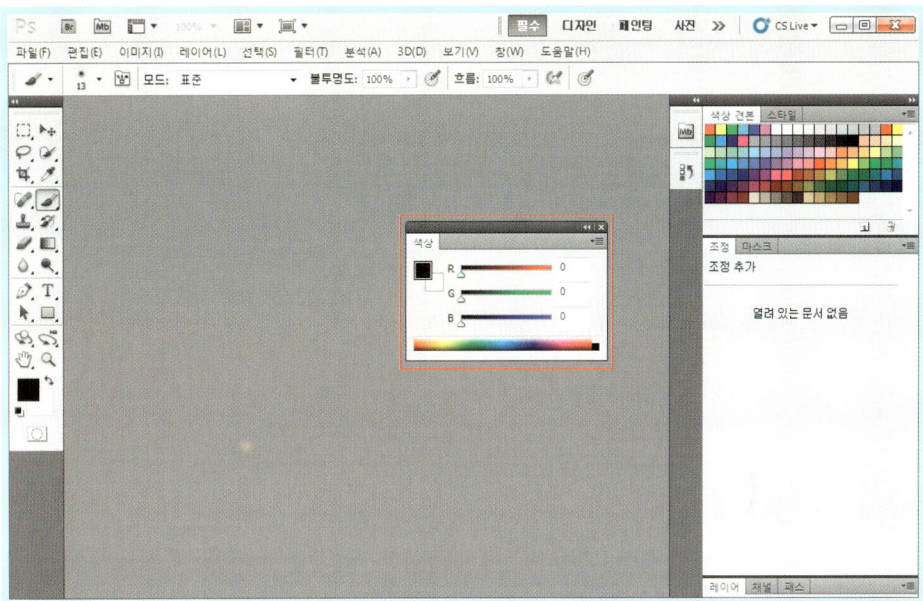

7 팔레트의 옵션 메뉴를 클릭하여 옵션을 변경할 수 있습니다.

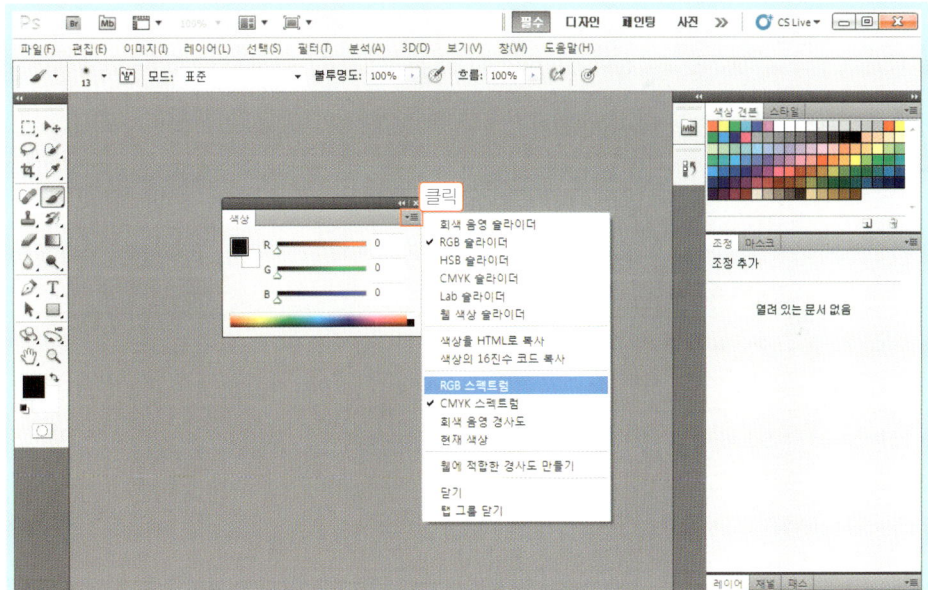

8 아이콘 축소 버튼과 확대 버튼으로 팔레트의 크기를 조절할 수 있습니다.

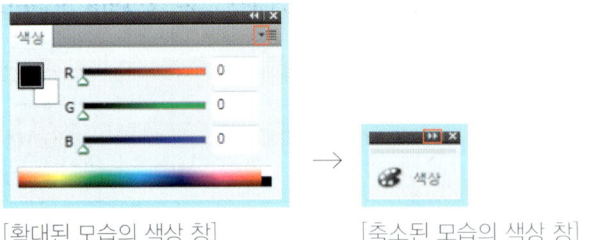

[확대된 모습의 색상 창]   [축소된 모습의 색상 창]

> **note**
> 단축키 활용하기
> - Shift + 단축키 : 숨은 툴이 있는 경우, 숨은 툴이 차례대로 선택됩니다.
> - Shift + Tab : 모든 팔레트를 한꺼번에 숨기거나 표시합니다.
> - Tab : 툴박스와 모든 팔레트를 한꺼번에 숨기거나 표시합니다.

9 현재 사용자가 정한 작업 화면을 저장하고 싶은 경우 [창]-[작업 영역]-[새 작업 영역]을 클릭합니다.

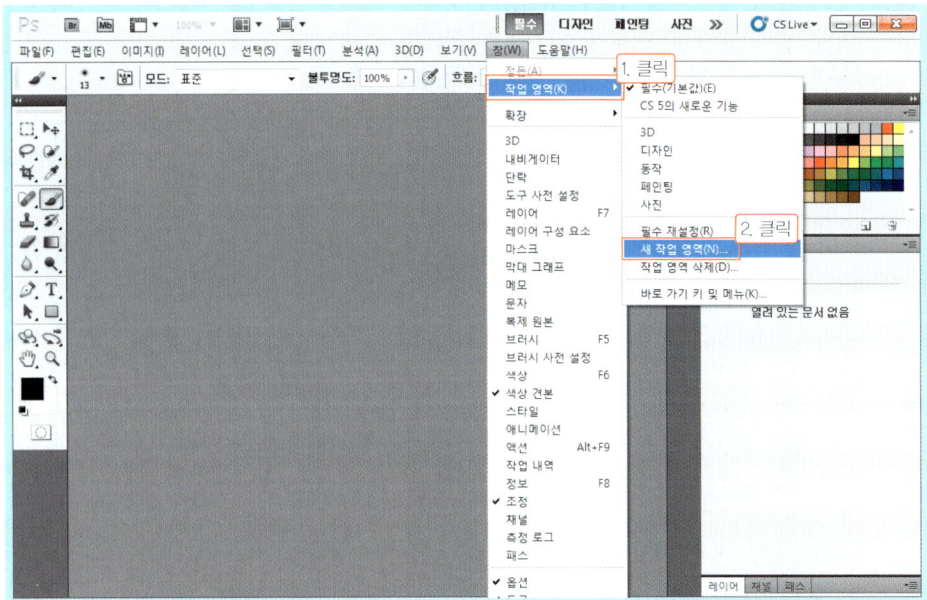

10 [새 작업 영역] 옵션 대화 상자에서 이름에 "web"을 입력하고 [저장] 버튼을 클릭합니다.

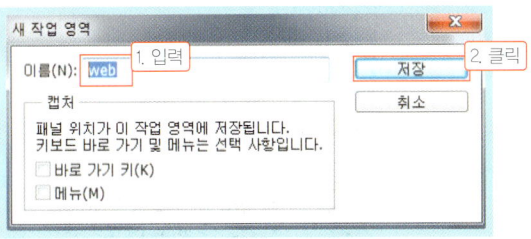

11 작업 영역이 저장되었는지 확인하기 위해 [창]-[작업 영역] 항목에서 [web 재설정] 항목이 추가되었는지 확인합니다.

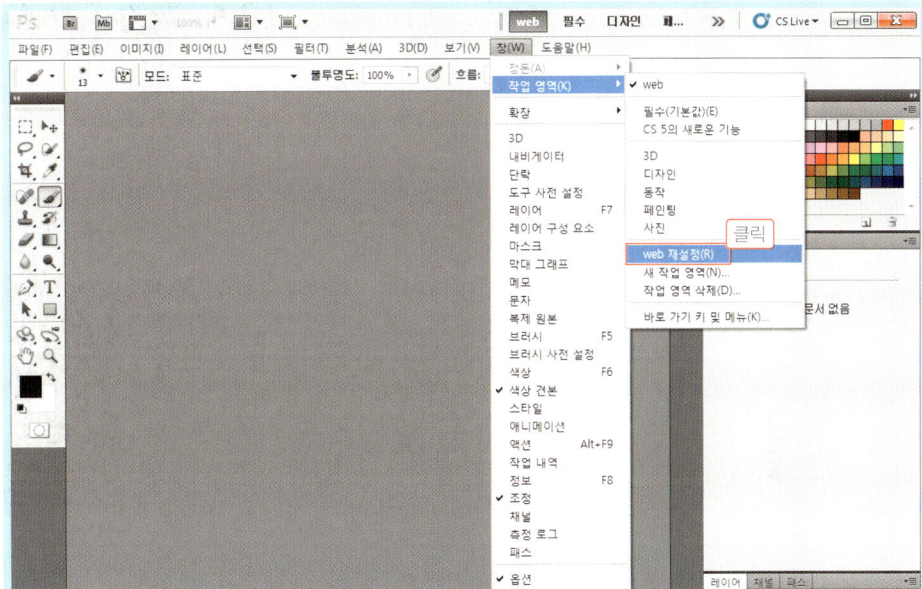

12 작업 영역을 처음 화면으로 초기화하기 위해서는 [창]-[작업 영역]-[필수 재설정] 메뉴를 클릭하여 초기화합니다.

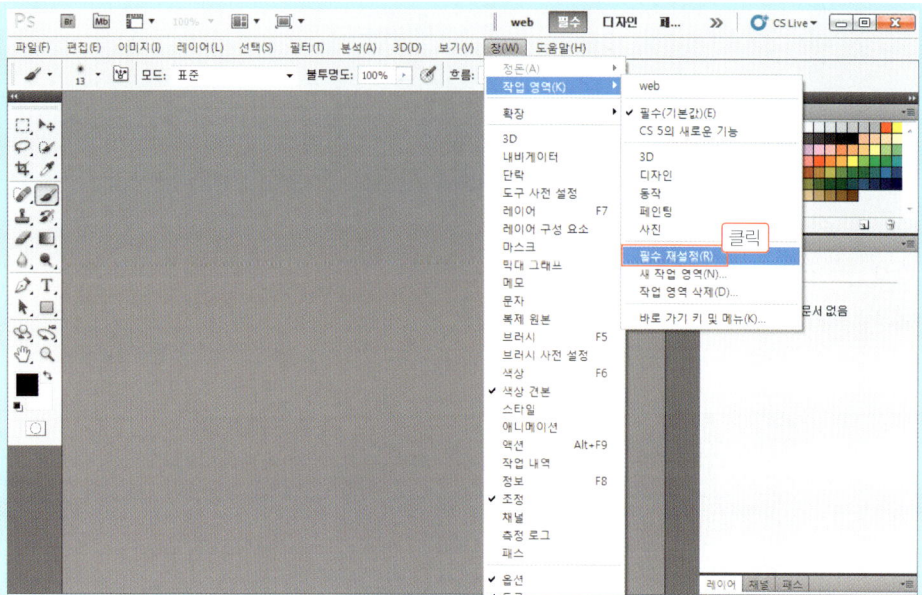

13 포토샵의 패널 등을 원하는 위치로 이동한 후에 작업 화면 구성을 저장하려면 [창]-[작업 영역]-[새 작업 영역]을 클릭하여 저장합니다.

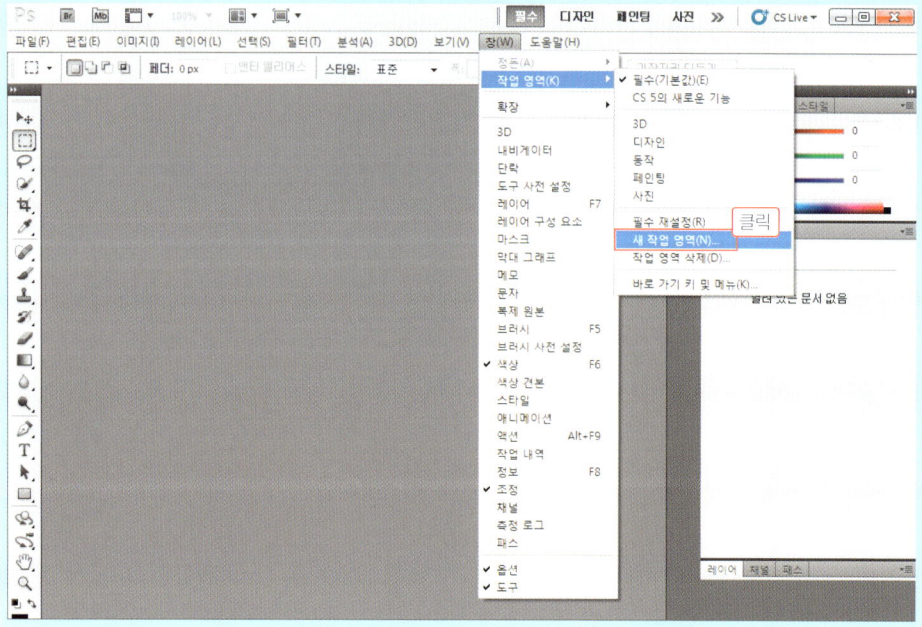

사용자가 포토샵을 사용할 때 다양한 형태로 패널을 조절하여 사용할 수 있습니다. 다양한 형태로 조절한 패널을 새 작업 영역 메뉴를 활용하여 저장해야 합니다.

상품 편집을 위한 선택 툴에 대해 알려주세요.

쇼핑몰을 운영하기 위해서는 상품 사진을 선택하고 잘라내는 기능을 자주 사용하게 됩니다. 먼저 선택 영역을 지정하는 방법을 알아야 그 영역에 대해 보정, 수정, 편집을 할 수 있게 될 것입니다. 사진 일부를 선택하는 데 쓰이는 도구를 차례로 살펴보고 그 쓰임도 함께 소개하도록 하겠습니다.

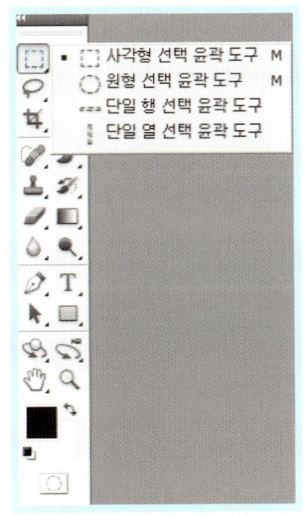

- 사각형 선택 윤곽 도구 : 이미지를 사각형 모양으로 선택하는 툴입니다.
- 원형 선택 윤곽 도구 : 이미지를 원형으로 선택하는 툴입니다.
- 단일 행 선택 윤곽 도구 : 이미지를 세로 방향으로 1픽셀만 선택하는 툴입니다.
- 단일 열 선택 윤곽 도구 : 이미지를 가로 방향으로 1픽셀만 선택하는 툴입니다.

〈선택 툴을 클릭하면 나타나는 옵션 바〉

❶ ❷ ❸ ❹　❺

❶ 새 선택 영역 : 기존 선택 영역은 지워지고 새로운 선택 영역을 만들 때 사용합니다.
❷ 선택 영역 추가 : 기존 선택 영역에 새로운 선택 영역을 추가할 때 사용합니다.
❸ 선택 영역에서 빼기 : 기존 선택 영역에서 불필요한 영역을 다시 뺄 때 사용합니다.
❹ 선택 영역 교차 : 기존 선택 영역과 현재 선택한 영역 중에 교차하는 영역만 사용합니다.
❺ 페더 : 페더는 외곽을 부드럽게 해 주는 기능입니다. 값이 크면 클수록 이미지의 외곽이 부드럽게 표현됩니다.

1 툴바에서 [사각형 선택 윤곽 도구]를 클릭한 후에 이미지에서 원하는 부분을 대각선으로 드래그하면 사각형 모양으로 이미지가 선택됩니다.

[원본 이미지]

[사각형 선택 윤곽 도구로 드래그한 모습]

2 선택 영역을 간단히 반전할 수도 있습니다. [선택]-[반전] 메뉴를 클릭하면 선택 영역이 반전됩니다.

[선택 영역을 반전한 모습]

3 이어서 [필터]-[스케치 효과]-[하프톤 패턴] 메뉴를 클릭하면 액자 느낌이 만들어집니다.

[하프톤 패턴 효과가 적용된 모습]

4 이번에는 [원형 선택 윤곽 도구]를 사용해 봅니다. 포토샵에서 [보기]-[눈금자]를 클릭하여 눈금자를 활성화고 눈금자 부분을 마우스를 클릭 후 드래그하여 가로와 세로에 안내선을 그려줍니다. 그리고 툴박스에서 원형 선택 툴을 선택하고 안내선이 만나는 자리부터 드래그합니다.

[안내선을 표시하고 원형 선택 툴로 이미지를 선택한 모습]

원형 선택 윤곽 도구 사용하기

원형 선택 툴도 사각 선택 툴과 기본적인 사용법은 같지만, 원형으로 드래그하는 경우 원하는 부분이 선택되기보다는 조금씩 어긋나는 경우가 많아 위와 같이 눈금자를 이용하여 정교하게 작업할 필요가 있습니다. 참고로, 드래그하면서 (Shift) 키를 같이 누르면 정원(가로나 세로가 더 길지 않은 원)이 그려집니다.

5 선택하고자 하는 영역의 중심점을 안내선으로 표시한 후 (Alt) 키를 누른 채 드래그하면 선택 영역이 중앙에서부터 커지게 됩니다. 만약 선택 영역을 정원으로 선택하려면 (Shift) 키를 동시에 누르고 드래그하면 됩니다.

[중앙을 기준으로 안내선 표시한 후 (Alt) 키를 누르며 드래그하여 이미지를 선택한 모습]

 정교한 작업을 위해 돋보기 툴 이용하기

이미지 편집 작업을 하기 전에 정교한 작업을 하기 위해서는 돋보기 툴로 이미지를 확대하고 작업을 합니다. 작업을 완료한 후에는 돋보기 도구로 다시 축소합니다.

6 이번에는 툴박스에서 [단일 행 선택 윤곽 도구]를 선택한 뒤에 이미지에서 선택하고 싶은 부분을 클릭합니다.

[단일 행 선택 윤곽 도구로 선택한 모습]

7 이어서 [편집]-[획] 메뉴를 선택하여 나타난 [획] 대화 상자에서 폭과 색상을 정해주고 [확인]을 클릭하면 지정한 곳에 선이 그려집니다.

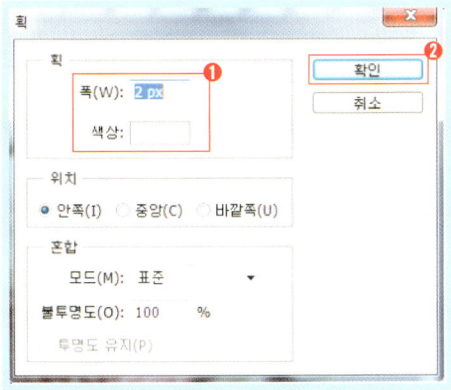 

[획 대화 상자]　　　　　　　　　　[가로 선을 만들어 준 모습]

사진에서 원하는 부분을 따라 선택하기

사진에서 일정하게 정해진 부분만 선택하기보다는 사진 안에 있는 상품이나 특정한 대상물을 선택하고 싶을 수 있습니다. 그런 기능을 하는 도구 모음을 소개하고, 그 기능을 통해 할 수 있는 작업에 대해 알아보겠습니다.

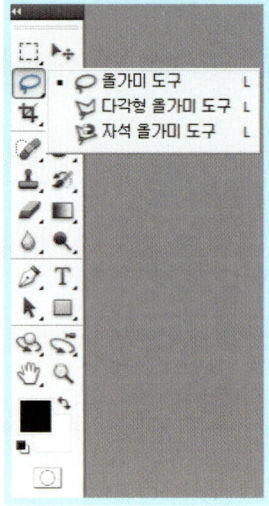

- 올가미 도구 : 선택하고 싶은 이미지를 따라 자유롭게 드래그하며 선택할 수 있는 도구입니다.
- 다각형 올가미 도구 : 주로 각진 곳을 선택할 때 꺾이는 곳을 기준으로 클릭해 주며 선택합니다.
- 자석 올가미 도구 : 선택하고 싶은 이미지의 경계에서 색상을 따라 자동으로 선택 영역을 만들어 주는 도구입니다.

〈선택 툴을 클릭하면 나타나는 옵션 바〉

❶ 새 선택 영역 : 기존 선택 영역은 지워지고 새로운 선택 영역을 만들 때 사용합니다.
❷ 선택 영역 추가 : 기존 선택 영역에 새로운 선택 영역을 추가할 때 사용합니다.
❸ 선택 영역에서 빼기 : 기존 선택 영역에서 불필요한 영역을 다시 뺄 때 사용합니다.
❹ 선택 영역 교차 : 기존 선택 영역과 현재 선택한 영역 중에 교차하는 영역만 사용합니다.
❺ 페더 : 페더는 외곽을 부드럽게 해 주는 기능입니다. 값이 크면 클수록 이미지의 외곽이 부드럽게 표현됩니다.

1 사진 속의 사과만 선택하려면 올가미 도구(🅟)를 클릭하고 사과 경계선 주위를 따라 드래그합니다. 올가미 도구는 한 번에 원하는 영역만 드래그하는 것이 쉽지 않기 때문에 키보드의 Alt 와 Shift 를 병행하여 선택 영역을 더하거나 제외하며 작업하게 됩니다.

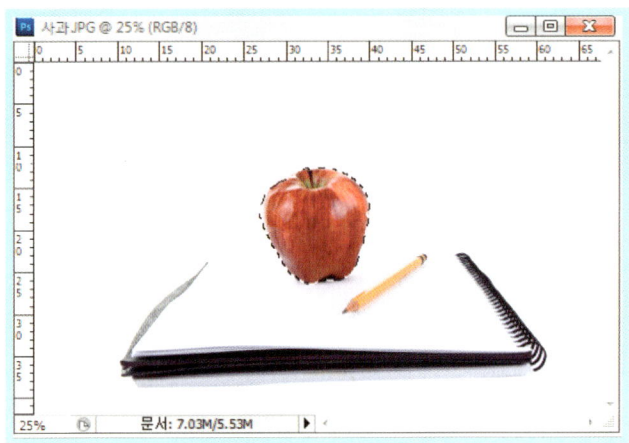

[올가미 도구로 선택한 모습]

올가미 도구를 이용해 정확하게 선택하기

- Alt + 드래그 : 선택 영역을 제외할 때 사용합니다.
- Shift + 드래그 : 선택 영역을 추가할 때 사용합니다.

2 다각형 올가미 도구(🅟)는 경계선의 모서리마다 클릭을 통해 선택 영역을 지정하는데, 클릭을 통해 다각형 모양으로 선택 영역을 만들 수 있으므로 건물 등 각진 이미지를 정교하게 선택할 수 있습니다.

[다각형 올가미 도구로 선택한 모습]

참고

다각형 올가미 도구 정확하게 사용하기

선택하는 도중에 잘못 클릭해 바로 이전에 클릭한 지점을 취소하고 싶다면 ⌫ 키를 누르면 됩니다. 그러면 전 단계에서 클릭했던 위치점이 사라지고 이전 위치부터 다시 선택을 시작할 수 있습니다.

3 다각형 올가미 도구로 빌딩을 선택하고 [선택]-[반전] 메뉴를 클릭하면 선택 영역이 건물을 제외한 부분으로 반전됩니다.

[선택 영역이 반전된 모습]

4 하늘 이미지를 불러온 후에 모두 선택(Ctrl+A)을 하고 복사(Ctrl+C)를 합니다. 그리고 [편집]-[안쪽에 붙이기] 메뉴를 선택하면 현재 선택되어 있는 하늘 풍경에 구름 이미지가 합성되는 것을 볼 수 있습니다.

[구름 이미지가 합성된 모습]

5 자석 올가미 도구( )는 처음 지점을 클릭하고 마우스를 대상 경계면을 따라 움직이면 자동으로 선택 지점이 정해지는 것을 볼 수 있습니다. 만약 자동으로 선택되는 지점이 원하는 곳과 다르다면 해당 위치는 임의로 클릭하여 지점을 올바른 곳으로 지정할 수 있습니다.

[자동으로 점이 연결되며 선택되는 모습]

6 선택 영역을 한 바퀴 돌아 처음 시작점에 도착했을 때 시작점을 클릭하면 마무리가 되고, 만일 시작점을 찾지 못했을 경우는 마무리하고 싶은 위치에서 더블클릭하면 선택이 종료되고 처음 시작점과 자동으로 연결됩니다.

[자석 올가미 도구로 선택한 모습]

 TIP
자석 올가미 도구 정확하게 사용하기

이 도구 역시 작업 중에 선택 영역이 원했던 것과 다른 지점이 선택될 경우는 키보드의 [Back Space] 키를 누르면 한 단계 취소가 되고 이어서 다시 시작할 수 있습니다.

상품의 색 변경하기

등록할 상품 이미지 작업을 하다 보면 상품의 색을 변경하거나 배경을 색상을 주어야 할 경우가 많이 생깁니다. 이와 관련된 기능을 설명하겠습니다.

포토샵에서 색상 관련 작업을 하려면 먼저 전경색과 배경색 설정법에 대해 알아야 합니다.

전경색과 배경색

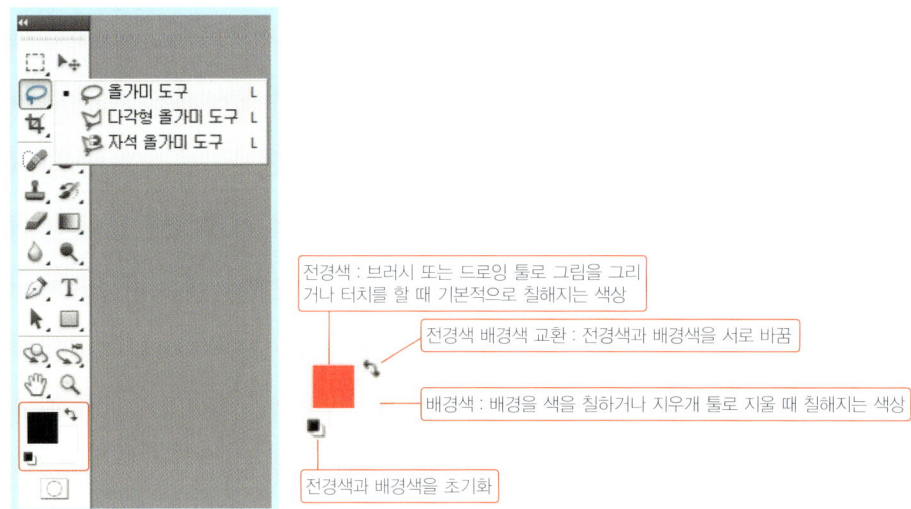

색상은 도구 모음의 전경색 또는 배경색을 클릭하여 나타나는 [색상 피커] 대화 상자를 이용해 설정합니다.

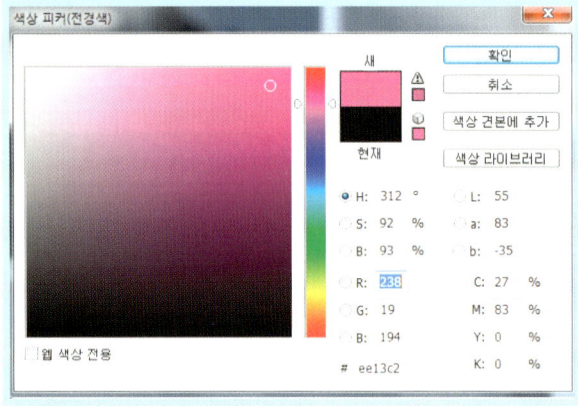

[색상 피커 대화 상자]

색상 관련 패널

색상을 선택할 때 색을 고르기 어렵다면 포토샵 화면 오른쪽의 [색상 견본] 패널에서 이미 만들어진 색 중 마음에 드는 것으로 고를 수도 있습니다. 색상을 왼쪽 버튼으로 클릭하면 전경색이 변경되고, Ctrl 키와 함께 클릭하면 배경색이 변경됩니다.

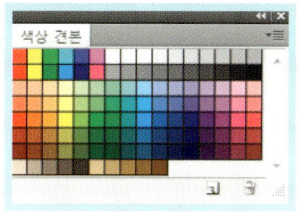

[색상] 패널에서는 RGB 또는 CMYK로 각 색상의 값을 조절하여 컬러를 맞출 수가 있습니다. 또는 색상 바를 활용하여 원하는 색상을 선택할 수도 있습니다.

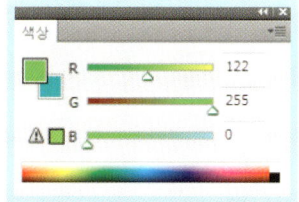 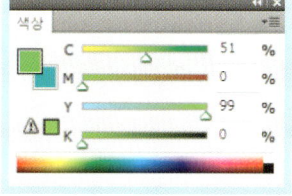

[RGB 색상]   [CMYK색상]

RGB는 빛의 3원색이라고 하여 R(Red:빨강), G(Green:초록), B(Blue:파랑)의 색을 혼합하여 만드는 가산혼합 방식입니다. 대표적으로 컴퓨터 모니터를 통해 보는 색상이 RGB 색상입니다.

CMYK는 색의 3원색이라고 하여 C(Cyan:청록), M(Magenta:자주), Y(Yellow:노랑), K(Black:검정)의 색을 혼합하여 만드는 감산혼합방식입니다. 대표적으로 컬러 인쇄물을 만들 때 사용하는 방식입니다.

색상 관련 도구

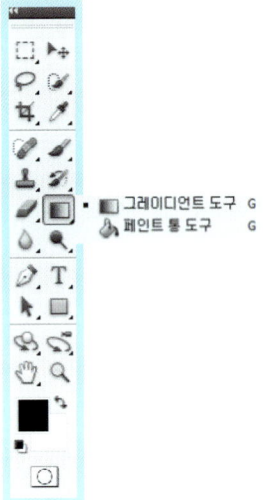

- **그레이디언트 도구** : 그레이디언트 도구는 하나 이상의 색을 다양한 단계와 느낌으로 색을 표현할 수 있는 툴입니다.

〈그레이디언트 도구 옵션 바〉

그레이디언트 도구를 선택했을 때 상단에 나타나는 옵션 바에서 ▼를 클릭해 보면 기본적으로 제공되는 그레이디언트 스타일이 나타나며, 오른쪽으로 5가지 형태의 효과 도구가 보입니다.

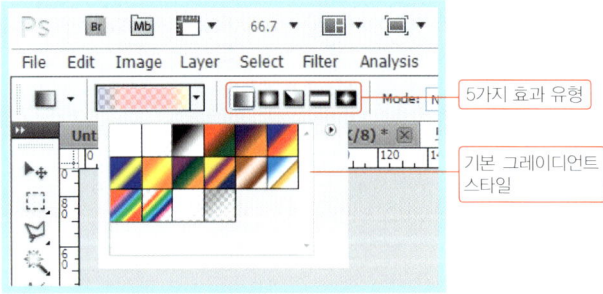

- **페인트 통 도구** : 일정한 영역을 전경색이나 배경색, 또는 패턴으로 채우는 도구입니다.

〈페인트 통 도구 옵션 바〉

전경색 및 패턴을 채울 수 있는 툴입니다. 원하는 선택 영역을 선택하고 다양한 패턴을 채울 때 주로 사용합니다.

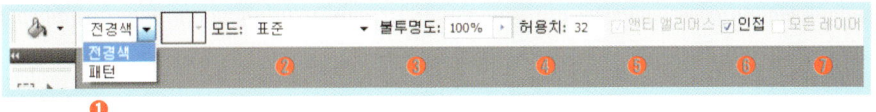

❶ 전경색과 패턴 : 페이트 통 도구를 활용하여 색을 채울 때 현재 선택된 전경색을 채우거나 여러 모양으로 만들어진 패턴으로 채울 수 있습니다.

❷ 모드 : 모드는 색이나 패턴을 칠할 때 칠하려고 하는 색과 현재 배경을 어떤 방식으로 합성할지를 선택하는 메뉴입니다.

❸ 불투명도 : 색이나 패턴을 칠할 때 투명도를 말합니다. 100%에 가까우면 칠하려고 하는 색이나 패턴이 선명하게 나오고 0%에 가까우면 흐리게 나옵니다.

❹ 허용치 : 허용치는 최대 255이고 최소 0이며 색이 칠해지는 범위를 정합니다.

❺ 앤티 앨리어스 : 앤티 앨리어스를 체크하면 가장 자리를 부드럽게 표현해 줍니다.

❻ 인접 : 색이나 패턴을 칠할 때 현재 배경에서 클릭한 자리와 같은 색상의 연결된 곳에서 색이 칠해집니다.

❼ 모든 레이어 : 현재 선택되어 있는 레이어 만이 아니라 모든 레이어에 색이 칠해집니다.

1 앞서 배운 선택 도구를 이용해 이미지의 배경 부분을 선택한 다음 툴박스에서 그레이디언트 도구를 클릭합니다. 그리고 상단 옵션 바에서 그레이디언트 스타일을 선택합니다.

[선택 툴로 배경을 선택한 모습]

[옵션 바에서 그레이디언트 스타일을 선택]

2 선택한 배경을 드래그하면 그레이디언트 효과가 지정됩니다.

[배경에 그레이디언트를 적용한 모습]

3 이번에는 이미지의 특정 부분을 선택 도구를 이용해 선택한 후, 툴박스에서 [페인트 통 도구]를 클릭합니다. 옵션 바에서 어떤 색으로 채울 것인지, 불투명도나 허용치는 어느 정도로 할 것인지를 정한 다음 해당 영역 안쪽을 클릭합니다. [허용치 : 32%]

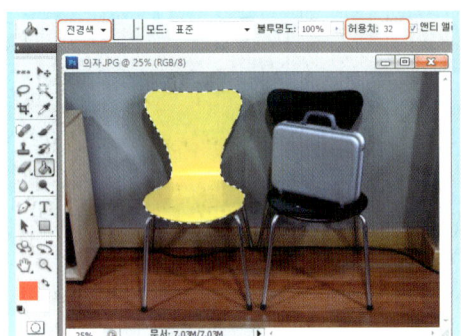 

[선택 도구로 의자를 선택한 모습]　　　　[전경색으로 색이 채워진 모습]

4 허용치를 좀 더 주면 더 넓은 범위에 칠해지게 됩니다.

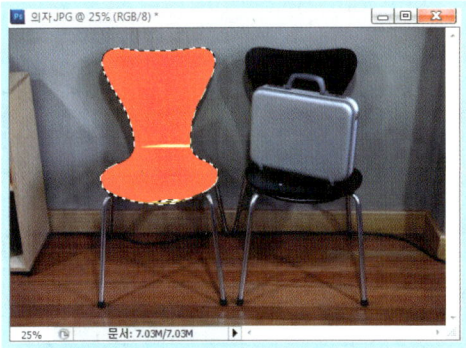

[허용치 : 50%]

5 전경색이 아닌 패턴으로 영역을 채우려면 옵션 바에서 [패턴]으로 선택하고 패턴 스타일 목록 단추를 클릭하여 칠하고자 하는 패턴을 선택합니다.

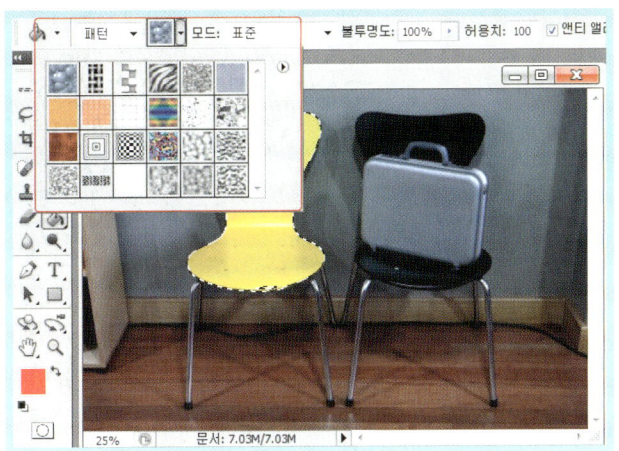

[페인트 툴의 패턴 옵션을 선택한 모습]

6 선택한 패턴을 칠하기 위해 선택 영역 안쪽을 클릭하여 패턴을 칠합니다. 칠해지지 않은 곳이 있다면 연속하여 클릭하면 패턴이 전체적으로 칠해집니다.

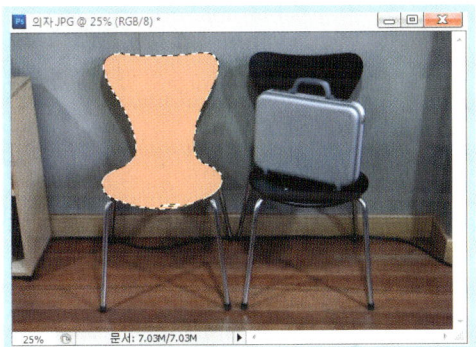

[선택 영역에 패턴을 적용한 모습]

# 상품 편집에 필요한 이미지 리터칭 도구에 대해 알려주세요.

리터칭은 이미지에 직접적인 변화를 주는 기능입니다. 도구에는 그림을 직접 그릴 수 있는 브러시 도구, 연필 도구, 지우개 도구 등이 있으며, 이미지를 직접 복원 및 복제를 할 수 있는 복제 도장 도구, 복구 브러시, 패치 도구 등이 있습니다.

1. 브러시 도구

브러시 도구는 사진을 붓으로 터치한 것과 같은 효과를 내거나 새로운 창에 그림을 그릴 때 사용합니다. 브러시의 종류에 따라 다양한 그림 느낌을 만들 수 있습니다.

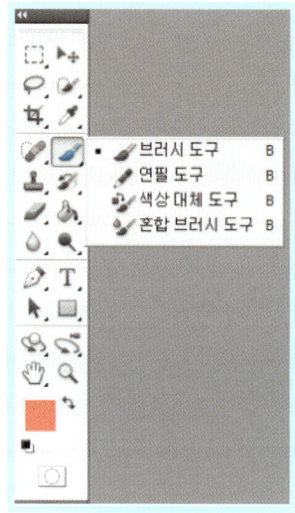

〈브러시 도구의 옵션바〉

브러시 목록 단추를 클릭하면 브러시 옵션 대화 상자가 나옵니다. 대화 상자에서 세부 옵션 메뉴를 클릭하면 브러시 종류를 다양하게 선택하여 사용할 수 있습니다.

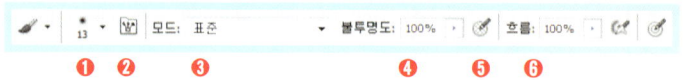

❶ 브러시 크기와 모양 : 브러시의 크기와 모양을 선택할 수 있습니다.
❷ 브러시 패널 : 브러시를 세부 설정할 수 있는 옵션 패널창을 열기 합니다.

❸ 모드 : 브러시로 그림을 그릴 때 배경 이미지와 어떤 형태로 합성할 것인지를 선택합니다.
❹ 불투명도 : 브러시로 그림을 그릴 때 배경 이미지에 그려지는 투명도를 정합니다. 0%에 가까우면 흐리게 그려지고 100%에 가까워지면 선명하게 그려집니다.
❺ 타블렛 압력 컨트롤 : 타블렛의 압력을 감지하여 불투명도를 적용합니다.
❻ 흐름 : 흐름은 브러시로 터치할 때 속도를 말합니다. 흐름의 값을 작게 설정하면 분사 속도가 느려 브러시의 질감이 드러나고 흐름을 높이면 질감 표현이 되지 않고 일반적으로 그리는 선의 형태가 됩니다.

브러시 도구를 활용하는 실습

1. 이미지를 불러온 후 새 레이어를 하나 추가합니다. 그리고 도구 모음에서 브러시 도구를 선택한 후 옵션 바에서 원하는 브러시 종류를 선택합니다.

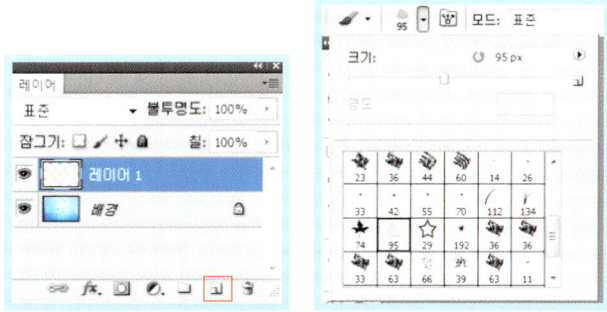

2. 화면을 드래그합니다. 상단 옵션 바에서 불투명도를 조절해주며 외곽은 흐릿한 부분이 겹치도록 작업을 합니다.

3 Ctrl + 레이어 1을 클릭하면 레이어 1에 브러시로 칠한 부분이 선택됩니다. [선택]-[반전] 메뉴를 클릭합니다.

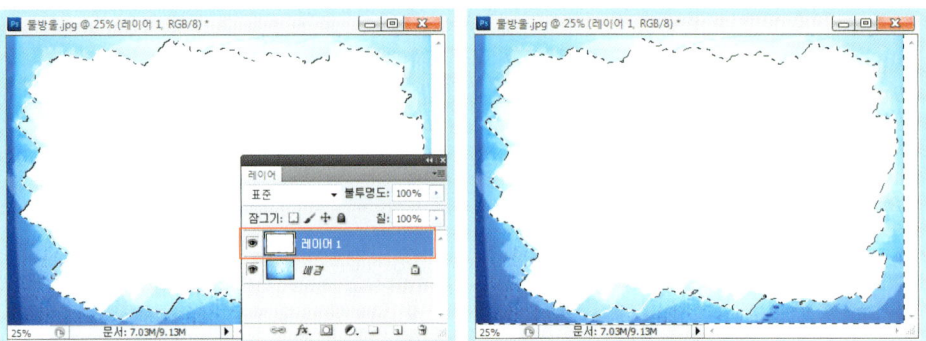

4 레이어 패널에서 레이어 1의 감추기 아이콘을 클릭한 후에 배경을 클릭하고 선택 영역을 지우기 위해 키보드의 Del 키를 눌러서 지워줍니다. 그리고 [선택]-[해제] 메뉴를 클릭하여 선택 영역을 해제합니다.

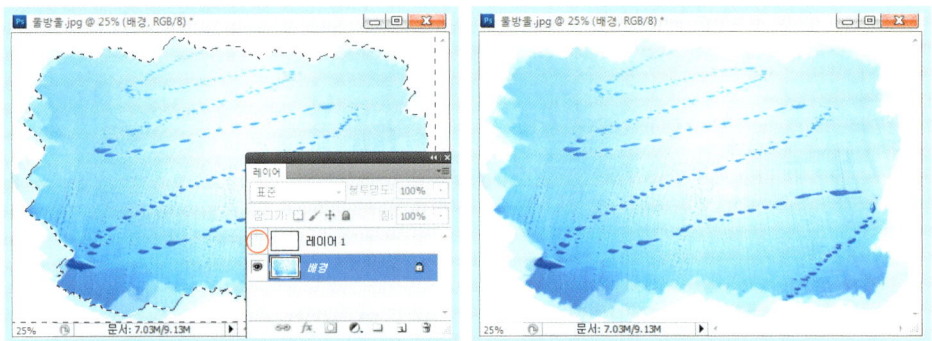

5 이번에는 이미지를 불러온 후 선택 윤곽 도구를 이용해 사과만 선택하고 툴박스의 색상 대체 도구를 클릭합니다. 그리고 선택한 사과를 클릭하면 채도와 명도는 유지된 상태에서 다른 색상(전경색)이 칠해지는 것을 볼 수 있습니다.

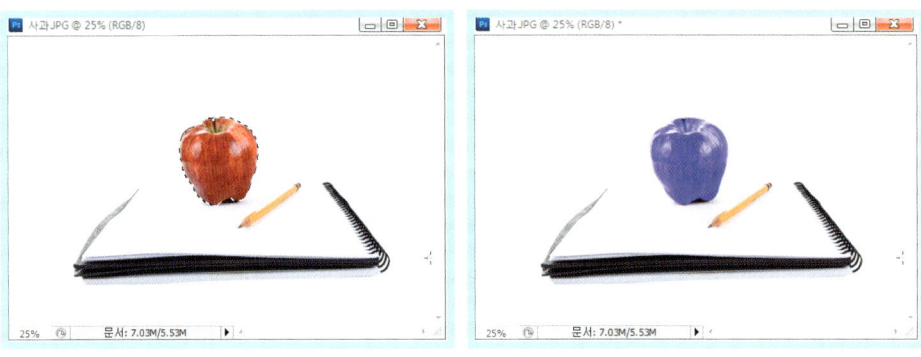

상품의 배경 지우기

포토샵에서 지우개 도구에는 지우개 도구, 배경 지우개 도구, 자동 지우개 도구가 있으며 기본 지우개 도구로 드래그하면 배경색이 칠해지는 형식입니다.

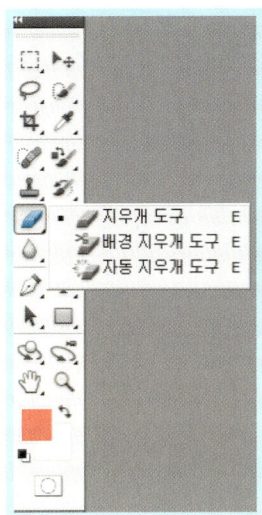

- **지우개 도구** : 지우개 도구를 선택하고 화면을 드래그하면 드래그한 부분이 배경색으로 칠해집니다.
- **배경 지우개 도구** : 배경 지우개 도구를 선택하고 화면을 드래그하면 드래그한 부분이 투명하게 지워집니다.
- **자동 지우개 도구** : 이미지에서 특정 색상을 자동 지우개 도구로 클릭하면 비슷한 색을 자동으로 찾아서 지워줍니다. 배경 지우개 도구와 마찬가지로 지워진 곳을 투명하게 만들어 줍니다.

[지우개 도구]를 선택하고 배경색을 흰색으로 지정한 후 지우개 도구로 이미지를 드래그합니다. 그러면 이미지의 일부가 지워지는 것과 같은 효과가 나타납니다.

[페인트 툴의 패턴 옵션을 선택한 모습]

2 이번에는 [배경 지우개 도구]를 선택한 후에 지우려고 하는 부분을 드래그하면 배경색이 칠해지는 것이 아니라 배경을 투명하게 지워줍니다.

[배경 지우개 도구로 드래그한 모습]

3 이번에는 [자동 지우개 도구]를 클릭합니다. 하늘을 클릭하면 클릭한 지점과 유사한 색을 자동으로 찾아서 투명하게 지워줍니다.

[자동 지우개 도구로 하늘색을 지운 모습]

상품을 흐리게 또는 선명하게 조절하기

이미지를 수정하는 리터치 도구에는 사진을 전체 또는 일부를 흐리게 하는 흐림 효과 도구, 사진을 선명하게 하는 선명 효과 도구, 픽셀을 움직여서 픽셀 유동 효과를 주는 손가락 도구가 있습니다.

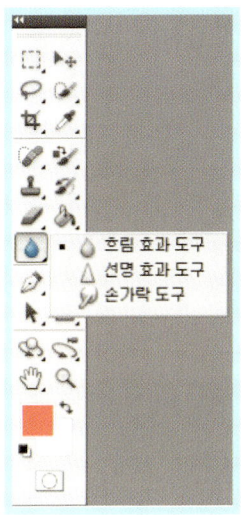

- **흐림 효과 도구** : 이미지의 픽셀과 픽셀의 경계를 부드럽게 표현하는 효과를 주는 도구입니다. 흐리게 표현하기를 원하는 부분을 여러 번 드래그하면 흐림 효과가 적용됩니다.
- **선명 효과 도구** : 이미지의 픽셀과 픽셀의 경계를 선명하게 만들어 주는 도구입니다. 선명하게 표현하기를 원하는 부분을 여러 번 드래그하면 선명 효과가 적용됩니다.
- **손가락 도구** : 픽셀을 유동적으로 움직이게 하는 도구입니다. 픽셀을 움직이려고 하는 부분을 손가락 도구로 드래그하면 드래그하는 방향으로 픽셀이 움직이는 것을 볼 수 있습니다.

〈각 도구를 선택했을 때의 옵션바〉

❶ **브러시 크기** : 현재 사용하려고 하는 브러시의 크기를 지정합니다.
❷ **강도** : 화면에 터치하는 강도입니다. 값이 클수록 효과가 강하게 적용이 됩니다.
❸ **모든 레이어 샘플링** : 모든 레이어 샘플링에 체크되어 있으면 현재 작업 창의 모든 레이어에 같은 효과가 적용됩니다. 체크를 해제하는 경우는 현재 선택된 레이어에만 효과가 적용됩니다.

1 작업을 적용해 볼 이미지를 불러옵니다.

[원본 이미지]

2 툴박스에서 [흐림 효과 도구]를 클릭하고 가장 왼쪽에 있는 이미지를 드래그합니다.

[흐림 효과 도구 – 크기 100, 경도 0, 강도 50%]

3 이번에는 [선명 효과 도구]를 클릭하고 가운데 있는 이미지를 드래그합니다.

[선명 효과 도구 - 브러시 크기 100, 경도 50 %]

4 [손가락 도구]를 클릭하고 맨 오른쪽 이미지를 드래그하여 결과를 비교해 봅니다.

[손가락 도구 - 브러시 크기 50, 경도 50%]

 ## 상품에 글씨 쓰는 방법을 알려주세요.

상품에 글씨를 쓰기 위해서는 포토샵의 문자 도구를 활용하면 됩니다.

문자 도구에는 가로로 기본적인 문자를 입력하는 수평 문자 도구와 세로로 문자를 입력할 수 있는 세로 문자 도구가 있으며, 마스크 효과를 활용하여 영역을 추출하는 문자를 쓸 수 있는 수평 문자 마스크 도구, 세로 문자 마스크 도구가 있습니다.

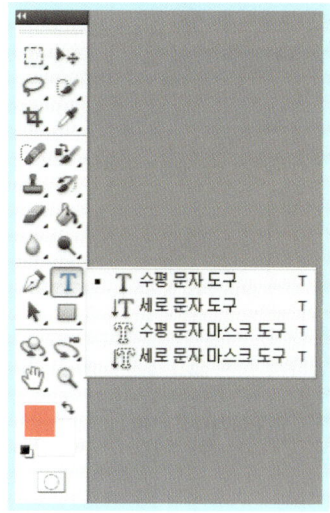

- 수평 문자 도구 : 가로로 기본적인 문자를 입력할 때 사용합니다.
- 세로 문자 도구 : 세로로 문자를 입력할 때 사용합니다.
- 수평 문자 마스크 도구 : 가로로 문자의 선택 영역을 만들어 줄 때 사용합니다.
- 세로 문자 마스크 도구 : 세로로 문자의 선택 영역을 만들어 줄 때 사용합니다.

〈문자 도구를 선택하면 나타나는 옵션바〉

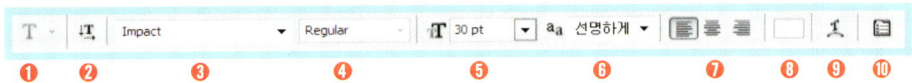

❶ **문자 도구 유형** : 선택한 문자 도구의 유형을 볼 수 있습니다.
❷ **문자 방향 전환** : 입력한 문자를 가로와 세로 방향을 전환할 수 있습니다.
❸ **글자체 선택** : 사용할 글자체를 선택할 수 있습니다.
❹ **스타일 선택** : 선택한 글자체의 스타일을 변경할 수 있습니다. 기본 형식의 글자체인 Regular와 기울임을 표현하는 Italic, 문자의 굵기를 표현하는 Bold, 문자의 굵기와 기울임을 한 번에 변형해 주는 Bold Italic 중에 선택할 수 있습니다.
❺ **글자 크기 선택** : 입력하는 글자의 크기를 설정할 수 있습니다.
❻ **문자의 외곽 표현 방식 설정** : 문자의 외곽을 부드럽게 또는 거칠게 표현할 수 있습니다.
❼ **문단 정렬** : 문자를 왼쪽, 가운데, 오른쪽으로 정렬할 수 있습니다.
❽ **색상 선택** : 입력할 문자의 색상을 선택합니다.
❾ **뒤틀어진 텍스트 만들기** : 문자의 형태를 여러 모양의 예술적인 형태로 변경합니다.
❿ **문자 속성** : 입력하려는 문자의 속성 및 문단의 속성을 설정합니다.

툴바에서 [수평 문자 도구]를 선택한 후에 화면에 클릭한 후에 글자체와 크기를 설정하고 내용을 입력합니다.

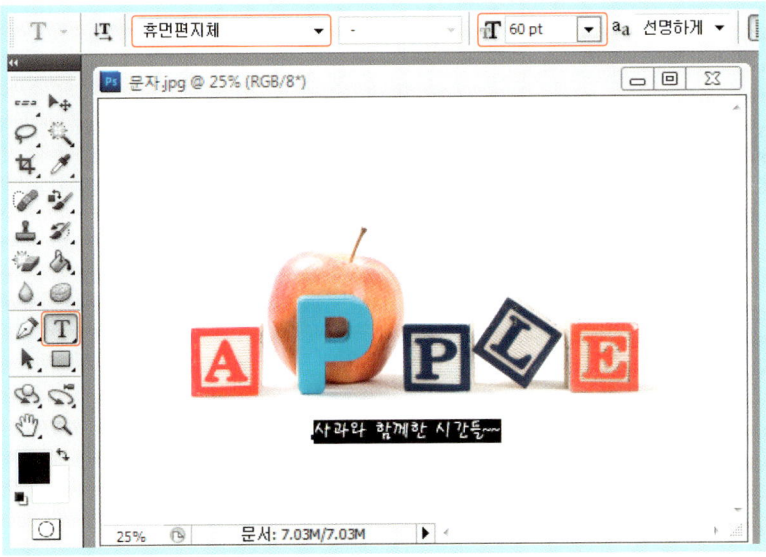

2 상단 옵션 바에서 [뒤틀어진 텍스트 만들기] 버튼을 클릭한 후에 스타일에서 깃발을 적용합니다.

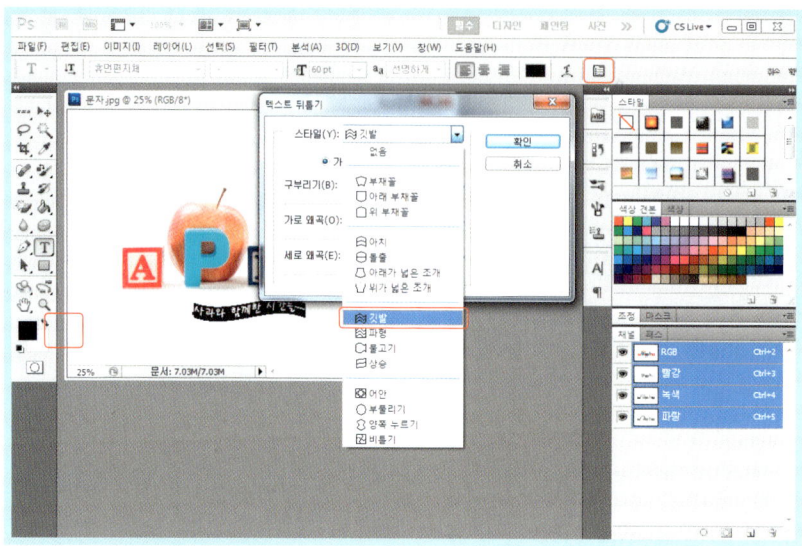

3 이동 툴로 글씨를 원하는 위치로 이동합니다.

 ## 쇼핑몰 로고 만드는 방법이 궁금합니다.

요즘 쇼핑몰 로고는 복잡하게 만들지 않는 편입니다. 회사명 또는 브랜드를 쉽게 이해할 수 있도록 텍스트로 표현하는 방법을 많이 선택하고 있으며 쇼핑몰 특성상 처음 방문했을 때 소비자가 이해하기 쉽거나, 재미있거나, 운율이 있게 만드는 경우가 많이 있습니다.

포토샵을 통해 로고 만드는 과정을 실습해 보겠습니다.

포토샵을 실행한 후에 [파일] – [새로 만들기]를 클릭합니다.

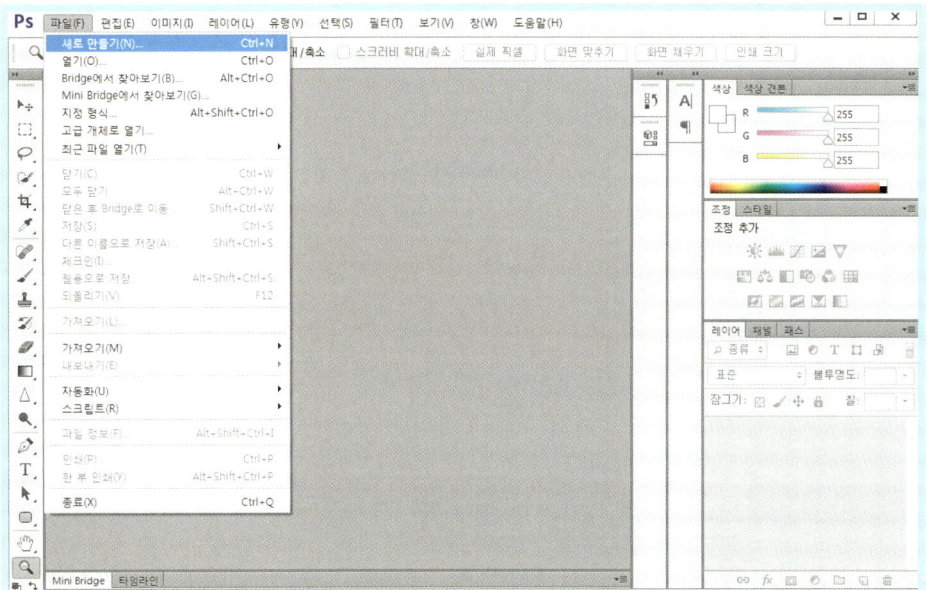

2 새로 만들기 대화 상자에서 폭: 184px, 높이: 38px, 해상도: 72를 입력하고 [확인] 버튼을 클릭합니다.

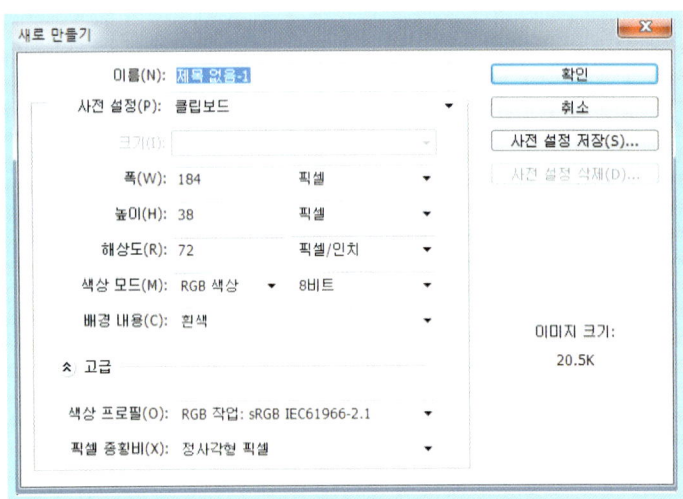

3 새로운 창이 만들어지는 것을 확인합니다. 도구 모음에서 문자도구 [T]를 클릭합니다.

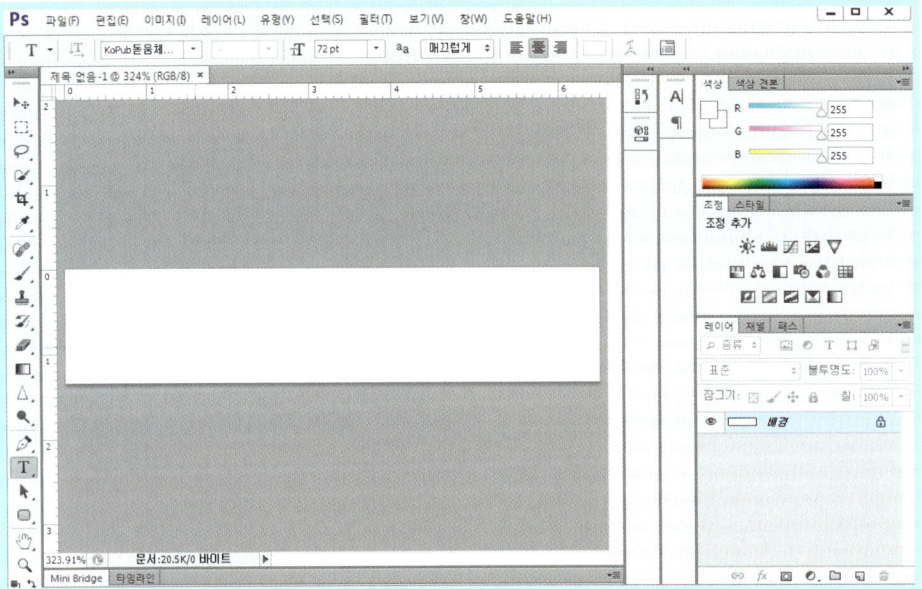

4 원하는 문자를 입력하고 글꼴과 크기를 정합니다.

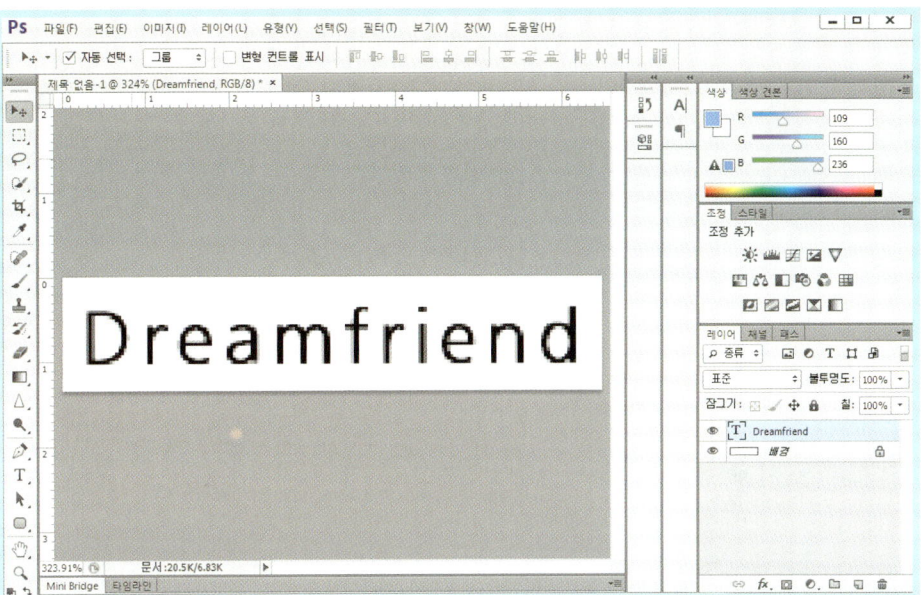

5 색상 설정한 문자를 선택한 후에 텍스트 색상 설정 메뉴를 클릭하여 원하는 색으로 변경합니다.

6 작업한 파일을 저장하기 위해 [파일]-[웹용으로 저장] 메뉴를 클릭합니다.

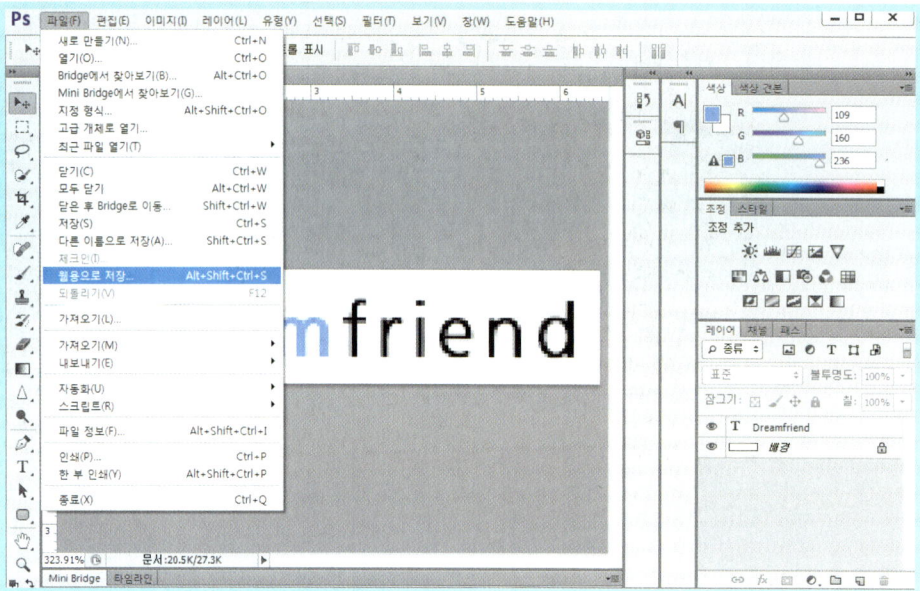

7 웹용으로 저장 페이지에서 사전 설정 항목으로 GIF를 설정하고 [저장] 버튼을 클릭합니다.

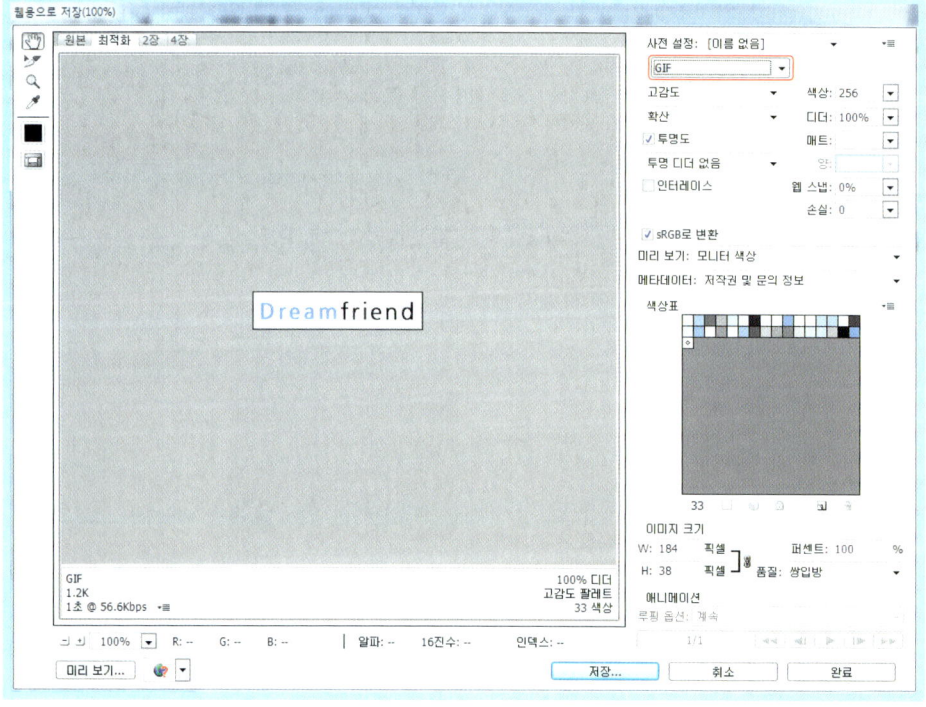

8 저장 위치를 정하고 파일 이름을 입력한 후에 [저장] 버튼을 클릭합니다.

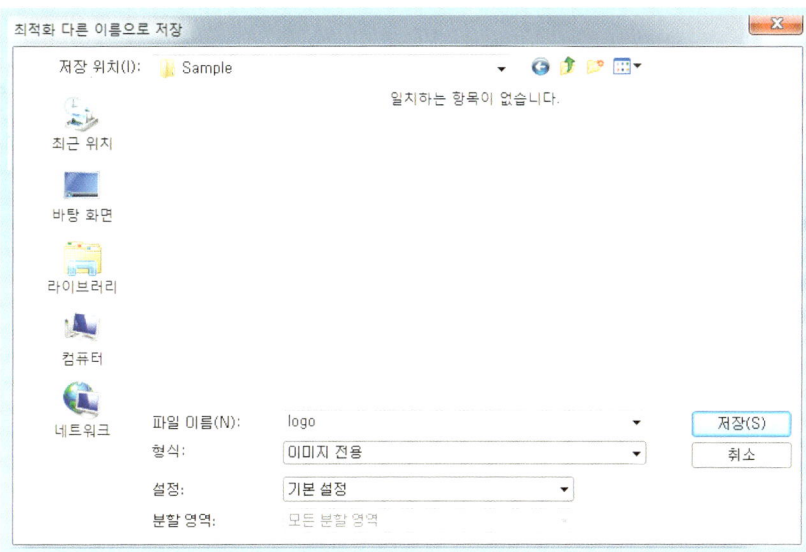

9 로고 파일이 저장된 것을 확인합니다.

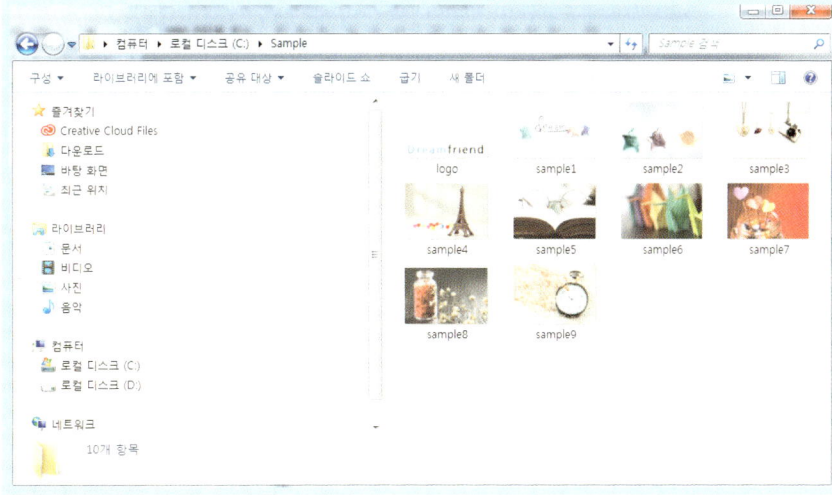

101 효과적인 쇼핑몰 창업과 운영

Part VI

이미지 및 디자인스킨

 ## 디자인뱅크가 무엇인가요?

디자인뱅크는 웹디자인을 위해 필요한 다양한 콘텐츠를 제공하는 사이트입니다. 홈페이지 또는 쇼핑몰을 제작하기 위해 카페24 호스팅을 신청한 경우는 디자인뱅크의 다양하고 고급스런 디자인 콘텐츠를 무료로 사용할 수 있습니다.

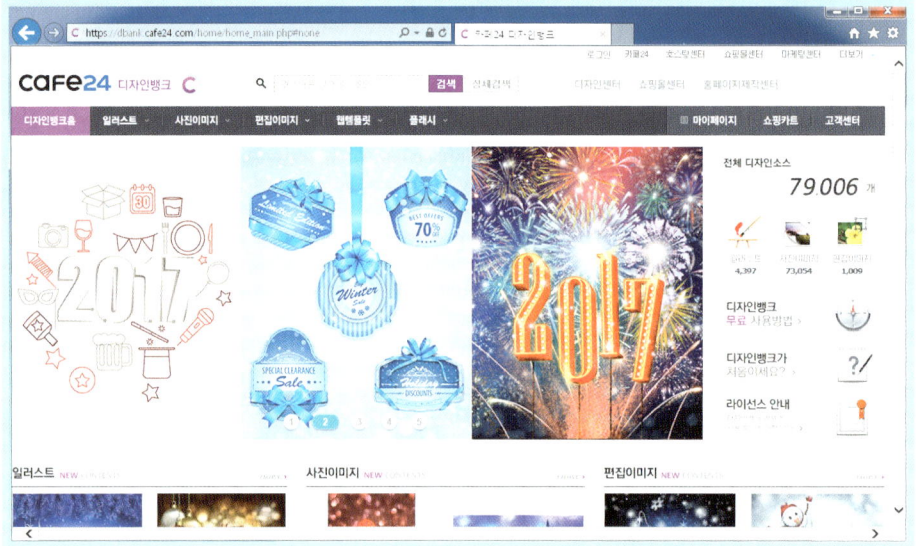

[디자인뱅크 : http://dbank.cafe24.com]

디자인 콘텐츠의 종류

카페24 디자인뱅크는 홈페이지를 제작할 때 유용하게 활용할 수 있는 디자인 소스를 제공하고 있습니다. 카페24에서 직접 제작한 콘텐츠를 독점으로 공급하고 있어, 독창적이고 다양한 컨셉의 홈페이지를 제작할 수 있습니다.

일러스트, 사진이미지, 편집이미지, 웹템플릿 등이 제공되고 있으며 앞으로 웹사이트 제작에 필요한 모든 디자인 콘텐츠가 제공될 예정입니다.

[카페24에서 제공하는 콘텐츠 종류]

● 일러스트 소스의 특징

카페24에서 제공되는 일러스트 소스는 어도비사에서 개발한 일러스트레이터 프로그램에서 만든 소스입니다.

일러스트 소스를 사용하기 위해서는 기본적으로 일러스트레이터 프로그램이 설치되어 있어야 하며 벡터 방식으로 만들어졌기 때문에 확대, 축소 및 변형이 자유로운 장점이 있습니다.

주로 CI, 일러스트레이션, 웹 디자인, 캐릭터 디자인, 인쇄출판 디자인 등 다양한 분야에서 쓰이고 있으며 현재 제공되고 있는 소스도 다양한 분야에서 활용할 수 있도록 세분화된 메뉴 형식으로 제공하고 있습니다.

[일러스트 소스 제공 화면]

● 사진이미지 소스의 특징

카페24에서 제공되는 사진이미지 소스는 어도비사에서 개발에 포토샵 프로그램으로 편집하여 만든 소스입니다.

쇼핑몰 사이트에서 사용되는 이미지 파일은 저작권 문제가 많이 발생하고 있으므로 이미지를 구매하여 사용하는 경우가 많이 있는데 현재 카페24에서 제공하는 이미지를 사용하면 저작권 문제없이 원하는 디자인을 할 수 있습니다. 비트맵 방식으로 제공하고 있기 때문에 이미지를 확대 및 축소했을 때 해상도에 따라 이미지 손상이 올 수 있습니다.

이미지 소스를 사용하여 편집할 경우는 처음부터 원하는 사이즈로 정확히 작업 창을 설정한 후에 작업을 진행하는 것이 좋습니다.

[사진이미지 소스 제공 화면]

● 편집이미지 소스의 특징

카페24에서 제공되는 편집이미지 소스의 경우 어도비사에서 개발한 포토샵 프로그램으로 편집하여 제공하고 있습니다.

편집이미지 소스의 형식은 .psd로 제공하고 있기 때문에 작업한 레이어가 모두 살아 있으므로 포토샵에서 세부적으로 재가공이 가능하도록 제공하고 있습니다. 글씨 수정 및 이미지의 크기 위치 등을 다양하게 수정하여 홈페이지 및 쇼핑몰에서 활용할 수 있습니다. 기본적으로 포토샵의 레이어 개념을 이해한 상태에서 자유롭게 사용할 수 있는 것이 편집이미지 소스입니다.

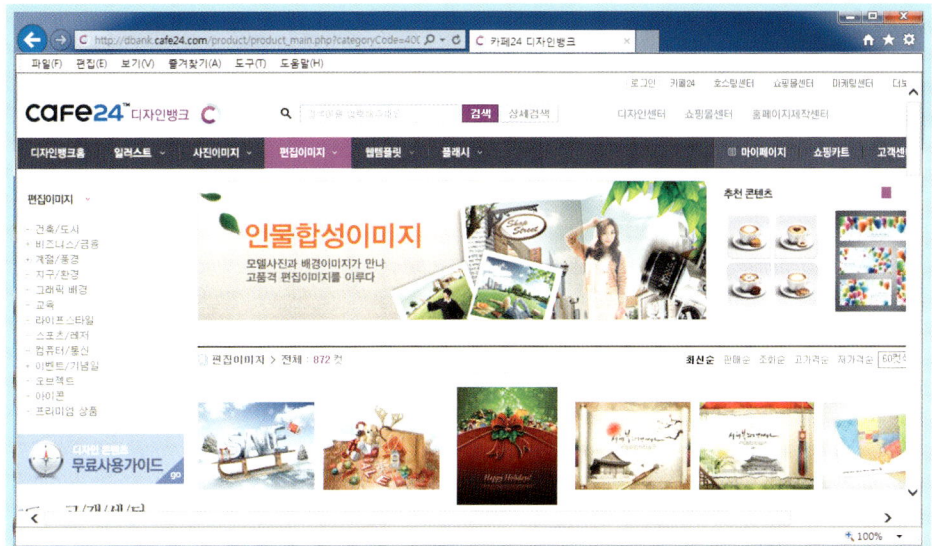

[편집이미지 소스 제공 화면]

● 웹템플릿 소스의 특징

웹템플릿 소스의 경우 드림위버와 포토샵을 사용할 수 있는 사용자가 다운로드하여 활용할 수 있습니다. 초보 디자이너부터 전문 디자이너까지 활용할 수 있는 다양한 컨텐츠를 제공하고 있으며, 특히 실무 디자이너의 경우 사이트 디자인을 위한 시간을 단축하는 길이 열린 것입니다.

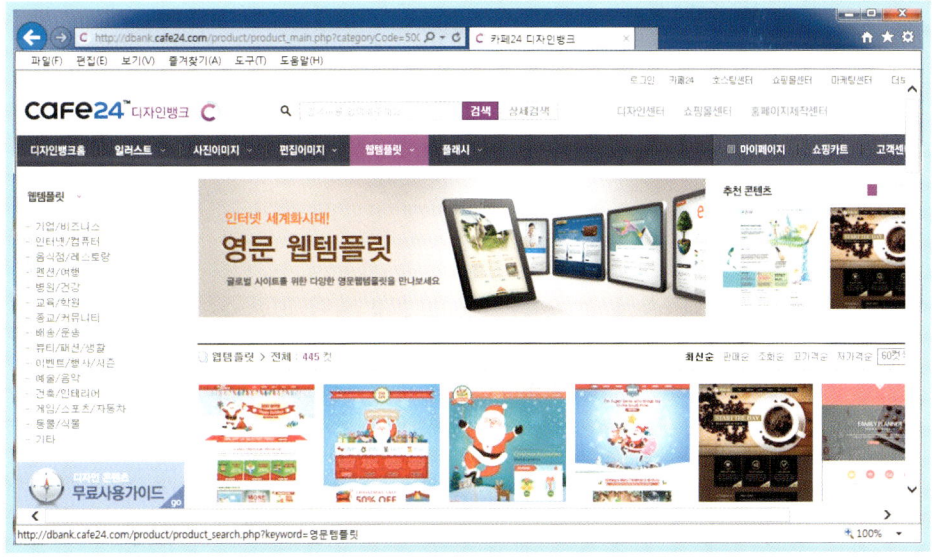

[웹템플릿 소스 제공 화면]

디자인 소스 사용 조건 및 다운로드받는 방법을 알려주세요.

카페24에서 제공하는 디자인 콘텐츠는 카페24 호스팅 회원이라면 누구나 무료로 사용할 수 있는 소스입니다.

● 자신이 직접 웹디자인을 하는 경우

직접 웹디자인을 하려고 하는 경우는 호스팅 회원으로 가입하면 디자인 소스를 카페24에서 무료로 제공합니다.

● 홈페이지 제작을 의뢰받아 웹디자인을 하는 경우

고객이 디자이너에게 웹디자인을 의뢰한 경우 디자이너는 카페24에 호스팅을 만들면 카페24에서 디자이너에게 디자인 소스를 무료로 제공하고 제공받은 소스를 이용하여 웹디자인을 하여 고객에게 제작이 완료된 디자인을 제공하면 됩니다.

디자인 소스 다운로드하기

디자인 소스를 다운로드하기 위해서는 카페24에 로그인한 후에 원하는 디자인을 선택하고 구매하기를 한 후에 구매 내역에서 다운해야 디자인 소스를 사용할 수 있습니다.

1 카페24 디자인뱅크 홈페이지(http://dbank.cafe24.com)에 접속한 후에 로그인하고 원하는 콘텐츠를 클릭합니다.

2 구매 페이지에서 호스팅 회원가 0원을 선택하고 [구매하기] 버튼을 클릭합니다.

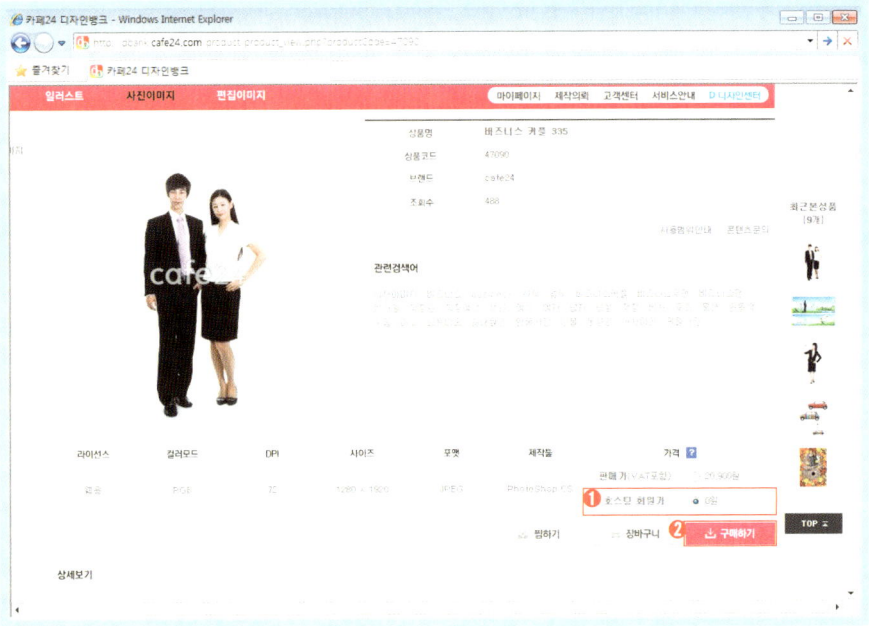

note
카페24 호스팅을 사용하지 않는 경우는 호스팅 회원가를 선택하면 안 되고 판매가를 선택한 후에 구매하기를 클릭해야 합니다.

3 장바구니에서 구매 내역을 확인하고 [결제하기] 버튼을 클릭합니다.

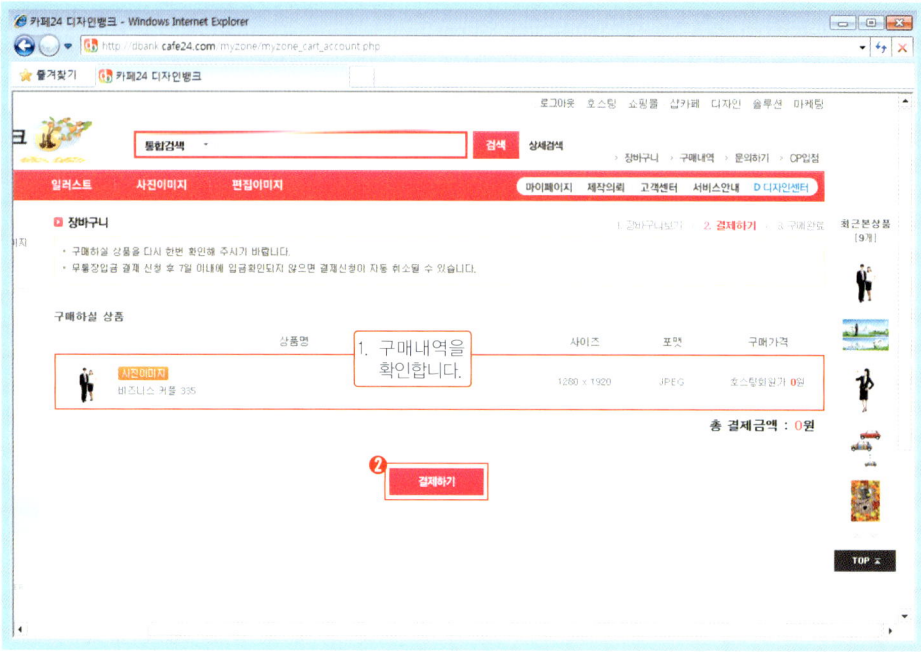

4 구매 완료 페이지에서 [확인] 버튼을 클릭합니다.

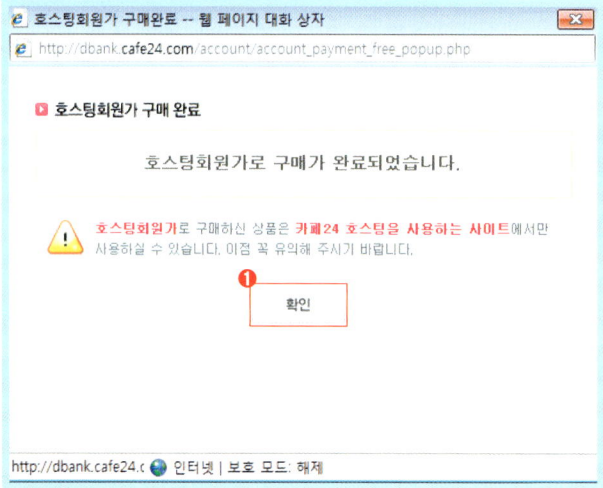

5 구매한 디자인을 다운로드하기 위해 [디자인 다운로드] 버튼을 클릭합니다.

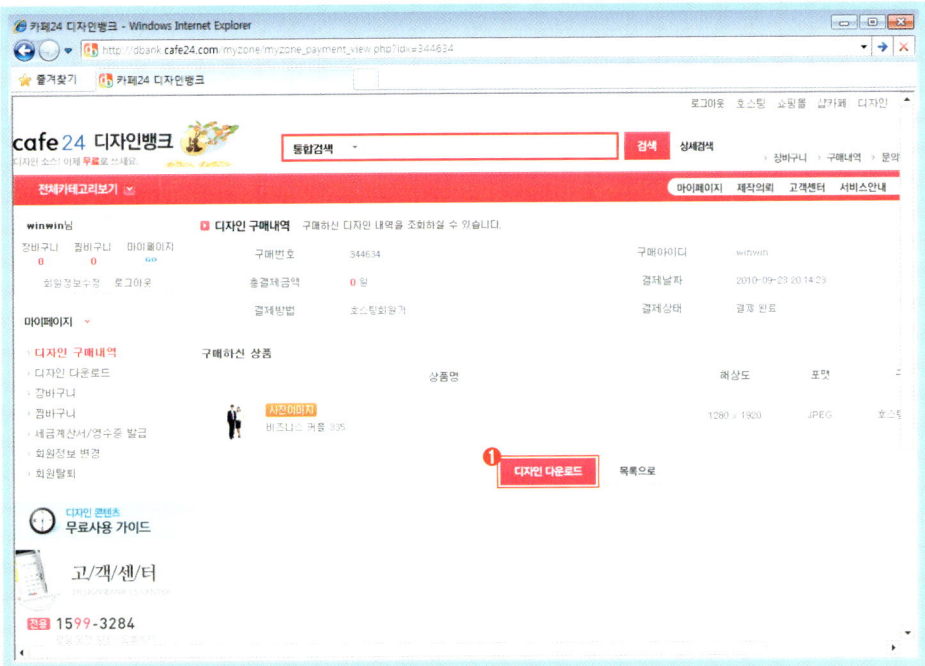

6 구매한 디자인 항목에서 구매한 디자인의 [다운로드] 버튼을 클릭합니다.

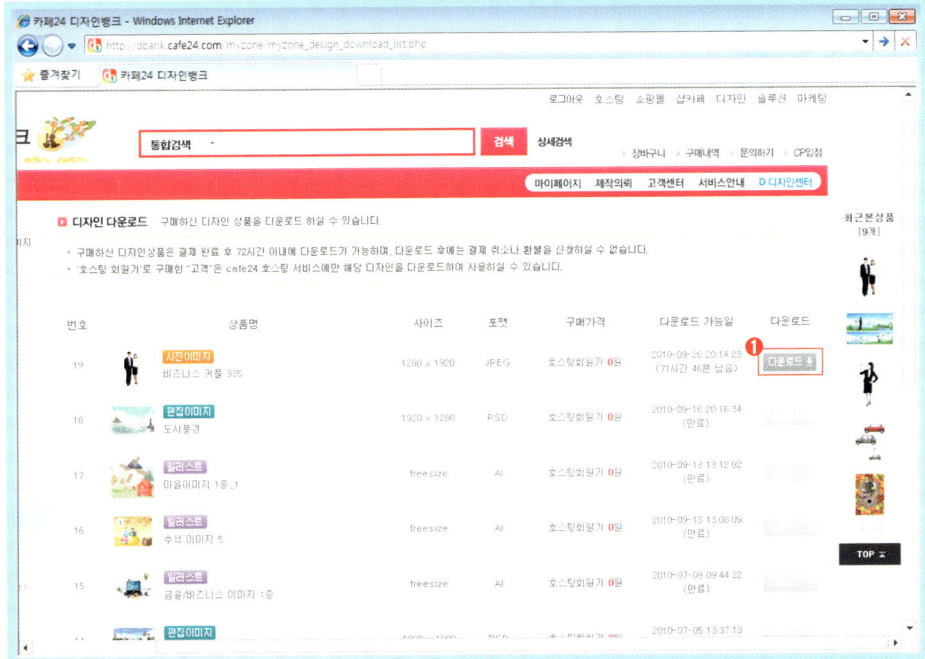

7 파일 다운로드 창에서 [저장] 버튼을 클릭합니다.

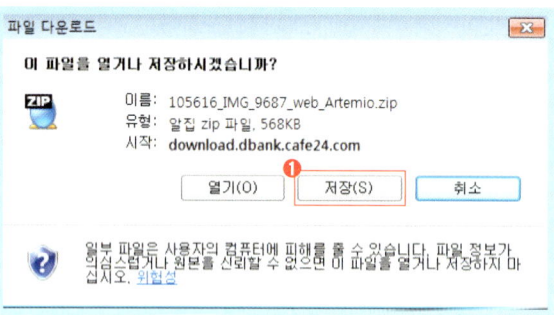

8 저장 위치를 지정하고 파일 이름을 변경한 후에 [저장] 버튼을 클릭하여 저장을 완료합니다.

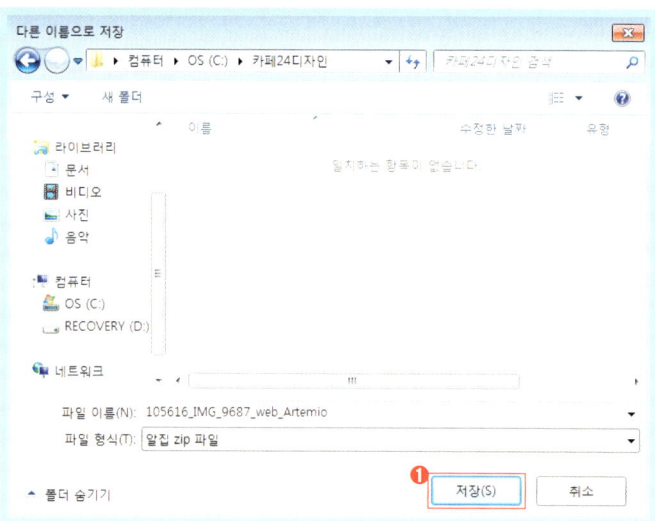

9 압축을 해제한 후에 다운로드한 소스를 확인합니다.

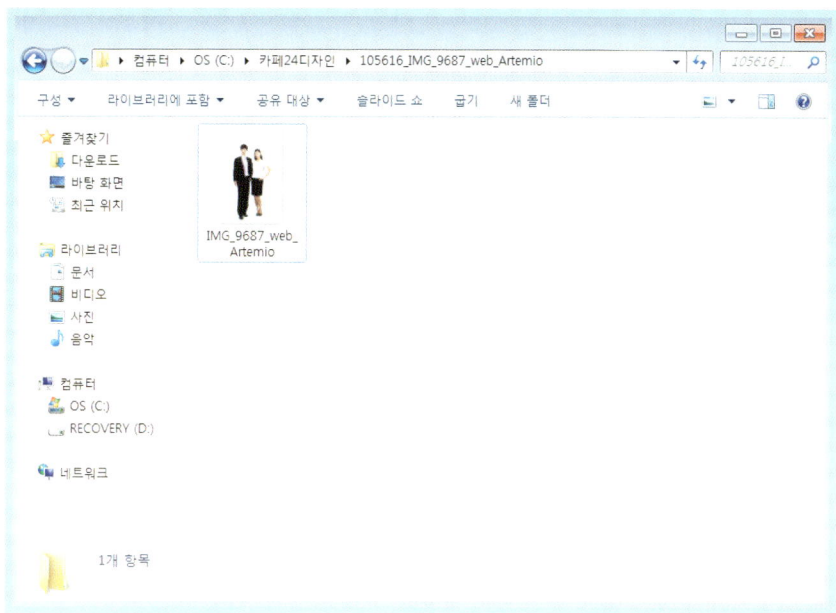

note

다른 소스도 같은 방법으로 다운로드하여 사용할 수 있습니다. 만들고자 하는 사이트 컨셉트에 맞는 디자인을 전체적으로 다운로드한 뒤에 작업을 진행해 주세요. 미리보기 이미지가 제공되어 있지 않은 경우는 사이트에서 미리보기 이미지도 다운로드해 두면 나중에 어떤 소스인지를 쉽게 알 수 있습니다.

● 이미지를 다운로드하고 싶을 경우는 미리보기 이미지에서 오른쪽 버튼을 클릭한 후에 [다른 이름으로 사진 저장]을 클릭하여 저장합니다.

 ## 쇼핑몰 디자인 구매 방법을 알려주세요?

상품등록 진열 후에 쇼핑몰의 컨셉에 따라 쇼핑몰을 디자인합니다. 예를 들어 20대 초반 여성을 대상으로 한 쇼핑몰이라면 핑크색을 이용해서 발랄함을 강조합니다. 10대 후반 쇼핑몰이라면 만화 등을 이용해서 독특함을 강조합니다. 유아동복 사이트라면 연두색 등을 이용해서 편안함을 나타내는 것이 좋습니다.

카페24 디자인센터(d.cafe24.com)에서 디자인을 구매할 수도 있습니다.

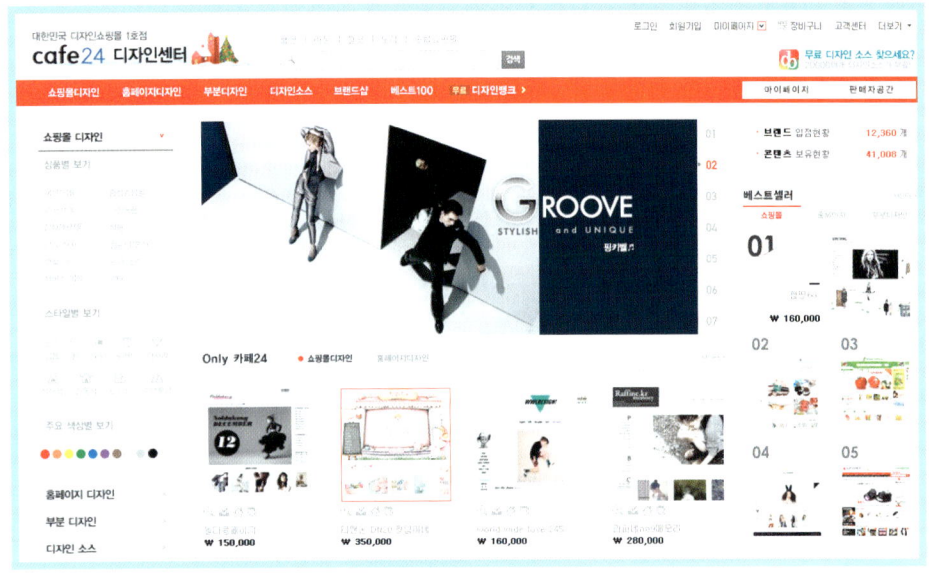

카페24 디자인센터(d.cafe24.com)에 접속한 후에 쇼핑몰아이디, 패스워드를 이용해서 로그인합니다. '쇼핑몰 디자인' 메뉴에서 마음에 드는 쇼핑몰 디자인을 선택합니다. 디자인 구매 전에 무료수정 사항, 구매자혜택, 유지보수 관련 사항 등을 꼼꼼히 확인하기 바랍니다. 필요하다면 게시판 또는 전화를 이용해서 직접 상담할 것을 권장합니다. [바로 신청하기] 버튼을 클릭합니다.

Part Ⅵ 이미지 및 디자인스킨 | 315

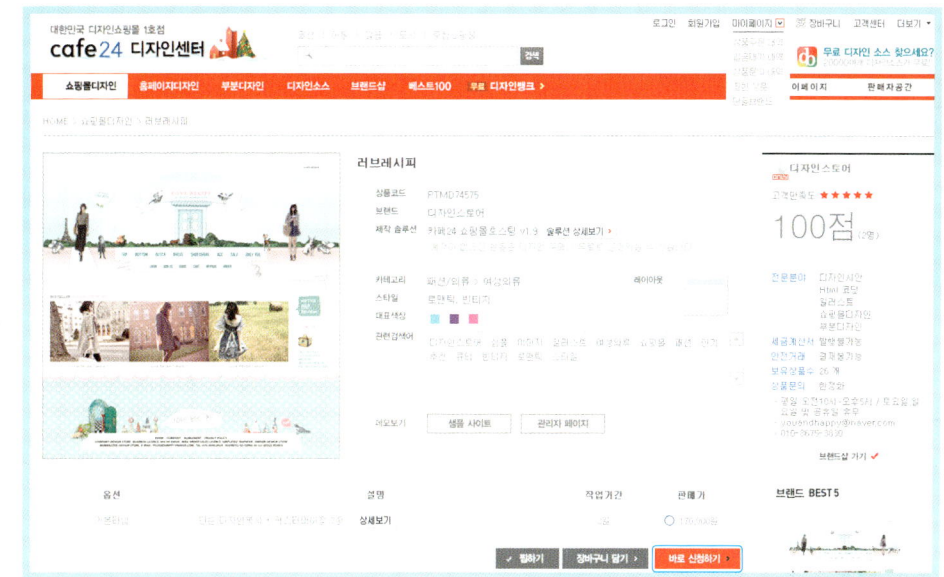

디자인을 판매하고자 하는 디자인뱅크 회원은 판매자(agency.cafe24.com)에 접속해서 판매자로 회원가입을 합니다.

판매자로 가입이 완료되면 판매자 아이디와 비밀번호를 이용해서 로그인 합니다. 판매자 어드민은 다음과 같습니다.

판매자 어드민에서 디자인 상품을 등록하고, 주문이 오는 경우 결제 확인 후에 디자인을 복사해 주면 됩니다. 디자인센터에서의 상품판매에 대해서 판매자에 대한 수수료는 없습니다.

 쇼핑몰에 디자인 추가하는 방법을 알려주세요?

카페24에서는 질 좋은 177개의 무료 디자인을 제공해주고 있습니다. 패션/의류, 종합 쇼핑몰, 유아/아동, 잡화/화장품, 가정용품, 건강/취미, 식품, 컴퓨터/통신, 생활가전, 도서/음반, 서비스/여행 등 카테고리에 맞게 유형별로 쇼핑몰 디자인을 제공해 주고 있으며 이 중에 원하는 디자인을 편리하게 추가하거나 삭제할 수 있습니다. 최대 12개까지 디자인을 보관해 놓고 사용자가 원하는 디자인을 적용시켜서 쇼핑몰을 운영할 수 있습니다.

관리자 페이지에서 디자인 추가 기능을 실습으로 알아보겠습니다.

1 [디자인 관리]-[디자인 추가] 메뉴를 클릭하면 나오는 디자인 페이지에서 무료 디자인을 클릭합니다.

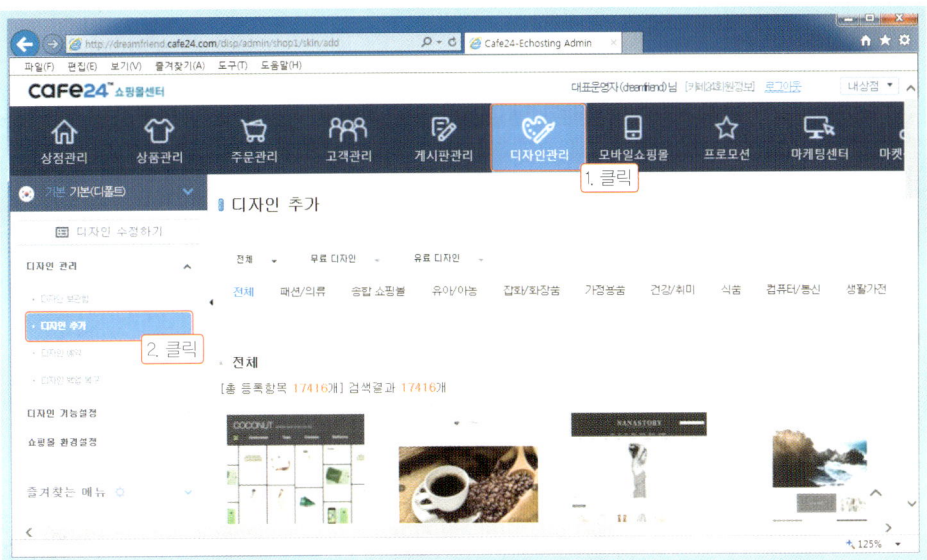

2 원하는 디자인을 클릭하면 상세한 내용을 볼 수 있으며 [샘플 사이트 보기]와 [디자인 추가] 버튼이 나옵니다. [디자인 추가] 버튼을 클릭하면 현재 운영하는 사이트에 적용할 수 있도록 디자인 보관함에 새로운 디자인이 추가됩니다. 디자인을 추가해 보기 위해 [디자인 추가] 버튼을 클릭합니다.

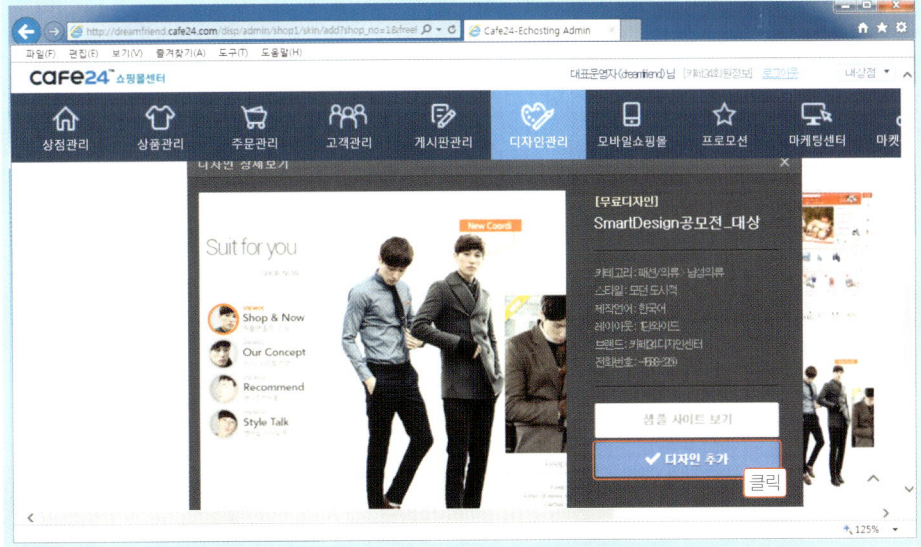

3 [디자인관리]-[디자인 보관함]을 클릭하면 추가한 디자인을 확인할 수 있습니다.

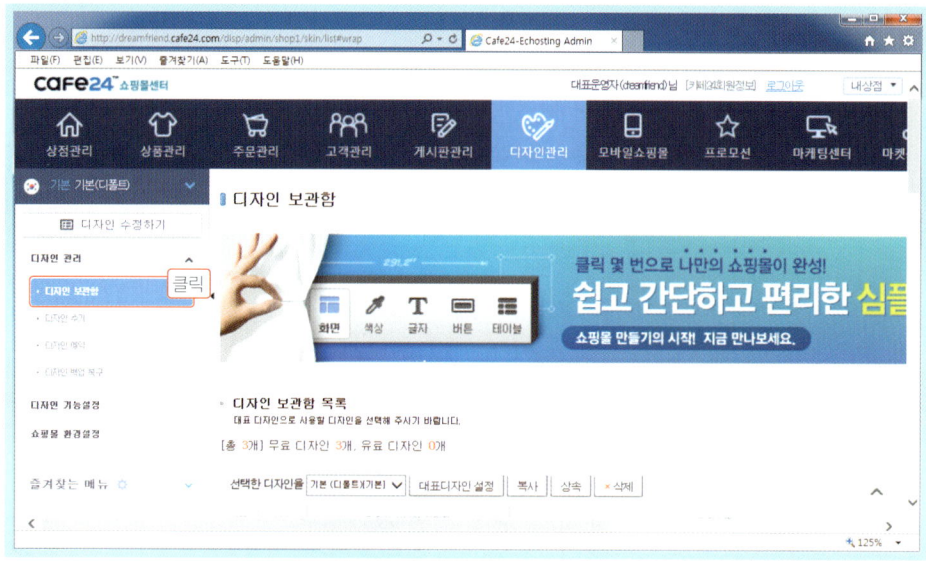

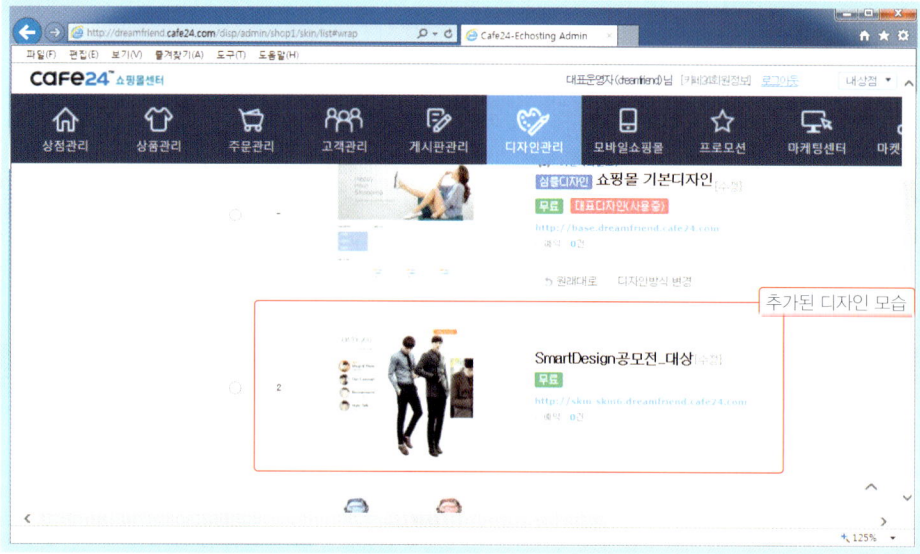

4 만약 추가한 디자인을 사용하지 않을 때 삭제하는 방법은 삭제하려고 하는 디자인을 선택하고 [삭제] 버튼을 클릭합니다.

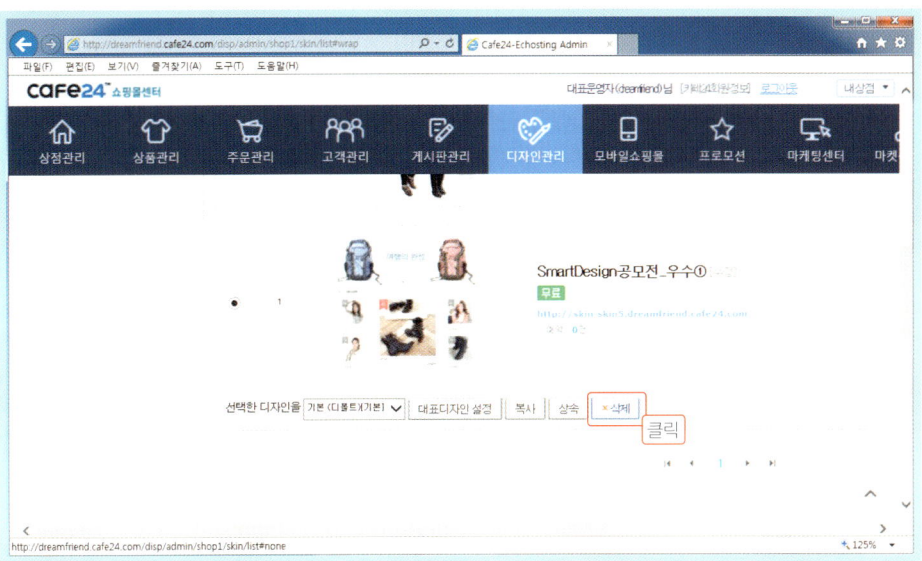

5 디자인 삭제에 대한 메시지 창을 볼 수 있습니다.
[확인] 버튼을 클릭합니다.

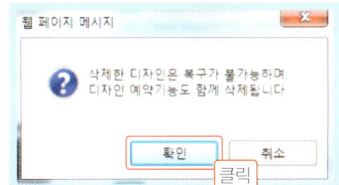

6 디자인 보관함에서 디자인이 삭제된 것을 확인할 수 있습니다.

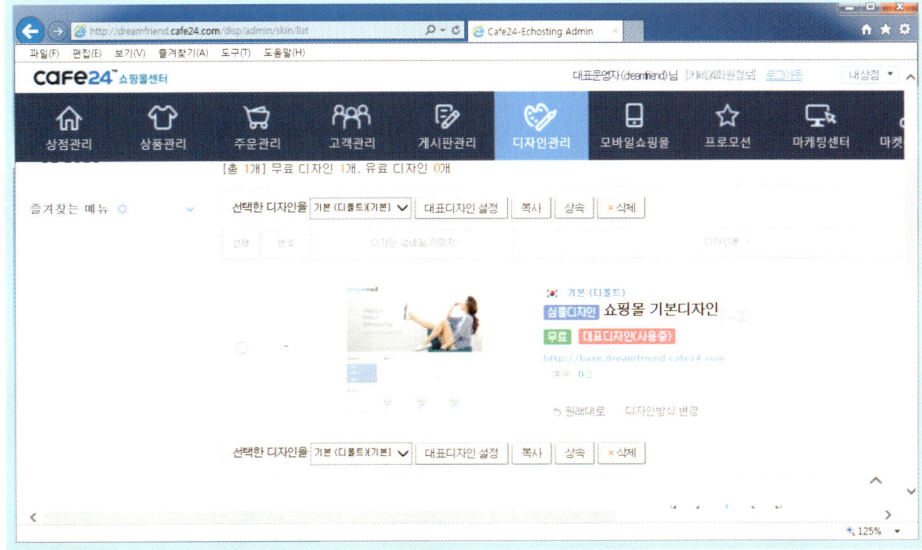

note
디자인 보관함의 기본 설명

1. 대표 디자인
대표디자인은 방문자에게 보이는 쇼핑몰 메인 디자인입니다.

2. 디자인 복사
선택한 디자인에 포함된 모든 html, css 등의 파일들이 그대로 복사됩니다.

3. 디자인 상속
새로 만든 디자인이 기존 디자인에 상속되는 기능입니다. 복사와는 다르게 상속된 디자인은 기존에 존재했던 파일과 연계되어 지속적인 영향을 받게 됩니다.

4. 디자인 삭제
선택한 디자인을 삭제합니다. 삭제된 디자인은 복구되지 않으며, 최초 제공한 기본 디자인과 현재 대표디자인으로 설정된 디자인은 삭제할 수 없습니다.

5. 신규 디자인 추가
디자인센터에서 제공하는 무료/유료 디자인을 구매하여 추가할 수 있습니다.

6. 기본 디자인 추가
카페24의 최신 소스가 반영된 기본 html 디자인 파일을 새 디자인으로 추가할 수 있습니다.

7. 디자인 보관 개수
최대 12개의 디자인을 보관할 수 있습니다. (단, 유료디자인은 무제한 추가 가능)

 ## 대표 디자인을 설정하는 방법을 알려주세요.

대표 디자인은 현재 쇼핑몰에 적용된 디자인을 말합니다. 추가된 디자인을 전체적으로 수정한 후에 적용하는 것을 권장합니다.

대표 디자인을 적용하는 방법을 실습으로 알아보겠습니다.

[디자인관리]-[디자인 보관함]을 클릭합니다.

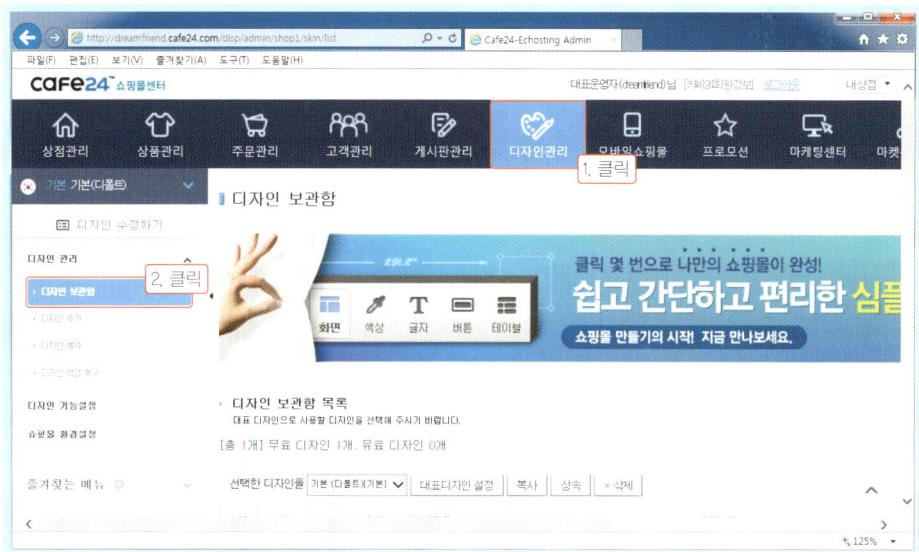

2 대표디자인으로 설정할 디자인을 선택한 후 [대표디자인 설정] 버튼을 클릭합니다.

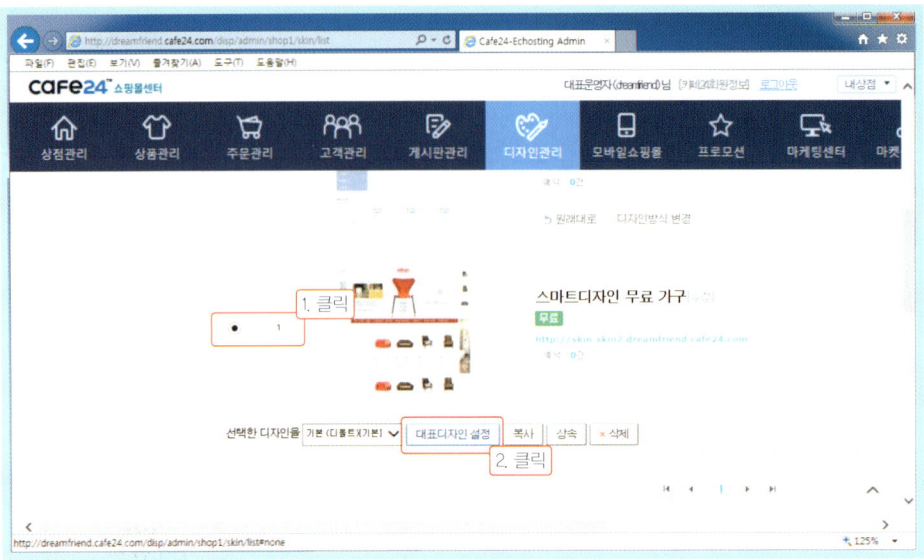

3 디자인 라이선스에 대한 메시지 창이 나타납니다. 내용을 확인한 후에 [확인] 버튼을 클릭합니다.

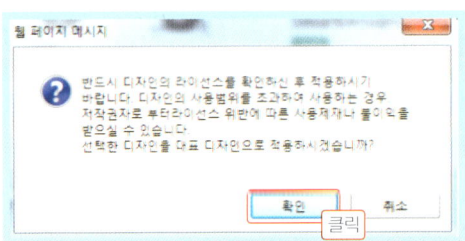

4 대표디자인으로 설정된 것을 확인한 뒤에 [내상점] 버튼을 클릭하여 쇼핑몰 디자인이 변경된 것을 확인합니다.

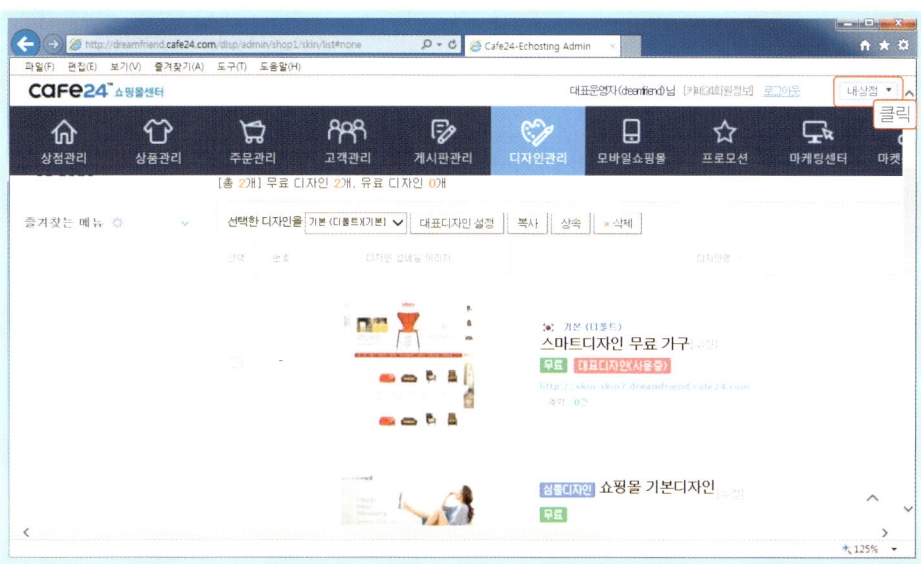

5 쇼핑몰 디자인이 새로 추가한 디자인으로 변경된 것을 볼 수 있습니다.

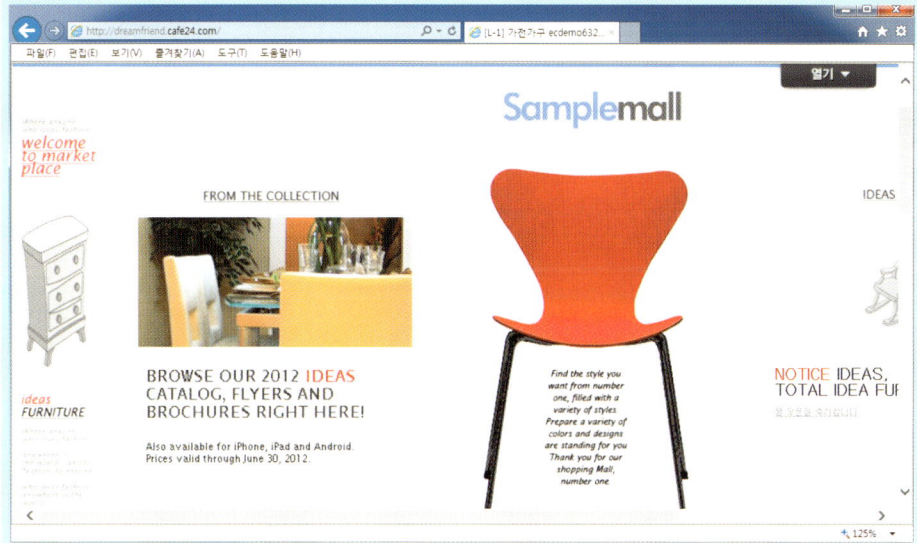

디자인 백업과 복구하는 방법을 알려주세요.

카페24 관리자 페이지에서 원하는 디자인을 선택하고 [백업하기] 버튼을 클릭하면 현재 디자인을 저장하는 기능입니다. 저장될 때는 HTML 파일만 백업되고 사용된 이미지는 백업되지 않습니다. 이미지까지 안전하게 관리할 경우는 FTP에 접속하여 FTP 폴더 안에 있는 파일을 따로 저장해 놓아야 합니다.

백업에는 자동 백업과 수동 백업이 있습니다. 매일 새벽 5시경에 24시간 전의 관리자 로그인 기록이 있는 경우 시스템에서 자동으로 백업합니다. 이 외에 쇼핑몰 운영자가 [백업하기] 버튼을 클릭하면 수시로 백업을 진행할 수 있습니다. 자동 백업은 7일까지 저장되며, 가장 오래된 파일부터 자동 삭제됩니다.

디자인 복구는 디자인 복구 페이지에서 원하는 시점의 [복구] 버튼을 클릭하면 그 시점으로 쇼핑몰이 복구됩니다.

실습으로 백업과 복구를 진행해 보겠습니다.

[디자인관리]-[디자인 백업·복구] 메뉴를 클릭합니다. 백업하려고 하는 디자인을 선택하고 [백업하기] 버튼을 클릭합니다.

2 "백업되었습니다."라는 메시지를 확인하고 [확인] 버튼을 클릭합니다.

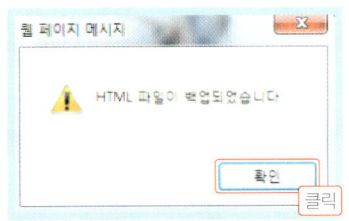

3 현재 백업된 파일이 있는 백업 리스트 페이지로 이동되는 것을 볼 수 있습니다.

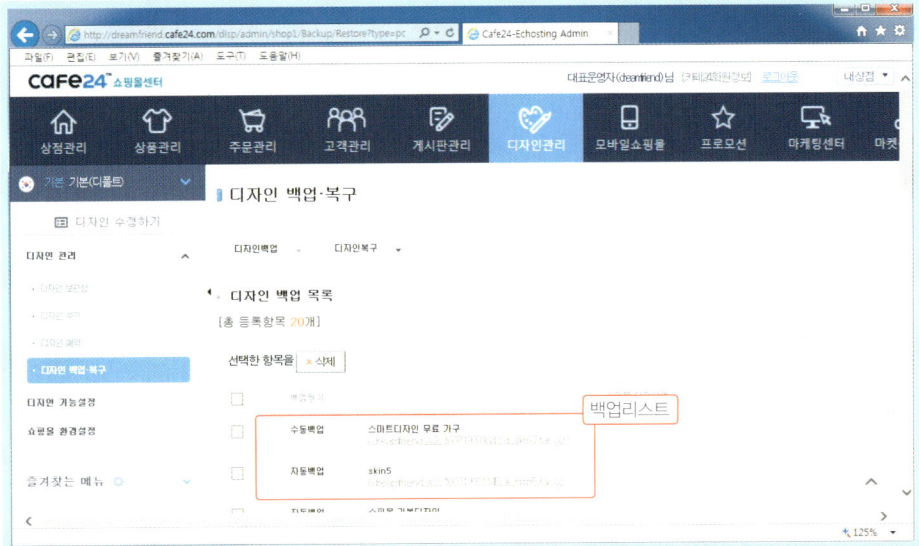

4 디자인 복구는 [디자인 관리]-[디자인 백업·복구] 메뉴를 클릭한 후에 [디자인 복구] 메뉴를 클릭합니다.

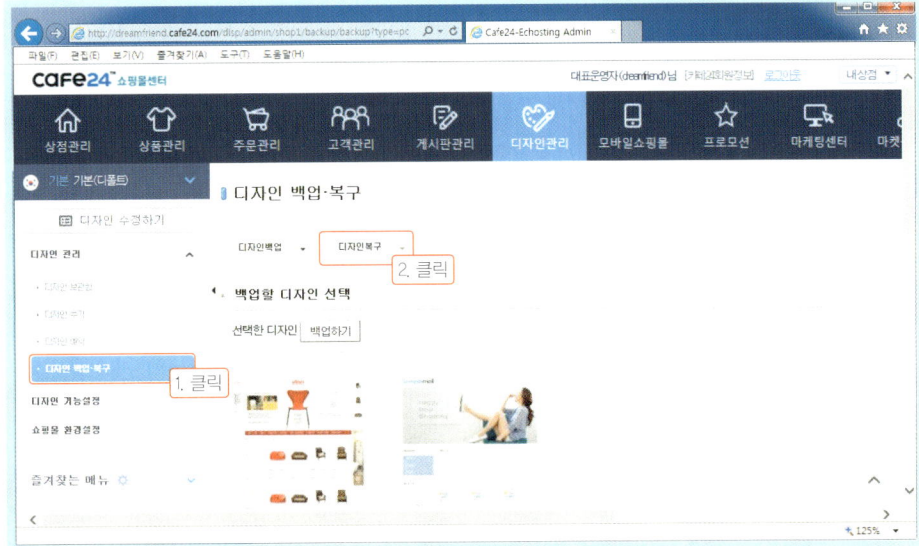

5 디자인 복구 페이지에서 원하는 복구 시점의 [복구] 버튼을 클릭합니다.

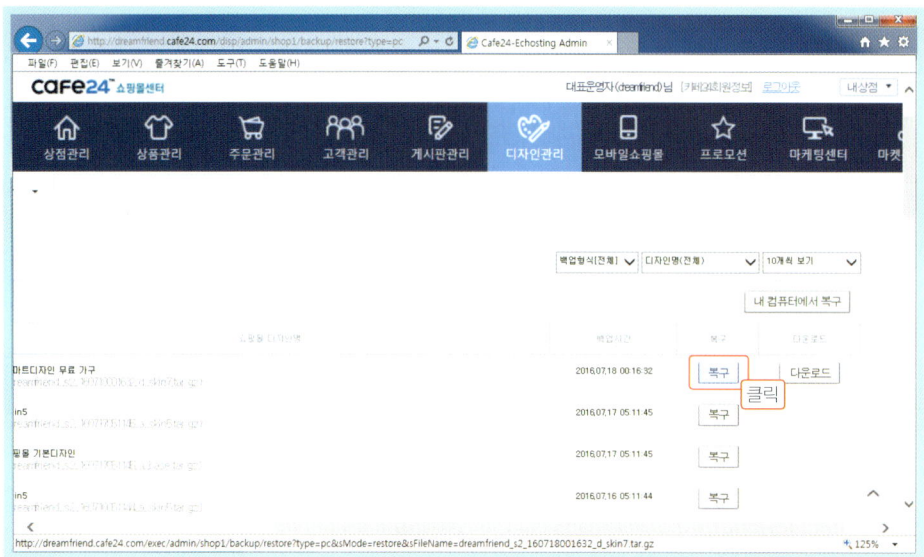

6 디자인 복구 메시지 창이 나오는 것을 볼 수 있습니다.

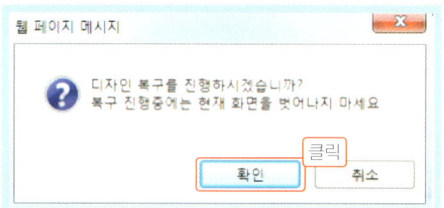

7 파일 복구 완료 메시지 창이 나오는 것을 볼 수 있습니다. [확인] 버튼을 클릭하면 복구가 완료됩니다.

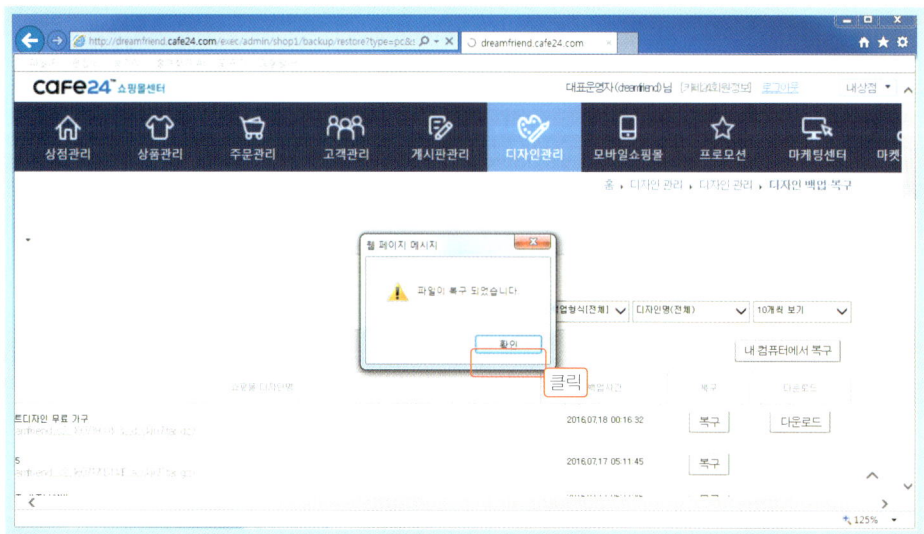

 ## 쇼핑몰 디자인에 로고를 적용하는 방법을 알려주세요.

포토샵으로 제작한 로고를 쇼핑몰에 적용하는 방법은 스마트 디자인 편집 창에서 모듈별 편집 기능을 이용하면 편리하게 로고를 변경할 수 있습니다.

로고 등록 방법에 대해 알아보겠습니다.

쇼핑몰 관리자 페이지에서 [디자인관리]-[디자인 수정하기] 메뉴 버튼을 클릭합니다.

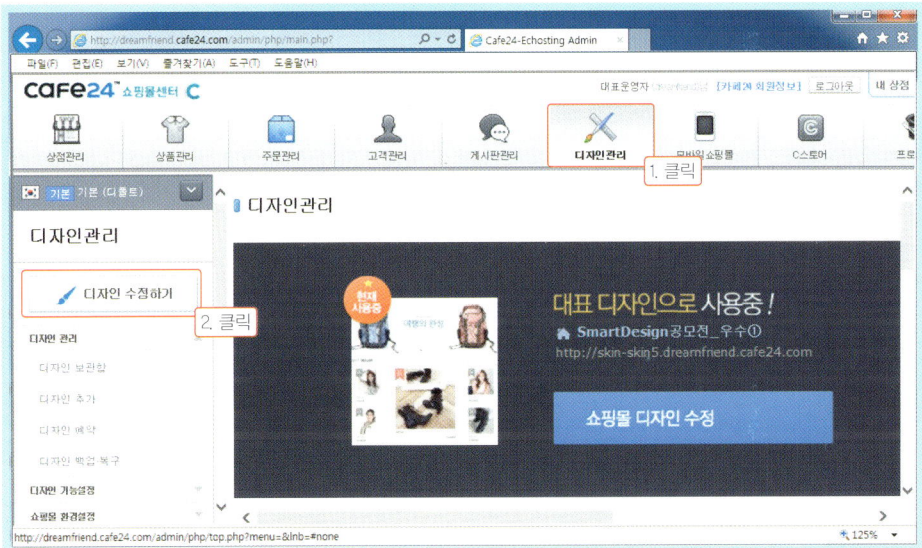

2 스마트 디자인 편집 창이 나옵니다. 스마트 디자인은 모듈별 편집이 되는 디자인 편집 창이므로 샘플 로고의 위치에 마우스를 오버하면(샘플 로고 위에서 마우스 포인터를 움직이면) 나타나는 [편집] 버튼을 클릭합니다.

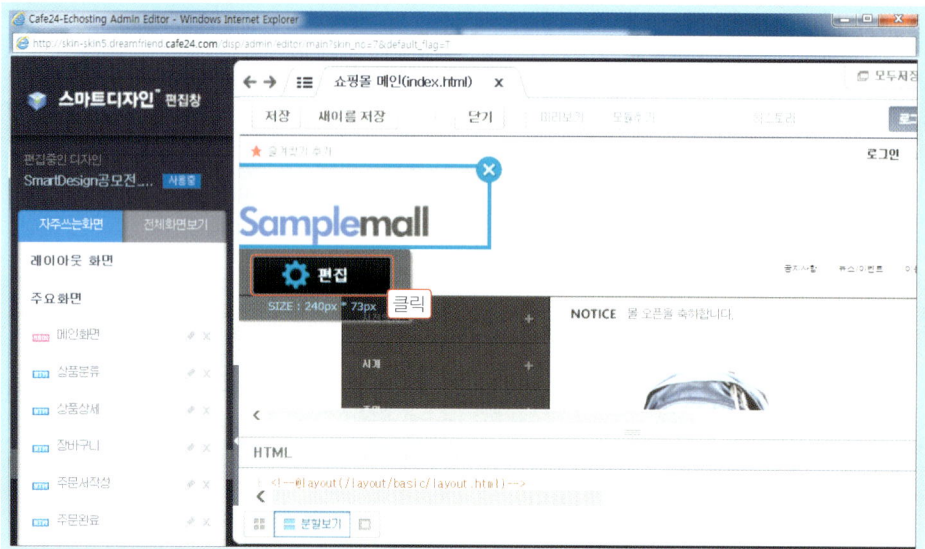

3 기본값인 HTML 편집 창이 나옵니다. 소스를 수정하여 로고를 쇼핑몰에 나타낼 수도 있지만, 여기에서는 [속성] 버튼을 클릭하여 올리는 방법을 안내하겠습니다. [속성] 버튼을 클릭합니다.

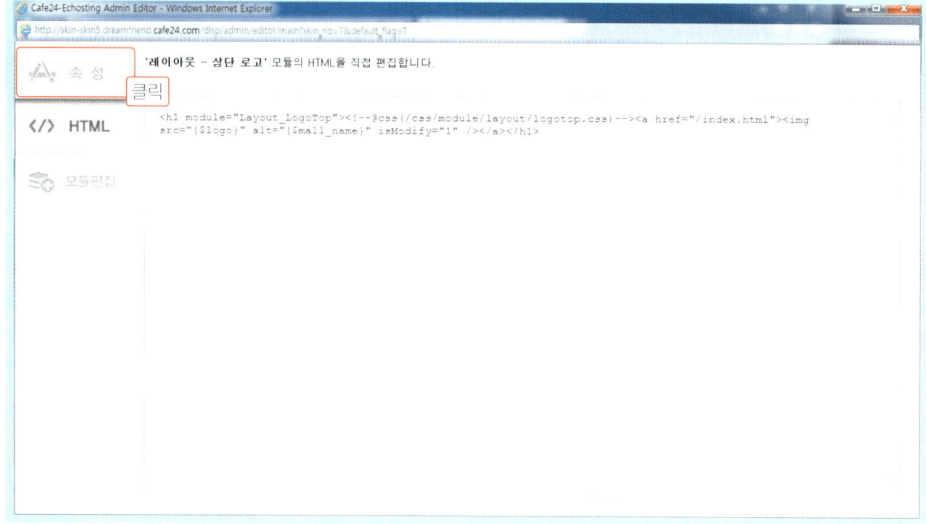

4 속성 페이지에서 이미지를 적용하기 위한 [파일 선택] 버튼이 있습니다. [파일 선택] 버튼을 클릭합니다.

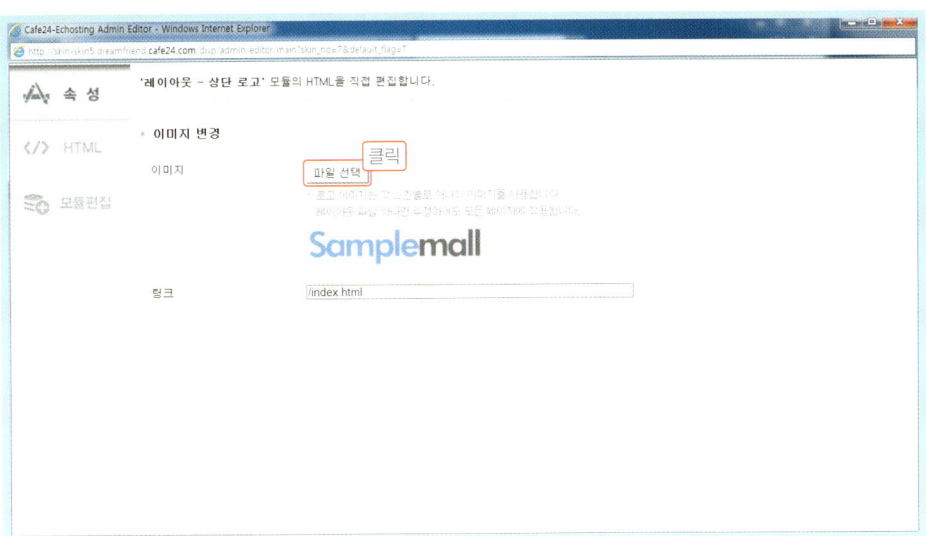

5 파일 선택 화면에서 로고 파일을 선택하고 [열기] 버튼을 클릭합니다.

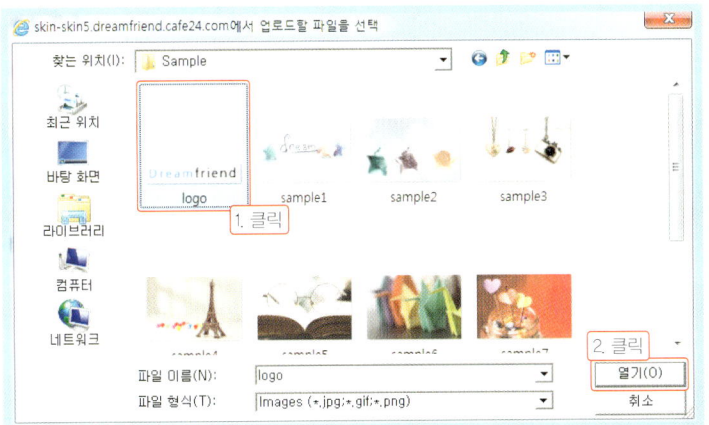

6 로고를 확인하고 파일이 맞으면 하단에 있는 [적용] 버튼을 클릭합니다.

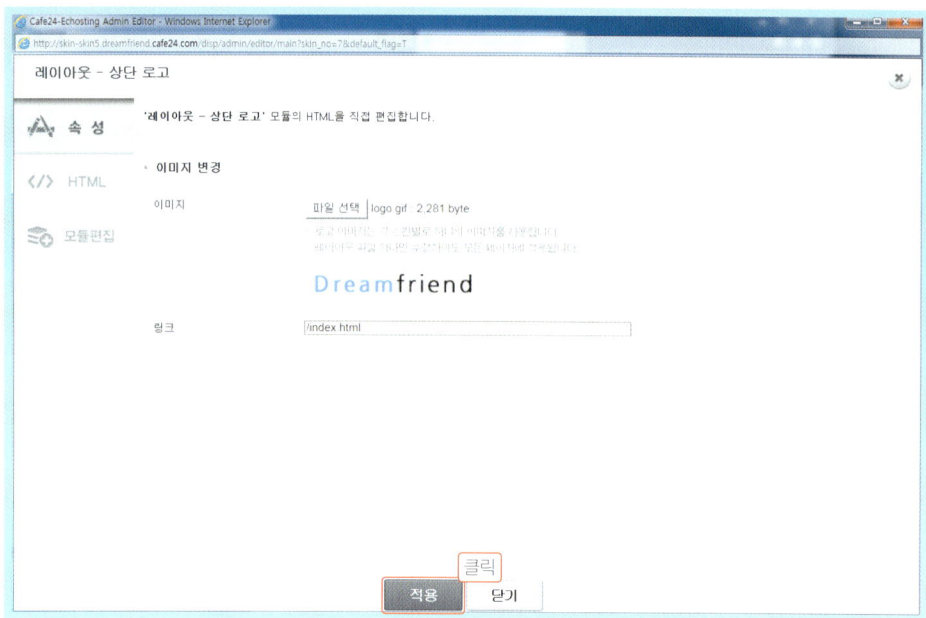

7 스마트 디자인 편집 창에 등록된 로고를 확인하고 [저장] 버튼을 클릭합니다.

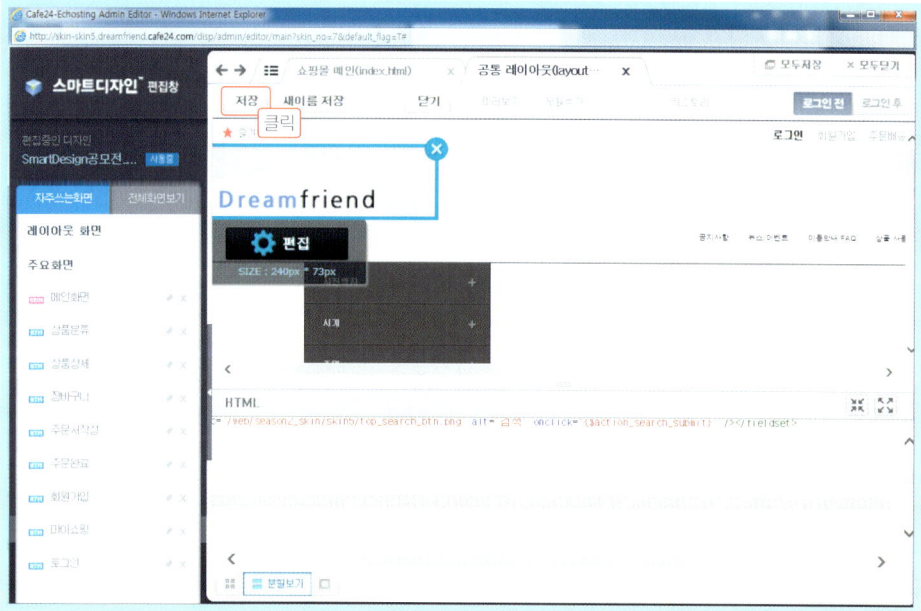

8 스마트 디자인 편집 창에서 나와서 [내상점] 버튼을 클릭하여 쇼핑몰을 확인합니다.

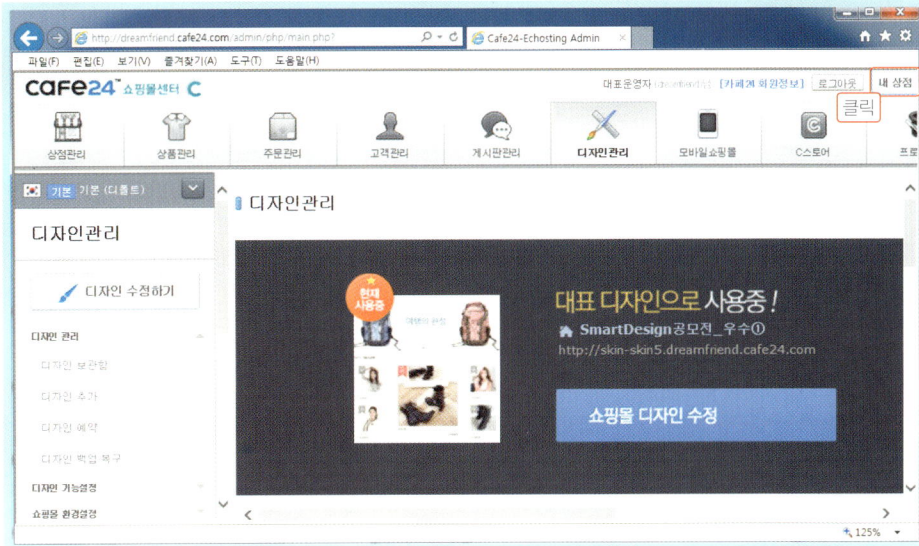

9 쇼핑몰 로고가 변경된 것을 확인할 수 있습니다.

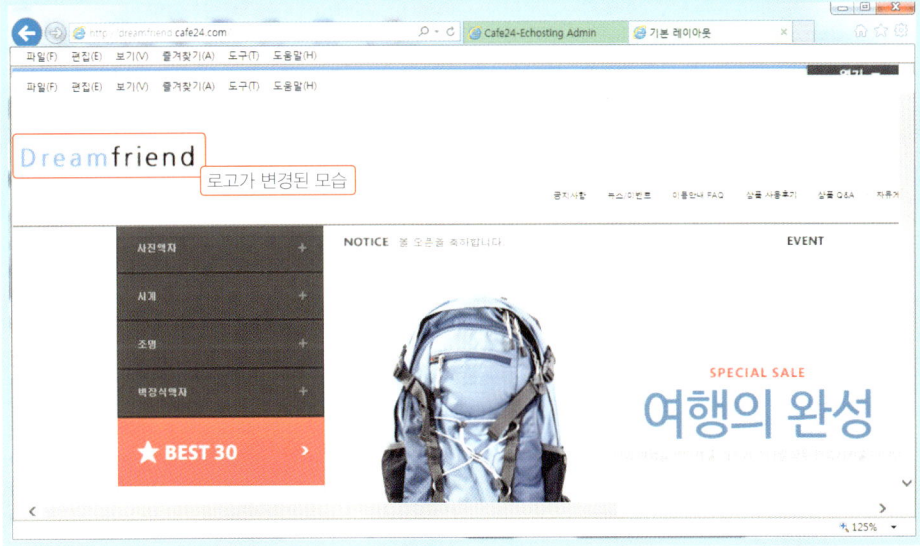

메인 화면의 롤링 배너 이미지는 어떻게 변경하나요?

메인 화면의 롤링 배너는 스마트 디자인에서 설정해 놓은 <!--@js(/js/rolling_banner.js)--> 소스 안에 링크 주소가 나옵니다. 모두 같게 통일시켜 놓았으며 해당 소스에 나오는 이미지 링크 주소를 확인한 후에 FTP를 통해 해당 링크에 이미지를 업로드하고 업로드한 이미지의 이름으로 교체해 주면 롤링배너 이미지가 변경되는 것을 볼 수 있습니다.

롤링이미지 변경 실습을 해보겠습니다.

[디자인관리]-[스마트디자인 수정] 버튼을 클릭합니다.

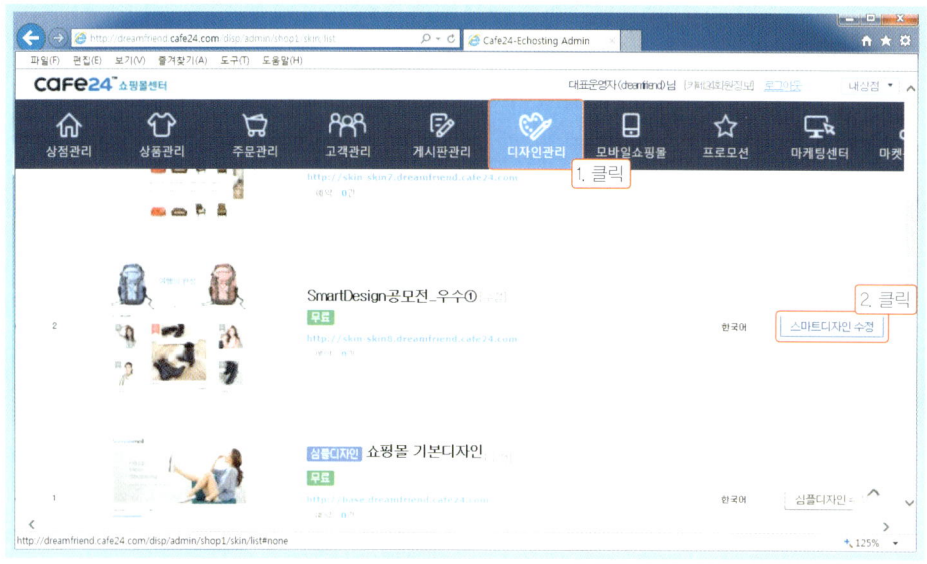

2 스마트디자인 편집 창에서 메인화면 항목의 〈!--@js(/js/rolling_banner.js)--〉의 [파일 열기] 버튼을 클릭합니다.

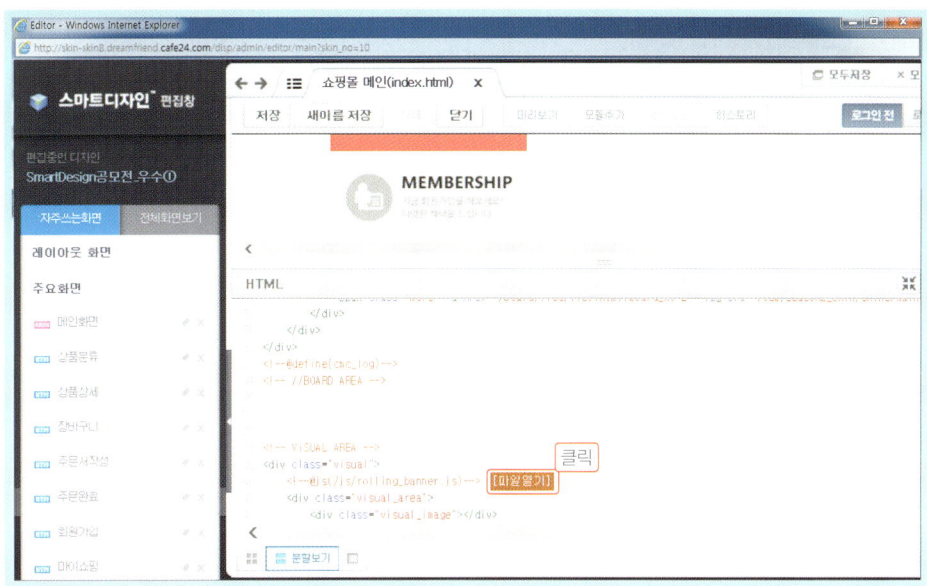

```
<!-- VISUAL AREA -->
<div class="visual">
        <!--@js(/js/rolling_banner.js)-->
    <div class="visual_area">
        <div class="visual_image"></div>
        <div class="visual_btn"></div>
    </div>
</div>
<!-- //VISUAL AREA -->
```

3 배너 이미지의 주소를 확인합니다.

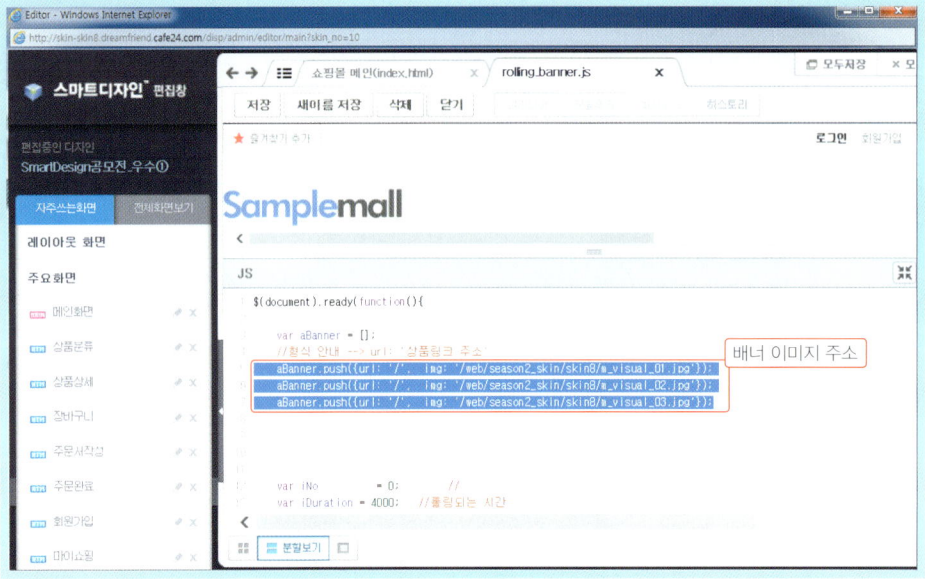

```
aBanner.push({url: '/',  img: '/web/season2_skin/skin5/m_visual_01.jpg'});
aBanner.push({url: '/',  img: '/web/season2_skin/skin5/m_visual_02.jpg'});
aBanner.push({url: '/',  img: '/web/season2_skin/skin5/m_visual_03.jpg'});
```

4 확인한 경로에 이미지를 업로드하기 위해 [FTP] 접속 메뉴를 클릭한 후에 [웹 FTP 접속] 버튼을 클릭하여 아이디와 암호를 입력하고 [연결] 버튼을 클릭합니다.

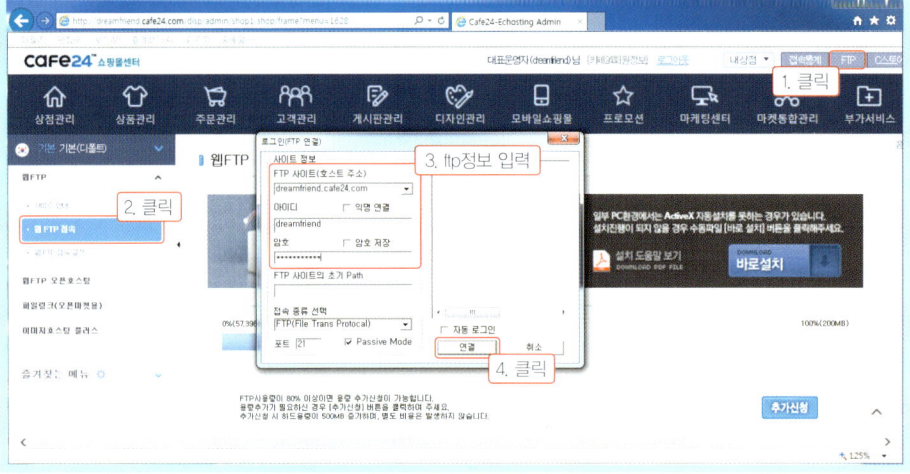

5 FTP 폴더의 경로는 'web/season2_skin/skin5'로 설정하고, 업로드할 파일이 있는 로컬 경로는 "C:\Sample" 폴더로 설정합니다.

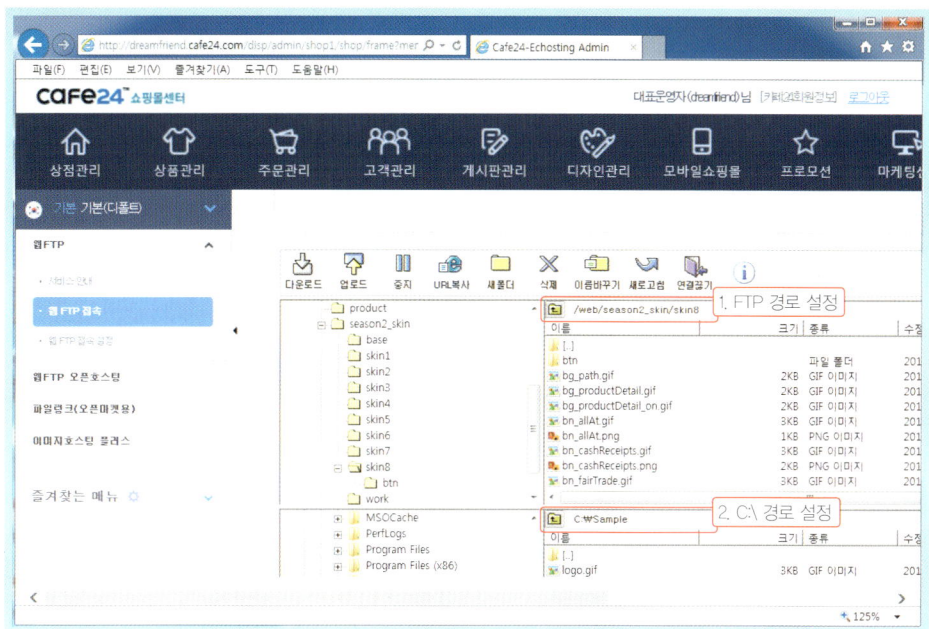

6 main1.jpg~main3.jpg 파일을 선택한 후에 [업로드] 버튼을 클릭합니다.

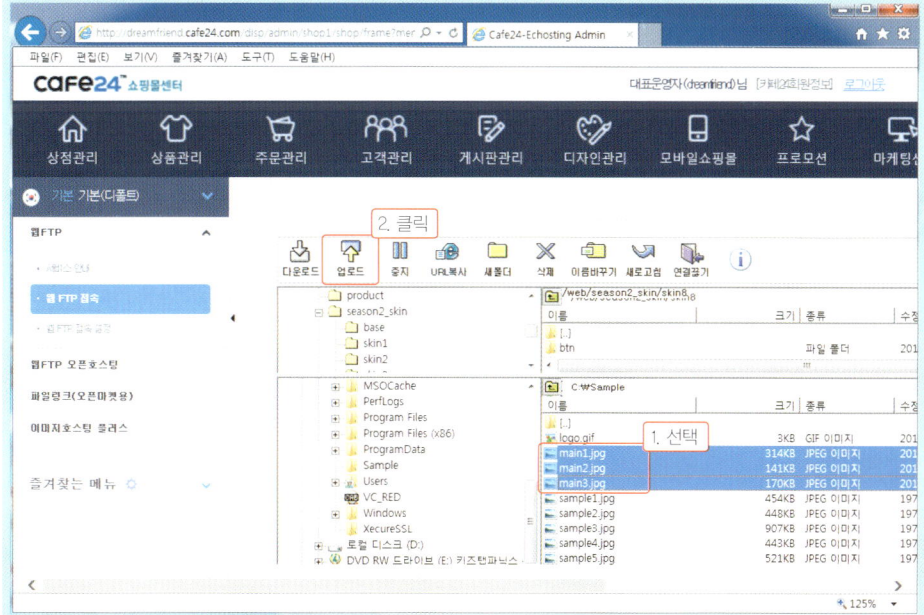

7 main1.jpg~main3.jpg 파일이 업로드 된 것을 확인합니다.

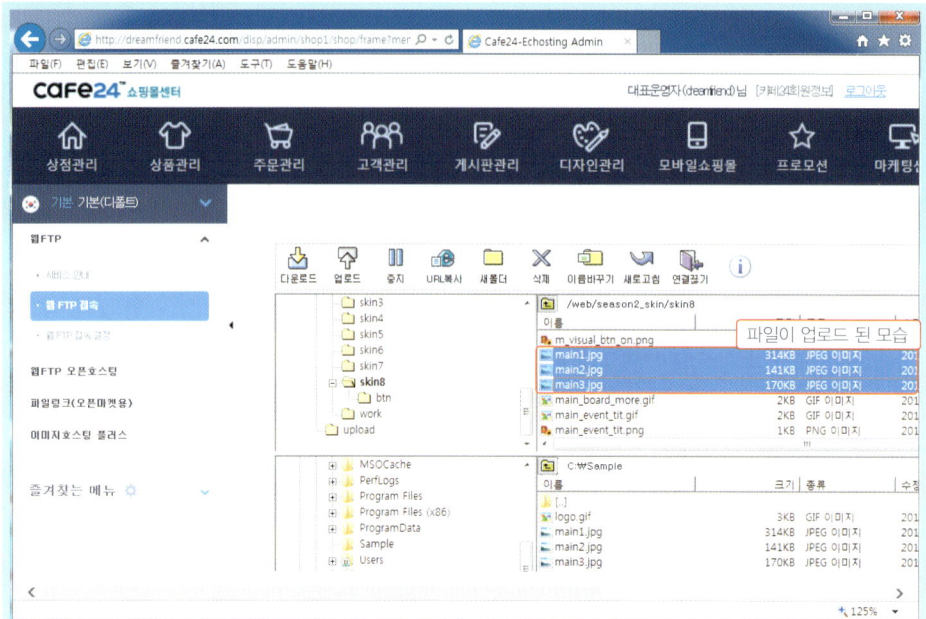

8 [디자인관리]-[스마트디자인 수정] 버튼을 클릭합니다.

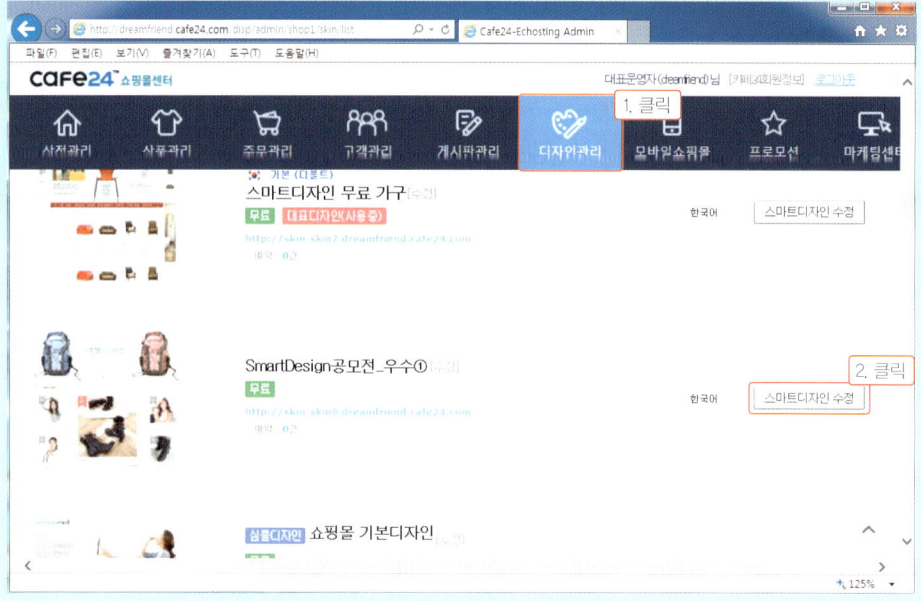

9 스마트디자인 편집 창에서 메인화면 항목의 〈!--@js(/js/rolling_banner.js)--〉의 [파일 열기] 버튼을 클릭합니다.

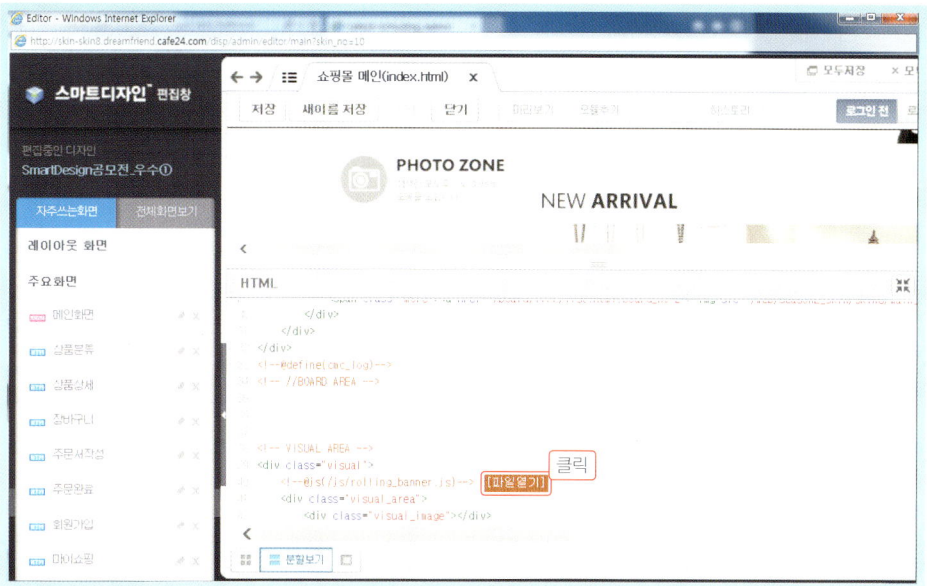

10 롤링 배너의 소스 코드에서 세 개의 상품링크 주소에 표시된 "m_visual_01.jpg", "m_visual_02.jpg", "m_visual_03.jpg"를 순서대로 "main1.jpg", "main2.jpg", "main3.jpg"로 수정합니다.

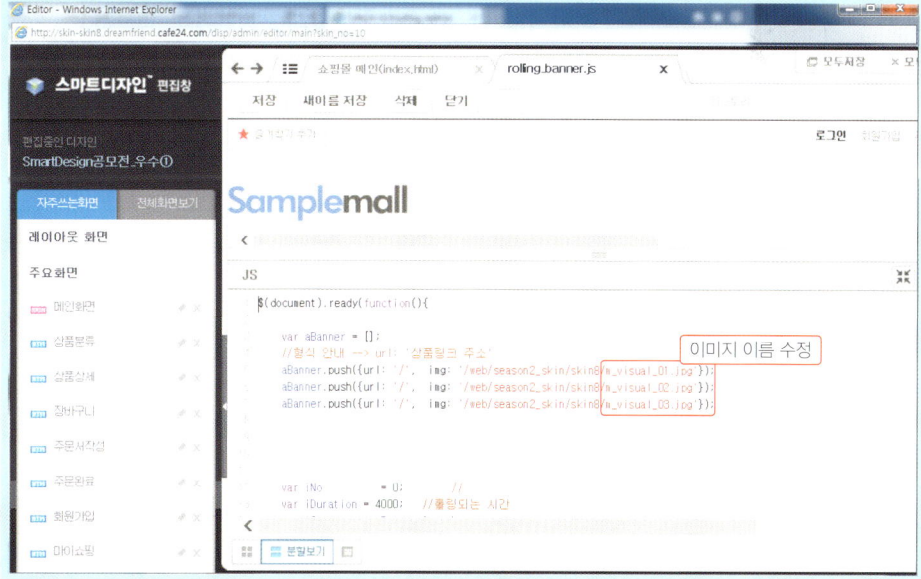

11 상품링크 주소를 수정한 후에 [저장] 버튼을 클릭합니다.

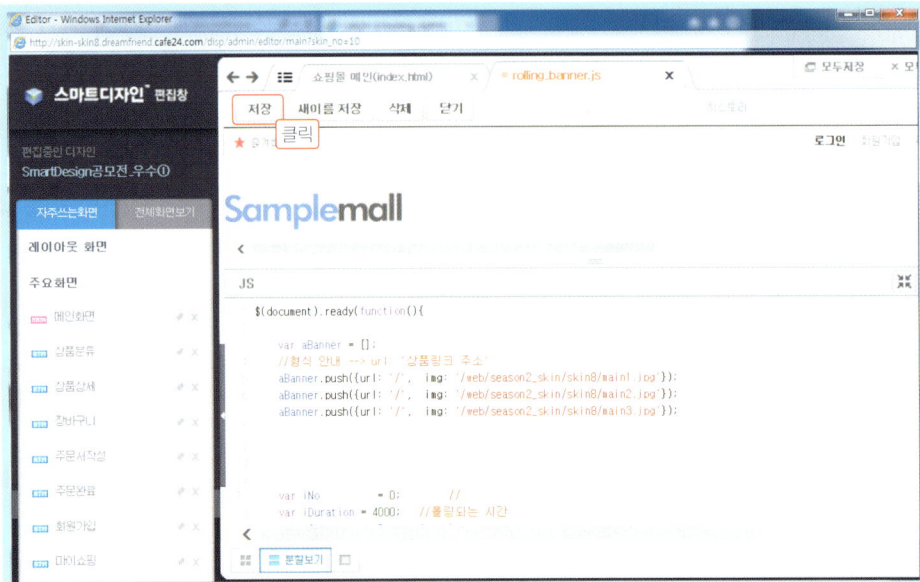

12 디자인 보관함에서 이미지 소스를 수정했던 디자인의 주소를 클릭합니다.

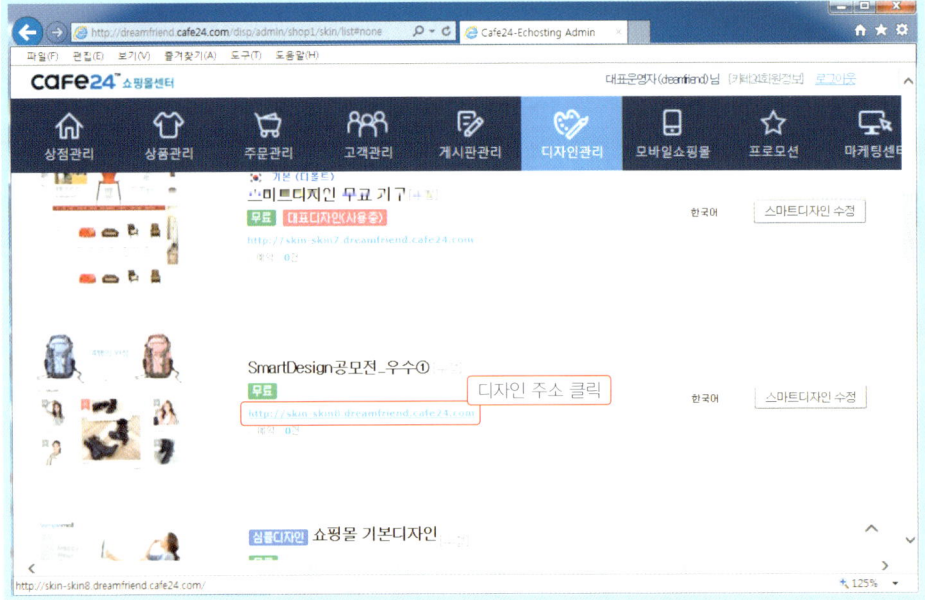

13 메인 롤링 이미지가 변경된 것을 볼 수 있습니다.

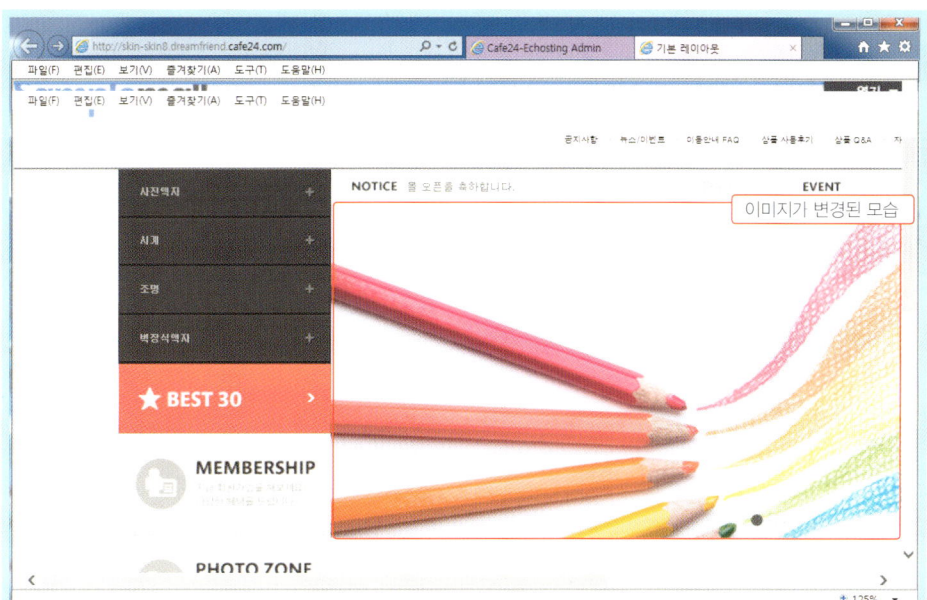

 # 쇼핑몰 디자인을 위해 알아야 하는 HTML의 기본 내용이 궁금합니다.

스마트 디자인과 모바일 쇼핑몰을 다루기 위해서는 HTML의 기본을 알고 있어야 쇼핑몰을 원하는 형태로 바꿀 수 있으며 또한 링크 및 배너 등이 전체 레이아웃과 일치하지 않는 상황에서 사용자가 스스로 수정하여 사용할 수 있습니다.

HTML 기본과 레이아웃을 완성해 나아가는 과정을 실습으로 알아보겠습니다.

1. HTML 기본 구조

메모장을 통해 직접 실습해 보며 HTML의 기본 구조를 이해해 보는 과정입니다.

1 메모장을 실행하여 아래의 기본적인 HTML을 입력합니다.

```
<html>
  <head>
    <title> HTML기본 익히기 </title>
  </head>
  <body>
  카페24 쇼핑몰
  </body>
</html>
```

2 입력한 문서를 저장하기 위해 메모장의 메뉴에서 [파일]-[저장]을 클릭합니다.

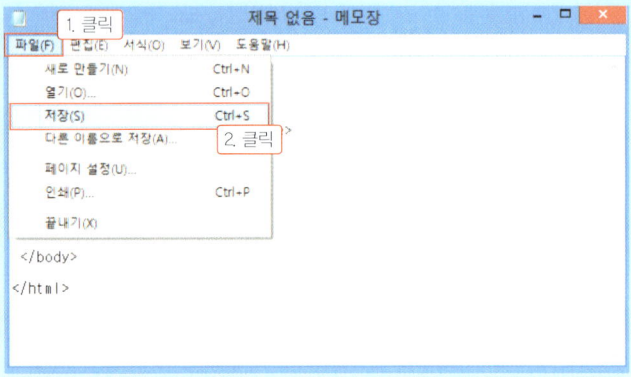

3 파일 이름에 'web.html'을 입력하고 파일 형식을 '모든 파일'로 선택하고 [저장] 버튼을 클릭합니다.

4 저장한 파일을 더블클릭하여 실행해 보면 아래와 같이 웹 브라우저에 결과가 나오는 것을 볼 수 있습니다.

2. 제목 태그

제목 태그는 글자의 속성을 변경하는 태그이기도 하며 문서에서 하는 역할의 중요도에 따른 표기로 사용하기도 합니다.

1 메모장을 실행한 후에 아래의 내용 입력합니다. 〈body〉 블록에서 사용된 〈h1〉 ~ 〈h6〉는 header를 의미하며 글의 제목으로 사용될 글자의 크기를 의미합니다.

```
<html>
  <head>
    <title> Header </title>
  </head>
  <body>
    <h1> 자유로운 디자인 </h1>
    <h2> 간편 생성 </h2>
    <h3> 이용요금 무료 </h3>
    <h4> 모바일 결제 </h4>
    <h5> 편리한 장바구니 </h5>
    <h6> 마이페이지 기능 </h6>
  </body>
</html>
```

2 문서를 저장하고 웹브라우저를 통해 결과를 확인해 보면 〈h1〉에 해당하는 부분의 글자가 제일 크게 나오고 〈h6〉에 해당하는 글자가 제일 작게 나온 것을 볼 수 있습니다.

3. 문단 태그

문단을 의미하는 〈p〉 태그는 paragraph의 줄임말로 단락을 뜻합니다. 문단을 구분 지을 때 사용하며 웹 문서를 만들 때 많이 쓰이는 태그입니다.

1 메모장을 실행하여 다음과 같은 내용의 HTML을 입력하고 저장합니다.

```html
<html>
  <head>
    <title> 단락 구분 </title>
  </head>
  <body>
    <h1> 모바일웹 쇼핑몰 </h1>
    <p> 강력해진 모바일웹 쇼핑몰 서비스 </p>
    <p> 모바일에서 회원가입부터 상품 구매까지 원스톱 쇼핑이 가능한</p>
    <p> 더욱 강력해진 모바일 쇼핑몰 서비스를 만나보실 수 있습니다.</p>
  </body>
</html>
```

2 웹 브라우저를 통해 결과를 확인해 보면 다음과 같이 앞에서 배운 〈h1〉 태그와 〈p〉 태그를 활용하여 만든 문서를 볼 수 있습니다.

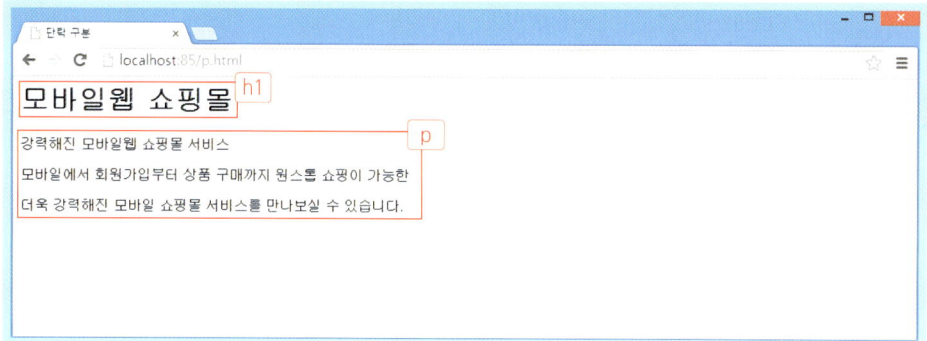

4. 글자 태그

글자 태그를 활용하면 웹 페이지에 사용되는 글자에 굵기, 기울기, 첨자, 밑줄 등 다양한 효과를 적용할 수 있습니다.

1 글자 속성 태그에는 아래와 같은 종류의 태그가 있습니다.

```
<b> ~ </b>              굵기
<i> ~ </i>              기울임
<small> ~ </small>      작은글씨
<sub> ~ </sub>          아래첨자
<sup> ~ </sup>          위첨자
<ins> ~ </ins>          밑줄
<del> ~ </del>          취소선
```

2 메모장을 실행하여 아래와 같은 내용의 태그를 입력하고 파일로 저장합니다.

```
<html>
  <head>
    <title> 글자태그 </title>
  </head>
  <body>
    <p><b> 나만의 모바일 홈화면 아이콘 등록 </b></p>
    <p><i> 나만의 모바일 홈화면 아이콘 등록 </i></p>
    <p><small> 나만의 모바일 홈화면 아이콘 등록 </small></p>
    <p>아래첨자<sub> 나만의 모바일 홈화면 아이콘 등록 </sub></p>
    <p>위첨자<sup> 나만의 모바일 홈화면 아이콘 등록 </sup></p>
    <p><ins> 나만의 모바일 홈화면 아이콘 등록 </ins></p>
    <p><del> 나만의 모바일 홈화면 아이콘 등록 </del></p>
  </body>
</html>
```

3 웹 브라우저를 통해 결과를 확인해 보면 다음과 같이 글자 태그가 적용된 것을 볼 수 있습니다.

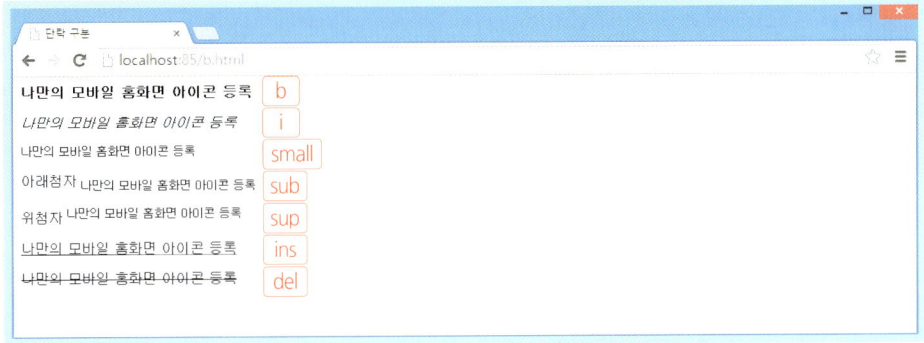

5. <ul> 태그

<ul> 태그는 순서 없이 만드는 목록(Unordered List) 태그입니다. HTML5에서 중요도가 더욱 높아진 태그가 되었습니다.

1 메모장을 실행하여 다음의 내용을 입력하고 저장합니다.

```html
<html>
  <head>
    <title> 모바일웹 쇼핑몰 뉴버전 출시 </title>
  </head>
  <body>
    <h1>모바일웹 특징</h1>
    <ul>
      <li>자유로운 디자인</li>
      <li>간편한 생성</li>
      <li>이용요금 무료</li>
    </ul>
  </body>
</html>
```

2 <ul> 태그를 사용한 결과로 각 행에 글머리 기호가 붙은 목록이 만들어진 것을 볼 수 있습니다.

6. <ol> 태그

<ol> 태그는 글머리를 자로 표시하는 순서가 있는 목록(Ordered List) 태그입니다.

1 메모장을 실행하여 다음의 내용을 입력하고 저장합니다.

```html
<html>
  <head>
    <title> 모바일웹 쇼핑몰 뉴버전 출시 </title>
  </head>
  <body>
    <h1>고객제공 주요기능</h1>
    <ol>
      <li>모바일 회원가입</li>
      <li>회원/비회원구매</li>
      <li>마이페이지 확인</li>
      <li>상품후기</li>
      <li>찜상품 구매</li>
      <li>관심상품 관리</li>
    </ol>
  </body>
</html>
```

2 결과를 확인해 보면 글머리에 숫자로 표시된 목록이 만들어진 것을 볼 수 있습니다.

ol 태그 사용결과

7. ⟨ul⟩과 ⟨ol⟩을 함께 사용할 경우

실제 사용되는 웹 페이지에서는 ⟨ul⟩ 태그와 ⟨ol⟩ 태그를 함께 사용하여 표현하는 경우가 많이 있습니다. 아래 소스를 통해 함께 사용하는 경우 표현되는 방법을 알아보겠습니다.

1 메모장을 실행하여 다음의 내용을 입력하고 저장합니다.

```html
<html>
  <head>
    <title> 모바일웹 쇼핑몰 뉴버전 출시 </title>
  </head>
  <body>
    <ul>
      <li>모바일웹 특징</li>
      <ol>
        <li>자유로운 디자인</li>
        <li>간편한 생성</li>
        <li>이용요금 무료</li>
      </ol>

      <li>고객제공 주요기능</li>
      <ol>
        <li>모바일 회원가입</li>
        <li>회원/비회원구매</li>
        <li>마이페이지 확인</li>
        <li>상품후기</li>
        <li>찜상품 구매</li>
        <li>관심상품 관리</li>
      </ol>
    </ul>
  </body>
</html>
```

2 ⟨ul⟩ 태그와 ⟨ol⟩ 태그가 함께 사용되어 각 행의 글머리에 기호와 숫자가 함께 표현된 것을 볼 수 있습니다.

ul과 ol태그를 함께 사용한 결과

8. ⟨dl⟩ 정의 목록 태그

정의 목록 태그 ⟨dl⟩은 definition list의 약자로 사전 등에서 쓰이는 용어 정리 등을 표현할 때 사용되는 태그입니다.

1 메모장을 실행한 후에 아래 소스를 입력하고 저장합니다.

```
<html>
  <head>
    <title> 모바일웹 쇼핑몰 뉴버전 출시 </title>
  </head>
  <body>
    <dl>
      <dt>자유로운 디자인</dt>
      <dd>원클릭 간편 디자인과 자유로운 html 디자인을 모두 제공</dd>

      <dt>간편한 생성</dt>
      <dd>별도의 신청 없이 모바일 쇼핑몰이 자동생성 됩니다.</dd>

      <dt>이용요금 무료</dt>
      <dd>모바일 쇼핑몰 구축은 별도의 비용없이 무료로 신청할 수 있습니다.</dd>
    </dl>
  </body>
</html>
```

2 웹 브라우저를 통해 결과를 확인해 보면 정의 목록과 설명으로 표현된 것을 볼 수 있습니다.

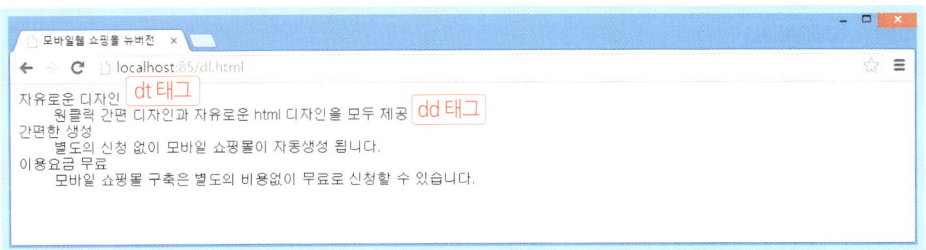

9. 테이블(⟨table⟩) 태그

HTML5 이전에는 테이블 태그를 많이 사용해서 페이지 레이아웃을 구성하였습니다. HTML5를 사용하는 웹 표준에서 ⟨table⟩ 태그의 사용 빈도는 줄고 ⟨div⟩ 태그를 활용하여 레이아웃을 구성하는 추세입니다. 그러나 꼭 익혀 두어야 하는 태그입니다.

1 테이블 태그의 구조는 아래와 같습니다.

```
<table> ~ </table>    테이블 태그 정의
<tr> ~ </tr>          테이블의 행 태그
<th> ~ </th>          행의 제목셀 표시
<td> ~ </td>          행의 셀 태그
```

2 메모장을 실행하여 아래의 내용을 입력하고 저장합니다.

```html
<html>
  <head>
    <title> 테이블 태그 </title>
  </head>
  <body>
    <table border="1">
      <tr>
         <td> 메인화면 </td>
         <td> 카테고리 </td>
         <td> 상품리스트 </td>
         <td> 마이페이지 </td>
      </tr>

      <tr>
         <td> 장바구니 </td>
         <td> 관심상품 </td>
         <td> 상품후기 </td>
         <td> 로그인 </td>
      </tr>
    </table>
  </body>
</html>
```

3 웹 브라우저를 통해 결과를 확인해 보면 아래와 같은 결과를 볼 수 있습니다.

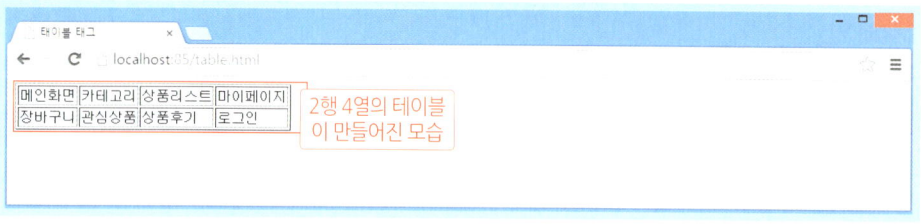

2행 4열의 테이블이 만들어진 모습

4 〈td〉 태그에서 colspan 속성을 활용하여 가로로 셀을 병합하는 문서로 변경해 봅니다.

```html
<html>
  <head>
    <title> 태이블 태그2 </title>
  </head>
  <body>
    <table border="1">
      <tr>
        <td colspan="4"> 모바일 쇼핑몰 메뉴 구성 </td>
      </tr>

      <tr>
        <td > 장바구니 </td>
        <td> 관심상품 </td>
        <td> 상품후기 </td>
        <td> 로그인 </td>
      </tr>
    </table>
  </body>
</html>
```

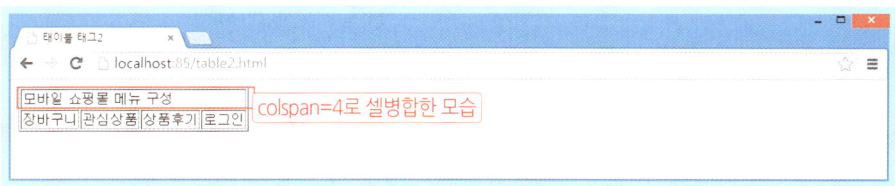

5 〈td〉 태그에서 rowspan 속성을 활용하여 세로로 셀을 병합하는 문서를 만들어 봅니다.

```html
<html>
  <head>
    <title> 태이블 태그3 </title>
  </head>
  <body>
    <table border="1">
      <tr>
        <td rowspan="4"> 모바일 쇼핑몰 메뉴 구성 </td>
        <td > 장바구니 </td>
      </tr>

      <tr>
        <td> 관심상품 </td>
      </tr>

      <tr>
        <td> 상품후기 </td>
      </tr>

      <tr>
```

```
            <td> 로그인 </td>
        </tr>
        
    </table>
  </body>
</html>
```

rowspan=4로 셀 병합한 모습

6. colspan 속성과 rowspan 속성을 함께 사용하여 HTML 문서를 구성합니다.

```
<html>
  <head>
    <title> 테이블 태그4 </title>
  </head>
  <body>
    <table border="1">
      <tr>
        <td colspan="3"> 멋남 </td>
        <td colspan="2"> 검색 </td>
      </tr>
      
      <tr>
        <td> 카테고리 </td>
        <td> 장바구니 </td>
        <td> 주문조회 </td>
        <td> 이벤트 </td>
        <td rowspan="2"> 마이페이지 </td>
      </tr>
      
      <tr>
        <td> 아우터 </td>
        <td> 가디건 </td>
        <td> 니트 </td>
        <td> 신발 </td>
      </tr>
    </table>
  </body>
</html>
```

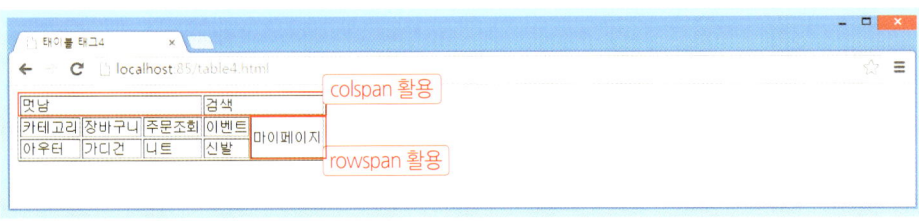

10. 이미지(<img>) 태그

쇼핑몰에 배너 및 이미지를 출력하기 위해서는 이미지(<img>) 태그를 사용해야 합니다.

1 메모장을 실행하여 아래의 내용을 입력하고 저장합니다.

```html
<html>
  <head>
    <title> 이미지 태그 </title>
  </head>
  <body>
    <img src="img.jpg" alt="상품촬영" width="300" height="220" />
  </body>
</html>
```

2 결과를 확인해 보면 웹 브라우저에 이미지가 나타나는 것을 볼 수 있습니다.

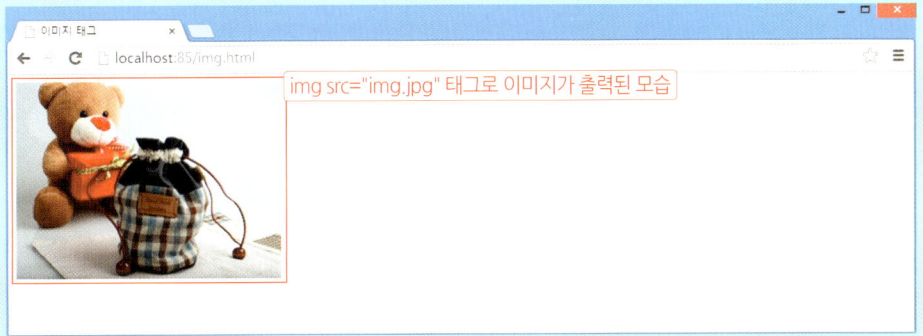

img src="img.jpg" 태그로 이미지가 출력된 모습

101 효과적인 쇼핑몰 창업과 운영

Part VII

온라인 마케팅

쇼핑몰에 검색 엔진 최적화 설정 방법을 알려주세요?

검색엔진 최적화(SEO, Search Engine Optimization)는 네이버나 구글처럼 검색 사이트의 검색엔진이 자료를 수집하고 검색결과를 알맞게 도출될 수 있도록 최적화하는 작업을 말합니다. 검색엔진 최적화는 적절한 검색결과에 노출되며 방문 트래픽이 늘어나 효과적인 마케팅의 기본이 됩니다.

카페24의 쇼핑몰에서 SEO의 4가지 설정 방법을 알아 보겠습니다.

1. 상점관리

상점관리 > 운영관리 > 검색엔진 최적화(SEO)

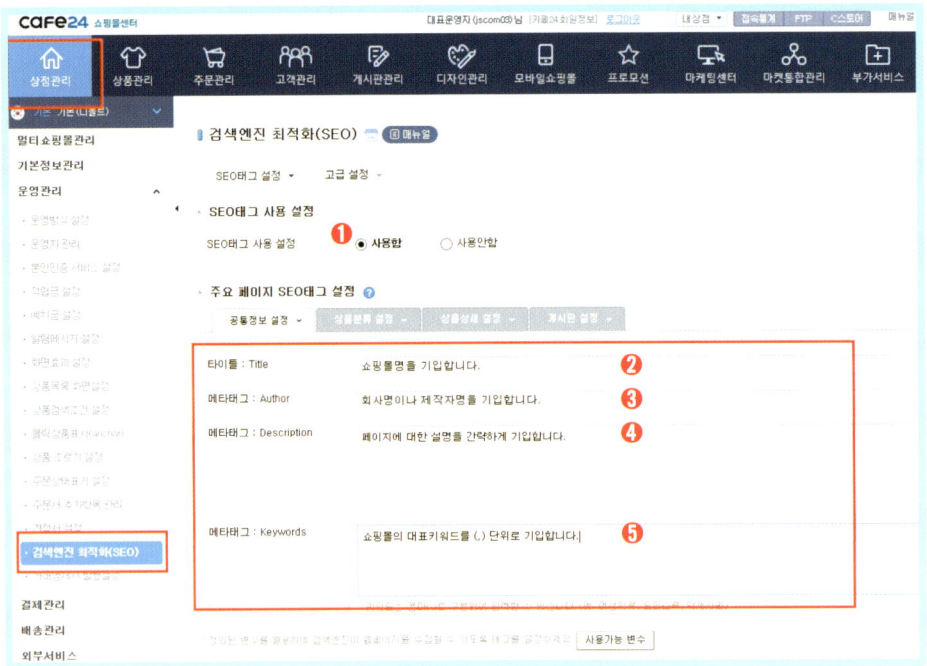

❶ SEO 태그 사용 설정
　사용함
　디자인 스킨에 적용된 타이틀태그와 메타태그가 있는 경우에는 사용하지 않습니다.
　SEO태그 사용으로 하면 설정한 타이틀(Title) 태그와 메타태그(Description, Author, Keywords)를 적용합니다.

사용안함

디자인 스킨에 적용된 타이틀태그와 메타태그가 있는 경우 사용안함으로 적용합니다. 다음의 SEO 태그 설정에서 설정한 타이틀 태그와 메타태그를 적용되지 않습니다.

❷ 타이틀(Title)

인터넷 브라우저 상단에 출력되는 문구로, 검색엔진의 검색결과에서 제목으로 표시되는 정보로 고객에게 노출되는 검색에 중요한 부분이므로 주의하여 작성하여야 합니다.

❸ 메타태그(Author)

페이지 또는 사이트의 제작자명을 명시할 수 있습니다.

❹ 메타태그(Description)

검색엔진의 검색결과에서 페이지의 요약내용을 보여주는 부분으로 1~2개의 문장이나 짧은 단락을 사용하는 것이 좋습니다.

❺ 메타태그(Keywords)

사용자가 많이 검색하는 검색어 및 사이트와 연관된 키워드 정보를 기입합니다. (예시: 여성의류, 오피스룩, 액세서리)

타이틀은 보통 네이버나 구글검색에서 검색하게 될 쇼핑몰 이름으로 작성합니다. 메타태그의 키워드는 쇼핑몰을 대표하는 키워드를 (,)단위로 계속 입력합니다. 예를 들어 여성의류, 오피스룩, 악세서리 등과 같이 입력하면 됩니다.

2. 상품관리

각 카테고리의 분류에서 검색엔진 최적화(SEO)를 할 수 있습니다. 사이트의 검색결과 상위에 노출하기 위해 검색엔진이 자료를 수집하고, 순위를 매기는 방식에 맞게 최적화합니다.

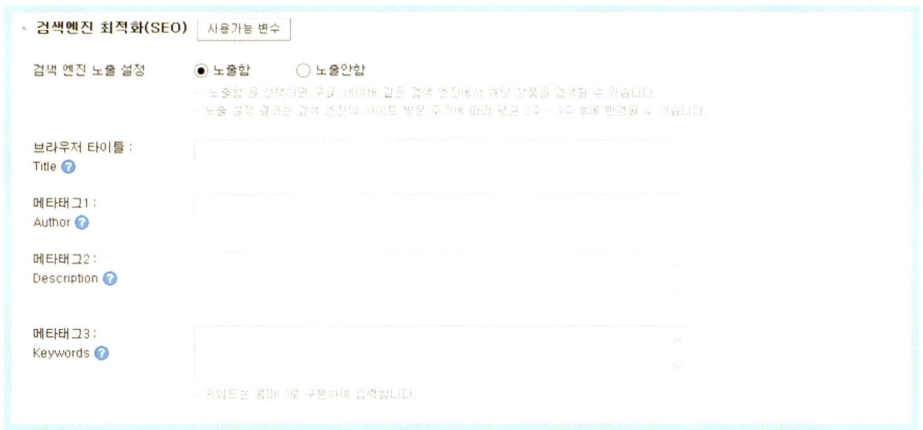

3. 게시판관리

각 게시판의 검색엔진 최적화를 설정할 수 있습니다. 게시판 관리에서 각 게시판의 제목을 클릭하여 검색엔진 최적화를 설정합니다.

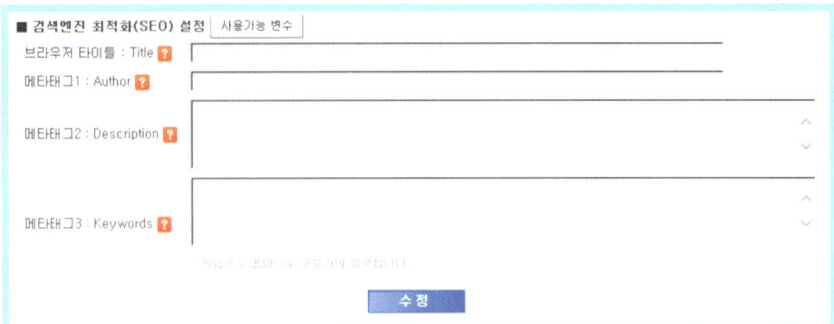

4. 디자인관리

디자인관리의 쇼핑몰 환경설정에서 쇼핑몰 관리자(어드민) 화면의 인터넷 브라우저 왼쪽 상단(제목 표시)에 노출될 제목을 설정할 수 있습니다.

4가지 항목의 설정으로 기본 검색엔진 최적화 설정을 마무리하였습니다. 쇼핑몰 검색엔진 최적화를 하면 최소의 비용으로 최대의 효과를 얻을 수 있습니다.

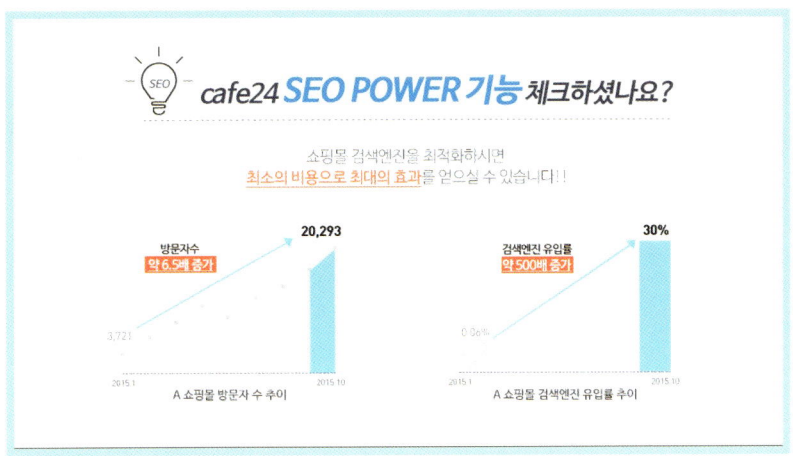

http://ecsupport.cafe24.com/guide/shop_seo.html

 # 초기 창업자가 알아야 할 광고 전략을 알려주세요!

쇼핑몰을 완성하고 사업을 시작하면 지금부터는 매출에 따른 판매 전략과 관련된 마케팅(marketing)에 신경을 쓰게 됩니다. 광고와 홍보는 어떻게 해야 할지, 유료 광고는 해야 하는지, 무료 광고만 해도 되는지 더 중요한 광고비는 월 얼마의 예산으로 집행해야 하는지 등 창업 후 운영 초기 단계에서 궁금한 점이 많습니다. 초기 창업자가 알아야 하는 핵심 광고 전략과 트렌드를 소개합니다.

1. 네이버 클릭초이스

국내에서는 네이버의 검색광고(search advertisement)를 제외하고 쇼핑몰에 대한 상업적인 광고가 쉽지 않습니다. 홍보이든 광고이든 쇼핑몰 운영자는 쇼핑몰에서 실질적인 매출이 나와야 합니다. 매출 기준으로 본다면 아직은 네이버 광고와 비교하여 바이럴 마케팅이나 SNS의 효과 비율은 80:20 정도로 네이버 광고는 매출에 많은 비중을 차지하고 있습니다.

물론 홍보의 목적으로 진행한다면 다른 결과가 나올 수도 있겠지만, 쇼핑몰 운영에서 매출

기준으로 본다면 유료광고를 제외하고 SNS나 바이럴 마케팅(viral marketing)만을 진행하여 큰 매출로 만들어 내기에는 초기 사업자들에게 권하지 않습니다.

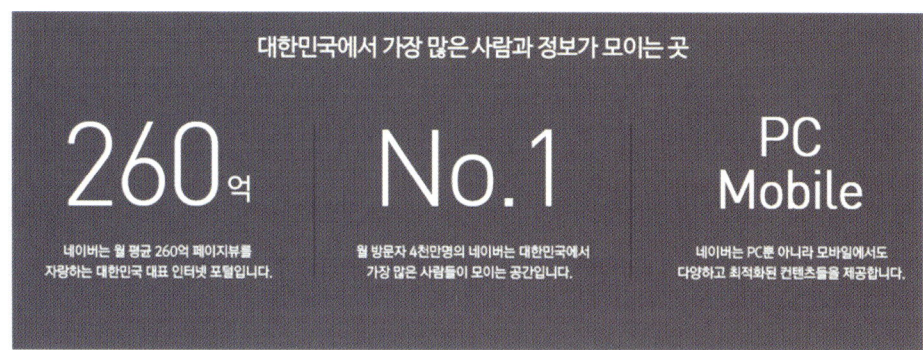

http://saedu.naver.com/adbiz/searchad/intro.nhn

그래서 무료 온라인 마케팅으로만 쇼핑몰의 매출을 만들겠다는 생각은 기회비용(opportunity cost)으로 본다면 비효율적인 방법입니다. 적절한 유료광고를 집행하고 효율적인 운영시스템을 만드는 것이 좋습니다. 또한, 매출대비 적절한 광고 예산을 준비하고 집행해야만 유료 광고와 무료 광고의 조율이 가능해집니다.

광고비 예산은 매출대비 10%를 예측하고 시작하면 됩니다. 하지만, 실제 초기 사업자는 많게는 매출대비 40~50%까지 광고비가 소진되는 경우도 있지만, 광고비가 아까워 유료광고를 시행하지 않으면 광고를 통한 기간 내의 적절한 통계와 비율, 그리고 광고 예산을 조절할 수 없습니다. 월 목표 매출이 3,000만 원이라면, 광고비 예산은 300만 원이 될 것입니다. 반대로 광고비로 300만 원을 집행한다면, 월 목표 매출은 3,000만 원이 되는 것입니다. 부족한 광고비나 광고 예상 비용은 무료 광고인 블로그 마케팅(blog marketing)이나 SNS 등을 적절히 이용할 수 있습니다.

2. 키워드 2,000개부터 만들자

네이버 광고는 광고주가 자율 입찰을 하는 입찰제로 진행되는 CPC(Cost Per Click) 방식으로 진행됩니다. 네이버 광고를 진행하면 파워링크 10개, 비즈사이트 5개로, 총 15개 이내 순위에 들어야 노출이 됩니다. 광고를 준비하고 네이버검색에 노출을 한다는 것은 광고비 예산을 준비해야 한다는 의미입니다. 순위에 노출되면 좋겠지만, 초기 창업자에게는 정해진 예산에 최대한 많은 고객의 방문을 유도하여 사이트의 통계분석(statistical analysis)과 핵심 키워드를 찾는 작업이 꼭 필요합니다.

초기 스타트업 하는 초기 창업자에게 권장하는 방법은 입찰가 70원인 키워드 2,000개를 만들어 적어도 45일 정도는 운영해서 키워드 분석을 진행한 뒤에 타깃 광고를 진행해야 합니다.(CPC는 1회 클릭당 입찰자가 지정해둔 광고비로 지불하는 광고비용입니다)

잘 노출되지 않는 70원의 입찰가의 키워드를 2,000개나 만들어 광고를 하라는 이유는 통합검색의 검색순위에는 노출되지 않더라도 네이버광고(클릭초이스)의 최소의 입찰금액(광고금액)인 70원의 입찰가로 쇼핑몰의 키워드 통계를 분석하고 적절한 키워드를 찾아 타깃광고를 하기 위함입니다.

3. 블로그 마케팅

네이버 블로그 마케팅을 해야 하는 이유는 SNS의 실시간 포스팅과는 달리 네이버 검색결과의 정확한 검색노출을 기대할 수 있을 뿐만 아니라 포스팅의 검색과 노출의 지속성이 SNS보다 효과적이기 때문입니다. 또한 SNS 마케팅을 하더라도 사용자의 최종 도달점이 블로그가 되고 블로그를 통해 광고와 홍보 그리고 쇼핑몰 사이트로 이동될 수 있도록 유도해야 합니다.

사실 SNS 마케팅만 하고 있다면, 24시간 동안 휴대폰을 손에서 놓을 수가 없을 것입니다. 쇼핑몰을 경영하면서 SNS까지 실시간으로 한다면 사실 불가능한 일입니다. 즉, 블로그 마케팅(blog marketing)을 이용하여 지속적으로 네이버 검색을 통해 쇼핑몰이 노출되도록 하고, SNS 채널을 통해 실시간으로 고객과 소통을 할 수 있도록 해야 합니다.

http://naver.com

4. 이제는 실시간방송(realtime broadcasting)

얼마 전까지만 해도 동영상은 유튜브였지만, 이젠 거의 모든 SNS 및 채널이 동영상 서비스를 하고 있고 또한 실시간 방송(realtime broadcasting) 즉, 생방송을 지원하고 있습니다. 생방송은 아프리카 TV를 떠올리겠지만, 이제는 유튜브에서 페이스북, 트위터, 카카오스토리 그리고 인스타그램에서도 생방송을 지원합니다. 앞으로 쇼핑몰의 상세 페이지는 동영상을 통해 서비스될 것이며, 소비자의 요구와 흐름이 이렇게 진행되고 있습니다.

단순하게 녹화된 방송만 송출하는 것이 아니라 이제는 실시간방송으로 흐름이 바뀌고 있고 고객도 실시간 방송을 통해 생동감 있는 정보를 실시간으로 바로 얻고자 합니다.

다음 그림은 필자가 운영하고 있는 실시간방송입니다. 유튜브의 실시간 스트리밍과 아프리카 TV 방송을 동시에 진행하고 있습니다. 이제는 개인도 1개 채널뿐만 아니라 동시에 2~3개의 채널을 송출할 수 있도록 설정되어 있습니다.

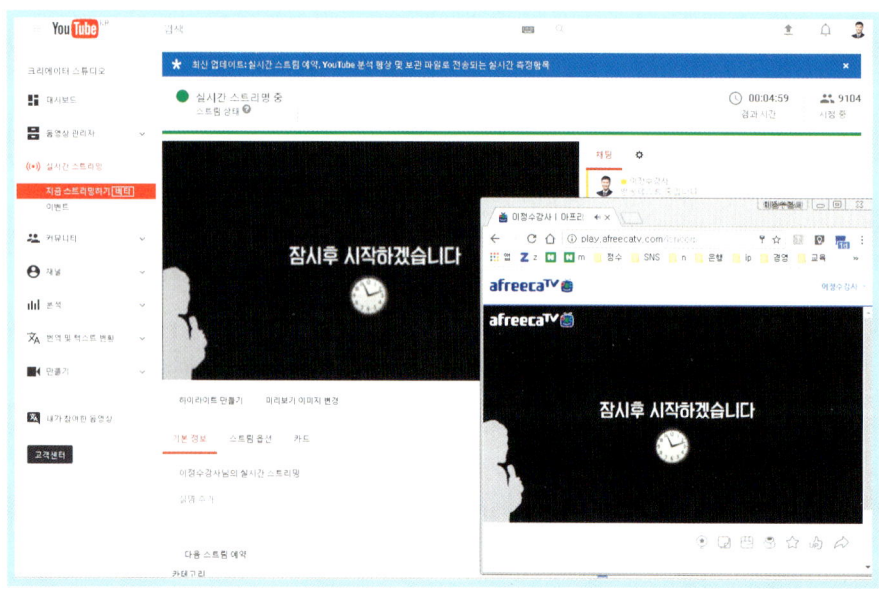

네이버에 쇼핑몰 사이트를 어떻게 등록하나요?

2015년 12월부터 네이버 검색등록 서비스가 종료되어 네이버 검색결과에 내 사이트가 등록되려면 네이버 웹마스터도구를 통해 검색반영 신청이 가능해졌습니다. 사용자가 직접 사이트를 등록하고 수정, 관리까지 가능한 네이버 웹마스터도구에 대해 알아보겠습니다.

1. 웹마스터도구 무엇이 변경되었나?

① 웹마스터도구에 사이트를 인증하는 것만으로 별도의 노출 요청 프로세스를 거치지 않아도 사이트 검색 반영 대상에 포함됩니다.
② 별도의 사이트 제목, 설명문 등을 작성하지 않아도 네이버 검색 로봇이 수집한 정보에 기반을 두어 쇼핑몰 사이트의 정보가 반영됩니다.
③ 쇼핑몰 사이트의 인기도와 이용자의 선호도가 반영되는 새로운 로직으로 사이트 또는 웹 문서 영역에 자동으로 노출됩니다.

2. 네이버 웹마스터도구 접속하기

다음 그림과 같이 네이버 검색에서 "네이버 웹마스터도구"를 검색합니다. 네이버 웹마스터도구 주소는 "http://webmastertool.naver.com"입니다.

❶ 네이버 웹마스터도구에 접속합니다.

다음 그림은 네이버 웹마스터도구의 첫 화면입니다. 먼저 회원가입을 해야 사이트를 등록할 수 있습니다.

❷ 오른쪽 상단의 [회원가입] 버튼을 클릭합니다.

3. 네이버 웹마스터도구 회원가입하기

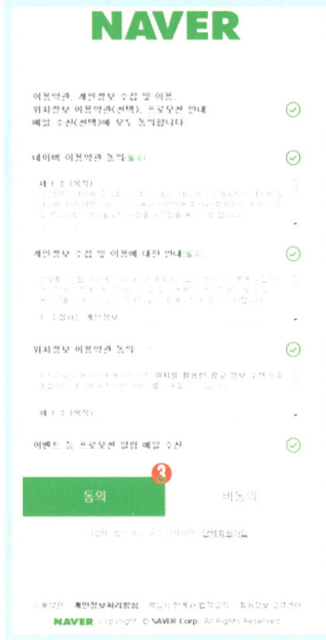 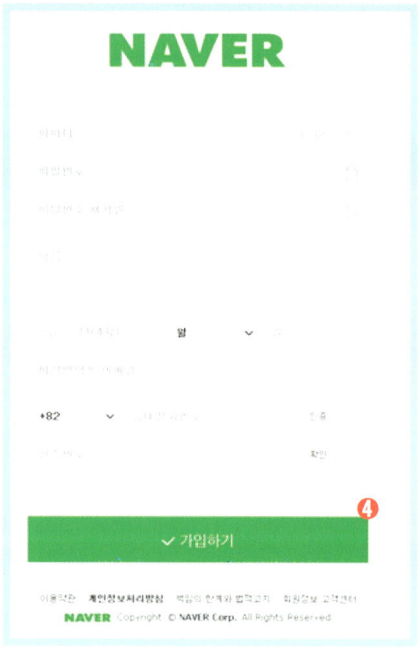

❸ 네이버 이용약관과 이용에 대한 안내 글을 확인한 뒤에 [동의] 버튼을 클릭합니다.

❹ 개인 정보를 입력하고 [가입하기] 버튼을 클릭합니다. 웹마스터도구는 블로그 마케팅의 키워드 전략을 확인할 때도 아주 유용하게 사용할 수 있습니다. 기존 네이버회원인 경우는 바로 로그인을 하면 가능합니다.

4. 웹마스터도구 사이트 간단 체크

로그인하면 이제 웹마스터도구에서 사이트를 추가 등록할 수 있습니다. 네이버 웹마스터도구에서는 사이트/앱을 추가하는 것만으로도 네이버 검색반영 요청이 이루어집니다. 일부 기능은 사이트/앱의 소유를 확인이 필요할 수도 있습니다.

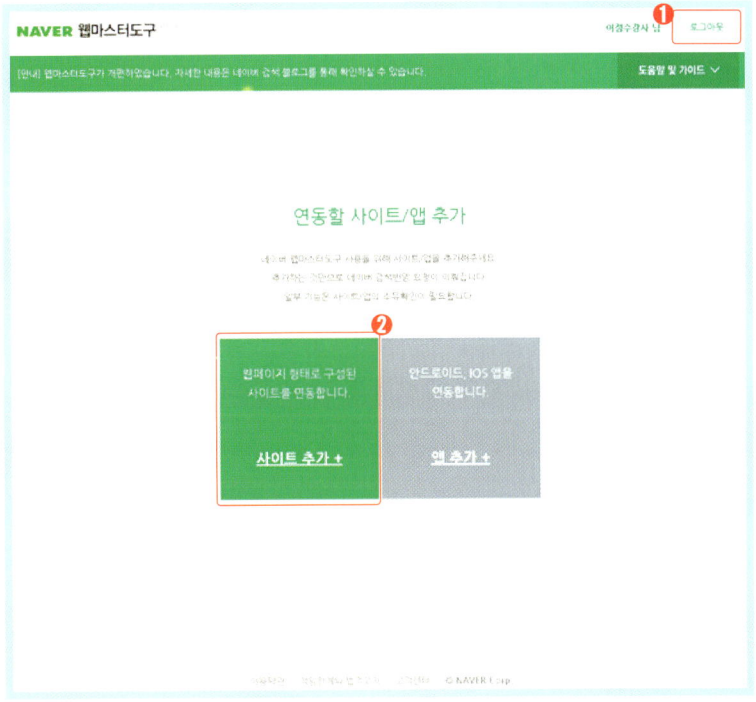

❶ 가입한 아이디와 비밀번호를 이용하여 네이버 웹마스터도구에 로그인합니다.

❷ 로그인한 뒤에 "연동할 사이트/앱 추가" 화면에서 [사이트 추가+]를 클릭하여 사이트 추가를 시작합니다.

사이트를 추가하기 전에 내 사이트가 네이버 검색엔진에 얼마나 최적화가 되어 있는지를 간단 체크를 통해 알아볼 수 있습니다.

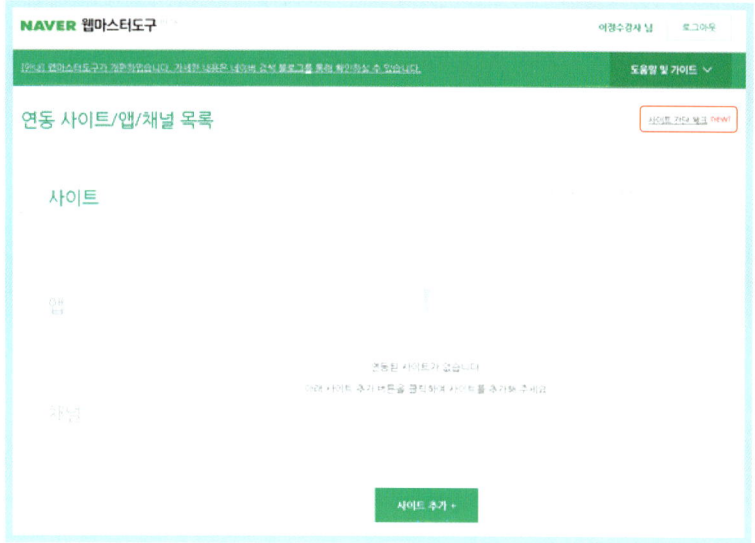

연동 사이트/앱/채널 목록의 오른쪽 위에 있는 '사이트 간단 체크'를 클릭합니다. 사이트 간단 체크에서는 사이트 제목, 설명문, 로봇 차단 여부 등 사이트와 관련된 간단한 정보를 조회하실 수 있습니다.

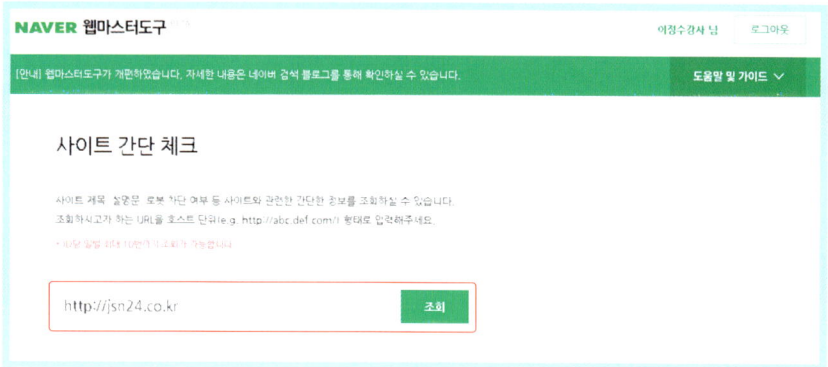

조회하고자 하는 도메인을 URL 호스팅 단위(예, http://jsn24.co.kr/) 형태로 입력하고 조회합니다. 도메인만 등록하고 조회해도 자동으로 URL 형태가 완성됩니다. 로그인 ID당 일별 최대 10번까지 조회할 수 있습니다.

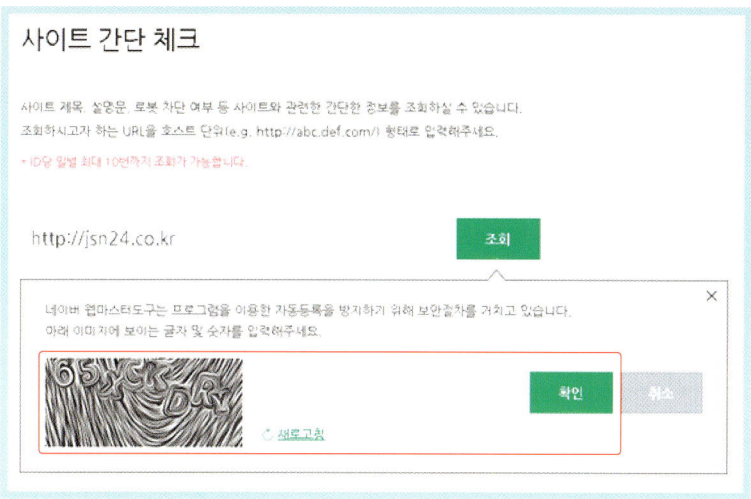

조회를 클릭하면 네이버 웹마스터도구는 자동등록 방지를 위해 사용자 보안절차를 거치게 됩니다.

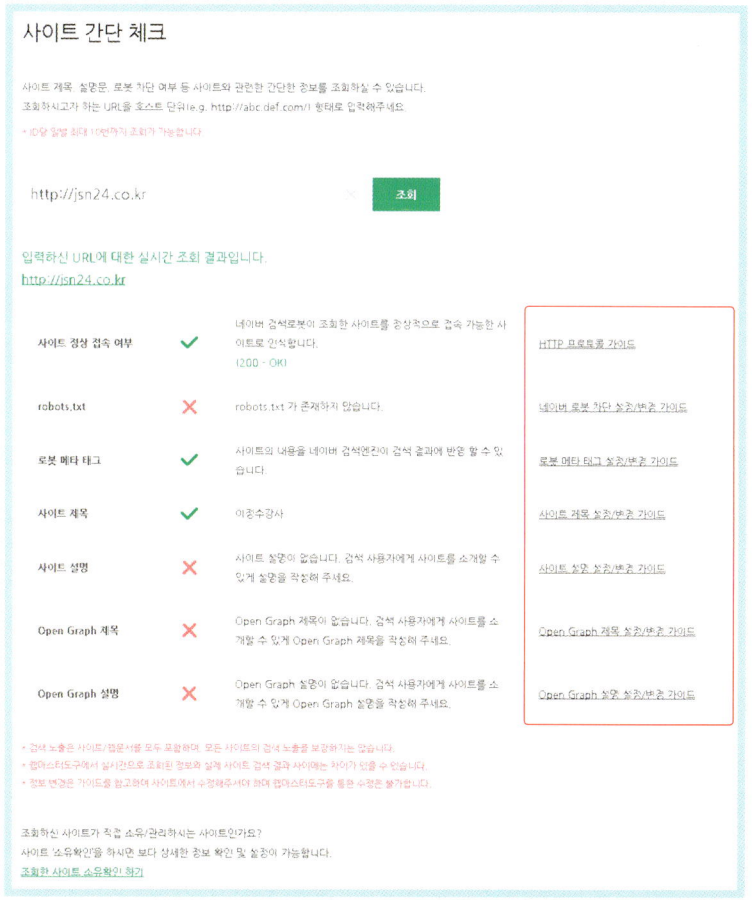

이렇게 사이트 간단 체크를 통해 사이트를 등록하기 전에 사이트의 검색엔진 최적화를 미리 확인할 수 있고 확인을 통해 문제가 발견된 부분은 미리 수정을 통해 사이트 등록과 동시에 바로 노출 될 수 있도록 제공하고 있습니다. 사이트 등록 전에 꼭 '사이트 간단 체크'를 통해 검색엔진 최적화 여부를 꼭 확인하기 바랍니다.

5. 사이트 정보 입력하기

네이버 검색에 노출될 사이트 URL을 다음과 같이 입력합니다.

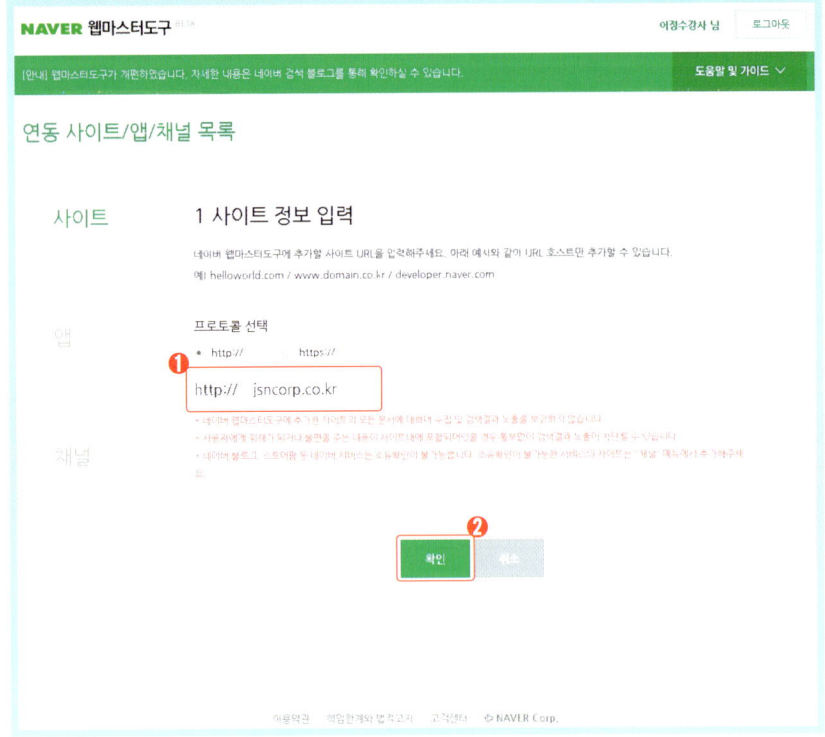

❶ 사이트 주소를 정확하게 입력합니다.
  단, 네이버 블로그, 스토어 팜 등 네이버 서비스는 소유 확인이 불가능합니다. 소유 확인이 불가능한 서비스의 사이트는 "채널" 메뉴에서 추가해주세요.
❷ [확인] 버튼을 클릭합니다.

6. 사이트 소유 확인

네이버 웹마스터도구에서는 "사이트 소유 확인" 방법으로 사이트 소유를 확인합니다. 사이트 소유 확인 방법으로는 다음과 같은 3가지 방법이 있습니다. 카페24 쇼핑몰이면 HTML 태그로 등록하기를 권합니다. 이 장에서는 HTML 태그 위주로 설명하도록 하겠습니다.

참고로 HTML이란 Hypertext Markup Language의 약자로 사이트나 웹문서를 만들기 위해서 사용하는 프로그래밍 언어입니다. 컴파일러가 필요치 않아 별도 해석이 필요 없어 웹 브라우저에 사용하기 쉬운 언어이며 태그(tag)를 이용해 문서의 다양한 정의를 할 수 있습니다.

다음 예는 검색로봇이 접근 여부를 제어할 수 있도록 하는 로봇 메타태그입니다.

```
<head>
<meta name="robots" content="명령어">
</head>
```

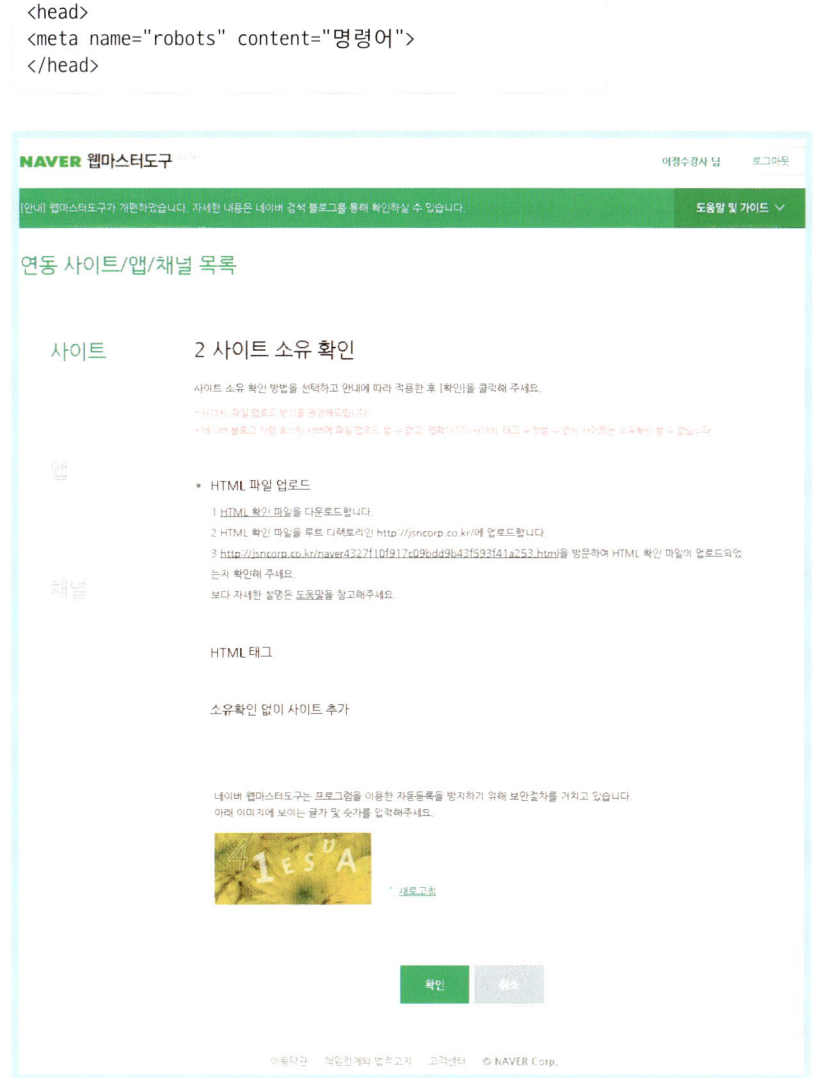

HTML 파일 업로드

HTML 파일 업로드는 사이트의 홈페이지에 웹마스터도구에서 제공하는 HTML 파일을 다운로드하여 내 사이트에 업로드하고 소유 확인을 하는 방법입니다. 카페24 쇼핑몰의 관리자 모드의 FTP에 방문하여 업로드하거나, FTP 서버에 로그인하여 루트(root) 폴더에 파일을 업로드 해야 합니다. 사이트의 루트 폴더(root folder)의 위치를 알기 어렵다면 호스팅 서비스에 문의하여 확인해야 합니다. 보통은 호스트 주소에 접속했을 때 열리는 첫 페이지가 있는 곳이 루트 폴더입니다.

FTP 사용이 어렵거나 HTML 파일의 업로드 방법이 어려운 경우에는 사이트의 메인 페이지 문서에 HTML 메타태그를 입력하는 방법을 권합니다.

HTML 태그

HTML 태그의 메타태그는 사이트의 제목, 요약 등 어떤 사이트인지 사이트의 특징을 숨겨 놓은 정보를 말합니다. 사이트의 〈head〉와 〈/head〉 태그 사이에 등록하면 됩니다.

HTML 태그를 선택한 후 [메타태그] 부분("〈meta ... /〉")을 복사하여 카페24의 경우 관리자 모드에서 등록하면 됩니다.

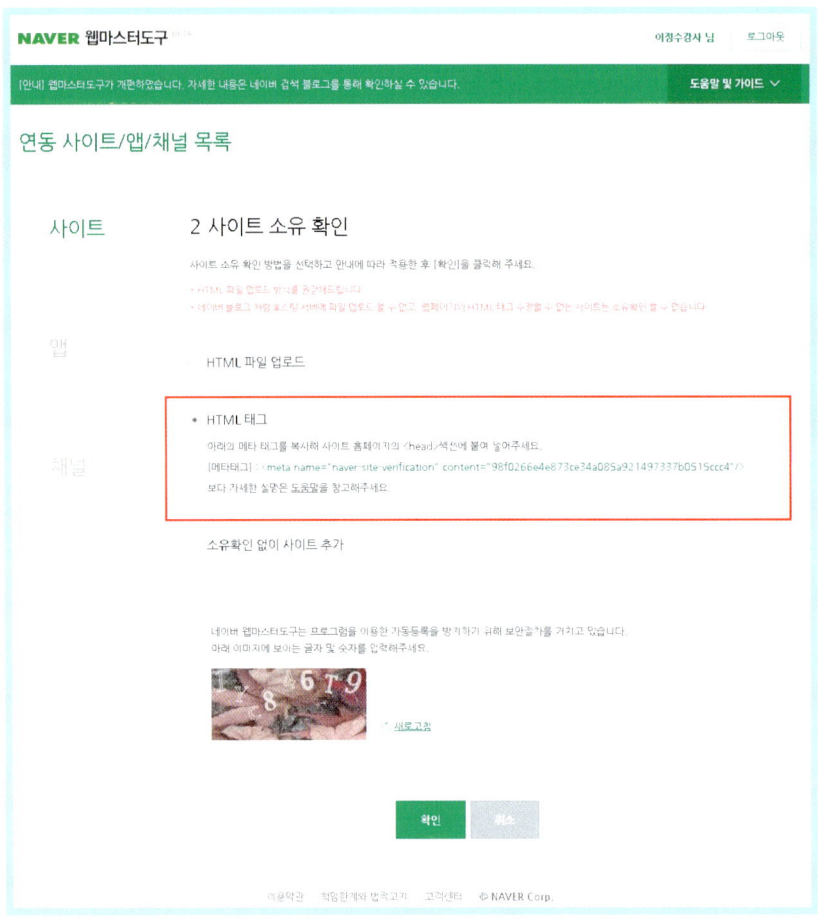

카페24의 관리자 모드에 로그인합니다.

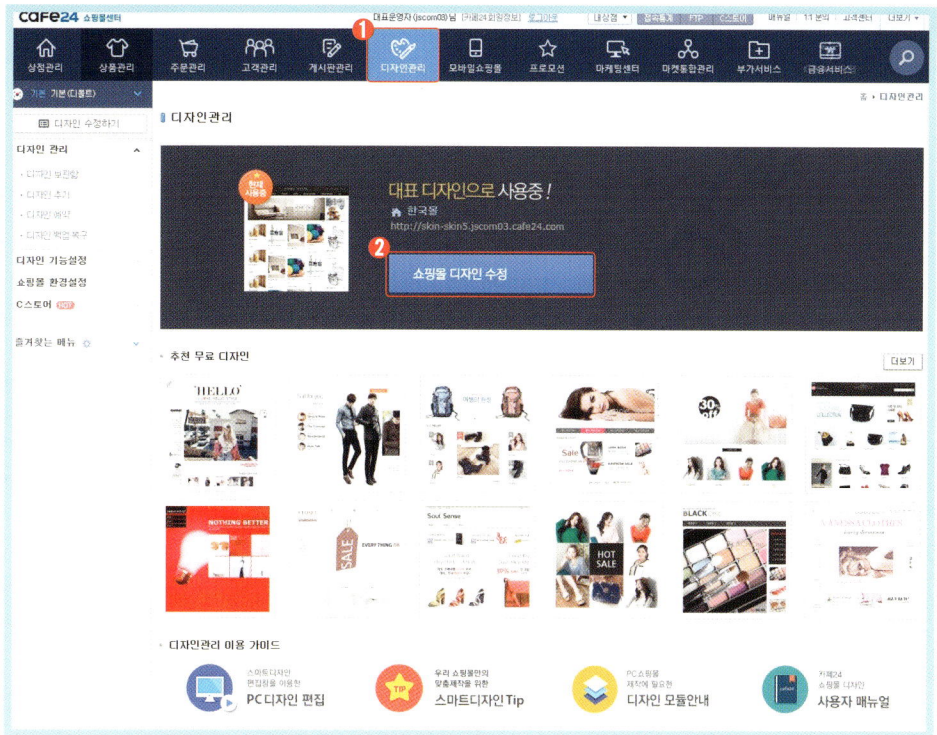

❶ [디자인관리]를 클릭
❷ [쇼핑몰 디자인 수정]을 클릭

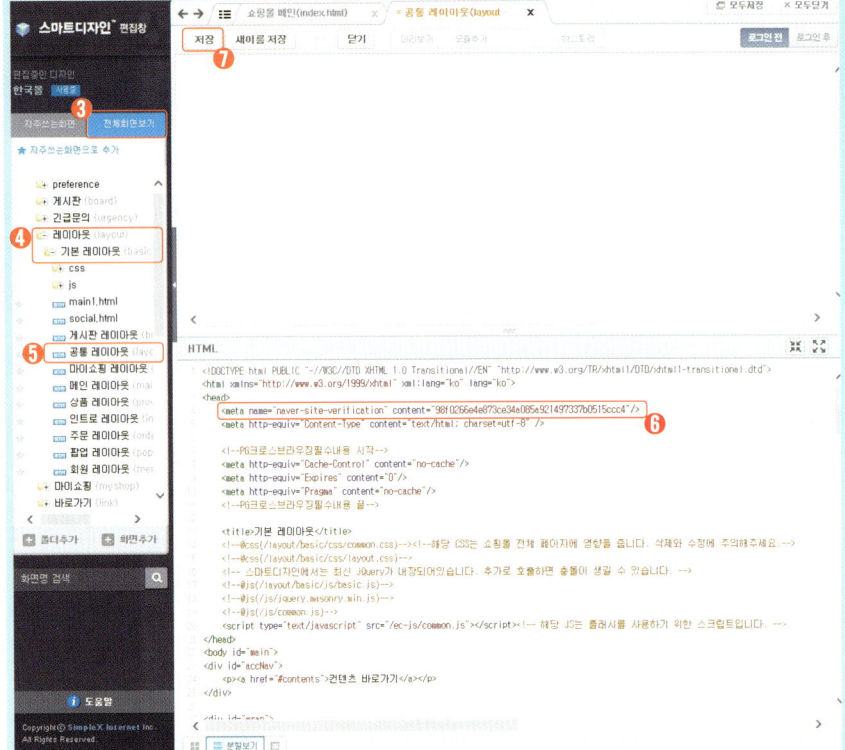

❸ 스마트디자인 편집 창에서 왼쪽 [전체화면보기]를 클릭합니다.
❹ 메뉴에서 [레이아웃]-[기본 레이아웃]을 클릭합니다.
❺ 세부 메뉴에서 [공통 레이아웃] 클릭하여 우측 HTML을 확인합니다.
❻ HTML 메뉴에서 상단 〈head〉 태그를 확인하고 다음 줄에 네이버 웹마스터도구에서 제공한 메타 태그를 한 줄로 넣어줍니다.
❼ 상단의 [저장] 버튼을 클릭하여 변경된 내용을 저장합니다.

7. 사이트 등록 완료

[연동 사이트/앱/채널 목록 화면 - 사이트: http://jsncorp.co.kr, 앱, 채널, 사이트 추가+ 버튼]

소유 미확인이나 소유 확인 등을 해결하고 사이트 등록이 완료되면 등록 후 업데이트 기간은 보통 7~14일 정도 소요됩니다.

 네이버 광고 등록은 어디서 하나요?

가장 기본적인 네이버 광고는 네이버 검색으로 기본으로 노출되는 통합광고는 파워링크와 비즈사이트 광고입니다. 파워링크와 비즈사이트에 내 사이트를 노출하려면 네이버 검색광고에 가입한 후 키워드를 등록하면 됩니다.

네이버 광고 등록은 네이버 검색광고에서 회원가입 후 진행할 수 있습니다. 사이트 안내와 회원가입 그리고 사이트 로그인까지 알아보겠습니다.

네이버 검색광고
http://searchad.naver.com/

1. 회원가입하기

❶ [광고주 신규가입]을 클릭하여 가입 페이지로 이동합니다.

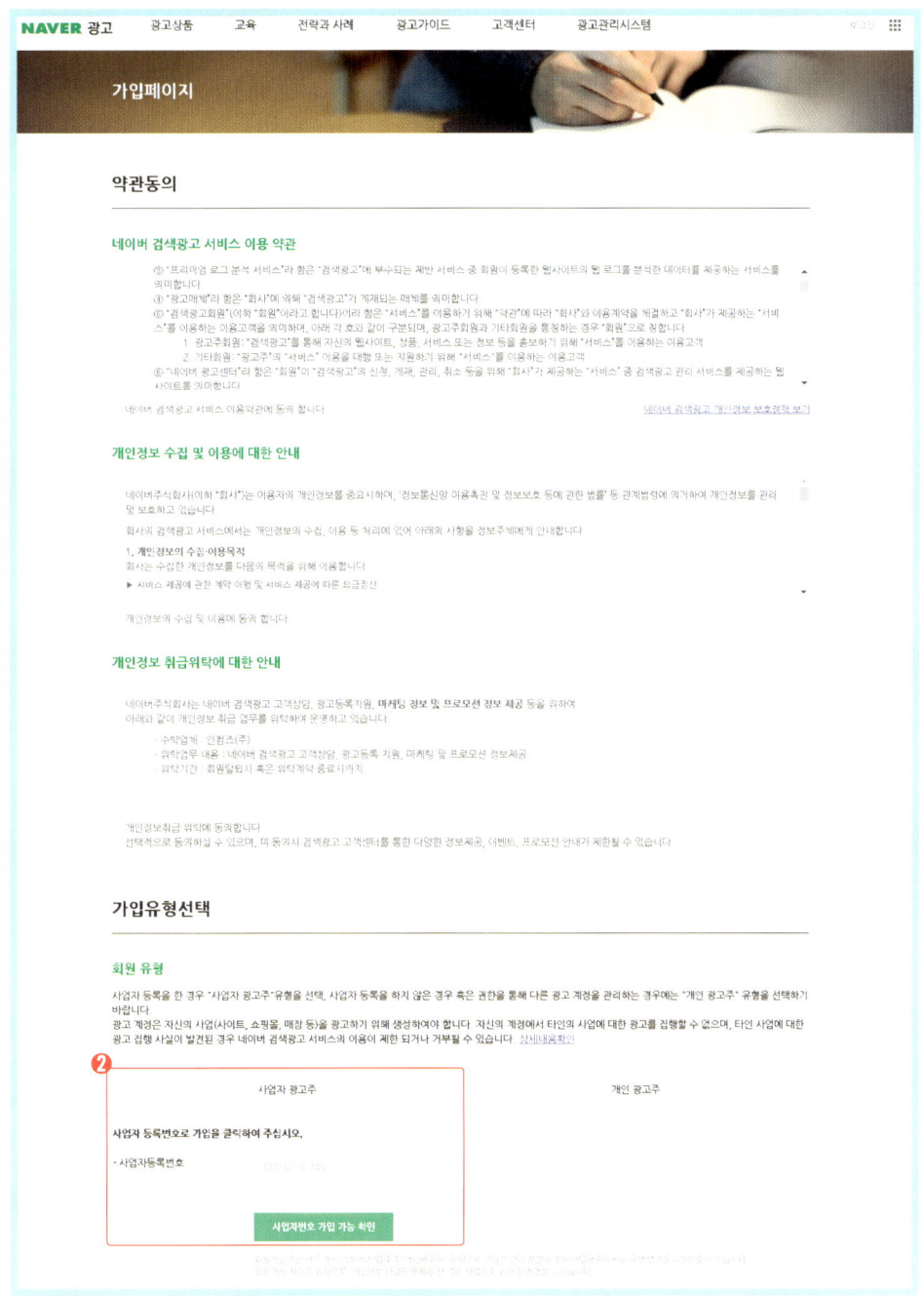

❷ 이용 약관 동의와 가입유형선택을 하고 [사업자번호 가입 가능 확인]을 클릭하면 됩니다. 회원유형에서 사업자 광고주 유형은 사업자등록을 되었으면 사용할 수 있습니다. 개인 광고주는 사업자등록을 하지 않았을 때 또는 권한을 통해 다른 광고 계정을 관리하는 경우 등에서 사용할 수 있습니다.

회원가입 또는 광고 게시 이후에 사업자가 개인 광고주 유형으로 가입한 것이 발견되면 사업자 광고주 유형으로 변경 요청을 받을 수 있습니다. 또한, 개인 광고주 유형으로 가입 이후 사업자등록을 했으면 사업자 광고주 유형으로 변경할 수 있습니다.

회원 정보입력

계정 기본 정보

- 아이디
- 담당자 이름
- 비밀번호
- 비밀번호 확인
- 이메일
- 전화번호
- 휴대폰번호

세금 계산서 정보

- 사업자 등록 번호: 504-25-70904
- 대표자명
- 업체(법인)명
- 업태
- 종목
- 주소

홍보성 문자/메일

교육, 프로모션, 이벤트 안내 문자와 메일 수신 여부를 설정합니다.
홍보성 안내 메일 수신을 거부할 경우 교육, 이벤트, 프로모션 안내가 제한될 수 있습니다.
가입 이후에도 내정보>문자메일 수신 설정 메뉴에서 설정을 변경 하실 수 있습니다.

- 광고운영 알림 문자 메시지   교육, 프로모션, 이벤트 안내 문자를 수신하기
                               교육, 프로모션, 이벤트 안내 메일을 수신하기

광고운영 및 검수와 관련된 정보 문자 수신 설정은 가입 이후 내정보>문자메일 수신 설정 메뉴에서 확인 및 변경 하실 수 있습니다.

❸ ✓ 가입

❸ 회원 정보입력에서 계정 기본 정보와 세금 계산서 정보 등을 입력하고 [가입] 버튼을 클릭하여 가입 신청을 하면 됩니다.

2. 로그인하기

회원가입을 마치고 등록한 아이디와 비밀번호를 확인한 뒤에 네이버 검색광고에서 아이디와 비밀번호를 입력하고 로그인합니다.

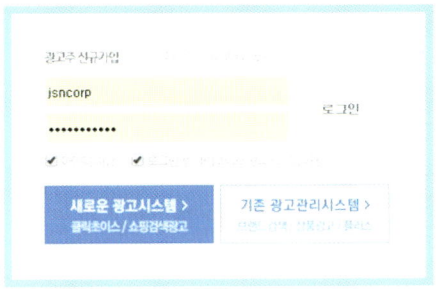

[아이디 저장]과 [로그인후 클릭초이스 광고시스템 이동] 항목에 체크하고 [로그인] 버튼을 클릭하여 로그인합니다. 로그인할 때 [로그인후 클릭초이스 광고시스템 이동] 항목에 체크하면 로그인과 동시에 바로 광고 시스템으로 연결됩니다.

 네이버 검색광고의 구조를 알려주세요.

새롭게 바뀐 네이버 검색광고는 광고 목표에 따라 쉽고 편리하게 광고 운영을 할 수 있도록 변경되었습니다. 네이버 검색광고는 캠페인 – 광고그룹 – 광고소재 – 키워드로 구성되어 있습니다.

제공=http://searchad.naver.com/

❶ 광고주 계정은 사업자나 법인, 개인 등 누가 광고를 진행하는지를 설정하고 광고주 계정에 맞도록 조정할 수 있습니다. 사업자 하나에 용도에 맞는 계정을 분리할 수도 있고 통합할 수도 있습니다.

❷ 캠페인
캠페인은 키워드를 어떤 목적으로 광고를 진행하는지를 분류하는 곳입니다. 시즌별, 목적별 또는 프로모션별로 분류하여 등록할 수 있으며, 사이트나 채널별로도 분류하여 광고그룹 관리가 가능합니다. (쇼핑몰이 여러 개가 있다면 캠페인에 함께 등록하면 됩니다.)

❸ 광고그룹
캠페인 목적을 달성하기 위한 광고 실행 단위로 키워드와 소재를 관리하는 단위입니다. 그룹 내의 키워드는 등록된 광고 문안(소재)이 번갈아 매칭되어 노출됩니다. 광고주는 등록된 키워드와 광고 소재를 분석하여 사이트에 방문하는 고객이 선호하는 광고 소재의 결과를 확인할 수 있습니다.

❹ 소재와 키워드
소재는 키워드에 설명될 문구를 말합니다. 총 소재는 5개까지 가능하며 등록된 키워드에 소재가 N:M으로 자동으로 매칭됩니다. 광고 매칭을 통해 효과적인 소재를 선별적으로 파악할 수 있습니다. 키워드와 소재 N:M 노출을 통해 더욱 풍부한 소재를 활용하여 나의 상품과 서비스를 좀 더 매력적으로 알릴 수 있습니다. 또한, 대체 키워드를 활용하여 효과적으로 소재를 만들 수도 있습니다.

키워드는 네이버 검색에서 사용되는 키워드를 말하며 광고그룹당 최대 1,000개를 등록할 수 있습니다. 다양한 키워드를 정기적으로 발굴하고 개발해서 등록해야 합니다.

네이버 광고 소재는 어떻게 등록하나요?

키워드보다 먼저 소재를 등록하고 키워드를 등록하면 키워드와 소재의 연관관계를 적절하게 만들 수 있습니다. 소재는 네이버 광고의 그룹 안에서 [소재]-[+새 소재]를 클릭하여 새로운 소재를 등록합니다.

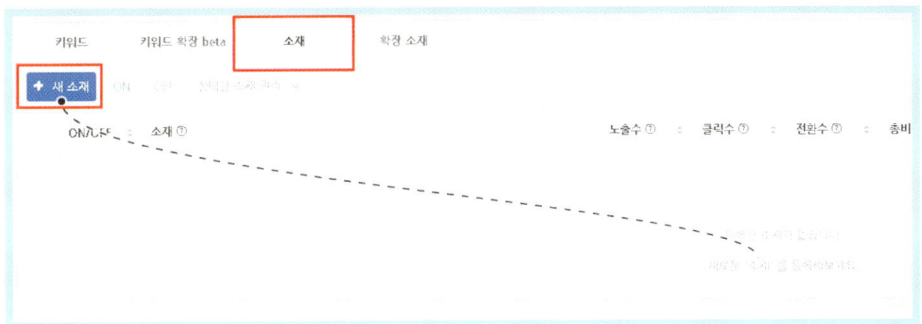

[새 소재 생성하기] 창의 소재 만들기 항목에서 제목과 설명을 작성하고 PC와 모바일의 연결 URL을 확인 후 [저장 후 닫기] 버튼을 클릭하여 입력한 내용을 저장합니다.

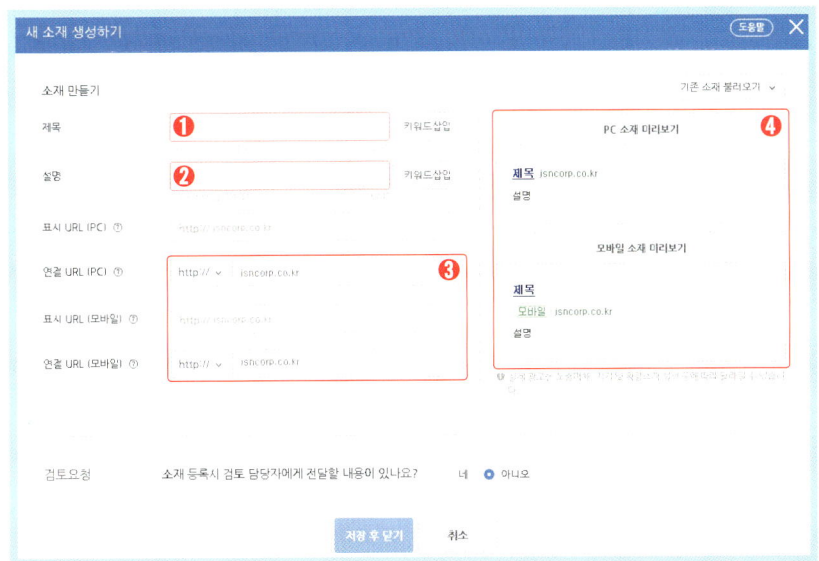

❶ 제목
제목은 총 1자에서 15자까지 등록할 수 있으며, [키워드삽입] 버튼을 클릭한 후 대체키워드를 활용하여 적절한 소재에 맞는 제목을 등록하면 됩니다.

❷ 설명
설명은 검색된 키워드에 대한 설명을 입력하는 곳입니다. 최대 20자까지 등록할 수 있으며, [키워드삽입]을 활용해 대체키워드를 등록하여 설명에 키워드가 삽입되어 주목도가 높고 효과적인 설명 소재를 만들 수가 있습니다.

대체키워드는 최대 10자까지 입력할 수 있으며 제목과 설명을 포함해서 총 3번까지 등록할 수 있습니다.

❸ 연결 URL
연결 URL은 기본 등록된 URL을 그대로 사용해도 되며, 그룹의 목적에 따라 그룹별 또는 개별 도달지점을 다르게 만들 수 있습니다.

❹ PC/모바일 소재 미리보기
미리보기는 PC와 모바일의 미리보기를 통해 등록한 소재가 적절하게 등록이 되었는지를 확인할 수 있습니다.

 네이버 키워드 등록은 어떻게 하나요?

1 네이버 키워드 등록은 네이버 광고에 로그인한 뒤 이미 만들어둔 캠페인의 그룹에서 [+새 키워드]를 클릭하여 네이버 키워드를 등록합니다.

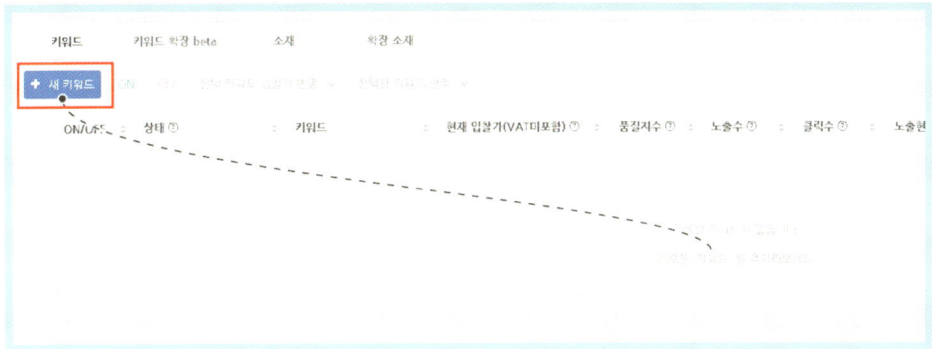

2 [새 키워드 추가하기] 창을 열고 다음과 같은 방법으로 등록합니다.

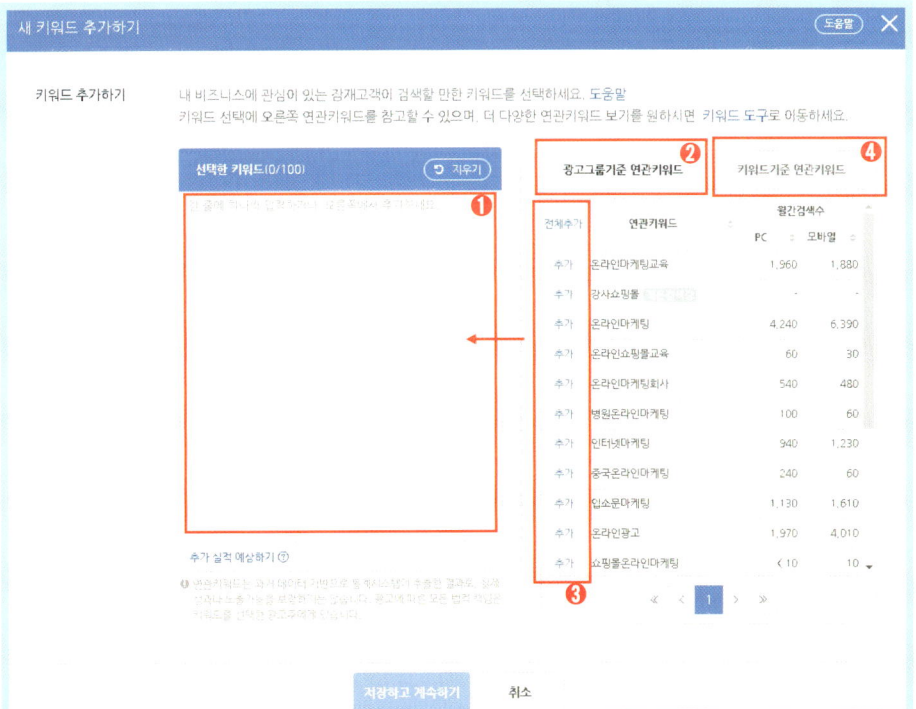

❶ 직접 입력 키워드
내 비즈니스에 관심이 있는 잠재고객이 검색할 만한 키워드를 직접 입력하여 등록합니다. 한 번에 등록 가능한 키워드는 총 100개이며 반복하여 등록할 수 있습니다.

❷ 광고그룹기준 연관키워드
'광고그룹기준 연관키워드'는 등록한 광고그룹의 키워드의 가장유사한 키워드를 분석하여 월간 검색수 기준으로 PC와 모바일 기준으로 추천 키워드를 제공합니다. 제공된 연관키워드는 [추가] 버튼을 이용하여 키워드를 선택합니다

❸ 키워드추가
새 키워드추가는 '광고그룹기준 연관키워드'나 '키워드기준 연관키워드'에서 추천한 키워드 중에 내 사이트에 적합한 키워드를 선별하여 내 키워드를 추가할 수 있습니다.

❹ 키워드 기준 연관키워드
키워드기준 연관키워드는 다음과 같이 [키워드기준 연관키워드]를 선택한 다음 최대 5개까지의 키워드를 동시 입력하여 연관키워드를 선별할 수 있습니다.

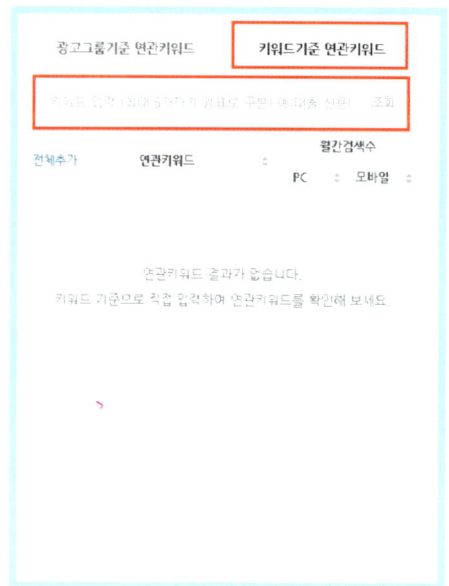

❺ 키워드 도구를 활용한 키워드 삽입
네이버 광고에서 [도구]-[키워드 도구]를 통해서 연관키워드를 조회하고, 연관키워드 조회 결과에 따라 선별해 우선순위에 맞추어 등록할 수 있습니다.

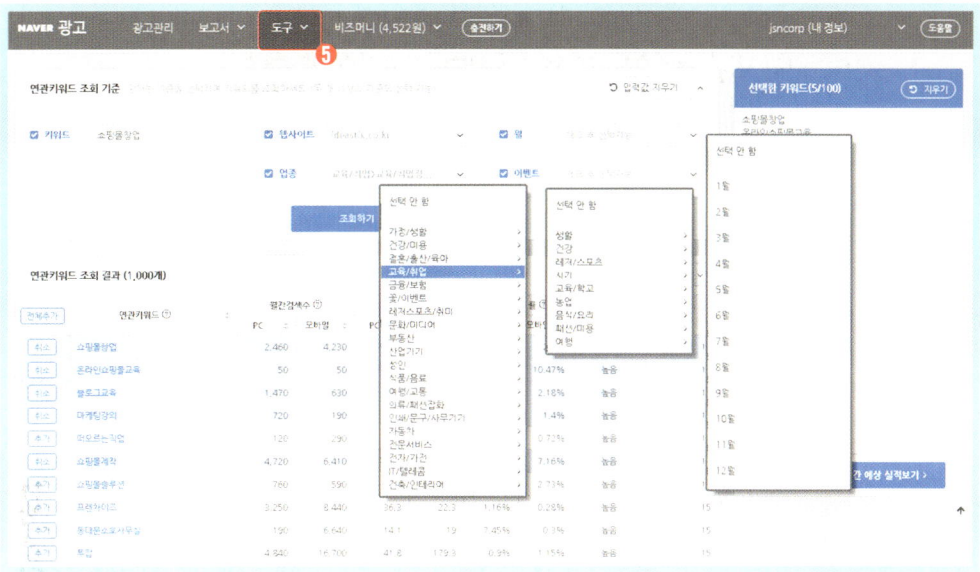

예를 들어 '쇼핑몰창업'이라는 키워드로 연관키워드를 조회하는 경우

- 등록한 웹사이트를 선택한 후
- 연관키워드에 제시된 '월', '업종' 그리고 '이벤트' 를 선택 후
- [조회하기]를 클릭하면 1,000개의 연관키워드가 제공되고
- '월간검색수'와 '월평균클릭수', 그리고 '월평균 클릭률'까지 다양한 조회 결과를 확인 후
- [추가]를 하면 됩니다. 한 번 추가선택은 100개까지 가능합니다.

 ## 네이버 검색 알고리즘은 무엇이 있나요?

네이버 검색 알고리즘은 사용자의 정확인 검색의도를 파악하여 검색노출을 하기 위해 다양한 알고리즘을 적용하고 있습니다. 대표적인 알고리즘을 소개합니다.

1. 라이브 검색 기술 알고리즘

라이브 검색기술을 적용한 알고리즘은 현재 베타버전을 마치고 스마트폰의 검색엔진에 사용하고 있습니다. 라이브검색 알고리즘은 양질의 콘텐츠를 사용자에게 적합한 결과를 제공하기 위해 사용자의 검색의도를 최대한 반영하고 있는 검색 알고리즘입니다.

라이브 검색의 주요 요소
- 이용자의 공감을 활용하는 피드백(Feedback)은 콘텐츠의 '좋아요'나 '댓글'의 활동을 반영합니다.
- 유사한 관심사와 서로 소통하는 정보를 활용하는 위드니스(withness)는 품질 있는 콘텐츠의 채널 정보를 반영합니다.
- 사용자의 상황과 맥락을 분석하는 콘텍스트(Context)는 장소와 시간 그리고 날씨 등을 고려하여 반영합니다.

이렇게 라이브 검색은 단순의 검색 키워드의 트래픽만으로 상위노출을 시켜주는 것이 아니라 TNS(Topic Based Social Network Service) 기반으로 관심사 그룹의 사용자가 작성하고 추천하는 생생한 정보와 토픽까지 고려한 검색 알고리즘입니다.

2. 컬렉션 랭킹 알고리즘

컬렉션 랭킹 알고리즘은 네이버의 서비스채널인 블로그, 카페, 뉴스, 지식iN, 이미지등 통합검색에서 노출되는 채널의 순위를 결정하는 알고리즘입니다.
정해진 채널의 순위는 항상 유동적으로 변동 가능하며, 사용자의 검색 환경이나 요구 그리고 참여도에 따라 순위는 변경됩니다.

예를 들어 '2017년 패션트렌드'로 검색하면 파워링크-블로그-뉴스-카페 등으로 컬렉션 랭킹이 정해지고 '2017년 여름유행패션'으로 검색하면 이미지가 제일 먼저 노출되고, 블로그-뉴스-네이버 쇼핑 등으로 순위로 노출됩니다. 특히 모바일에서는 사용자의 환경에 따라 전혀 다르게 노출이 될 수도 있으며, 장소나 시즌에 따라 순위 변동도 됩니다.

즉, 컬렉션 랭킹은 마케팅에서 어떤 키워드를 어떤 채널에 등록하는지를 정하는 중요한 알고리즘이므로 항상 변동되는 상황을 파악해 두어야 합니다.

3. 네이버 알고리즘의 4가지 판단기준

① 적합한가? 사용자의 검색 요구에 적합한 검색 내용인지를 판단합니다.
② 신뢰도는 있는가? 정해진 주제로 포스팅하고 있는 같은 주제의 포스팅인지를 판단합니다.
③ 좋은 문서인가? 적합도와 신뢰도가 충분한 사용자의 실제 경험에 의한 독창적인 내용인지를 판단합니다.
④ 나쁜 문서인가? 상식적으로 정상적인 포스팅이 아닌 유해, 스팸, 어뷰징같은 문서인지를 판단합니다.

쇼핑몰 운영자가 알아야 할 블로그 마케팅 전략을 알려주세요.

쇼핑몰운영자가 알아야 할 5가지의 블로그 마케팅 전략을 제시합니다.

1. 나만의 키워드를 찾아라

네이버 블로그 마케팅의 제일 먼저 해야 할 일은 블로그에 포스팅할 핵심 키워드인 나만의 키워드를 찾는 일입니다. 즉, 네이버 검색을 통해 검색 결과에 나오지 않는 키워드가 나만의 키워드가 됩니다.

예를 들어 "이정수"라는 키워드를 검색했을 때 다음과 같이 많은 다른 동명이인이 노출됩니다. 당연히 선점하고 있거나 사용하고 있는 키워드보다 먼저 노출되도록 하려면 많은 시간과 마케팅 비용이 필요합니다.

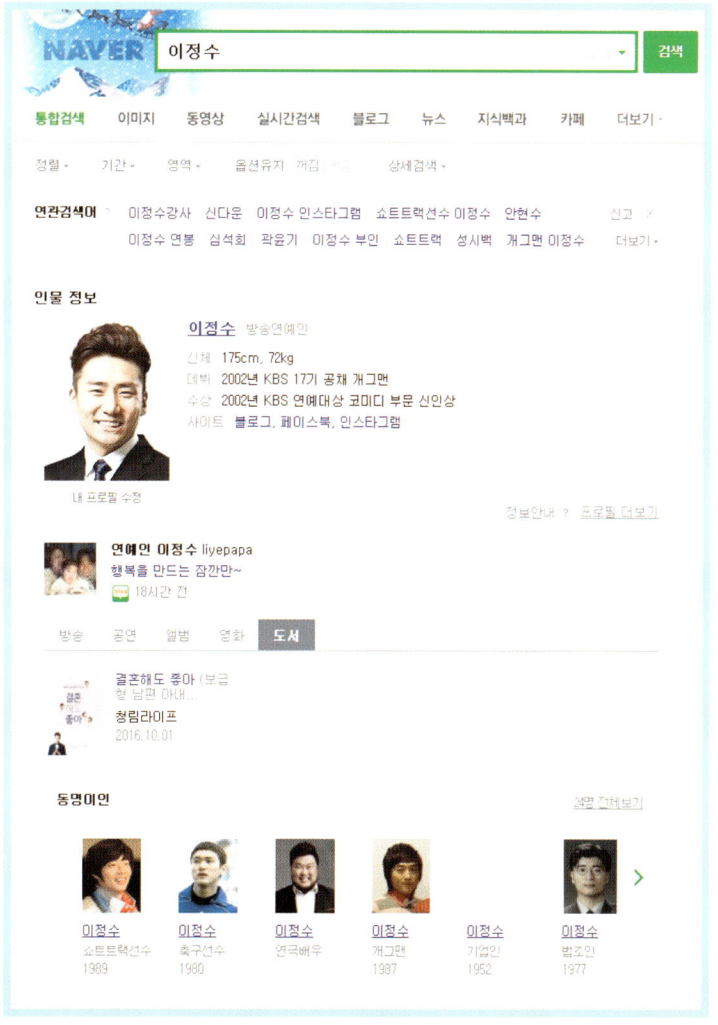

그래서 다양한 키워드를 조합해서 나만의 키워드를 선별해서 찾는 작업을 통해 다음 그림과 같이 검색결과가 없는 키워드를 선택합니다. 물론 인기 키워드나 핵심 키워드가 메인 키워드가 되면 좋겠지만, 현실적으로는 불가능한 일입니다. 쇼핑몰도 마찬가지지만, 상호와 도메인이 일치하면 그보다 좋을 순 없습니다.

그래서 다양한 서브 키워드 검색을 통해 나만의 키워드를 선별해야 합니다. "이정수강사"라는 키워드를 다시 검색을 해 보면 다음과 같이 "이정수강사"에 관한 모든 내용만 노출됩니다. 당연히 처음에는 검색결과가 없습니다.

다시 말해 블로그에 포스팅하고, 최적화하고, 상위노출 전략을 수행하기 전에 먼저 해야 할 일은 어떤 이름으로 블로그 마케팅을 진행하느냐를 먼저 정해 두어야 합니다.

이는 쇼핑몰 이름이나 사업자명 등 특정 검색 키워드도 마찬가지입니다. 결국은 네이버 검색을 통해 홍보해야 하므로 검색결과를 확인해야 합니다.

2. 블로그 기본 설정을 최적화하라

블로그의 대표 키워드를 선별했다면 이제 블로그 기본 설정을 최적화해야 합니다.

먼저 블로그 정보에서 제목과 별명 그리고 소개글을 작성합니다.

① 제목은 네이버 검색을 통해 노출된 핵심 키워드입니다. 즉, 나만의 키워드가 제목에 포함되어 작성되어야 합니다. 제목은 최대 25자입니다.
② 별명은 검색 노출과 관계가 없으나 작성자의 이름으로 노출되므로 회사명이나 대표자 이름으로 등록을 해도 좋을 듯합니다.
③ 소개글은 블로그 소개글에 노출될 글이며 검색 노출과는 관계가 없으나 블로그에 방문한 방문자들에게 광고나 홍보를 공식적으로 할 수 있는 공간입니다.

> **TIP**
> 블로그 정보의 제목과 카테고리명과 글쓰기 제목이 일치하면 최적화에 도움이 됩니다.

3. 블로그 글쓰기 제목이 키워드입니다

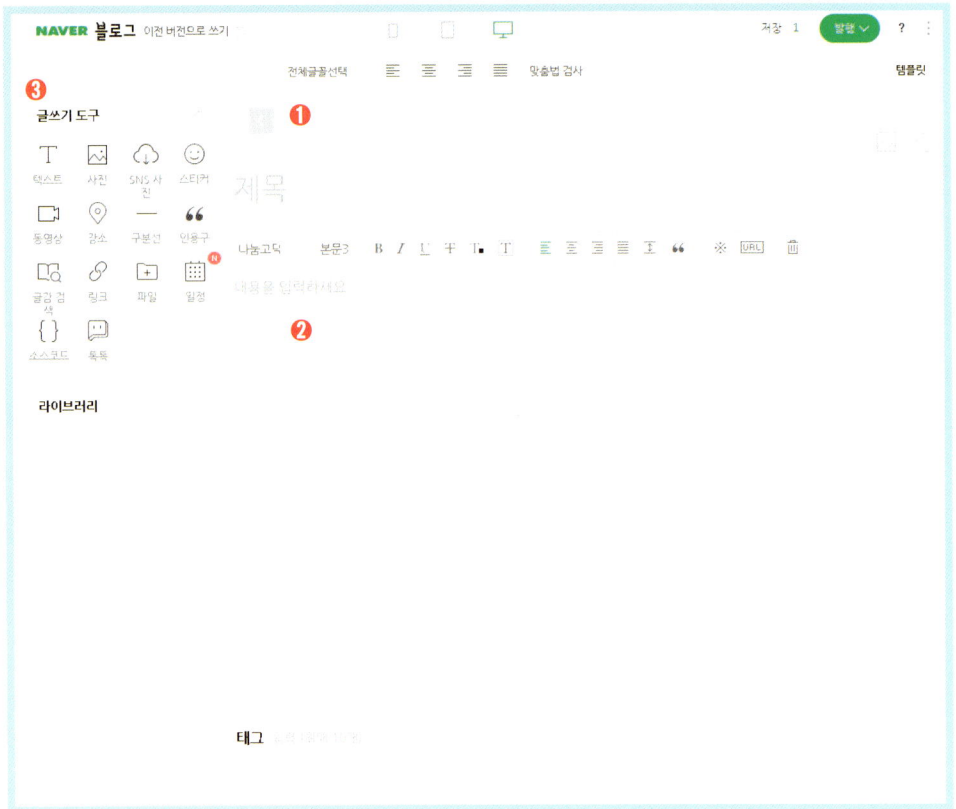

❶ **제목이 키워드입니다**

네이버 검색을 통해 노출 여부를 미리 확인한 후 제목에 알맞은 키워드를 등록 후 제목을 작성합니다. 제목에 너무 많은 키워드를 등록하고 포스팅 하는 것은 좋지 않습니다. 하나의 주제로 하나의 포스팅을 한다고 생각하면 좋습니다.

특히 제목을 작성하지 않고 그대로 두면 포스팅의 의미가 없어집니다. 꼭 제목을 먼저 작성하고 제목에 맞는 내용을 포스팅해야 합니다.

❷ **본문은 제목의 키워드에 맞는 충분한 정보가 되도록 포스팅해야 합니다.**

본문 포스팅은 글쓰기 도구를 최대한 활용해 텍스트, 사진, 스티커 그리고 동영상과 장소, 구분선, 인용구와 톡톡 등 최대한 활용할 수 있는 글쓰기 도구를 이용하는 것이 좋습니다.

❸ **글쓰기 도구 어떻게 활용할까?**

텍스트는 검색엔진이 키워드를 검색하는 기준이 되므로 최대한 스토리텔링 형식으로 포스팅하며 읽기 쉽고 가독성이 좋도록 글쓰기를 해야 합니다.

사진은 네이버 검색에서 사진검색을 통해 노출됩니다. 앞으로는 글보다는 사진이나 동영상이 더 많은 검색결과를 가져올 것으로 기대됩니다.

동영상은 2017년도 트렌드(trend)로 최대한 활용해서 많은 트래픽을 잡아 주는 것이 좋습니다. 하지만, 3분 미만의 동영상은 의미가 없을 것 같습니다. 가볍게 만들 수 있는 프로그램이나 스마트폰 어플 등을 활용해서 쉽고 간단하게 제작하는 것이 좋습니다.

장소는 지역검색에 활용되며 지도검색에도 참고되는 만큼 장소 등록은 반드시 해 두는 것이 좋습니다.

4. 1D1P 45

"어떻게 하면 상위 노출이 됩니까?"라는 질문을 많이 받습니다. 목적과 용도 그리고 키워드마다 여러 가지 방법이 있겠지만, 꾸준하고 지속적으로 포스팅을 하는 것이 정석이고 블로그의 원래 목적에 어긋나지 않는 최선의 방법입니다.

그래서 최적화를 위해 제안하는 기본 핵심은 하루에 1개 이상은 매일 포스팅하자는 것입니다. 즉, 1D1P는 하루에 한 번씩 포스팅(posting)을 해야 내 블로그가 최적화가 되고 고객과 소통할 수 있는 노출 기회도 많아질 수 있습니다.

매일 포스팅하는 것도 힘들지만, 매일 포스팅하는 콘텐츠(contents)를 생성하는 것이 생각보다 어렵습니다. 그래서 주제를 가지고 시리즈로 포스팅을 준비하고 계획 속에 나만의 메인 키워드를 블로그에 자연스럽게 녹여 내야 합니다. 키워드가 세분화되면 될수록 좋은 글쓰기 내용이 나옵니다.

사용하지 않았던 블로그가 최적화가 되어 네이버 검색엔진이 다시 방문하여 키워드 검색에 노출되게 하려면 적어도 45일 이상은 하루도 빠짐없이 꾸준히 포스팅해야 합니다.

5. 방문자를 늘리려면 이웃관리를 하라

꾸준한 방문자를 늘리려면 최대한 많은 이웃관리를 해야 합니다. 실시간 인기 키워드로 한 번은 트래픽을 잡을 수는 있지만, 주제와 다른 급격한 트래픽은 오히려 최적화에 악영향을 미치게 됩니다. 꾸준한 이웃관리만이 지속적인 마케팅 도구로 또한 블로그의 최적화 도구로 이용할 수 있습니다.

네이버 블로그 공식 안내 글에는 "좋은 글과 멋진 이웃이 기다리는 네이버 블로그 서비스"라고 되어 있습니다. 즉, 좋은 글과 좋은 이웃이 네이버 블로그의 핵심 키포인트입니다. 이웃이 지속적으로 구독하고 방문할 수 있는 좋은 글을 지속적으로 포스팅하는 것이 핵심 내용입니다.

93 SNS 무엇부터 어떻게 해야 하나요?

SNS에 관한 글은 책 한 권으로 적어도 부족합니다. 이 장에서는 쇼핑몰 운영자를 위한 기본 SNS의 필요성을 이야기하려 합니다.

쇼핑몰 운영자의 온라인 마케팅 전략으로 SNS를 하지 않는다면 앞으로 고객을 대상으로 판매나 영업을 하지 않는다는 것입니다. 즉, 앞으로의 모든 매출은 SNS를 통해 직간접적으로 매출이 일어날 것입니다.

1. SNS 콜라보레이션 시스템

다음은 블로그 마케팅과 SNS 채널의 콜라보레이션(collaboration)을 표현해 본 것입니다. 실제 필자도 이렇게 운영하고 있으며 PC와 모바일의 메인 채널을 분류하고 시스템화해서 사용하고 있습니다.

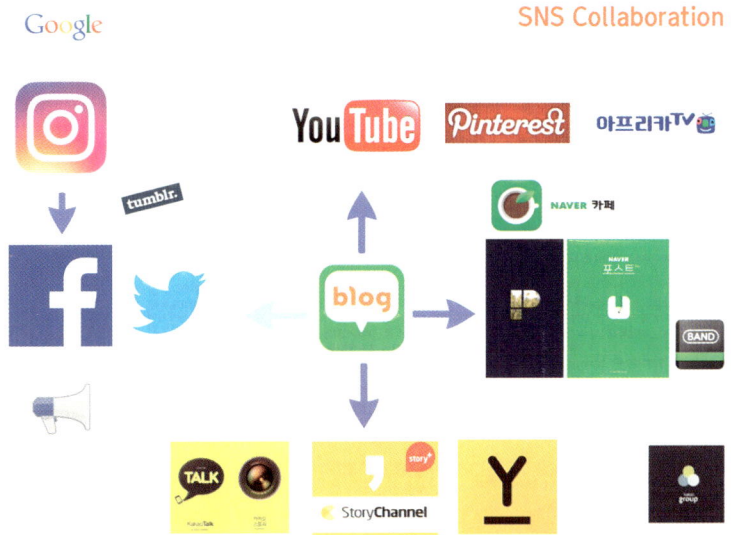

SNS 콜라보레이션의 그림을 보면 네이버 서비스와 다음 서비스 그리고 구글 서비스로 크게 분류가 되어 있습니다. 특기 네이버 블로그를 기준으로 모든 서비스가 연동되어 있으며 네이버 블로그가 SNS콜라보레이션의 플랫폼의 역할을 합니다.

네이버 블로그 포스팅 연동하기

네이버 블로그에 포스팅하고 발행을 하면 페이스북과 트위터는 최초 한 번만 로그인을 세팅해두면 항상 자동으로 연동되어 등록이 됩니다. 즉, 네이버 블로그로 포스팅을 하고 발행을 하면 특별한 설정 없이 바로 페이스북과 트위터의 회원과도 바로 소통을 할 수 있게 됩니다. 또한, 폴라와 포스트 그리고 네이버 카페와 밴드에도 공유를 통해 홍보할 수 있게 됩니다.

다음의 대표 채널인 카카오스토리 또한 같은 방법으로 네이버 블로그의 글을 공유함으로써 네이버 블로그 포스팅으로 많은 채널의 고객과 소통을 할 수 있게 됩니다.

인스타그램 콜라보레이션

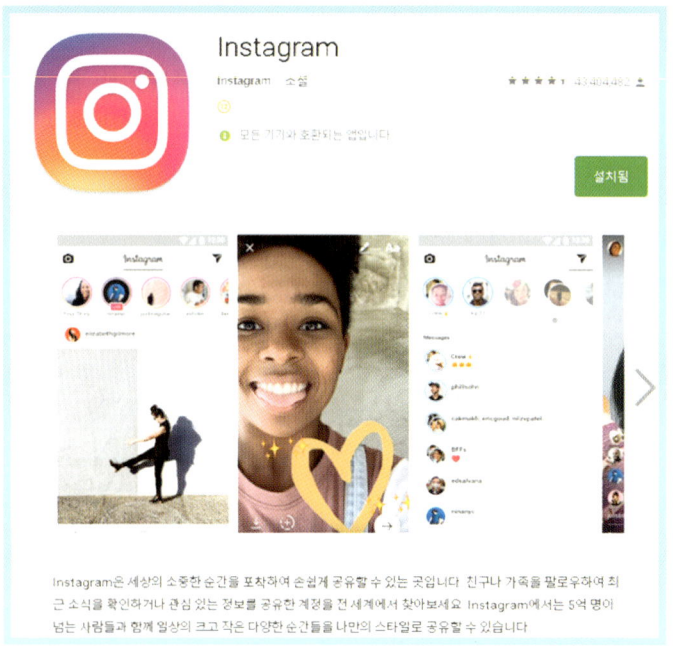

〈사진-구글플레이〉

요즘 가장 많은 활동을 보이고 있는 SNS는 역시 인스타그램입니다. 인스타그램은 사진뿐만 아니라 동영상까지 다양한 도구를 통해 포스팅이 가능하고 빠른 홍보가 가능합니다.

인스타그램의 또 하나의 장점은 바로 연동입니다. 페이스북, 트위터 그리고 텀블러까지 글 등록과 동시에 빠르게 공유가 가능하게 됩니다.

SNS 콜라보레이션을 통해 페이스북 따로 인스타그램 따로 그리고 네이버 블로그까지 따로 포스팅을 하고 등록하지 말고 PC에서는 네이버 블로그를 통해 콜라보레이션하고 모바일은 인스타그램을 통해 콜라보레이션을 하면 효과적으로 홍보와 광고를 통해 목적을 달성할 수 있을 것으로 기대됩니다.

2. 스마트폰 어플을 활용한 연동설정

매일 사용하고 있는 필자의 스마트폰에 설치된 어플을 이용해 SNS 콜라보레이션을 소개해 드리고자 합니다.

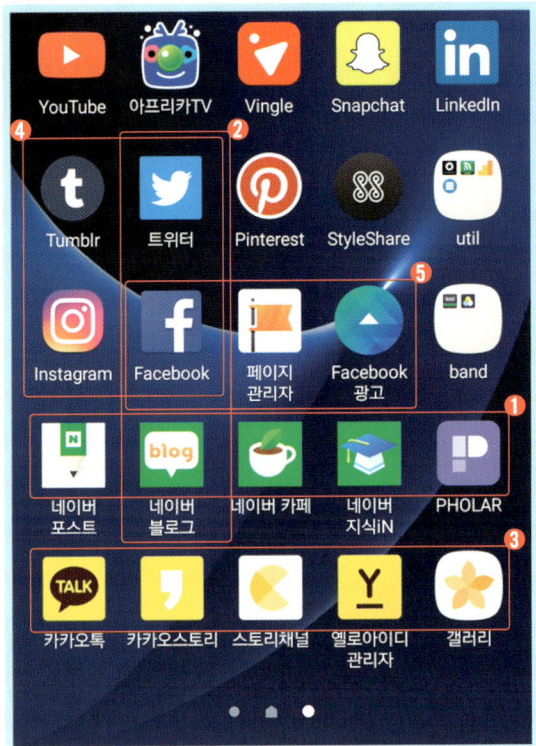

❶ 네이버 서비스를 모아 두었으며 네이버 블로그를 통해 퍼가기나 연동을 할 수 있도록 어플로 준비를 해두었습니다. 네이버 블로그에 포스팅 내용을 포스트나 카페 그리고 폴라 등에 퍼가기를 통해 연동하면 한 번의 포스팅 작업으로 효과적으로 다양한 채널에 노출할 수 있습니다.

❷ 네이버 블로그에서 페이스북과 트위터의 로그인 설정 후 발행을 하면 페이스북과 트위터에 자동으로 연동이 되어 블로그 포스팅만으로도 SNS 고객들과 소통을 할 수 있고 PC로 정규화된 작업을 통해 SNS와 다른 체계적인 콘텐츠를 공급할 수 있게 됩니다.

❸ 카카오채널은 카카오톡, 카카오스토리, 스토리채널, 그리고 옐로아이디와 카카오 밴드로 구성이 되어 있습니다. 초기 카카오 마케팅은 카카오 스토리를 기준으로 광고와 홍보를 진행하고, 정확한 컨셉과 구독 가능한 정보를 모아 스토리 채널을 준비하면 회원을 모으고 관리하면 효과적입니다.

처음부터 스토리 채널을 통해 옐로아이디로 상담과 광고를 진행하면 좋겠지만, 카카오채널 하나만으로 운영하는 것이 아닌 이상 카카오 스토리나 스토리 채널을 24시간 관리하는 것은 쉬운 일은 아닙니다. 그래서 초기에는 네이버 블로그 포스팅 글을 카카오 스토리나 스토리 채널에 공유를 하고 홍보를 하면 카카오 친구도 함께 홍보할 수 있게 됩니다.

❹ 인스타그램 어플을 통해 페이스북과 트위터 그리고 텀블러와 연동하여 포스팅을 합니다. 스마트폰으로는 대부분 인스타그램을 통해 실시간으로 정보를 공유하고 소식을 전하고 있습니다.

❺ 인스타그램에 글을 올리면 참여도는 페이스북이 더 활발하게 이루어지고 있습니다. 아직은 페이스북의 사용자가 더 많이 적극적인 활동표현을 하고 있습니다. 그리고 페이스북은 페이지관리자를 통해 적극적인 유료광고를 진행하고 있으며 페이스북 광고를 통해 소통과 광고비 집행을 하고 있습니다.

지금까지 SNS 콜라보레이션에 대해 말씀 드렸습니다. PC와 모바일을 적절하게 활용해서 지속적으로 홍보할 수 있는 나만의 시스템이 필요합니다. PC는 네이버 블로그를 기준으로 연동하고 모바일에서는 인스타그램을 기준으로 공유하면 좀 더 효과적으로 온라인 광고를 진행할 것으로 기대합니다.

 ## 유튜브에 동영상을 올리는 방법을 알려주세요?

유튜브뿐만 아니라 페이스북, 트위터, 카카오스토리 그리고 인스타그램까지 이젠 동영상뿐만 아니라 실시간방송 서비스까지 지원하고 있습니다. 동영상 마케팅은 SNS의 활성화로 더욱 익숙하고 자연스러운 하나의 매체로 자리 잡고 있으며, 사진으로 된 배너 광고시장에서 동영상 광고로 마케팅의 트렌드가 변화되고 있습니다.

동영상 광고 플랫폼 YuMe의 조사결과를 보면 실제로 일반 사진을 이용하는 배너 광고보다는 동영상 광고를 볼 때 구매욕구가 약 2.1배가 높다고 합니다. 사실 텍스트보다는 사진광고가 좋고, 여러 장의 사진보다는 한편의 동영상이 더 큰 전달력을 주고 있습니다.

TV를 시청하면 시청자는 각자의 스마트 기기를 이용하여 관련정보를 검색하고 실시간으로 시청자들과 소통하며 정보를 교류하는 것은 이미 일상이 되었습니다.

2017년 상반기에 방영한 도깨비라는 드라마는 방송과 동시에 네이버의 TALK 서비스를 이용하여 시청자끼리 실시간으로 정보를 공유했으며, 방송이 종료된 후에도 계속 소통하고 있는 것을 볼 수 있습니다.

동영상 광고는 연령층이 젊을수록 스마트 기기의 의존도가 크기 때문에 스마트폰을 기준으로 동영상 광고시장의 큰 역할을 하고 있으며, 그 기준에는 SNS의 다양한 채널 등이 중심이 되어 모바일 동영상의 시대를 열어가고 있습니다.

그러면 세계 최대 온라인 동영상 사이트인 유튜브를 알아보겠습니다.

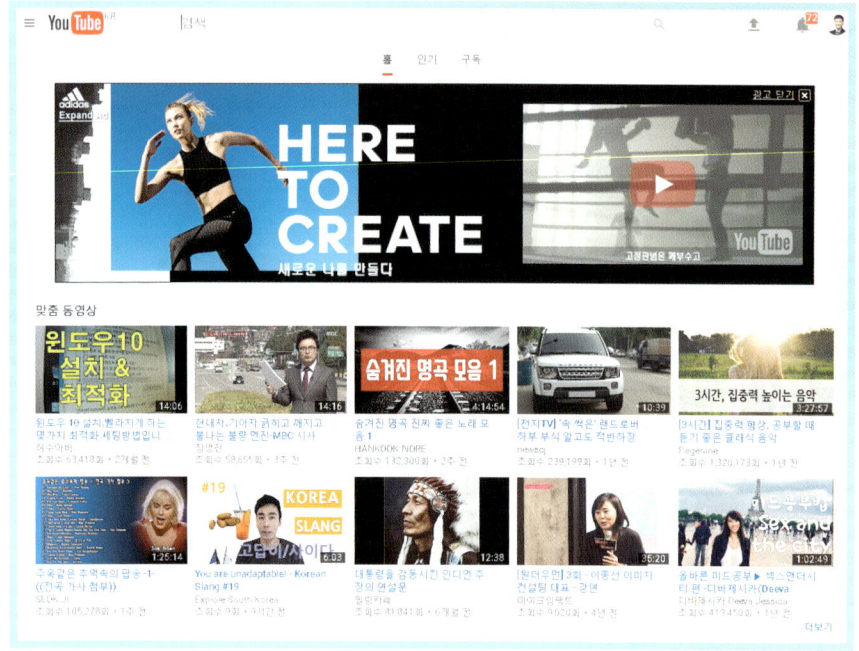

유튜브는 4K 라이브스트리밍의 실시간 방송 서비스와 사이트 디자인의 리뉴얼로 새로운 콘셉트로 사용자 중심의 사이트로 개편되었습니다. 이제 동영상은 단순히 동영상만 보는 사이트에서 동영상 등록을 통해 검색 사이트에 노출하고 사용자가 직접 방송을 하는 스트리밍 기능까지 제공하고 있습니다.

1. 동영상 등록

유튜브 사이트(https://www.youtube.com)에 방문하여 로그인합니다. 유튜브 화면 오른쪽의 '업로드' 버튼을 통해 준비된 동영상을 마우스 드래그앤드롭으로 등록만 하면 됩니다. 좀 더 자세히 알아보겠습니다.

❶ '업로드'를 클릭하면 동영상 등록 창이 열립니다.
❷ 업로드할 파일을 선택하고 드래그앤드롭을 통해 동영상을 동영상 등록 창으로 가져오면 등록됩니다. 등록 전 공개 여부를 선택할 수 있고 등록 후 저작권과 상관없는 배경 음악도 추가 삽입이 가능합니다.
❸ 실시간 스트리밍 방송은 [시작하기] 버튼을 클릭하면 실시간 방송하기 메뉴가 시작됩니다. 아프리카tv처럼 고객과 실시간 채팅을 진행하면서 방송이 가능하며 인코더 설정을 통해 외부 프로그램으로도 방송이 가능합니다.
❹ 유튜브에는 사진을 동영상으로 편집하는 기능(사진 슬라이드쇼)과 동영상을 간단히 편집하는 기능(동영상 편집기)을 제공하고 있습니다. 사진 몇 장으로 배경 음악과 텍스트, 다양한 동영상 효과 등을 이용하여 동영상을 간단히 유튜브를 통해 제작할 수 있습니다.

2. 동영상 활용

- 유튜브 동영상은 네이버 검색에는 노출이 잘되지 않지만, 구글 검색을 통해서는 노출이 됩니다. 즉, 동영상 등록을 하는 경우 등록하는 동영상의 제목이 기본 검색 키워드에 해당이 됩니다. 유튜브와 구글 검색에 노출될 수 있도록 관련 동영상의 적절한 제목을 등록해 주세요.

- 유튜브에 등록된 동영상의 공유 URL을 활용해 다양한 채널에 동영상을 노출시킬 수 있습니다. 쇼핑몰의 상세 페이지에도 공유주소나 소스 코드를 활용해서 동영상을 노출시킬 수가 있습니다.

- 실시간 스트리밍을 활용해서 실시간 방송을 진행할 수 있습니다. 앞으로는 녹화 방송보다는 실시간 방송이 마케팅의 큰 도구가 될 것입니다.

어떤 동영상 프로그램을 사용해야 하나요?

앞으로 동영상을 활용하는 마케팅이 소비자와 소통하는 대부분의 채널이 될 것입니다. 2016년 동영상이 각 채널에서 안정적인 정착을 했다면, 2017년에는 실시간 동영상이 기반을 다질 것으로 예상하며, 2022년까지 실시간 동영상스트림이 대중화되어 익숙해질 것으로 기대합니다.

1. 추천 동영상 어플

빠르게 만들고 빠르게 올리자! 쉽고 간단하게 동영상을 만드는 다양한 어플이 많습니다. 가장 액티브하고 쉽고 편리하게 올릴 수 있는 추천 어플을 소개합니다. 바로 비바비디오(VIVAVIDEO)입니다. 스마트폰에서 간단히 동영상을 만들어 바로 SNS에 올릴 수도 있고, 만든 영상을 다운로드하여 PC에서도 바로 사용할 수 있습니다.

비바비디오는 동영상 촬영뿐만 아니라 동영상의 특수효과 필터 그리고 타이틀과 장면전환 등 다양한 기능을 제공하며 몇 번의 클릭으로 효과적인 동영상 화면을 만들 수 있습니다. 다운로드는 Play 스토어에서 "비바비디오"를 검색하고 다운로드하여 설치하면 됩니다.

2. PC에서는 동영상 편집 프로그램

쇼핑몰을 운영하고 있다면 당연히 포토샵은 정품을 사용하고 있을 것입니다. 포토샵에는 동영상 편집 기능이 포함되어 있습니다.

포토샵(Photoshop)의 메뉴 [창]-[타임라인]을 선택하면 비디오와 오디오를 편집할 수 있는 [타임라인] 창이 열려 동영상이나 사진, 오디오를 편집할 수 있습니다.

사진도 퀄리티(quality) 있게 촬영하려면 DSLR 카메라와 렌즈뿐만 아니라, 많은 주변 장비와 조명 그리고 스튜디오는 공간 그리고 많은 비용과 시간을 필요로 합니다. 쇼핑몰 운영자는 상품이 런칭되면 빠르게 사이트에 등록하고 판매로 이어지게 하여야 합니다. 그래서 최적화된 사진 촬영과 편집이 필요한 것입니다.

동영상도 마찬가지입니다. 카메라에서 주변 장비 등 DSLR 사진 촬영과는 상상도 못한 장비와 비용이 필요할 수 있습니다. 그래서 필자가 권하는 방법은 최저 비용으로 설정하고 빠르게 편집과 등록이 가능할 수 있도록 시스템을 만드는 작업이 중요합니다.

앞으로 동영상은 다양한 장비와 프로그램의 개발도 많은 발전과 성장이 있을 것으로 예상이 됩니다. 당연히 쇼핑몰의 환경에 최적화가 되어 O2O 마케팅으로 큰 역할을 할 것으로 생각합니다. 지금부터라도 손에 쥐고 있는 스마트폰을 시작으로 시작을 한 번 해보는 것이 중요합니다.

 네이버 모두 홈페이지를 개설하고 싶습니다.

네이버 모두(NAVER modoo)는 네이버가 제공하는 모바일 홈페이지입니다. 마케팅 도구로서의 네이버 모두는 네이버 통합검색에서 사이트에 노출되어 홍보 채널로 사용하기 좋은 장점이 있습니다. 사이트명이나 사업자명 등 중요한 키워드(네임명)로 네이버 모두 홈페이지를 미리 개설해 두는 것이 좋습니다.

네이버 모두 홈페이지를 개설하는 방법을 알아보겠습니다.

네이버 모두 홈페이지(http://www.modoo.at/home)에 방문하고 네이버ID/비밀번호로 로그인합니다. 로그인한 뒤에 오른쪽 상단의 [홈페이지관리]를 클릭합니다.

2. 네이버 모두 홈페이지관리에서 [홈페이지 추가하기]를 클릭하여 사이트를 개설합니다.

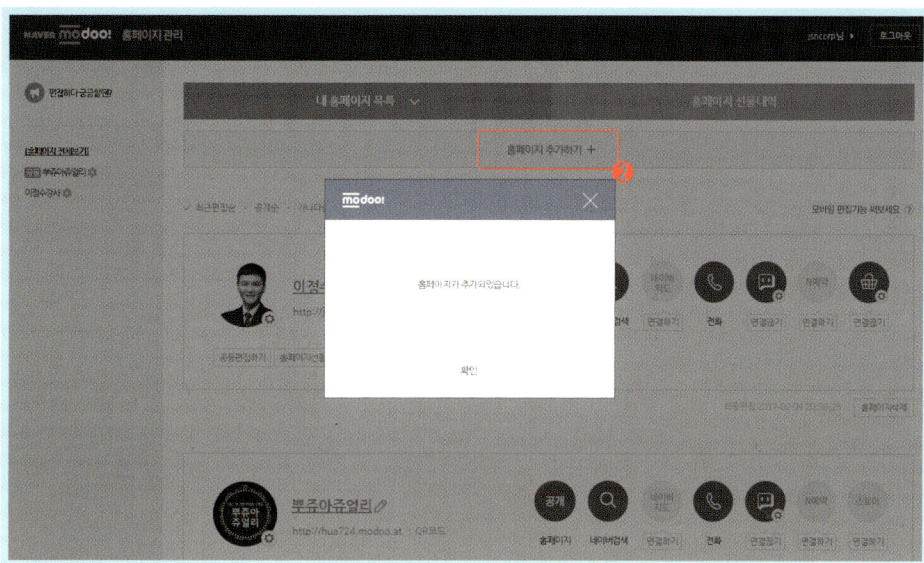

3. 개설된 사이트는 홈페이지관리의 [메뉴추가]와 [페이지추가] 기능을 활용해서 자신의 목적에 맞는 사이트로 설정합니다.

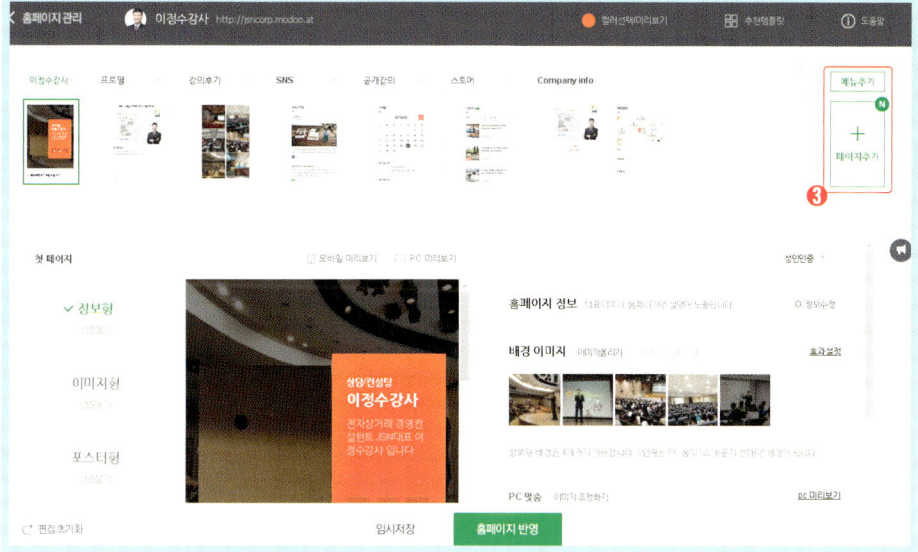

개설과 동시에 바로 사용할 수 있고 [메뉴추가]와 [페이지추가] 기능을 이용하여 맞춤 홈페이지 제작이 가능합니다. 등록된 모두 홈페이지는 언제든 수정 또는 변경이 가능하며, 추가 또는 삭제도 가능합니다. 참고로 법인 사업자 외 개인과 일반 사업자는 총 3개의 모두 홈페이지를 개설할 수 있습니다.

네이버 모두 홈페이지를 사이트에 노출하는 방법을 알려주세요.

네이버 모두 홈페이지가 가장 큰 장점은 네이버검색에 노출이 가능합니다. 지금부터 네이버 모두 홈페이지를 사이트에 검색에 노출방법을 알아보겠습니다.

1 네이버 모두 홈페이지에 방문하고 네이버ID/비밀번호로 로그인합니다. 로그인한 뒤에 [홈페이지관리] 메뉴를 클릭합니다.

2 사이트 검색등록을 위해 홈페이지관리에서 [네이버검색] 이미지 버튼을 클릭합니다.

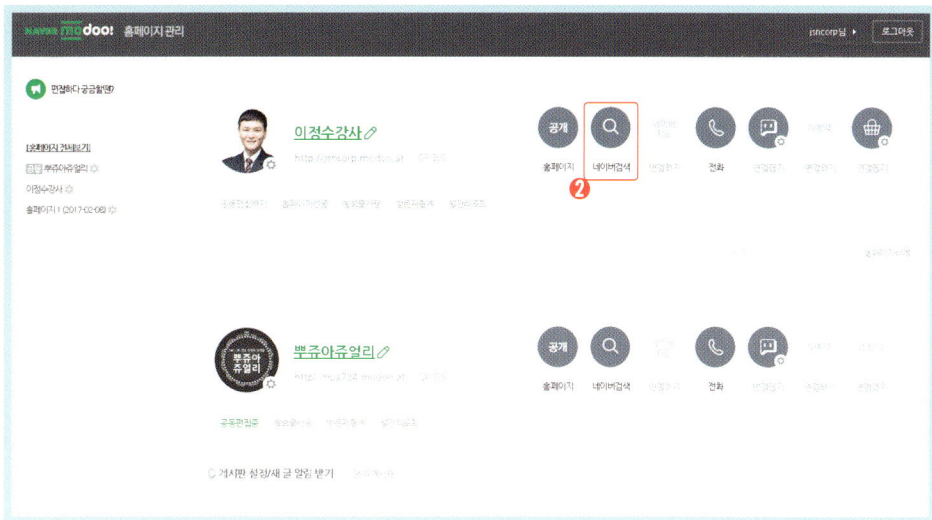

3 홈페이지 필수 정보/검색 정보에서 검색설정을 '노출'로 체크합니다. 검색 노출은 이를 설정한 다음 날부터 사이트 검색이나 웹 문서에 반영되어 검색에 노출됩니다. 네이버 모두 홈페이지는 사이트 등록을 위해 별도의 웹마스터 도구의 가입 절차 없이 간단하게 설정이 됩니다.

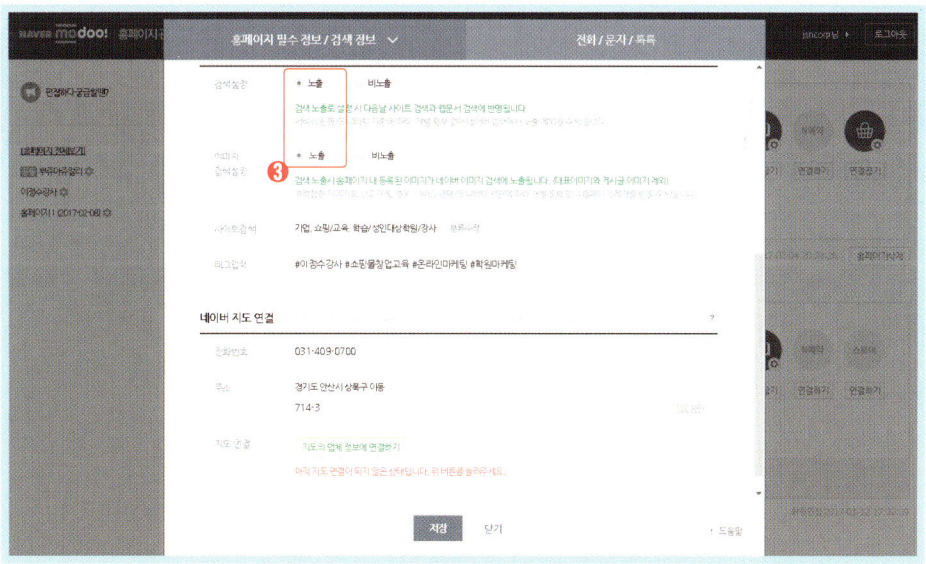

네이버검색에서 '이정수강사'를 검색하면 통합검색 사이트에서 필자의 네이버 모두 홈페이지가 검색되는 것을 확인할 수 있습니다.

네이버 모두 홈페이지에 SNS는 어떻게 공유하나요?

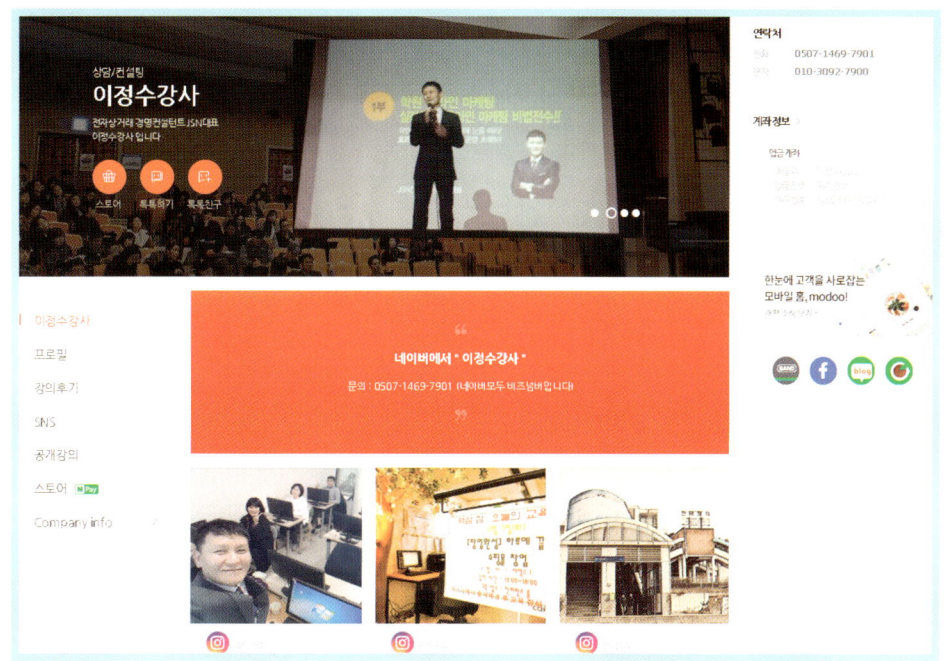

네이버 모두 홈페이지는 페이스북이나 인스타그램 그리고 블로그의 콘텐츠를 공유할 수 있습니다. 페이스북이나 인스타그램은 네이버검색 사이트에서 검색 노출이 안 됩니다. 하지만, SNS 공유 페이지를 활용하면 모두 홈페이지를 통해 쉽게 노출이 가능합니다.

그럼 모두 홈페이지를 통해 SNS를 공유하여 노출하는 방법을 알아보겠습니다.

1 모두 홈페이지에 로그인하여 '홈페이지관리'에서 사이트 이름(예 : "이정수강사")을 클릭합니다.

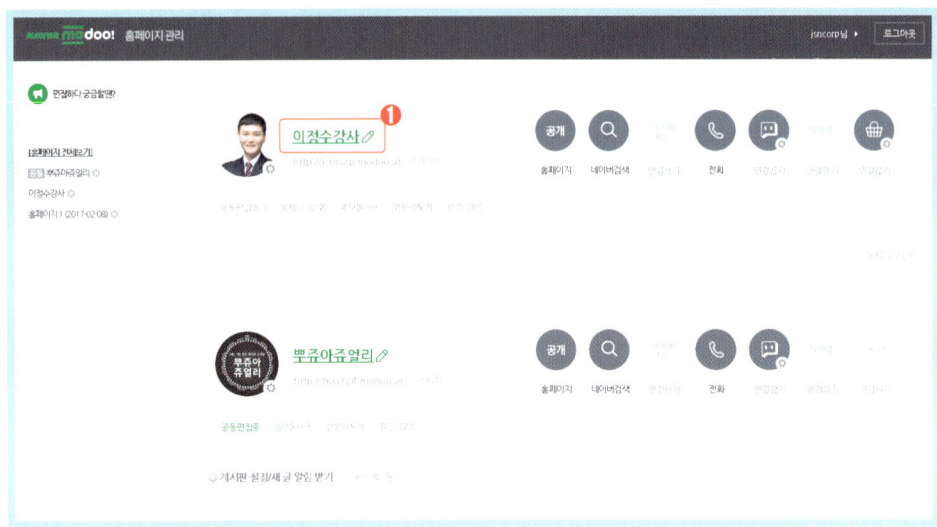

2 [메뉴추가]를 해서 표시되는 메뉴명 창에 메뉴명으로 "SNS연결"을 입력하고 엔터키를 눌러 메뉴를 등록합니다. 이어서 [페이지추가] 이미지 버튼을 클릭합니다.

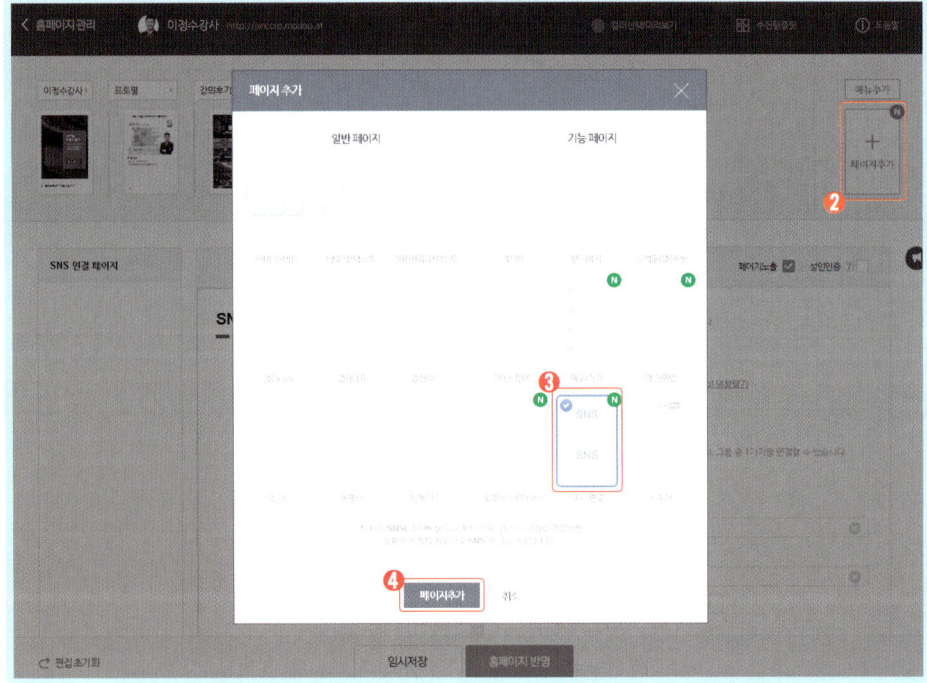

3 '페이지추가' 페이지가 열리면 "SNS연결" 항목을 선택합니다.

4 '페이지추가' 페이지 하단의 [페이지추가] 버튼을 클릭합니다.

5 'SNS연결' 페이지가 개설되면 메뉴를 통해 블로그와 페이스북 그리고 인스타그램을 로그인한 뒤에 연결하면 모두 홈페이지와 연동됩니다.

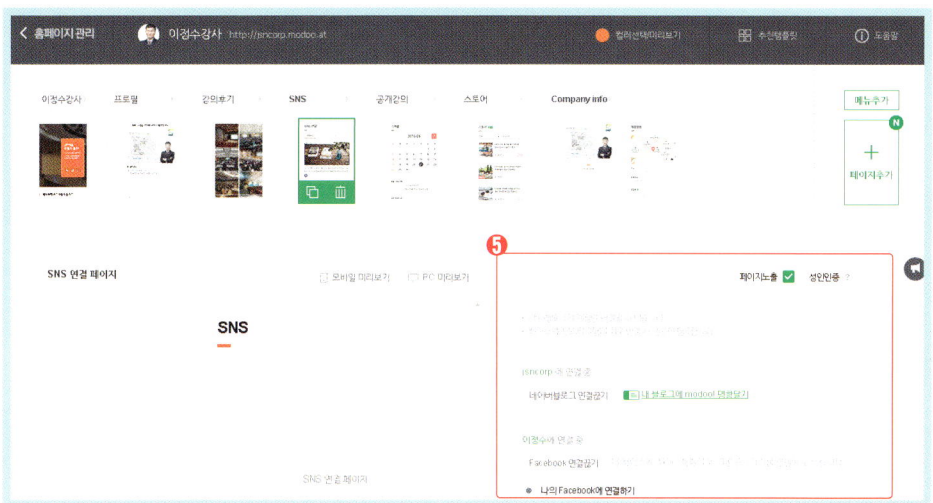

모두 홈페이지의 메인 화면에 SNS를 연동하는 방법을 알아보겠습니다.

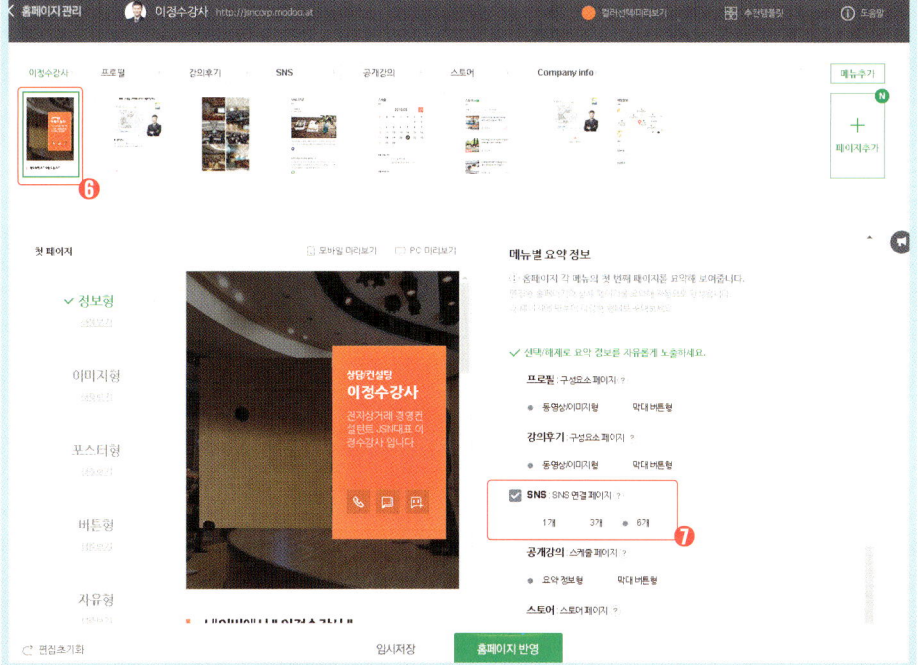

6 홈페이지관리에서 첫 페이지를 클릭합니다.

7 첫 페이지 메뉴에서 '메뉴별 요약정보'를 확인합니다. "SNS : SNS 연결페이지" 항목에 체크하고 노출 개수를 선택합니다.

지금까지 네이버 모두 홈페이지를 개설하고 SNS 연동 페이지를 설정하고 첫 페이지에 노출하는 것까지 알아보았습니다. 네이버 모두 홈페이지를 활용해 사이트 브랜딩에 도움이 되길 바랍니다.

 ## 네이버 트렌드에 대해 알려주세요.

네이버 트렌드는 네이버에서 서비스를 제공하는 검색 통계 서비스입니다. 기간별, 키워드별 검색결과를 그래프로 보여줍니다. 네이버 트렌드를 활용하면 키워드를 트렌드를 비교 파악하기 좋습니다.

네이버 트렌드를 사용하는 방법을 알아보겠습니다. 네이버검색에서 '네이버 트렌드'를 검색해서 사이트(http://datalab.naver.com/ca/step1.naver)를 방문합니다.

예를 들어 20대와 30대, 40대의 여성의류 트렌드를 서로 비교하고 분석을 해야 한다면 다음과 같이 진행하면 됩니다.

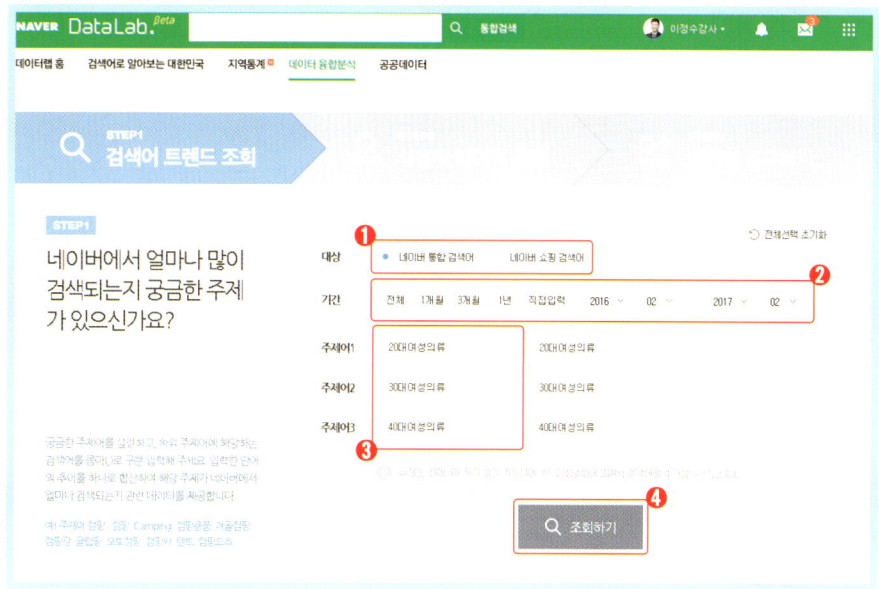

1. 먼저 트렌드를 조회할 대상을 선택합니다. '네이버 통합 검색어'를 선택합니다.

2. 기간을 설정합니다. 직접입력을 하면, 2007년부터 현재까지 다양한 트렌드 조회 기간을 설정할 수 있습니다. 보통은 1년 단위로 트렌드를 분석합니다.

3. 주제어는 3개의 분류로 등록이 가능합니다. 일단 여기에는 주제어1과 주제어2 그리고 주제어3에 각각 20대여성의류, 30대여성의류, 40대여성의류를 입력했습니다.

4. [조회하기] 버튼을 클릭하면 그래프를 통해 결과 확인이 가능합니다.

위의 결과 조회 화면은 네이버 통함 검색어에서 2016년 2월부터 2017년 2월까지 20대여성 의류과 30대여성의류 그리고 40대여성의류의 검색어 트렌드를 조회한 결과입니다. 분석결과의 정확한 데이터를 통해 트렌드를 파악하고 전략계획을 세웁니다.

네이버 트렌드는 네이버가 무료로 제공해주는 통계서비스입니다. 마케팅 키워드를 선별하기 전에 꼭 확인해야 합니다. 그리고 새로운 아이템의 키워드를 선별할 때도 필요합니다.

단축URL 서비스와 활용법을 알려주세요?

단축 URL을 만들어주는 서비스는 여러 곳이 있지만, 필자가 추천하는 사이트는 구글 단축키입니다. 구굴 단축키는 긴 URL 주소를 구글의 짧은 단축키로 단축 URL을 만들어 줍니다.

1. 단축 URL

쇼핑몰의 주소는 XXX.co.kr 등으로 짧은 반면에 쇼핑몰 내의 상품의 URL은 매우 긴 주소를 가지고 있습니다. 복잡고 어려운 긴 URL 주소를 짧은 URL 주소로 제공함으로써 고객이 쉽게 인지하고 방문할 수 있도록 할 수 있습니다.

2. 단축 URL 만드는 방법

1. 먼저 구글에 로그인하고 구글 단축키 사이트(https://goo.gl)에 방문합니다. 주소창에 변경하고자 하는 주소를 입력하고 [SHORTEN URL] 버튼을 클릭하여 단축 URL을 생성합니다.

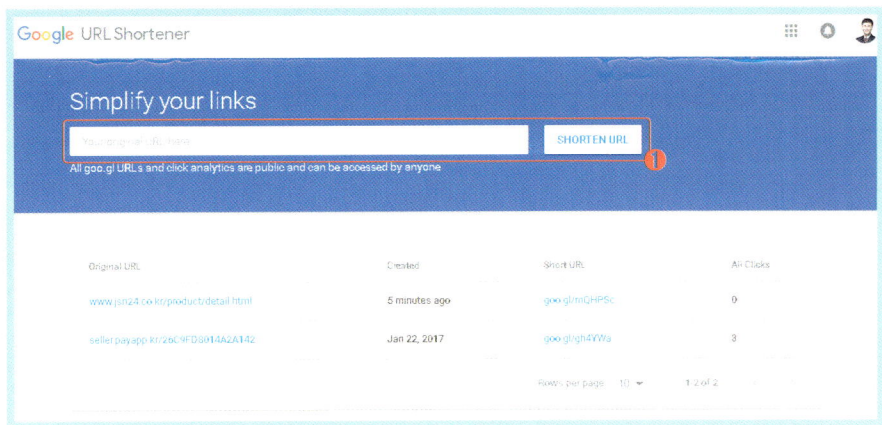

2. 예를 들어 필자의 블로그쪽지 주소를 입력하여 단축 URL을 생성해 보겠습니다. 다음과 같은 필자의 블로그쪽지 주소를 입력한 뒤에 [SHORTEN URL] 버튼을 클릭하여 단축 URL을 생성합니다.

http://note.naver.com/note/sendForm.nhn?targetUserId=jsncorp&svcType=1&popup

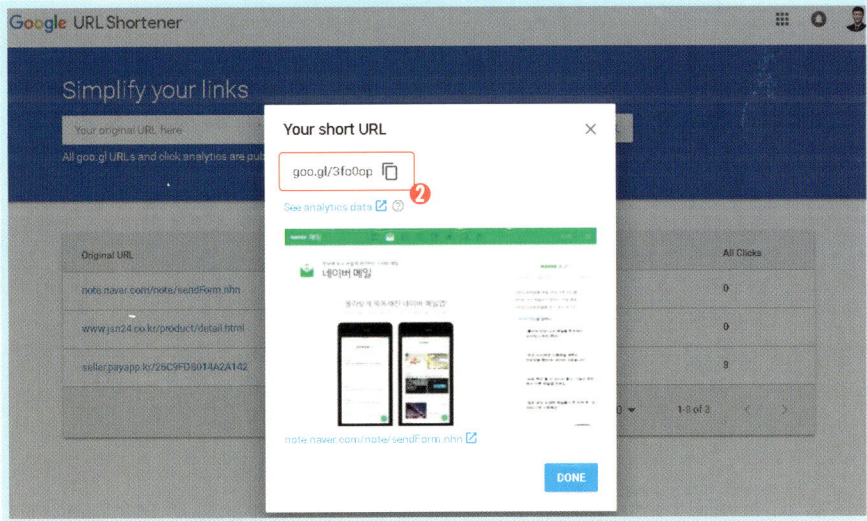

단축 URL이 생성되면 바로 복사하여 사용해도 되고, 'Your short URL' 창을 닫고 필요할 때 복사해서 사용하면 됩니다.

3 생성된 URL 단축키 보기

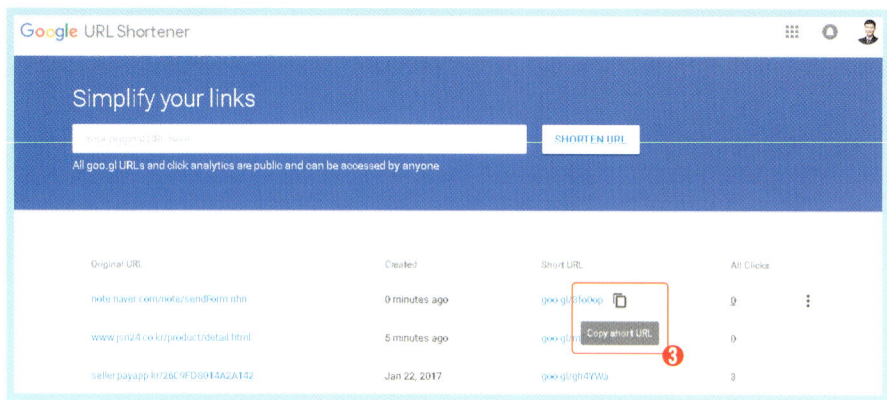

단축 URL로 생성된 주소는 복사를 클릭하여 사용하면 됩니다.

필자의 긴 블로그쪽지 주소가 단축 URL인 "https://goo.gl/3foOop"로 간단하게 변경되었습니다.

3. 단축 URL 통계

필자는 사실 단축 URL의 통계기능을 많이 사용합니다. 홍보한 주소 채널이 어느 곳에서 많이 접속고, 이동되었는지 확인하고 분석하기 좋은 도구입니다. 즉, 구글의 단축 URL 서비스는 단축 URL뿐만아니라 방문 통계까지 무료로 제공하고 있습니다.

다양한 채널에 사용 중인 단축 URL이 어느 채널에서 가장 효과적으로 사용 중인지를 분석할 수 있습니다.

마지막으로 전자상거래 예비창업자 CEO에게 한마디 해주신다면?

시간경영 하세요!

처음 쇼핑몰을 시작하면 쇼핑몰 개설에서부터 디자인, 상품 등록 등 그리고 마케팅까지 하루 24시간을 일만 해도 부족한 것이 사실입니다. 그렇다고 시작도 하기 전에 직원을 채용해서 시작한다는 것은 급여뿐만 아니라 준비해야 하는 것과 생각지 않은 고정 지출이 많아집니다.

'할일은 많고, 시간은 없다.' 시간은 관리되어야 하는 것이 아니라 경영이 되어야 합니다. 경영적 접근으로 시간경영을 하면 효과적인 시간을 운영할 수 있습니다.

시간경영의 3-4-5 법칙을 알려 드리겠습니다.

3 법칙

첫 번째는 "한 달을 3등분하세요. 한 달을 3등분하면 10일, 20일, 30일이 될 것입니다. 먼저 월 마감을 20일로 하고 20일에서 30일에는 월말 매출 마감과 다음 달 프로모션을 준비해야 합니다. 월말을 30일로 하면 월말 결제마감으로 다음 달 프로모션 준비에 차질이 있습니다. 매월 1일에서 10일까지의 매출이 그달 매출의 1/3입니다. 즉 매월 10일 전에 매출집중을 하기 위해서는 전달 20일에서 30일 동안 집중을 해야 합니다.

두 번째는 하루를 3등분하세요. 이론상으로는 8시간 수면, 8시간 업무, 남은 8시간의 활용에 따라 지금의 내 모습이 변화됩니다. 8시간을 자기개발과 미래계획에 집중하세요.

4 법칙

새벽 4시에 기상하세요!
꼭 4시가 아니더라도 방해받지 않는 나만의 시간을 만들도록 하세요. 혼자 모든 것을 다하다 보면 항상 시간 부족을 느낍니다. 방해받지 않는 1시간이 오후의 3~4시간의 일과 같은 결과를 가져옵니다. 바쁘다 하지 말고 계획을 세우세요.

5 법칙

5개년 목표를 숫자로 정하고 매달 점검하세요. 속도보다 방향입니다. 대관세찰(大觀細察)할 수 있는 큰 그림 속에 작은 실천을 해야 합니다.

마지막으로 쇼핑몰 창업도 엄연한 사업입니다. 사업의 비즈니스 마인드 없이는 성공할 수 없습니다. 철저한 사업계획 속에 매달 매일 전략적 접근으로 하고 투자와 위임 그리고 직접 해야 할 일을 잘 분류해서 숫자로 계획하고 진행해야 합니다.

101 효과적인 쇼핑몰 창업과 운영

인쇄 일자 : 2017년 2월 23일 초판 인쇄
발행 일자 : 2017년 2월 28일 초판 발행

펴낸곳 : 가메출판사(http://www.kame.co.kr)
발행인 : 성만경
지은이 : 전진수 · 이정수

주 소 : 서울시 마포구 서교동 394-25 동양한강트레벨 504호
전 화 : 031)923-8317
팩 스 : 031)923-8327

ISBN : 978-89-8078-289-5
등록번호 : 제313-2009-264호

정가 : 22,000원

잘못된 책은 구입하신 서점에서 교환해 드립니다.
이 책의 무단 전재 및 복제를 금합니다.